Güntsch · Schneider

Digitale Rechenautomaten

Einführung in die Programmierung digitaler Rechenautomaten

von

Dr. Fritz Rudolf Güntsch

und

Prof. Dr. H.-J. Schneider

Dritte, völlig neu bearbeitete Auflage

Walter de Gruyter · Berlin · New York 1972

 – Satz: Fotosatz Prill, Berlin – Druck: Mercedes, Berlin –
Printed in Germany
ISBN 3 11 001969 8

Vorwort

Die vorliegende dritte Auflage der „Einführung in die Programmierung digitaler Rechenautomaten" ist vollständig umgearbeitet worden. Dies hat vor allem drei Gründe:

- In den bisherigen Auflagen wurde als Beispielmaschine die Z22 betrachtet, die wegen ihres außerordentlich flexiblen Befehlscodes eine recht lehrreiche Einführung in die Programmierung ermöglichte. Diese Anlage entspricht jedoch nicht dem Konzept der modernen Großrechner.
- Auf dem Gebiet der Programmierung haben sich in den zurückliegenden Jahren die Akzente weiter zugunsten der problemorientierten Programmierung verschoben, was eine zusammenfassende und in sich abgeschlossene Darstellung dieses Bereichs wünschenswert erscheinen ließ.
- Die modernen Großrechner sind zu solch komplexen Gebilden herangewachsen, daß immer mehr Dienstleistungsprogramme zwischen Benutzer und Anlage vermitteln müssen, um eine effektive Ausnutzung zu erreichen. Daher erschien es zweckmäßig, wenigstens einen kurzen Abriß der wichtigsten dieser Dienstleistungen (Assemblierer, Kompilierer, Betriebssysteme) zu geben.

Als problemorientierte Programmierungssprache war bereits in der zweiten Auflage ALGOL 60 eingeführt worden. Seine Darstellung ist nun in den Kapiteln 1, 2 und 5 konzentriert. Daran schließt sich eine Übersicht über weitere problemorientierte Sprachen (Kapitel 6) und eine Kurzdarstellung ihrer Übersetzung (Kapitel 7) an. Die Kapitel 1 und 2 sollen gleichzeitig in die algorithmische Denkweise des Programmierens einführen.

Die Entscheidung, ob als Beispielmaschine eine existente Rechenanlage oder eine eigens zu definierende verwandt werden soll, ist immer wieder schwierig. Im vorliegenden Band soll das System TR 440 der Fa. AEG–Telefunken als Beispielmaschine dienen. Hierfür spricht nicht zuletzt der große Befehlsvorrat dieser Anlage, der oft mehrere interessante Alternativen ermöglicht. Die Maschinenprogrammierung ist in den Kapiteln 3 und 8 beschrieben, die Übersetzung solcher Programme in Kapitel 4 charakterisiert.

Während in den ersten acht Kapiteln stets die Perspektive eines einzelnen Benutzers die Betrachtungsweise bestimmt, wird in den beiden letzten die Rechenanlage als Ganzes betrachtet. Diesen Kapiteln liegt kein spezieller Rechner zugrunde, vielmehr sind die allgemeinen Gesichtspunkte über Betriebssysteme soweit dargestellt, daß der Normalbenutzer einen Eindruck von der Wirkungsweise eines solchen Systems erhält.

Mein besonderer Dank gilt dem Autor der früheren Auflagen, Herrn Dr. F. R. Güntsch, der trotz starker beruflicher Beanspruchung das Manuskript in allen Einzelheiten durchgearbeitet hat und zu manchem Abschnitt umfangreiche Beiträge leistete. Mein Dank gilt darüberhinaus den Herren Dr. Groh in Saarbrücken, Dr. Vollmar in Erlangen und Dr. Wiehle in München für die Durchsicht der verschiedenen Stufen des Manuskriptes und Herrn Dr. Feldmann in Hamburg für die Überlassung des neugefaßten Syntax-Schemas. Der Firma AEG–Telefunken sei für die vorzeitige Bereitstellung der benötigten TR 440-Unterlagen gedankt.
Ein besonderes Maß an Dank schuldet der Bearbeiter aber auch dem Verlag de Gruyter & Co für die angenehme Zusammenarbeit und die große Geduld bei der Nichteinhaltung aller vereinbarten Termine.

Erlangen, im Mai 1970 *H. J. Schneider*

Inhaltsverzeichnis

1. Einführung

1.1 Programmvorbereitung

Im folgenden wird von der Programmierung für digitale Rechenautomaten, oder kürzer, für Rechen- oder Datenverarbeitungsanlagen gesprochen. Ein Programm ist eine vollständige Arbeitsvorschrift (Anweisung) zur Lösung einer Aufgabe mittels einer Rechenanlage.[1] Die hier in Frage kommenden Datenverarbeitungsaufgaben sind sehr vielfältig, und die eigentlichen „Rechen"-Aufgaben, denen die Rechenanlagen ihren Namen verdanken, sind nur ein kleiner Ausschnitt des sich mit zunehmender Verbreitung der Datenverarbeitungstechnik immer weiter ausdehnenden Aufgabenspektrums. Trotzdem werden wir uns immer wieder anhand einfacher mathematischer Aufgaben die Grundkonzepte der Programmierungstechnik klarmachen, weil diese Aufgaben am schnellsten und übersichtlichsten darzustellen sind.

Jede umfangreiche numerische Rechnung erfordert eine ausführliche Vorbereitung. Unabhängig von der Art der Aufgabenstellung und unabhängig davon, ob für die Rechnung eine mechanische Tischrechenmaschine oder eine programmgesteuerte Rechenanlage eingesetzt wird, können wir die Vorbereitungen folgendermaßen gliedern:

1. *Beschreibung der Aufgabenstellung.* Der erste Schritt besteht in einer klaren Formulierung der Aufgabe. In vielen Fällen werden wir es mit Zusammenhängen aus Naturwissenschaft, Technik, Wirtschaft usw. zu tun haben, die noch nicht mathematisch formuliert sind. Sie müssen erst mit einem mathematischen Kalkül erfaßt werden. Hierzu ist ein mathematisches Modell zu finden, das einerseits den zugrundeliegenden Sachverhalt genügend genau beschreibt und andererseits eine rechnerische Auswertung mit vernünftigem Aufwand ermöglicht.

Beispiel: Es soll die Strömung durch das Schaufelgitter einer Turbine berechnet werden. Für die hier vorliegenden physikalisch-technischen Zusammenhänge stehen eine Reihe mathematischer Modelle zur Verfügung. Für bestimmte Zwecke ist es zum Beispiel ausreichend, als mathematisches Bild die ebene, inkompressible, wirbelfreie Strömung zu benutzen. Damit ergibt sich als mathematische Formulierung eine Randwertaufgabe der ebenen Potentialtheorie.

In anderen Fällen besteht dieser erste Schritt darin, weitschweifige Beschreibungen, die sich natürlicher Sprachen[2] bedienen, durch Verwendung mathematischer Formelzeichen straffer zu fassen. Dies ist beispielsweise bei kaufmän-

[1] Zur Terminologie verweisen wir auf die einschlägigen deutschen Normen, insbesondere DIN 44 300 [239 – 241].

[2] Unter natürlichen Sprachen wollen wir hier im Gegensatz zu den Programmiersprachen Englisch, Französisch, Deutsch usw. verstehen.

nischen Aufgaben der Fall, also etwa bei der Lohn- und Gehaltsabrechnung, wo Vorschriften über Steuern, andere Abzüge und Zulagen formelmäßig erfaßt werden müssen.

2. *Beschreibung des numerischen Verfahrens.* Ist die Aufgabe formuliert, so müssen wir als nächstes ein numerisches Verfahren aussuchen oder aufstellen, mit dessen Hilfe die Aufgabe gelöst werden kann. So ist es zum Beispiel nicht damit getan, eine Differentialgleichung in der Form $y' = f(t,y)$ anzugeben. Die Berechnung der Lösung verlangt vielmehr ein numerisches Verfahren, wie zum Beispiel das von *Runge* und *Kutta* oder ein Differenzenverfahren. Damit das Verfahren bei der eigentlichen Rechnung benutzt werden kann, müssen seine Einzelschritte sehr genau formuliert werden. Eine solche Notierung heißt Algorithmus[1]. Er beschreibt den Rechengang so genau, daß dieser auch ohne Kenntnis der ursprünglichen Aufgabenstellung durchgeführt werden kann. Die Differentialgleichung selbst tritt im allgemeinen nicht mehr explizit in Erscheinung.

Im Algorithmus werden die einzelnen Verfahrensschritte in Form von Gleichungen notiert. Diese haben aber im Gegensatz zu den üblichen mathematischen Gleichungen mit symmetrischem Gleichheitszeichen den Charakter der von *K. Zuse* [3,4] eingeführten Plangleichungen mit einem unsymmetrischen Ergibtzeichen (:=). Auf diese Weise erhalten die bis dahin statischen Gleichungen einen dynamischen Charakter, d.h. sie beschreiben nicht Zusammenhänge, sondern Abläufe.

Beispiel: Ein numerisches Verfahren möge unter anderem die Berechnung der Lösungen einer quadratischen Gleichung

$$a x^2 + b x + c = o$$

erfordern. Betrachtet man diese Gleichung unbefangen, daß heißt ohne Kenntnis mathematischer Zusammenhänge, so kann man weder feststellen, welche Größen bekannt sind, noch wie die übrigen berechnet werden sollen. Mit Hilfe des Ergibtzeichens schreiben wir

$$x_1 := -\frac{b}{2a} + \sqrt{\left(\frac{b}{2a}\right)^2 - \frac{c}{a}}$$
$$x_2 := -\frac{b}{2a} - \sqrt{\left(\frac{b}{2a}\right)^2 - \frac{c}{a}}$$

Das soll folgendes bedeuten: In dem rechts vom Ergibtzeichen stehenden Ausdruck sollen die momentanen Werte der Variablen a, b, c eingesetzt und dann die angezeigten Rechenoperationen ausgeführt werden. Der so entstehende Zahlenwert wird der links stehenden Variablen als neuer momentaner Wert

[1] Genaueres über Algorithmen und deren Beziehung zu Rechenautomaten ist z.B. bei [2] zu finden.

zugeordnet. Sind z.B. den Variablen a, b, c vor Erreichen dieser Plangleichungen zuletzt die Werte a = 1, b = -3 und c = 2 zugeordnet worden, so wird durch diese Plangleichungen x_1 der Wert 2 und x_2 der Wert 1 zugeordnet. Dies sind dann die momentanen Werte von x_1 und x_2, wenn in einer nachfolgenden Vorschrift eine dieser Variablen auftritt. Eine ziemlich umfassende Sprache zur Notierung von Algorithmen hat Iverson [243] angegeben.

3. *Aufstellen des Programms.* Ist das Verfahren in algorithmischer Form notiert, so können wir das eigentliche Programm aufstellen. Es enthält die Anweisungen des Algorithmus in einer der Rechenanlage verständlichen Form. Die Form dieser Anweisungen hängt davon ab, welche Programmiersprache verwandt wird.

Da in Rechenanlagen außerordentlich komplizierte Programmabläufe möglich sind, gewinnen einige Phasen der Programmherstellung, die beim Handrechnen nicht weiter ins Gewicht fallen, besondere Bedeutung. Das gilt zum Beispiel für das Ausprüfen von Programmen. Es ist meist sehr mühsam, Programmfehler ausfindig zu machen. Dabei gilt: Je präziser die Aufgabe und der Algorithmus formuliert werden, desto seltener treten Fehler auf.

1.2 Das klassische Modell des Universalrechners

Bevor wir uns den Programmierungssprachen zuwenden, sei noch etwas über den grundsätzlichen Aufbau speicherprogrammierter, digitaler Rechenanlagen gesagt. Wir beziehen uns dabei im wesentlichen auf die den meisten der bisher realisierten Rechner zugrunde liegende klassische Konzeption, die 1947 von *A. W. Burks, H. H. Goldstine* und *J. von Neumann* beschrieben wurde [15]. Solche Rechner heißen digital, wenn sie jeweils nur einen aus einer vorgegebenen endlichen Menge von Zuständen annehmen können. Solche Automaten können insbesondere Ziffern handhaben – daher der Name „digital". Speicherprogrammiert nennen wir Rechner dann, wenn das Programm vor seiner Ausführung im Speicher der Anlage abgelegt wird. Unter Universalrechner verstehen wir Anlagen, die für den Einsatz auf den verschiedenen Hauptanwendungsgebieten, wie numerische Rechnungen, Verwaltungsaufgaben und kaufmännische Datenverarbeitung sinnvoll eingesetzt werden können.

Solche Anlagen haben bisher im wesentlichen etwa die in Abb. 1.2/1 gezeigte Gliederung.

Die gesamte Rechenanlage (oder Datenverarbeitungsanlage) besteht aus der Zentraleinheit (oder dem zentralen Rechner, oder kurz dem Rechner) und den peripheren Einheiten. Die Zentraleinheit selbst besteht wiederum aus einem oder mehreren Rechnerkernen (oder Prozessoren) mit je einem Leitwerk (oder Befehlswerk) und einem Rechenwerk, dem Speicherwerk, dem Ein/Ausgabe-Werk (oder kurz EA-Werk) und dem Vorrangwerk, das den Informationsaustausch zwischen dem Speicher und den übrigen mit dem Speicher verbundenen Anlageteilen regelt.

1. Das *Speicherwerk* enthält den oder die zentralen Speicher der Anlage. Es dient dazu, beliebige Folgen von Zahlen und Zeichen aufzunehmen und bei Bedarf wieder abzugeben. Neben Ausgangsdaten, Zwischen- und Endergebnissen werden im Speicher auch die Anweisungen des Programms aufbewahrt. Der Speicher ist in einzelne Speicherzellen aufgeteilt. Jede Speicherzelle kann eine bestimmte Anzahl von Zeichen aufnehmen. Dabei nennt man eine solche in eine Speicherzelle abzulegende Gruppe von Zeichen ein Wort. Jeder Speicherzelle ist eine ganze Zahl zugeordnet: die Adresse. Unter dieser Nummer kann sie in den elementaren Anweisungen der Programme, den Befehlen, angesprochen werden. So kann zum Beispiel B 1281 bedeuten: Bringe den Inhalt der Speicherzelle mit der Adresse 1281 in das Rechenwerk. Es gibt auch eine andere Art der Speichereinteilung, bei der man den Speicher in einzeln adressierbare Speicherzellen unterteilt, die jeweils ein Zeichen enthalten können. Die Rechner heißen dann zeichenorientiert, während man sie im anderen Fall wortorientiert nennt.

2. Im *Rechenwerk* werden die eigentlichen Rechenoperationen ausgeführt. Hierzu gehören sowohl die arithmetischen Operationen ($+, -, \times, /, \ldots$) als auch die booleschen Operationen ($\vee, \wedge, \neg, \ldots$) und andere Verarbeitungs- und Verknüpfungsprozesse.

3. Das *Ein/Ausgabe-Werk* dient der Kommunikation zwischen dem Rechner und der Außenwelt, insbesondere den zur Rechenanlage gehörigen peripheren Einheiten. Dies sind insgesamt häufig eine größere Anzahl von Ein- und Ausgabe-Einheiten (EA-Einheiten) und periphere Speicher. Mit Hilfe der Eingabe-Einheiten, wie zum Beispiel Lochstreifenleser, Lochkartenleser, Schreibmaschinen, Tastaturen, Magnetbandgeräte, Wechselplattenspeicher (Magnetplattenspeicher mit auswechselbaren Plattensätzen), werden Eingangsdaten, Programme und Bedienungs-Kommandos in den Rechner eingegeben. Über die Ausgabe-Einheiten, wie zum Beispiel Schnelldrucker, Schreibmaschine, Lochstreifenstanzer, Lochkartenstanzer, Sichtgeräte, Magnetbandgeräte und Wechselplattenspeicher, können Ergebnisse, Programme und Auskünfte über den Stand des Programmablaufs oder des Rechners (etwa Meldungen über Programm- oder Maschinenfehler) mitgeteilt werden. Die peripheren Speicher dienen als Ergänzung für das in der Zentraleinheit enthaltene Speicherwerk, dessen Kapazität aus wirtschaftlichen Gründen begrenzt gehalten wird. Die Ergänzungsspeicher sind, gemessen an ihrer Kapazität, wesentlich billiger als die Hauptspeicher, allerdings auf Kosten ihrer Zugriffsgeschwindigkeit. Meist sind es Speicher mit mechanisch bewegten magnetischen Flächen, wie zum Beispiel Magnetbänder, Magnettrommeln, Plattenspeicher oder Magnetkartenspeicher.

4. Das *Leitwerk* steuert die Zusammenarbeit der verschiedenen Anlagenteile. Es veranlaßt, daß die Befehle in der richtigen Reihenfolge abgewickelt werden. Zu diesem Zweck werden die einzelnen, je einen Befehl repräsentierenden Wörter aus dem Speicher ins Leitwerk gebracht und dort analysiert. Jeder Befehl enthält einen Operationsteil und einen Adressenteil. Der Operationsteil bestimmt, was zu tun ist, also zum Beispiel addiere oder multipliziere. – Der Adressen-

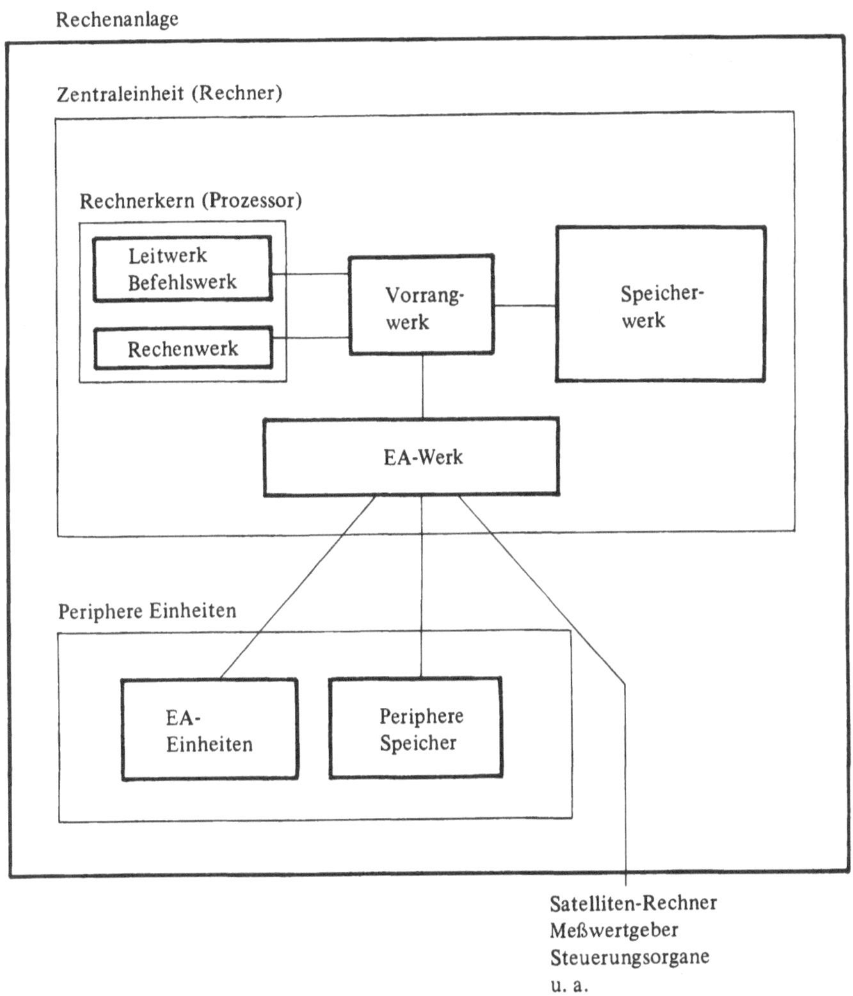

Abb. 1.2/1 Grobstruktur einer Rechenanlage

teil gibt an, in welchen Speicherzellen die Informationen zu finden sind, die der Operation unterworfen sein sollen. In unserem Beispiel B1281 ist also B der Operationsteil und 1281 der Adressenteil, der hier nur aus einer Adresse besteht.

In der Regel sind die Befehle eines Programmes in Speicherzellen mit fortlaufender Adresse untergebracht. Von dieser natürlichen Reihenfolge weicht der Rechner ab, wenn ein Sprungbefehl vorliegt. Sein Adressenteil gibt an, wo der nächste auszuführende Befehl steht. Befehle können einer Bedingung unterliegen. In diesem Fall wird geprüft, ob die Bedingung erfüllt ist, andernfalls wird die Ausführung des Befehls unterdrückt.

1.3 Programmiersprachen

Eine Anweisungsfolge, die die Lösung einer Aufgabenstellung vollständig beschreibt, nennt man, wenn Rechenanlagen dazu herangezogen werden, ganz allgemein ein Programm. Programme können auf verschiedene Weise formuliert werden, und ein System zur Formulierung von Programmen nennt man eine Programmiersprache. Wir unterscheiden problemorientierte Sprachen, maschinenorientierte Sprachen und Maschinensprachen.

1. Die *Maschinensprache* ist die maschinennächste der Programmiersprachen. Jede Rechenanlage hat ihre eigene Maschinensprache.

Sie setzt sich aus elementaren Anweisungen, den Maschinenbefehlen, zusammen, die bei geeigneter Verschlüsselung der Maschine unmittelbar verständlich sind. Dabei ist die Wirkung eines jeden Befehls unabhängig von seiner Programmumgebung, dem Kontext. Da die Maschinensprache unmittelbar auf das nach technischen Gesichtspunkten konstruierte Gerät einwirken soll und all seine Eigenschaften berücksichtigen muß, ist sie für den Menschen recht unhandlich.

So kann zum Beispiel die Rechenvorschrift $r := b^2 - 4ac$ durch folgendes Programmstück beschrieben werden:

Programm:

Nr.	Befehl	
	Op.-Teil	Adr.-Teil
800	70	900
1	5E	904
2	5E	906
3	80	910
4	70	902
5	5E	902
6	4F	910
7	80	908

Daten:

Nr.	Inhalt
900	a
2	b
4	c
6	4.0E
8	r
910	Hilfszelle

Dabei wurden als Operationsteile verwandt:

70 Bringen eines Operanden vom Speicher ins Rechenwerk,

5E Multiplikation des im Rechenwerk befindlichen Operanden mit dem im Adressenteil angegebenen Operanden, wobei das Ergebnis im Rechenwerk verbleibt,

80 Transport eines Ergebnisses aus dem Rechenwerk in den Speicher (Speichern),

4F Subtraktion des im Adressenteil angegebenen Operanden von dem im Rechenwerk befindlichen Operanden, wobei das Ergebnis im Rechenwerk verbleibt.

2. Die *maschinenorientierten Sprachen* nehmen zwar noch Rücksicht auf die Eigenheiten der Rechenanlagen, bieten jedoch mannigfaltige Bequemlichkeiten, so daß der Programmierer, sofern er eine maschinengebundene Darstellung wählt, sich dieser Form bedient. Diese Sprachen stellen unter anderem mnemotechnische Abkürzungen für die Operationsteile zur Verfügung und erlauben die Verwendung von Variablennamen anstelle der Speicheradressen. Unser Beispiel könnte folgendermaßen aussehen:

Nr.	Befehl		Kommentar
	Op.-Teil	Adr.-Teil	
800	B	A	
1	GML	C	-- $A \times C$ --
2	GML	(4.0E)	-- $4 \times A \times C$ --
3	C	H	-- $H := 4 \times A \times C$ --
4	B	B	
5	GML	B	-- B^2 --
6	GSB	H	-- $B^2 - 4 \times A \times C$ --
7	C	R	-- $R := B^2 - 4 \times A \times C$ --

Dabei haben wir als Operationsteile verwandt: B = Bringe, C = Speichere, GML = Multipliziere, GSB = Subtrahiere. Das G in der Abkürzung der arithmetischen Befehle weist daraufhin, daß die Zahlen in Gleitpunktdarstellung[1] benutzt werden. Aus dem gleichen Grunde wird an die Zahl 4.0 ein E angehängt. Ist ein Programm in einer maschinenorientierten Sprache geschrieben, so muß es vor seiner Ausführung in die Maschinensprache übersetzt werden. Dies besorgt ein besonderes Programm, der Assemblierer[2]. Dieser ordnet u.a. jeder Variablen

[1] Siehe 3.2.

[2] Der Name „Assemblierer" leitet sich von einer weiteren Aufgabe dieser Übersetzungsprogramme ab, nämlich verschiedene Teilprogramme formgerecht zusammenzufügen.

(im Beispiel: A, B, C, H, R) einen Speicherplatz zu und setzt dessen Adresse im Adressenteil des Befehls ein (z.B. 900 für A, 902 für B usw). Auch für eingeklammerte Größen, z.B. (4.0E), wird eine Speicherzelle festgelegt. Wir werden auf die hier benutzte maschinenorientierte Sprache noch näher eingehen.

3. Die *problemorientierten Sprachen* gestatten es, das Programm ohne Bezug auf eine bestimmte Rechenanlage zu formulieren; sie benutzen Sprachelemente, die für die Beschreibung eines bestimmten Problemkreises besonders geeignet sind. Ihre Struktur ist wesentlich komplizierter als die der maschinenorientierten Sprachen. Gerade deshalb kann sich der Benutzer mit ihrer Hilfe besonders wirksam ausdrücken. Es ist daher nicht verwunderlich, daß die problemorientierten Sprachen die primitiveren weitgehend verdrängt haben.

Innerhalb der problemorientierten Sprachen unterscheiden wir die Verfahrenssprachen (operative Sprachen) und die beschreibenden Sprachen (deskriptive Sprachen). Die operativen Sprachen dienen der Beschreibung von Lösungsverfahren, während die deskriptiven Sprachen mehr für die Beschreibung bestimmter Aufgabenstellungen gedacht sind.

Die Verwendung deskriptiver Sprachen gründet sich auf das Vorhandensein von Programmkomplexen, sogenannter Anwendersysteme, denen der Benutzer der Rechenanlage sein Problem in seiner Sprache vorlegt und die, ohne daß der Benutzer den Lösungsweg beschreibt, aufgrund der im Programmsystem niedergelegten Kenntnisse über die einschlägigen Lösungsverfahren die zugehörigen Lösungen erzeugen. Als Beispiel nennen wir die in einer etwas formalisierten medizinischen Fachsprache beschriebenen Krankheitssymptome, wobei das Problem die Diagnose ist. Das Lösungsverfahren selbst ist in dem zugehörigen Diagnoseprogramm bereits festgelegt.

Die ersten Arbeiten auf dem Gebiet der operativen Sprachen sind von K. Zuse durchgeführt worden. Er entwickelte bereits in den Jahren 1938 – 1945 einen sog. Plankalkül, der dazu bestimmt war, Rechenprozesse allgemeiner Art präzise und ohne Bezug auf einen bestimmten Rechner zu formulieren [3,4,8]. Dieser Kalkül unterscheidet, wie moderne Verfahrenssprachen, die Datenbeschreibung von der eigentlichen Verfahrensbeschreibung. Obgleich einige Elemente dieses Kalküls, wie z.B. das Ergibtzeichen [1], allgemein gebräuchlich geworden sind, haben sich die Programmiersprachen – orientiert an der Erfahrung im praktischen Einsatz der Rechner – in etwas anderer Richtung entwickelt. Insbesondere hat man statt der großen Allgemeinheit des Plankalküls die Sprachen von vornherein

[1] Bei Zuse und einigen anderen Autoren, wie auch in den ersten Auflagen dieses Buches, als Doppelpfeil $\Leftarrow$ geschrieben. Die neue Schreibweise ist durch ALGOL verbreitet worden.

stärker auf einen bestimmten Anwendungsbereich festgelegt, so daß sie wesentlich bequemer benutzt werden können. Über die Vielfalt problemorientierter Sprachen soll in einem späteren Kapitel ein Überblick gegeben werden. Zunächst werden wir nur ALGOL betrachten. Die Programme zur Übersetzung von problemorientierten Sprachen in die Maschinensprache heißen Kompilierer [1].

Mit der Verwendung maschinenferner Sprachen, deren Ausdruckmittel nur noch indirekt von der Maschine verstanden werden, wird auch die Bedienung der Maschine auf ein höheres Niveau gestellt. Nicht mehr Druckknöpfe „Ein", „Aus", „Programmstart", „Nächster Befehl" usw. sind die Objekte, an die der Mensch seine Kommandos richtet, sondern wiederum spezielle Programme, mit deren Hilfe komplexe Operationen, wie „Halt, wenn die Stelle x 30-mal durchlaufen wurde", oder „Prüfe den bisher eingegebenen Programmteil auf syntaktische Fehler". Aus diesem Grunde kommt man bei der systematischen Erfassung dessen, was zum Betrieb eines Rechners nötig ist, zu einer neuen Art von operativen Sprachen, den Kommandosprachen.

4. Die *algorithmische Formelsprache ALGOL* ist nicht nur durch ihre weite Verbreitung in Europa, sondern auch durch ihren vorbildlich klaren Aufbau, sowie durch die zu ihrer Definition benutzten formalen Hilfsmittel interessant. Aus diesem Grunde werden wir im folgenden eine Einführung in ALGOL geben. Die weiteren Ausführungen über eine algorithmische Sprache beziehen sich – soweit nicht ausdrücklich anderes gesagt wird – auf ALGOL.

Diese Sprache ist zuerst 1960 im „Report on the algorithmic language ALGOL 60" [161, 162, 163] definiert und später noch einmal überarbeitet worden [242] [2]. Da ALGOL keine festgelegten Anweisungen für die Ein- und Ausgabe besitzt und außerdem Elemente enthält, die auf den üblichen EA-Medien nicht darstellbar sind, bestand von Anfang an die Notwendigkeit für eine weitere Normierung. Diese besorgte in Europa die ALCOR-Gruppe. Wir werden bei der Beschreibung der einzelnen ALGOL-Vorschriften neben der ALGOL-Form auch die ALCOR-Fassung [166, 240] angeben, falls diese abweicht.

Da wir unsere Beispeile auf eine reale Maschine, nämlich den AEG-TELEFUNKEN TR 440 beziehen wollen, werden wir darüber hinaus auch auf dessen ALGOL-Besonderheiten aufmerksam machen.

[1] Der Name „Kompilierer" leitet sich genau wie beim Assemblierer von der Fähigkeit dieser Übersetzungsprogramme ab, Teilprogramme zu einem Gesamtprogramm zusammenzufügen.

[2] Dieser Bericht ist eine präzise, vollständige Beschreibung der Sprache und als Einführung nicht geeignet. Vergleiche hierzu [164–171]. Weitere ALGOL-Literatur bei [172].

1.4 Arithmetische Ausdrücke

Das Beispiel der quadratischen Gleichung aus 1.1 diene zur Einführung. Mit ALGOL können die Plangleichungen in der folgenden Weise geschrieben werden:

$$X[1] := -B/(2 \times A) + \mathrm{sqrt}\,((B/(2 \times A)) \uparrow 2 - C/A);$$
$$X[2] := -B/(2 \times A) - \mathrm{sqrt}\,((B/(2 \times A)) \uparrow 2 - C/A).$$

Wie bei den meisten Programmiersprachen sind die Anweisungen ohne Hoch- und Tiefstellungen zu schreiben. Dies betrifft in unserem Beispiel insbesondere

die Division:	/
die Potenzierung:	↑
die Indizes:	[]

Indizes werden also in eckige Klammern eingeschlossen. Ansonsten sind in arithmetischen Ausdrücken nur runde Klammern zugelassen. Für die Wurzel haben wir die Funktion sqrt(...) eingesetzt[1].

Unser Beispiel enthält bereits alles, was in einem einfachen arithmetischen Ausdruck auftreten kann:

Ein einfacher arithmetischer Ausdruck besteht aus
a) Zahlen,
b) einfachen und indizierten Variablen,
c) Funktionsaufrufen,
d) arithmetischen Operatoren und
e) runden Klammern.
Er dient dazu, aus Zahlen und den Zahlenwerten der Variablen und Funktionen eine neue Zahl, den Wert des Ausdruckes, zu berechnen.

Hinsichtlich der Reihenfolge, in der die einzelnen Operationen eines Ausdruckes ausgeführt werden, gilt die übliche Prioritätsregelung:

1. Potenzierung
2. Multiplikation, Division,
3. Addition, Subtraktion.

Folgen zwei gleichrangige Operatoren aufeinander, so wird der linke zuerst ausgeführt. Der Ausdruck

$$X/Y \times K + (Z \uparrow 2 \times B - 3 \times A)/(4 \times E) \times F - (A+X)$$

[1] Abkürzung für square root (Quadratwurzel).

wäre demnach in der üblichen mathematischen Notation folgendermaßen zu schreiben:

$$\frac{X}{Y}K + \frac{Z^2\,B - 3A}{4E}\,F - (A + X)$$

Man beachte, daß

a) sich bei der Potenzierung entsprechen:

2 ↑ N ↑ K	$(2^N)^K = 2^{N\,K}$
2 ↑ (N ↑ K)	$2^{(N^K)}$

b) B/2 × A die ALGOL-Schreibweise für $\frac{B}{2}$ A ist. Um $\frac{B}{2A}$ zu schreiben, sind entweder Klammern erforderlich: B/(2 × A), oder man muß auf die (bis auf eventuelle Rundungsfehler) äquivalente Formel B/2/A zurückgreifen.

Wir wollen nun die einzelnen Elemente des arithmetischen Ausdrucks besprechen:

1. Die *Zahlen* werden in ALGOL 60 grundsätzlich im Dezimalsystem dargestellt:

Dezimalzahl:	Folge von Ziffern, in der ein Dezimalpunkt[1] den ganzzahligen vom gebrochenen Anteil trennt.
Skalenfaktor:	ganze Zahl (mit oder ohne Vorzeichen), die auf eine tiefgestellte Zehn ($_{10}$) folgt. Bedeutung: z.B. $5_{10}3 = 5000$.
Zahl:	a) Dezimalzahl mit oder ohne Skalenfaktor b) Skalenfaktor allein c) ganzzahliger Anteil allein (ohne Punkt) d) gebrochener Anteil allein (mit Punkt)
Ganze Zahl:	Zahlen, die weder Punkt noch Skalenfaktor enthalten.
Vorzeichen:	Alle Zahlen dürfen ein Vorzeichen besitzen.
Einschränkung TR 440:	Höchstens 11 Dezimalstellen, Skalenfaktor zwischen $_{10}-155$ und $_{10}+152$

Beispiele: +0.703 +185 +.476 01.0 003 .0

$-312.477 \quad +15.36_{10}4 \quad 12.0_{10}-00 \quad -.37_{10}+085$

$66_{10}12 \quad +_{10}-3 \quad 1_{10}+55 \quad -_{10}0$

Die tiefgestellte Zehn ist ein besonderes ALGOL-Zeichen, das nicht etwa aus einer 1 und einer 0 besteht.

[1] Das Komma wird als Trennsymbol an anderen Stellen benötigt. Außerdem ist zugunsten der internationalen Einheitlichkeit grundsätzlich auch in der deutschen Programmierungsfachsprache vom Dezimalpunkt die Rede (siehe DIN 44 300).

2. Für die *Variablen* haben wir in der üblichen Notation je einen Buchstaben benutzt. Man bemerkt jedoch bald, daß der Vorrat des lateinischen Alphabets nicht ausreicht, um alle Bezeichnungswünsche zu erfüllen. Da ein Ausweichen auf andere Alphabete (etwa das griechische) wegen der Benutzung von Fernschreib- und Lochkartengeräten entfällt, läßt ALGOL als Namen für die Variablen auch Folgen von Buchstaben und Ziffern zu:

Namen:	Folge von Buchstaben und Ziffern, deren erstes Zeichen ein Buchstabe ist. Zwischenräume haben keine Bedeutung.
Variable:	Dient zur Bezeichnung eines momentanen Wertes, der auf diese Weise in Ausdrücken zur Bestimmung neuer Werte verwandt werden kann. Der Wert kann durch Ergibt- und Eingabeanweisungen geändert werden.
Einfache Variable:	Dient zur Bezeichnung eines einzelnen Wertes. Form: Name
Indizierte Variable:	Dient zur Bezeichnung eines Wertes, der Komponente eines Feldes ist. Form: Name [Index, Index, ..., Index]
Index:	beliebiger arithmetischer Ausdruck. Falls er keine ganze Zahl ergibt, wird sein Wert auf die benachbarte ganze Zahl gerundet.
Einschränkung ALCOR und TR 440:	Große und kleine Buchstaben werden nicht unterschieden, also ist z.B. A1 identisch mit a1.

Häufig wird darüberhinaus die Einschränkung gemacht, daß nur die ersten sechs Zeichen eines Namens zur Unterscheidung dienen (ALCOR), so daß dann zum Beispiel DETERMINANTE identisch mit DETERM ist.

Die Werte aller k-fach indizierten Variablen mit einem gemeinsamen Namen bilden ein k-dimensionales Feld, zum Beispiel mit zwei Indizes:

A[1,1] A[1,2] A[1,3] A[1,4]
A[2,1] A[2,2] A[2,3] A[2,4]
A[3,1] A[3,2] A[3,3] A[3,4]

Beispiele für einfache Variable:

X A3 B7C2 PI BETA EXPONENT

Beispiele für indizierte Variable:

A[I,K] BETA[I-3,5] A27[(7 × X + 4)/A, K, T + X ↑ 3]

Insbesondere kann ein Index seinerseits indiziert sein

T[A[3]] B[F, T - 3×L[I+7,3], Y]

Wir wollen nun den Typ der Operanden und Ausdrücke einführen: Man sagt, ganze Zahlen, Variable, die nur ganzzahlige Werte besitzen, arithmetische Ausdrücke, die nur ganzzahlige Werte annehmen, und so weiter seien vom Typ ganzzahlig, alle anderen vom Typ reell. Dabei ist es wichtig, im Auge zu behalten, daß im Rechenautomaten alle Zahlen grundsätzlich mit endlicher Stellenzahl dargestellt werden[1]. Die Unterschiede zwischen den in der Analysis gemeinten reellen Zahlen und den im praktischen numerischen Verfahren wirklich benutzten Werten vom Typ reell, daß heißt die Rundungsfehler, müssen beim Programmieren berücksichtigt werden.

3. Von den *Funktionsaufrufen* betrachten wir zunächst nur die Standardfunktionen, die vom Programmierer ohne weiteres benutzt werden können:

Standardfunktionsaufruf:
Name (Parameter)
Parameter: beliebiger arithmetischer Ausdruck
Namen der Standardfunktionen:

a) abs Betrag
sqrt Quadratwurzel (Parameter $\geqslant 0$)
exp Exponentialfunktion
ln natürlicher Logarithmus (Parameter > 0)
sin Sinus
cos Cosinus) (Parameter im Bogenmaß)
arctan Arcustangens (Hauptwert)
Typ des Ergebnisses: reell

b) entier größte ganze Zahl, die nicht größer ist als der Parameter, z.B.:
entier (3.4) = 3, entier (-3.4) = - 4
sign Vorzeichen des Parameters, z.B.: sign(10) = +1, sign(-4) = -1, sign(0) = 0
Typ des Ergebnisses: ganzzahlig.

4. Als *arithmetische Operatoren* lassen wir folgende Zeichen zu:

ALGOL	ALCOR[2]	OPERATION
+	+	Addition
−	−	Subtraktion
×	×	Multiplikation
/	/	gewöhnliche Division
÷	'/'	ganzzahlige Division
↑	'POWER'	Potenzierung

[1] Insofern ist die Bezeichnung reell nicht ganz zutreffend.

[2] Die angegebene Darstellung gilt für 5-Kanal-Lochstreifen. Entsprechend gibt es eine Darstellung für 80-spaltige Lochkarten.

Beachte: Das Multiplikationszeichen ist nicht mit dem Buchstaben x zu verwechseln und darf nicht weggelassen werden.

Der Typ eines arithmetischen Ausdrucks bestimmt sich aus dem Verhalten der einzelnen arithmetischen Operationen:

+ - ×	Das Ergebnis ist vom Typ ganzzahlig, wenn beide Operanden diesen Typ besitzen, sonst reell.
/	Der Quotient ist stets vom Typ reell.
÷	Beide Operanden müssen vom Typ ganzzahlig sein. Das Ergebnis ist ebenfalls von diesem Typ. a ÷ b ist äquivalent sign(a/b) × entier(abs(a/b)), also 4 ÷ 3 = 1, aber 4/3 = 1.333....
↑	Das Ergebnis ist vom Typ ganzzahlig, wenn Basis und Exponent es sind und der Exponent außerdem nicht negativ ist. Da die letzte Bedingung meist nicht im voraus geprüft werden kann, wird von vielen Übersetzern (z.B. TR 440) die Einschränkung gemacht, daß das Ergebnis stets den Typ reell besitzt. Dann ist a↑b äquivalent mit exp(b × ln(a)). Man beachte, daß die Operation nicht für alle Zahlenwerte definiert ist (z.B. a < 0 und b reell).

1.5 Wertzuweisung und Vereinbarung

Jede Variable repräsentiert einen momentanen Wert, der durch eine Ergibt-Anweisung geändert werden kann:

> Die Ergibt-Anweisung
> Variable := Variable := ... := Ausdruck
> veranlaßt, daß der momentane Wert des Ausdrucks berechnet und allen Variablen der linken Seite zugewiesen wird. Für die Berechnung des Ausdrucks muß jeweils der Wert verwendet werden, den die Variablen vor der durch das Ergibtzeichen vermittelten Wertzuordnung gehaben haben.
>
> Beachte: a) Die Variablen der linken Seite müssen vom gleichen Typ sein.
> b) Stimmt ihr Typ mit dem des Ausdruckes nicht überein, so wird der Typ des Ausdrucks in den der linken Seite umgewandelt, wobei gegebenfalls gerundet wird.
> c) Auf der linken Seite dürfen die gleichen Variablen auftreten, wie auf der rechten Seite. Damit wird diesen Variablen ein neuer Wert zugewiesen.

In dem auf der rechten Seite stehenden Ausdruck dürfen also nur Variable verwandt werden, denen zuvor ein Wert zugewiesen wurde.

Beispielc für Ergibt-Anweisungen sind:

```
X[1] := - B/(2 × A) + sqrt((B/(2 × A)) ↑ 2 - c/A)
I := I + 1
A := B/C - V - Q × S
AB[1] := C := A3 := 7 ↑ C + 4 × Z × sin (X+Y)/D[4]
```

Den Unterschied zwischen Ergibtzeichen und Gleichheitszeichen beleuchtet die Anweisung I := I + 1. Diese Anweisung besagt, daß der momentane Wert von I um 1 erhöht wird. Hat z.B. I vor dieser Anweisung den Wert 3, so hat die rechte Seite den Wert 4, und I erhält nunmehr diesen Wert zugewiesen.

Die Anweisungen mit mehreren Variablen auf der linken Seite bedürfen noch einiger Anmerkungen:

```
C := 2; Z := 4;
A[Z] := C := Z := 2 ↑ C + 4 × Z
```

Hier wird zunächst der Ausdruck 2 ↑ C + 4 × Z = 20 ausgewertet. Dieser Wert wird A[4], C und Z zugewiesen. Falsch wäre es, die letzte Anweisung zu ersetzen durch

```
Z := 2 ↑ C + 4 × Z;
C := 2 ↑ C + 4 × Z;
A[Z] := 2 ↑ C + 4 × Z.
```

In diesem Fall ergäben sich nämlich: Z = 20, C = 84 und A[20] = $2^{84} + 80$.
Auch

```
Z := 2 ↑ C + 4 × Z; C := Z; A[Z] := C
```

ist falsch, weil der Wert 20 der Variablen A[20] zugeordnet wird (statt A[4]).

Grundsätzlich ist bei der Auswertung von Ergibt-Anweisungen folgende Reihenfolge einzuhalten:

1. Berechnung der Indexausdrücke auf der linken Seite.
2. Berechnung des Ausdrucks auf der rechten Seite.
3. Zuordnung des berechneten Wertes an die Variablen der linken Seite.

Unsere Programme werden im allgemeinen mehrere nacheinander auszuführende Anweisungen enthalten, die wir jeweils durch ein Semikolon voneinander trennen. Sie werden in der aufgeschriebenen Reihenfolge ausgeführt.

Zwischenräume zwischen einzelnen Zeichen und Zeilenwechsel haben in ALGOL keine Bedeutung. Sie werden nur zur Erhöhung der Übersichtlichkeit eingestreut. Das heißt also, daß insbesondere der Zeilenwechsel keinen Ersatz für das zur Trennung von Anweisungen vorgeschriebene Semikolon darstellt.

Betrachten wir noch einmal die Anweisungen zur Lösung einer quadratischen Gleichung:

```
X[1] := - B/(2 × A) + sqrt((B/(2 × A)) ↑ 2 - C/A);
X[2] := - B/(2 × A) - sqrt((B/(2 × A)) ↑ 2 - C/A);
```

Stellen wir uns die Reihenfolge vor, in der die einzelnen Operationen aufgrund von Vorrang und Klammerung ausgeführt werden, so bemerken wir, daß B/(2 × A) insgesamt viermal und die Wurzel zweimal bestimmt wird. Dies kann vermieden werden, wenn man dafür neue Variable einführt:

```
Q := - B/(2 × A);
P := sqrt (Q ↑ 2 - C/A);
X[1] := Q + P;
X[2] := Q - P.
```

Der Algorithmus ist damit noch nicht vollständig, da A, B und C noch keine Werte besitzen. Die Festlegung kann beispielsweise geschehen durch die Anweisungen

```
A := 1;  B := -3;  C := 2.
```

Dann wäre jedoch die Lösung jeder neuen Gleichung mit einer Programmänderung verbunden. Ein grundsätzlich anderer Weg ist durch die Ein- und Ausgabeanweisungen gegeben. Bevor die Werte im Programm benötigt werden, werden sie durch eine besondere Anweisungen an einem Standardeingabegerät[1] abgerufen:

Die Standardein- und ausgabeanweisungen sind:

Eingabe: read (Variable, Variable, ..., Variable)
Die am Standardeingabegerät anliegenden Daten werden in den Rechner übernommen und in der gelesenen Reihenfolge den Variablen zugeordnet. Es müssen mindestens soviele Daten anliegen, wie Variable in der Anweisung angegeben sind.

Ausgabe: a) print (Ausdruck, Ausdruck, ..., Ausdruck)
Der Wert jedes Ausdruckes wird berechnet und auf dem Standardausgabegerät gedruckt, wobei die angegebene Reihenfolge eingehalten wird.
b) write ('Folge beliebiger Zeichen')
Die angegebene Zeichenkette wird auf dem Standardausgabegerät gedruckt.

Beachte: a) read, print, write sind nicht Bestandteil der ALGOL-Definition, sie gelten nur im Rahmen der ALCOR-Konvention.
b) Die Kettenbegrenzungszeichen werden in ALCOR als '(' für ' und ')' für ' dargestellt.

Wird die Anweisung read (A, B, C) im Programm erreicht, so wird der nächste am Eingabegerät anliegende Wert der Variablen A zugerodnet, der darauffolgende der Variablen B und so weiter. Entsprechend kann das Ergebnis der Rechnung mit print (X[1], X[2]) dem Benutzer übermittelt werden.

[1] Welches dies ist, muß der Benutzungsanleitung der verwendeten Anlage entnommen werden.

Wir bekommen dann folgenden Algorithmus zur Lösung einer quadratischen Gleichung:

```
read (A,B,C);
Q := - B/(2 × A); P := sqrt (Q ↑ 2 - C/A);
X[1] := Q + P; X[2] := Q - P;
print (X[1], X[2]).
```

Damit ist der Algorithmus als solcher beschrieben. Zur Vervollständigung des Programms sind nun noch Informationen über den Typ der verwendeten Variablen erforderlich. Wie wir gesehen haben unterscheidet ALGOL – wie auch andere Programmiersprachen – arithmetische Variable vom Typ ganzzahlig und vom Typ reell. Welcher Typ für eine einfache Variable gelten soll, wird durch eine Typenvereinbarung festgelegt:

Typenvereinbarung:
Typenangabe Name, Name, ..., Name;
Typenangaben sind:

integer für Variable, die nur ganzzahlige Werte annehmen sollen. Sie unterliegen keinen Rundungsfehlern.

real für Variable, die beliebige arithmetische Werte annehmen können. Die Werte unterliegen Rundungsfehlern.

Boolean für Variable, die nur die Werte **true** und **false**, d.h. richtig und falsch, annehmen können.[1]

Beispiele:

real T, B5, E HOCH X;
integer B9, U, A;
Boolean T3, C;

In unserem Beispiel sollen alle Variable vom Typ **real** sein. Darüber wird am Anfang des Programms folgende Vereinbarung getroffen:

real A, B, C, P, Q.

Auch X[1] und X[2] sollen von diesem Typ sein. Hierbei handelt es sich aber nicht um einfache, sondern um indizierte Variable. Sie sind Komponenten eines Feldes, für das außer dem Typ auch die Anzahl und die Anordnung seiner Kompenenten vereinbart sein muß: **real array** X[1 : 2] oder **array** X[1 : 2]:

Feldvereinbarung:
Typenangabe **array** Name [Indexgrenzen]
Indexgrenzen: Für jeden Index ist ein Grenzenpaar anzugeben:
untere Grenze : obere Grenze.
Die Grenzpaare werden durch Komma voneinander getrennt.

[1]siehe 2.2.

Die Grenzen sind arithmetische Ausdrücke, deren Werte gegebenenfalls auf die benachbarte ganze Zahle gerundet werden[1].

Typenangabe: **integer**, **real**, **Boolean**. (siehe Typenvereinbarung) Die Angabe **real** darf wegfallen.

Beachte:
a) Die Feldvereinbarung kann eine Aufzählung enthalten.
b) Haben mehrere Felder die gleichen Grenzen, so genügt es, diese beim letzten Feld anzugeben.
c) Das Feld ist nur definiert, wenn die untere Grenze nicht größer ist als die obere.

Beispiele:

array T[- 4 : 0, 3 : 99, N+I+1:99];
integer array V[1:3, 1:3, 1:3];
Boolean array C[1:4, 1:4], B[- N:N];
array U, W[1:3, 1:3, 1:3], X, Y, Z[1:4, 1 4].

Die Feldvereinbarung ist so zu verstehen, daß die Grenzenpaare in der Indexgrenzenliste von links nach rechts den entsprechenden Indizes der indizierten Variablen zugeordnet werden und daß diese Indizes unabhängig voneinander alle ganzzahligen Werte zwischen den vereinbarten unteren und oberen Grenzen durchlaufen, die Grenzen eingeschlossen. Es können also keine Indexwerte ausgelassen werden. Ein Matrix der Form

$$\begin{matrix} T_{12} & T_{13} & T_{14} & T_{15} \\ T_{22} & T_{23} & T_{24} & T_{25} \\ T_{32} & T_{33} & T_{34} & T_{35} \end{matrix}$$

deren Komponenten ganzzahlig sein sollen, kann durch **integer array** T[1:3, 2:5] vereinbart werden, daß heißt der erste Index läuft von 1 bis 3, der zweite von 2 bis 5.

In diesem Abschnitt haben wir neue Symbole kennengelernt: **integer**, **real**, **array** und so weiter. Diese Begriffe, die hier fettgedruckt sind, werden in ALGOL jeweils als ein Symbol (Wortsymbol) betrachtet. Bei der Eingabe eines Programmes in den Rechner werden die Wortsymbole gemäß ALCOR-Konvention in Apostroph eingeschlossen; handschriftlich werden sie unterstrichen. Zu den Wortsymbolen gehören auch **begin** und **end**, die Anfang und Ende eines Blockes

[1] Diese allgemeine Form der Indexgrenze kann erst nach Einführung der Blockstruktur (siehe 5.1) genutzt werden, weil den in den Ausdrücken auftretenden Variablen vorher Werte zugewiesen sein müssen.

kennzeichnen, über deren Bedeutung später ausführlich gesprochen wird (siehe auch 5.1). Programme haben die Form eines Blockes:

> Block:
> Form: **begin** Vereinbarung; Vereinbarung; ...;
> Anweisung; Anweisung; ...;
> Anweisung
> **end**
>
> Ein Block faßt mehrere Vereinbarungen und Anweisungen zur einer Einheit zusammen. Die Vereinbarungen sind nur innerhalb des Blockes gültig und stehen an dessen Anfang.

Damit erhalten wir folgendes Programm zur Lösung einer quadratischen Gleichung:

Programm 1.5/1:

```
begin real P, Q, A, B, C; array X[1 : 2];
      read (A, B, C);
      Q := - B/(2 × A); P := sqrt(Q ↑ 2 - C/A);
      X[1] := Q + P; X[2] := Q - P;
      print (X[1], X[2])
end
```

Man beachte, daß das Semikolon nur zwischen Vereinbarungen und Anweisungen stehen muß, also nicht vor dem abschließenden **end**. (Ein Semikolon vor einem **end** macht das Programm jedoch nicht falsch und ändert auch nicht seine Bedeutung.)

1.6 Ablauforganisation

Ein ALGOL-Programm wie das in 1.5 beschriebene muß noch in die Maschinensprache übersetzt werden, bevor es von der Maschine ausgeführt werden kann. Der Universalrechner ist in der Lage, diese Übersetzung selbst auszuführen, wie H. Rutishauser schon 1952 [5] dargestellt hat. Wir belegen die Rechenanlage also mit zwei Arbeitsgängen:

1. Übersetzung des Programms,
2. Durchführung des übersetzten Programmes.

Wir lassen dabei außer Acht, daß die Übersetzung wiederum in mehrere Arbeitsgänge unterteilt sein kann (Abb. 1.6/1).

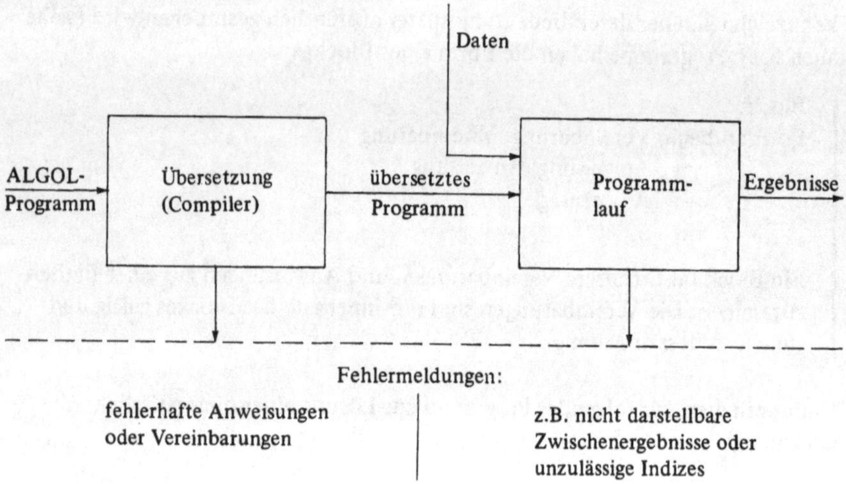

Abb. 1.6/1 Ablauforganisation

Vor Beginn der Programmdurchführung müssen an dem Standardeingabegerät die Zahlenwerte für die einzulesenden Variablen bereitgestellt werden, im Beispiel die Werte für A, B, C. Wenn das Programm die Anweisung read (A, B,C) ausführt, so erwartet es am Eingabegerät drei Zahlenwerte. Der erste Zahlenwert wird dann mit A identifiziert, der nächste mit B, der dritte mit C. Ein Datenstreifen oder eine Datenkarte für die Durchführung des angegebenen Programms wäre also

3, -6, -9,

wobei die einzelnen Daten durch Komma oder Semikolon voneinander getrennt sind. Auch nach der letzten Zahl ist ein solches Zeichen zu setzen.

Dem Anfänger bereitet es oft Schwierigkeiten daß hier nicht geschrieben wird

A = 3, B = -6, C = -9.

Die Zuordnung der Daten zu den Variablen erfolgt jedoch ausschließlich aufgrund der Reihenfolge, mit der diese in Eingabeanweisungen auftreten. (Auch die Reihenfolge in den Vereinbarungen spielt keine Rolle.)

Da die Rechenanlagen immer schneller werden, werden die Rechenzeiten der einzelnen Programme immer kleiner. Der Gedanke liegt nahe, die Aufeinanderfolge verschiedener Programme oder Arbeitsabläufe vom Rechner selbst organisieren zu lassen. Ein Programm, das die Ablaufsteuerung für eine Programmfolge übernimmt, nennen wir ein Betriebssystem (auch Monitorsystem). Ein ausführlichere Darstellung wird in Kapitel 10 folgen.

2. Programmstruktur

2.1 Ablaufdiagramme

Die von H.H. Goldstine und J. von Neumann [14] eingeführten Ablaufdiagramme (Ablaufpläne) dienen dazu, die Strukturmerkmale eines Programmablaufs graphisch darzustellen[1]. Zu diesem Zweck wird dem Programmablauf eine Ablauflinie zugeordnet, in die die Sinnbilder für die einzelnen Operationen eingefügt werden [239]. Die Ablauflinie verläuft vorzugsweise von oben nach unten oder von links nach rechts. Ihre Richtung kann durch Pfeilspitzen verdeutlicht werden. Dies ist insbesondere erforderlich, wenn von den Vorzugsrichtungen abgewichen wird, jedoch in jedem Falle empfehlenswert.

In 1.5 haben wir Ergibt-Anweisungen betrachtet. Für diese, sowie alle Operationen, die in [239] nicht näher aufgeführt sind, werden rechteckige Kästchen verwandt, in die die Operationen eingetragen werden. Beispiele sind:

$y := a + 3$

$i := 0$

In Ausnahmefällen können auch mehrere Anweisungen in ein Kästchen eingetragen werden, die dann jedoch deutlich (z.B. durch zeilenweise Notierung) voneinander zu trennen sind. Auch die Reihenfolge muß eindeutig sein:

$q := -\frac{b}{2a}$ $p := q^2 - \frac{c}{a}$

(Die Reihenfolge spielt z.B. eine Rolle, wenn die gleiche Variable in mehreren Anweisungen des Kästchens und dabei mindestens einmal auf der linken Seite einer Ergibt-Anweisung vorkommt.)

Das rechteckige Kästchen wird auch benutzt, wenn in Übersichtsdiagrammen die einzelnen Verfahrensschritte nur verbal beschrieben werden:

Schwerpunkt des Dreiecks bestimmen

[1] Neben den Programmablaufplänen spielen in der Datenverarbeitung die Datenflußpläne eine große Rolle, in denen der zeitliche Fluß der Daten zwischen den verschiedenen Datenträgern eines datenverarbeitenden Systems graphisch dargestellt wird.

Für die Ein- und Ausgabeanweisungen wird ein Parallelogramm verwandt. Ob es sich um Ein- oder Ausgabeanweisungen handelt, soll ebenso wie die Geräteangabe aus der Beschriftung hervorgehen:

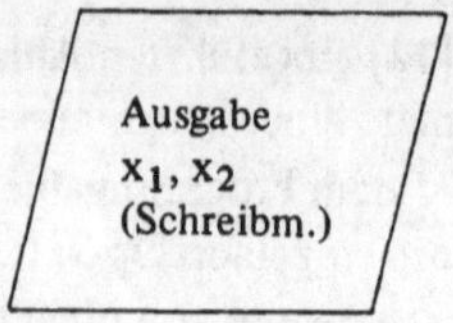

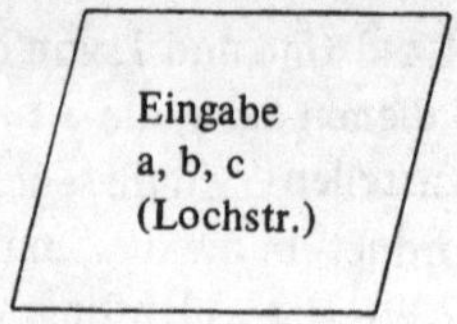

Außerdem sind für uns bis jetzt die Grenzstellen interessant,

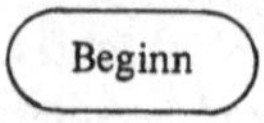

die für Beginn, Ende oder Zwischenhalt verwandt werden. Zum Programm 1.5/1 können wir demnach das Ablaufdiagramm Abb. 2.1/1 anfertigen.

Weitere Symbole werden wir nach Bedarf einführen.

Zwei weitere Beispiele für einfache Geradeausprogramme sollen diesen Abschnitt abschließen:

1. Skalarprodukt zweier dreidimensionaler Vektoren:

$$c = (a_1, a_2, a_3) \times (b_1, b_2, b_3)$$
$$c = a_1 b_1 + a_2 b_2 + a_3 b_3$$

Das Ablaufprogramm ist in Abb 2.1/2 dargestellt.

Programm 2.1/1

```
begin array A, B[1 : 3]; real C;
      read(A[1], A[2], A[3]);
      read(B[1], B[2], B[3]);
      C := A[1] × B[1];
      C := C + A[2] × B[2];
      C := C + A[3] × B[3];
      print (C)
end
```

Natürlich hätten wir auch schreiben können:

$$C := A[1] \times B[1] + A[2] \times B[2] + A[3] \times B[3].$$

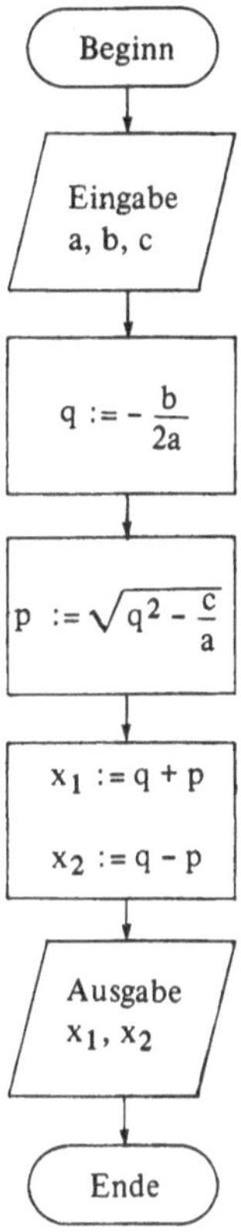

Abb. 2.1/1 Ablaufdiagramm zu Programm 1.5/1

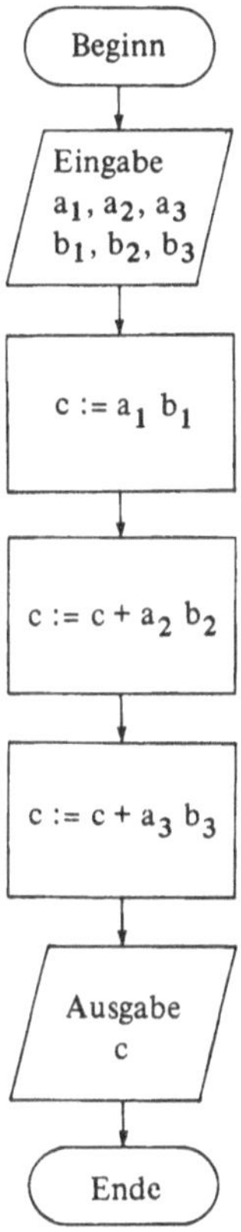

Abb. 2.1/2 Ablaufdiagramm zu Programm 2.1/1

Dann hätten wir die Tatsache, daß die Summe während der Multiplikationen bei den meisten Rechnern zwischengespeichert werden muß, verschleiert. Außerdem ist die hier angegebene Fassung später in einfacher Weise auf n-dimensionale Vektoren zu erweitern.

2. Hornerschema zur Bestimmung von Polynomwerten

$$P = a_0 + a_1x + a_2x^2 + a_3x^3$$
$$= a_0 + x\,(a_1 + x\,(a_2 + xa_3))$$

Als Zwischenergebnisse benutzen wir die eingeklammerten Ausdrücke (Abb. 2.1/3).

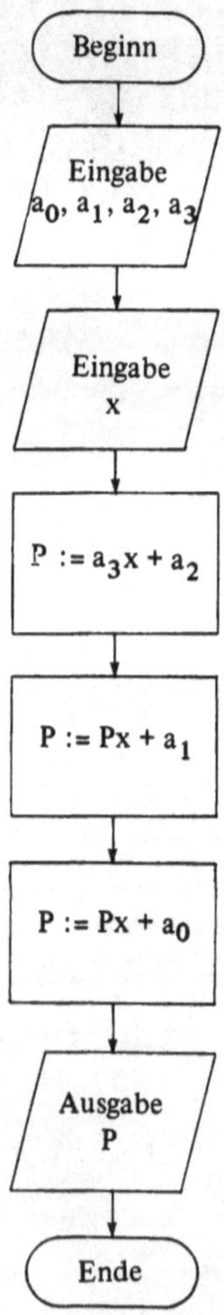

Abb. 2.1/3 Ablaufdiagramm zu Programm 2.1/2

Programm 2.1/2

```
begin real X, P; array A[0 : 3];
      read(A[0], A[1], A[2], A[3]);
      read(X);
      P := A[3] × X + A[2];
      P := P × X + A[1];
      P := P × X + A[0];
      print (P)
end
```

Geben wir als Daten z.B. an

$$1.0,\ 1.0,\ 0.5,\ 0.166666667,\ 1.0,$$

so berechnet dieses Programm einen Näherungswert für e mit den ersten Gliedern der Taylor-Reihe:

$$1 + x + \frac{x^2}{2} + \frac{x^3}{6}\ , \quad x = 1.$$

2.2 Bedingte Anweisungen

Wir gehen wieder vom Programm zur Lösung einer quadratischen Gleichung (Programm 1.5/1) aus. Dort ist die Anweisung

P := sqrt(Q ↑ 2 - C/A)

nur ausführbar, wenn der Radikand nicht negativ ist. Im anderen Fall hat die Gleichung komplexe Lösungen:

$$x_{1,2} = q \pm i \sqrt{|q^2 - \frac{c}{a}|} \qquad ^{1)}$$

Als Ausgabe sollen dann Real- und Imaginärteil getrennt erscheinen. Die Fallunterscheidung soll bei der Ausgabe durch den Text „reell" bzw. „kompl." berücksichtigt werden.

Wir erhalten ein Programm mit einer Verzweigung, d.h. einer Programmstelle, von wo aus mehrere (hier: zwei) verschiedene Programmabläufe alternativ eingeschlagen werden können. Das Symbol für eine Verzweigung ist eine auf der Spitze stehende Raute. Jeder möglichen Programmfortsetzung entspricht ein Ausgang:

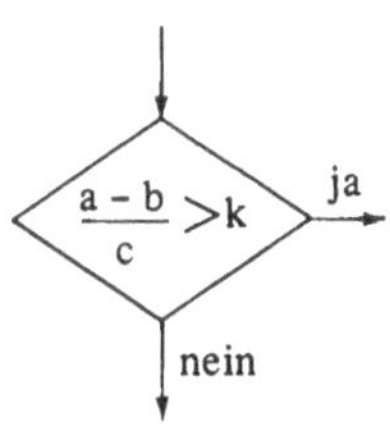

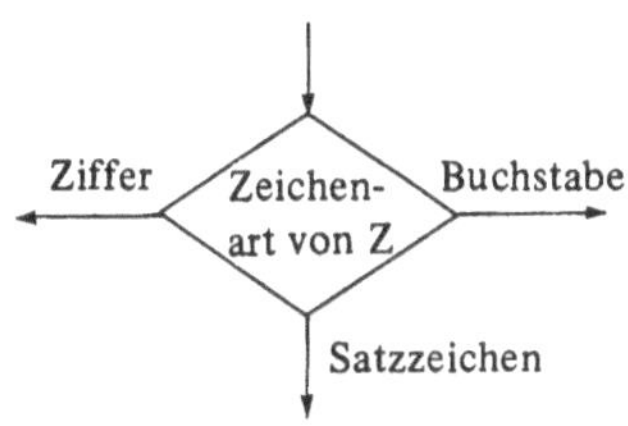

[1] $i = \sqrt{-1}$ = imaginäre Einheit

Sinnvoll sind natürlich nur Verzweigungen mit mindestens zwei Ausgängen. Das Symbol selbst enthält im allgemeinen die Bedingung. Die Ausgangslinien werden mit Texten gekennzeichnet, die im eindeutigen Zusammenhang zu der Bedingung stehen. Falsch wäre also z.B.

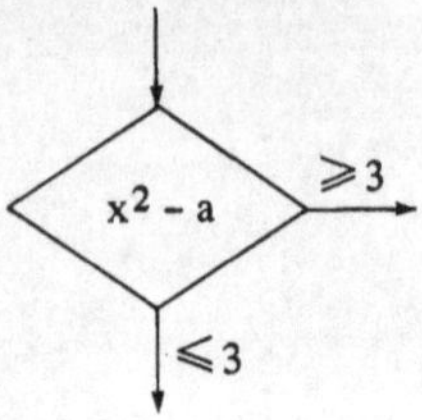

weil im Fall $x^2 - a = 3$ die Fortsetzung des Programmablaufs nicht eindeutig bestimmt ist.

Aus zeichnerischen Gründen dürfen die Ausgänge an einer Hilfslinie angebracht werden:

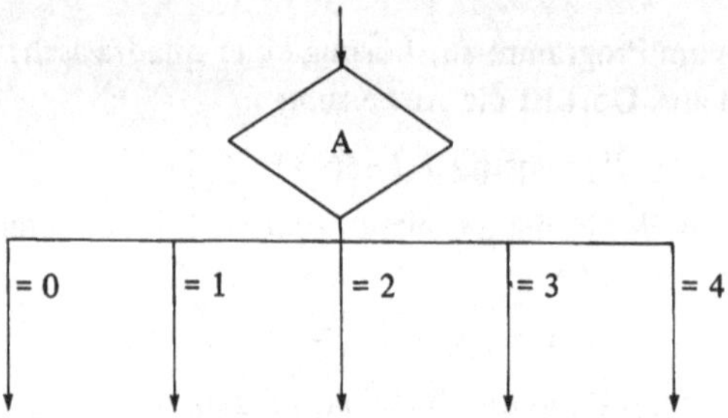

Eine Verzweigung mit mehr als zwei Ausgängen kann auch als Folge mehrerer Verzweigungen mit nur je zwei Ausgängen dargestellt werden:

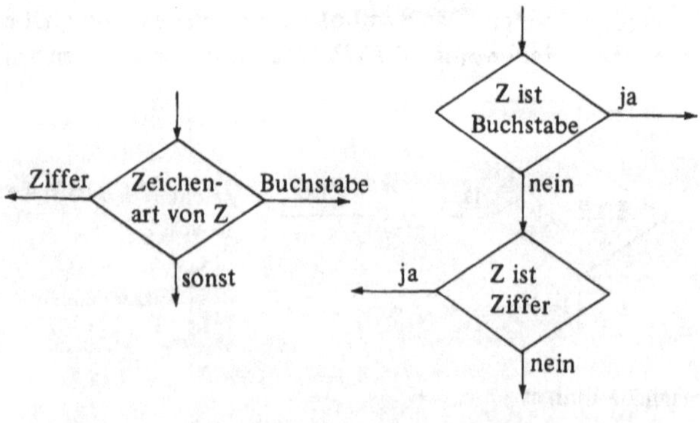

Während die Verzweigung den Beginn alternativ zu durchlaufender Programmteile darstellt, enden diese bei einer Zusammenführung, um von da an wieder die gleichen Anweisungen zu durchlaufen:

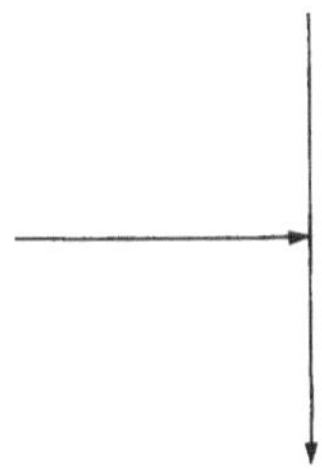

Mit diesen Hilfsmitteln wollen wir nunmehr die quadratische Gleichung unter Berücksichtigung komplexer Lösungen programmieren. Das Ablaufdiagramm ist in Abb. 2.2/1 angegeben. Um das ALGOL-Programm formulieren zu können, benötigen wir einige neue ALGOL-Elemente. Hierzu gehört der Vergleich. Dieser ist jedoch nur ein Spezialfall des booleschen Ausdruckes[1]. Ein solcher Ausdruck dient genau wie der arithmetische zur Bestimmung eines Wertes. Boolesche Ausdrücke können jedoch nur zwei Werte annehmen: richtig und falsch (in ALGOL: **true** und **false**).

Ein Vergleich umfaßt zwei arithmetische Ausdrücke, die durch einen Vergleichsoperator miteinander verbunden sind. Der Typ des Ergebnisses ist **Boolean**. Das Ergebnis ist **true**, wenn die momentanen Werte in der durch den Vergleichsoperator bezeichneten Beziehung zueinander stehen. Sonst ist das Ergebnis **false**.

Folgende Vergleichsoperatoren sind zugelassen:

ALGOL	ALCOR	Bedeutung
$<$	'LESS'	kleiner als
$\leqslant$	'NOT GREATER'	kleiner als oder gleich
$=$	'EQUAL'	gleich
$\geqslant$	'NOT LESS'	größer als oder gleich
$>$	'GREATER'	größer
$\neq$	'NOT EQUAL'	ungleich[2]

[1] Die booleschen Ausdrücke sind nach dem Mathematiker George Boole benannt, der in der sogenannten booleschen Algebra (der Algebra des Aussagenkalküls der theoretischen Logik) einen mathematischen Formalismus zur Darstellung der hier verwendeten Bedingungen geschaffen hat [18].

[2] Die aus zwei Wörtern bestehenden Wortsymbole werden als eine Einheit betrachtet. Bei einem ALCOR-Programm sind also dazwischen keine Apostroph zu setzen. Der Zwischenraum ist belanglos.

Beispiele:

$4 < 0$	Wert: **false**
$3 + i \neq k$	Wert z.B. für i = 1 und k = 4: **false**
	für i = 2 und k = 3: **true**
$5 \uparrow a \geqslant 1$	Wert z.B. für a = 0: **true**

Ein *einfacher boolescher Ausdruck* ist eine Vorschrift zur Bestimmung eines booleschen Wertes aus den Momentanwerten der angegebenen Elemente. Er besteht aus

a) den booleschen Werten **true** und **false**,
b) Variablen und
c) Funktionsaufrufen soweit deren Typ **Boolean** ist,
d) Vergleichen,
e) booleschen Operatoren,
f) runden Klammern.

Als boolesche Operatoren werden die folgenden, aus der theoretischen Logik [18] wohlbekannten Operatoren zugelassen:

ALGOL	ALCOR	Bedeutung	Definition A B	**true** **true**	**true** **false**	**false** **true**	**false** **false**
$\neg$	'NOT'	Negation	$\neg A$	**false**	**false**	**true**	**true**
$\wedge$	'AND'	Konjunktion	$A \wedge B$	**true**	**false**	**false**	**false**
$\vee$	'OR'	Disjunktion	$A \vee B$	**true**	**true**	**true**	**false**
$\supset$	'IMPL'	Implikation	$A \supset B$	**true**	**false**	**true**	**true**
$\equiv$	'EQUIV'	Äquivalenz	$A \equiv B$	**true**	**false**	**false**	**true**

Der Vorrang erniedrigt sich hier von oben nach unten, wobei zu berücksichtigen ist, daß die arithmetischen Operatoren (mit der höchsten Priorität) und die Vergleichsoperatoren noch übergeordnet sind.

Da wir im folgenden fast nur Vergleichsoperatoren benutzen, soll auf die booleschen Operatoren nicht weiter eingegangen werden. Wir wollen lediglich die Prioritätsregeln an einem Beispiel anwenden:

$$\neg a \vee 4 > 3 \times i + 1 \wedge b \equiv \textbf{false} \vee \neg(c \supset d \equiv \textbf{true})$$

wird durch vollständige Klammerung zu:

$$((\neg a) \vee ((4 > ((3 \times i) + 1)) \wedge b)) \equiv (\textbf{false} \vee (\neg((c \supset d) \equiv \textbf{true}))).$$

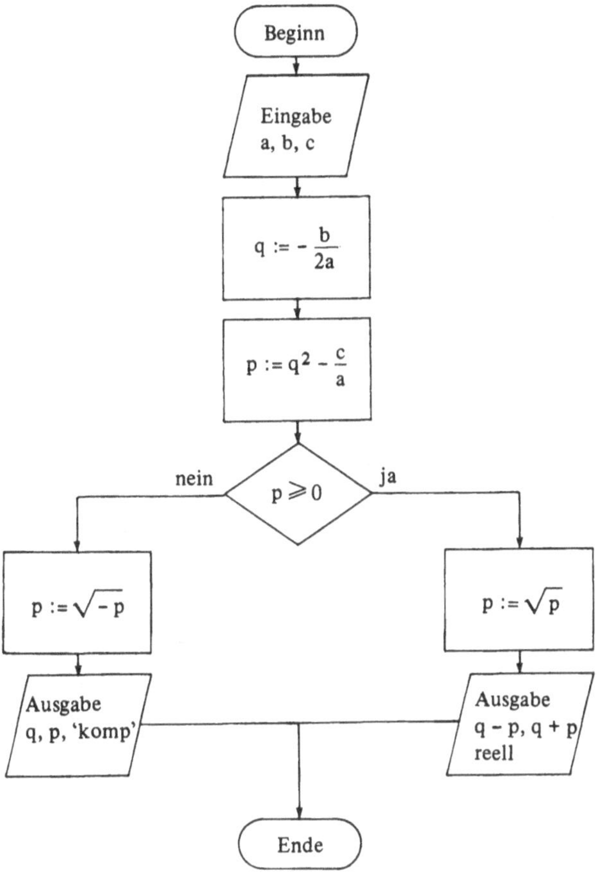

Abb. 2.2/1 Ablaufdiagramm zu Programm 2.2/1

Sein Wert ist zum Beispiel **true**, wenn die darin vorkommenden Variablen die folgenden Werte haben:

a	**true**
b	**false**
c	**false**
d	**true**
i	2

Mit Hilfe der booleschen Ausdrücke sind wir in der Lage, die Bedingung zu erklären:

> Eine Bedingung hat die Form
>
> **if** boolescher Ausdruck **then**.
>
> Der Momentanwert des booleschen Ausdruckes entscheidet, ob die Bedingung erfüllt ist (**true**) oder nicht (**false**). Sowohl Anweisungen als auch Ausdrücke können bedingt werden.

Wir wollen zunächst nur bedingte Anweisungen betrachten:

> Eine Wenn- Anweisung besteht aus einer Bedingung und einer unbedingten Anweisung. Die unbedingte Anweisung wird nur ausgeführt, wenn die Bedingung erfüllt ist, sonst wird sie übergangen.
>
> Die Wenn-Anweisung kann durch **else** und eine Alternativanweisung erweitert werden. Die Alternativanweisung, die ihrerseits wieder bedingt sein darf, wird anstelle der ersten Anweisung ausgeführt, wenn die Bedingung nicht erfüllt ist.
>
> Anm.: Bedingte Laufanweisungen dürfen nicht erweitert werden.[1]

Der Unterschied zwischen der einseitigen Wenn-Anweisung und der zweiseitigen bedingten Anweisung wird durch Abb. 2.2/2 deutlich. Bei der Wenn-Anweisung (a) wird die Anweisung nur dann ausgeführt, wenn die Bedingung erfüllt ist; bei der bedingten Anweisung kann auch bei nicht erfüllter Bedingung eine Alternativ-Anweisung ausgeführt werden (b). Ist die Alternativ-Anweisung selbst wieder bedingt, so entscheidet erst das letzte Glied dieser Bedingungskette, ob gegebenenfalls die ganze Anweisung übergangen wird (c) oder auf jeden Fall eine Alternativ-Anweisung ausgeführt wird (d).

Beispiele:

1. Die Größe i soll um 1 erhöht werden, wenn $a^2 - bq > 0$ ist; sonst soll sie um 1 erniedrigt werden:

   if a ↑ 2 - b × q > 0 **then** i := i + 1 **else** i := i - 1.

2. a soll durch seinen Betrag ersetzt werden. In diesem Fall ist bei positivem a nichts zu tun:

   if a < 0 **then** a := - a.

Kehren wir zu dem Beispiel von Abb. 2.2/1 zurück. Die Bedingung muß also lauten

if P ⩾ 0 **then** ...

[1] siehe 2.5

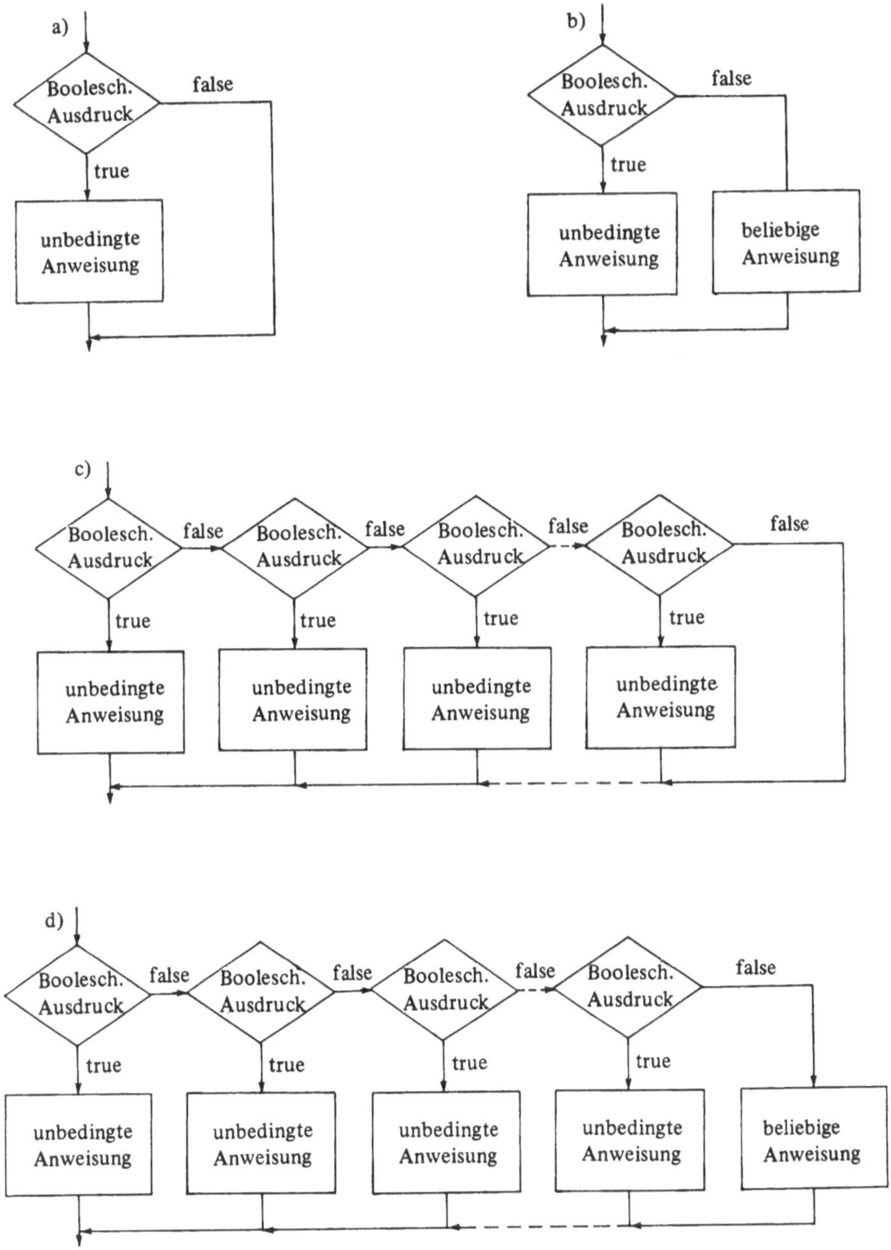

Abb. 2.2/2 Bedingte Anweisungen

Nun sind jedoch in beiden Zweigen mehrere Anweisungen zu durchlaufen. Wir klammern diese Anweisungen durch **begin** und **end** ein:

> Eine zusammengesetzte Anweisung hat die Form
> **begin** Anweisung; Anweisung;
> . . .
> Anweisung; Anweisung
> **end**.
> Sie wirkt nach außen wie eine einzige, unbedingte Anweisung. Sie wird insbesondere nach **then**, **else** und **do**[1] benutzt.

Damit können wir nun das Programm zur Lösung der quadratischen Gleichung unter Berücksichtigung komplexer Lösungen aufschreiben:

Programm 2.2/1:

```
begin real A, B, C, P, Q;
      read (A, B, C);
      Q := - B/(2 X A);  P := Q ↑ 2 - C/A;
      if P ⩾ 0
      then begin  P := sqrt (P);
                  print (Q - P, Q + P);
                  write ('reell')
           end
      else begin  P := sqrt (- P);
                  print (Q, P);
                  write ('kompl')
           end
end
```

Hier seien noch drei Regeln angegeben, deren Kontrolle manchen überflüssigen Fehler vermeidet:

1. Die Zahl der **begin** und **end** in einem Programm muß übereinstimmen.
2. Auf **then** darf nicht unmittelbar **if** folgen. (Falls nach **then** eine bedingte Anweisung folgen soll, so ist sie in **begin** und **end** einzuschließen.)
3. Vor **else** darf nie ein Semikolon stehen.

[1] siehe 2.5

2.3 Sprunganweisungen

In der Regel werden die Anweisungen eines ALGOL-Programms in der notierten Reihenfolge ausgeführt. Eine erste Ausnahme sind die bedingten Anweisungen, bei denen bestimmte Anweisungen übersprungen werden können. Sprünge nach beliebigen Stellen des Programms können vom Programmierer durch besondere Anweisungen realisiert werden. Zur Kennzeichnung der Sprungziele führen wir die Marken ein:

Als Marken können Namen oder vorzeichenlose ganze Zahlen benutzt werden. Sie werden mit einem Doppelpunkt versehen vor die zu kennzeichnende Anweisung gesetzt:

Marke: Anweisung.

Es dürfen auch mehrere durch Doppelpunkt getrennte Marken vor eine Anweisung gesetzt werden. Besteht eine Marke aus einer natürlichen Zahl, so haben führende Nullen keine Bedeutung (z.B. 007 = 7).

Beispiele:

```
Bestimmung von p: p := 1/(1 + r);
Neue Werte: x: x1 := 0; x2 := 1;
            z: z1 := a + x1;
213: begin ... end
```

Die Marken müssen als Vereinbarungen im weiteren Sinne betrachtet werden, so daß ihre Namen im gleichen Block nicht gleichzeitig für andere Zwecke (etwa zur Bezeichnung von Variablen) benutzt werden dürfen.

Ein Sprunganweisung besteht aus dem Wortsymbol **go to** und einem Sprungziel. Im einfachsten Fall ist das Ziel durch eine Marke gegeben. Die Anweisung bewirkt, daß als nächstes die mit der Marke gekennzeichnete Anweisung ausgeführt wird. Von dieser aus geht es dann in der notierten Reihenfolge weiter.

Beachte: Sprünge, die in eine Laufanweisung (siehe 2.5) oder einen Block (siehe 5.1) hineinführen, sind nicht zulässig.

Beispiele: **go to** Bestimmung von p;
go to 213;
go to x.

Sprunganweisungen treten häufig bedingt auf, z.B.:

```
1. if i > 0 then go to A7;
2. B 3: if a = b then go to p else go to 10;
3. if a = b then go to  p else a := 0;
4. if T = 0 then begin  X := 1 + a;
                        Y := 1 - a;
             end
```

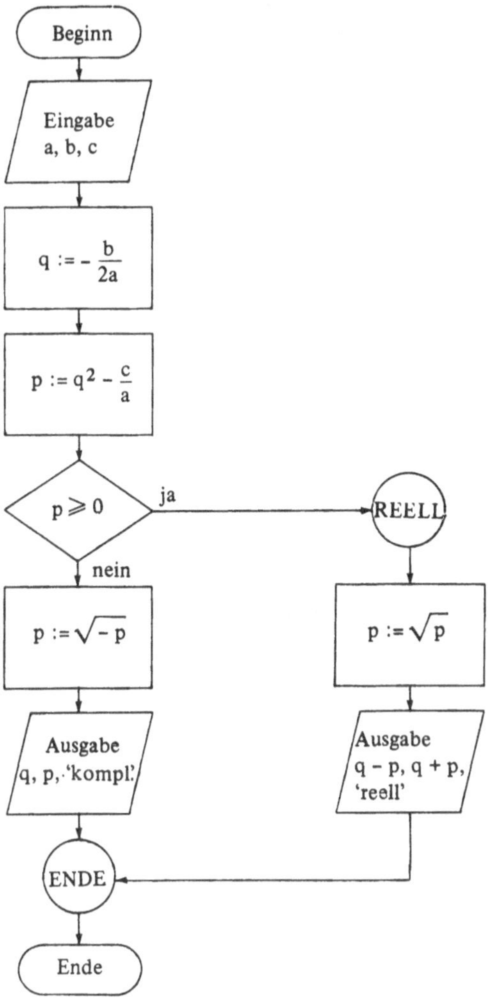

Abb. 2.3/1 Ablaufdiagramm zu Programm 2.3/1

Damit lassen sich Anschlüsse zwischen räumlich getrennten Stellen eines Ablaufdiagramms ohne direkte Verbindungslinie herstellen. Dies wird vor allem gebraucht, um den Zusammenhang auf verschiedenen Blättern befindlicher Teile eines Ablaufdiagramms zu kennzeichnen.

Abb. 2.3/1 zeigt das gleiche Ablaufdiagramm wie Abb. 2.2/1, jedoch mit Marken. Das ALGOL-Programm kann entsprechend geschrieben werden:

Programm 2.3/1:

```
begin real A, B, C, P, Q;
      read (A, B, C);
      Q := - B/(2 × A); P := Q ↑ 2 - C/A;
      if p ≥ 0 then go to REELL;
      P := sqrt(-P); print(Q, P);
      write ('kompl'); go to ENDE:
REELL: P := sqrt(P); print(Q - P, Q + P);
      write ('reell');
ENDE:
end
```

Beispiel: Briefportoberechnung

Das folgende Programm soll gemäß den Gebühren der Deutschen Bundespost[1] das Porto für einen Brief errechnen. Die Gebühren sind:

Inlandsgebühr:	Standardbriefe[2]	30 Pf
	Andere Briefe bis 100 g	50 Pf
	" " " 250 g	70 Pf
	" " " 500 g	90 Pf
	" " " 1000 g	110 Pf
	Briefe über 1000 g sind unzulässig.	
Auslandsgebühr:	Standardbriefe[2] in EWG-Länder	30 Pf
	Andere Briefe bis 20 g	50 Pf
	jede weiteren 20 g	30 Pf
	Höchstgewicht: 2000 g	
Besondere Versendungsformen:		
Einschreiben:		80 Pf
Wertbrief Inland:	Briefgebühr	
	dazu Wertgebühr je 500,– DM	100 Pf
Ausland:	Einschreibebriefgebühr	
	dazu Wertgebühr je 200,– DM	50 Pf

[1] Stand vom 1.1.70

[2] Standardbriefe sind solche bis zu 20 g, die bestimmte Maße nicht überschreiten.

Die Eingabedaten seien:

a) LAND = 1: Inland
   = 2: EWG
   = 3: übriges Ausland

b) GEW = Gewicht in Gramm

c) STD = **true:** Die Maße für einen Standardbrief sind erfüllt.
   = **false:** Sie sind nicht erfüllt.

d) E = **true:** Einschreibebrief
   = **false:** sonst

e) W = 0: Kein Wertbrief
   $\neq$ 0: Wert in DM.

Das Ablaufdiagramm ist in Abb. 2.3/2 angegeben. Bevor das Programm aufgeschrieben wird, seien noch einige Vorbemerkungen gemacht:

1. Im Diagramm haben wir das Symbol ––––– [benutzt, um durch Kommentare die Orientierung zu erleichtern. In ALGOL haben wir hierfür die Möglichkeit:

   a) Hinter einem Semikolon oder **begin:**
      comment Zeichenfolge ohne Semikolon;

   b) Hinter einem **end:**
      Zeichenfolge bis zum nächsten **end, else** oder Semikolon.

2. Wie oft die 30 Pf für „jede weiteren 20 g" einzusetzen sind, gibt

   entier((GEW-1)/20)

   an. Für die Werte $1 \leqslant GEW \leqslant 20$ liefert dieser Ausdruck den Wert 0, für $21 \leqslant GEW \leqslant 40$ den Wert 1 usw. Entsprechend wird bei der Wertgebühr vorgegangen.

3. Die Sprungkaskade nach der Marke I läßt sich in ALGOL durch die Anweisung

```
if GEW ≤ 20 ∧ STD then P := 30
else if GEW ≤ 100    then P := 50
else if GEW ≤ 250    then P := 70
else if GEW ≤ 500    then P := 90
else P := 110
```

   realisieren.

4. Auch die Verzweigung über die Variable LAND kann entsprechend formuliert werden:

```
if LAND = 1 then go to I
else if LAND = 2 then go to E1
else go to A1.
```

Dieses Beispiel zeigt, daß die verschiedenen Fallunterscheidungen einen beträchtlichen Teil des Programmes ausmachen. Für Vielfachverzweigungen ist der bisher benutzte Mechanismus der bedingten Sprunganweisung zu schwerfällig.
ALGOL bietet durch folgende Erweiterung der Bestimmung von Sprungzielen ein kompakteres Verfahren für komplizierte Verzweigungen: Die Marke wird – genau wie die Zahl bei arithmetischen Ausdrücken – als spezieller Wert eines Zielausdruckes aufgefaßt. Den Variablen entsprechen sogenannte Verteiler, die in der Form einfach indizierter Variablen bezeichnet werden:

T[I + 2 × N]

Zu jedem Verteiler gehört eine Verteilervereinbarung, die neben dem Wortsymbol **switch** den Verteilernamen, ein Ergibtzeichen und eine Liste von Zielausdrücken (die Verteilerliste), im einfachsten Fall also eine Liste von Marken enthält:

switch T := 0, 1, B, 17

Dabei sind 0, 1, B und 17 Marken, und eine Anweisung **go to** T[I + 2 × N] führt beispielsweise mit I = 10 und N = - 4 (also **go to** T[2]) auf die Marke 1. Denn der Indexwert von T führt durch die Reihenfolge der Marken in der zugehörigen Verteilervereinbarung zum Sprungziel. Tritt also in einem Zielausdruck ein Verteiler T[A] auf, so wird der ganzzahlige Wert W des arithmetischen Ausdruckes A ermittelt und in der gleichnamigen Verteilervereinbarung das W-te Glied der Verteilerliste aufgesucht. Ist dies eine Marke, so ist die Zielbestimmung abgeschlossen; ist es dagegen wieder ein allgemeinerer Zielausdruck, so läuft das Verfahren weiter, bis endlich eine Marke als Ziel gefunden ist.

Das folgende Beispiel führt zu einem Sprung auf die Marke 3:

```
switch T := 1, S[A];
switch S := 2, 1, 4, 3;
        A := 4;
        go to T[2].
```

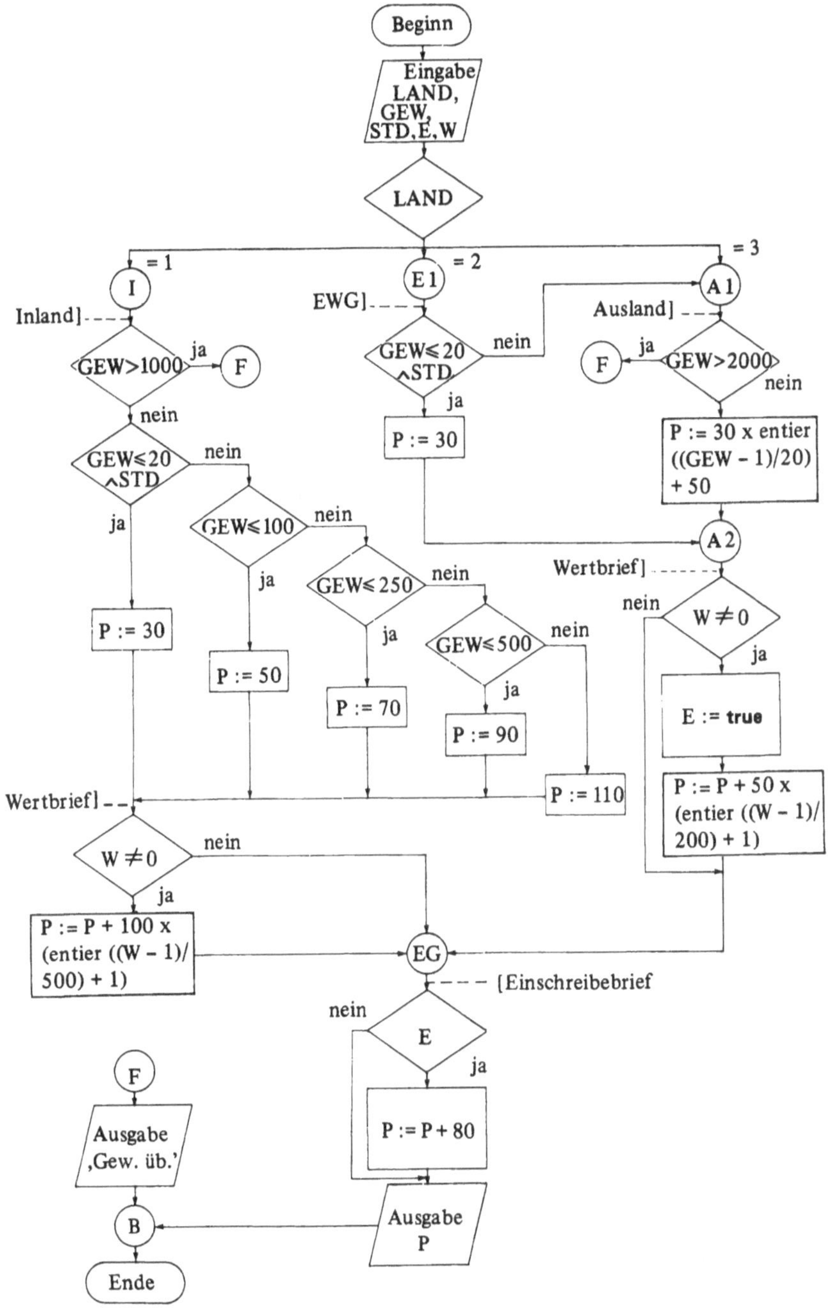

Abb. 2.3/2 Ablaufdiagramm zu Programm 2.3/2

Mit diesen Hilfsmitteln bekommen wir folgendes Programm zu Abb. 2.3/2:

Programm 2.3/2:

```
begin integer LAND, GEW, W, P;
      Boolean E, STD;
      switch LD := I, E1, A1;
      read(LAND, GEW, STD, E, W); go to LD[LAND];
I:    comment Inland;
      if GEW > 1000 then go to F;
      if GEW ≤ 20 ∧ STD then P := 30
      else if GEW ≤ 100   then P := 50
      else if GEW ≤ 250   then P := 70
      else if GEW ≤ 500   then P := 90
      else P := 110;
      comment Wertbrief;
      if W ≠ 0 then P := P + 100 × (entier((W - 1)/500) + 1);
EG:   comment Einschreibebrief;
      if E then P := P + 80;
      print(P); go to B;
E1:   comment EWG;
      if GEW ≤ 20 ∧ STD then
      begin P := 30; go to A2 end;
A1:   comment Ausland;
      if GEW > 2000 then go to F;
      P := 30 × entier((GEW - 1)/20) + 50;
A2:   comment Wertbrief;
      if W ≠ 0 then
      begin E := true; P := P + 50 × (entier((W - 1)/200) + 1) end;
      go to EG;
F:    write ('Gewichtsüberschreitung');
B:
end
```

2.4 Zyklische Programme

Ein besonders hervorstechendes Merkmal eines Programmes ist der topologische Charakter seines Ablaufdiagramms [16]. Am einfachsten sind die gestreckten Programme. Komplizierter sind die Programme, deren Ablaufdiagramme Maschen besitzen. Es zeigt sich jedoch, daß nicht die Maschen, sondern die Rückführungen (Zyklen) innerhalb des Programms von besonderer Bedeutung sind. Diese bewirken, daß eine bestimmte Anweisungsfolge in zyklischer Wiederholung mehrfach durchlaufen wird. Der einfachste Fall eines zyklischen Programmteils ist die Schleife. Sie besteht aus zwei in sich abgeschlossenen Zweigen: der eine führt von der Zusammenführung zur Verzweigung, der andere von der Verzweigung zur Zusammenführung (siehe Abb. 2.4/1d). Jeder Zweig kann seinerseits Maschen oder Zyklen enthalten.

Die zyklischen Programme sind charakteristisch für die automatisierte Rechentechnik, wie ganz allgemein die Organisation der vielfachen Benutzung gleicher Elemente das wesentliche einer jeden Automatisierung ausmacht [17].

Wir wollen uns zunächst auf Programme mit nur einer Rückführung beschränken: man spricht dann von einfach zyklischen Programmen. Sie lassen sich in folgender Weise einteilen:

1. Zyklen mit einer festen Anzahl von Durchläufen. Das sind Zyklen, bei denen die Anzahl der Durchläufe spätestens in dem Augenblick feststeht, in dem die Abwicklung dieses Programmteils beginnt.
2. Zyklen mit einer variablen Anzahl von Durchläufen. Das sind Zyklen, bei denen die Anzahl der Durchläufe von Rechengrößen abhängt, die erst im Verlaufe der Abwicklung dieses Programmteils gewonnen werden.

Man kann die zyklischen Programme auch nach anderen Gesichtspunkten ordnen:

a) Induktionszyklen. Das sind Zyklen, in denen bei jedem Durchlauf eine neue Gruppe von Parametern nach der gleichen Rechenvorschrift verarbeitet wird.
b) Iterationszyklen. Das sind Zyklen, in denen bei jedem Durchlauf die gleichen Variablen mit geänderten Werten nach einer bestimmten Rechenvorschrift verarbeitet werden.

In den meisten Anwendungen haben Induktionszyklen eine feste Anzahl von Durchläufen, während Iterationszyklen eine variable Anzahl von Durchläufen besitzen. Das muß aber durchaus nicht so sein.

1. Zyklen mit einer festen Anzahl von Durchläufen

Wollen wir einen Zyklus mit fester Durchlaufzahl organisieren, so müssen wir nach geeigneten Mitteln suchen, um jeweils im Programm festzustellen, ob die vorgesehene Durchlaufzahl bereits erreicht ist. Zu diesem Zweck kann man die Durchläufe zählen. Dann benötigen wir eine besondere Variable, die den Durchlauf steuert, die sog. Laufvariable. Häufig wird sie als Index benutzt.

Als Beispiel wollen wir das Skalarprodukt zweier zehndimensionaler Vektoren bilden und Programm 2.1/1 entsprechend erweitern:

$$c = a_1 b_1 + a_2 b_2 + a_3 b_3 + \ldots + a_{10} b_{10}$$

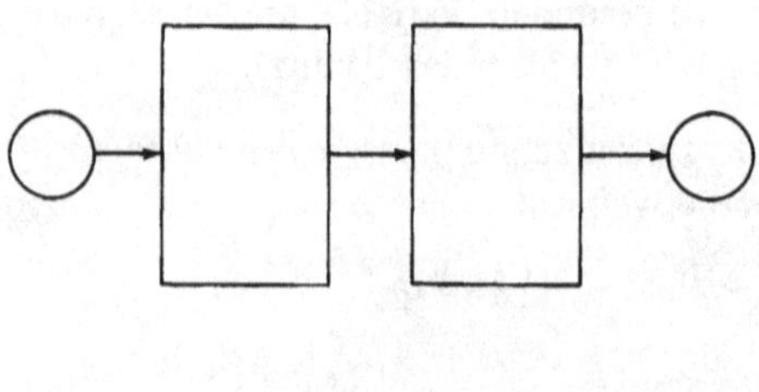

Abb. 2.4/1a
Geradeausprogramm
ohne Maschen

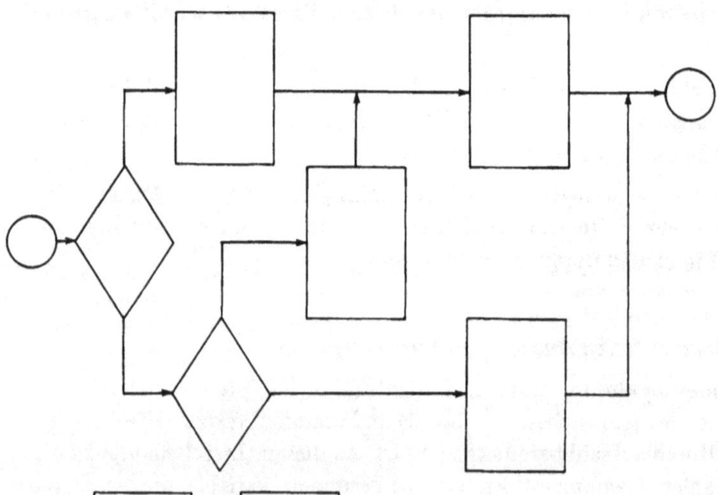

Abb. 2.4/1b
Geradeausprogramm
mit zwei Maschen

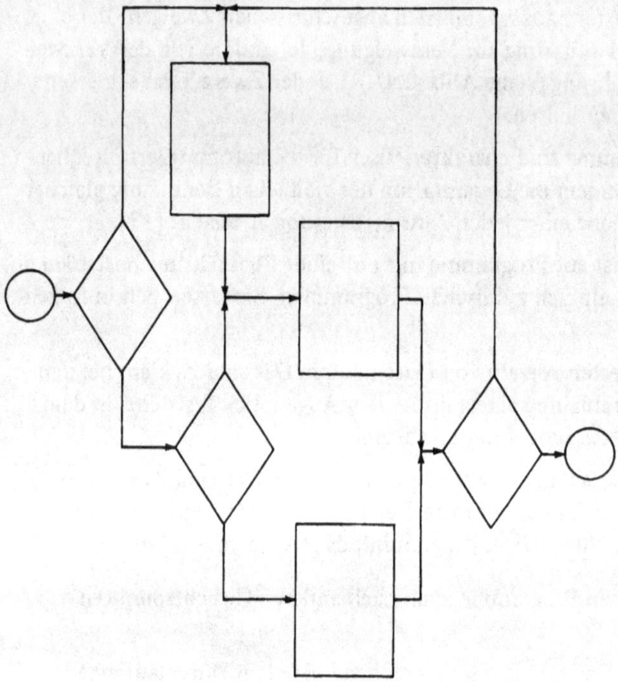

Abb. 2.4/1c
Zyklisches Programm mit einer Rückführung
(außerdem zwei Maschen)

```
else k: begin X := 1 + e;
              Y := 1 - e;
              if z = 0 then go to 13
        end
```

Auf der anderen Seite kann es aber auch vorkommen, daß eine Sprunganweisung auf eine Anweisung zielt, die im Innern einer bedingten Anweisung steht:

```
go to z;
. . . . . . . . . . . . . . . . .
if i > 0  then begin  x [0] := 0;
                      x [i ] := a + c;
                      if k = 3 then y := 4 + t
                              else z : y := 4 + t X eps;
                      s := x [i] + 0.3 X y
               end
  else if i = 0  then s := 0 else s := x [i] - 0.2 X eta.
```

Ein solcher Sprung wird in der Weise ausgeführt, daß erst die markierte Anweisung und ihre direkten Nachfolger ausgeführt werden, bis das Wort **else** erscheint. Dann wird die hinter dem Wort **else** stehende Anweisung übersprungen, als ob man vom Anfang der zugehörigen bedingten Anweisung kommend auf dieses **else** gestoßen wäre.

Im Ablaufdiagramm wird die Marke durch einen Kreis dargestellt:

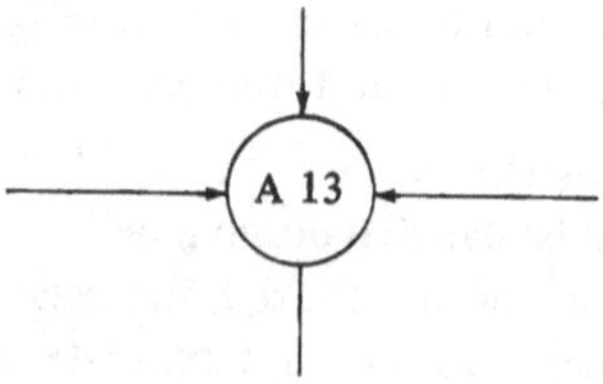

Da eine Anweisung von verschiedenen Stellen angesprungen werden kann, können mehrere Ablauflinien in die Marke hineinführen. Die Marke ist dann gleichzeitig Zusammenführung.

Das Symbol kann auch durch mehrere Kreise dargestellt werden, von denen jedoch nur einer einen Ausgang besitzen darf:

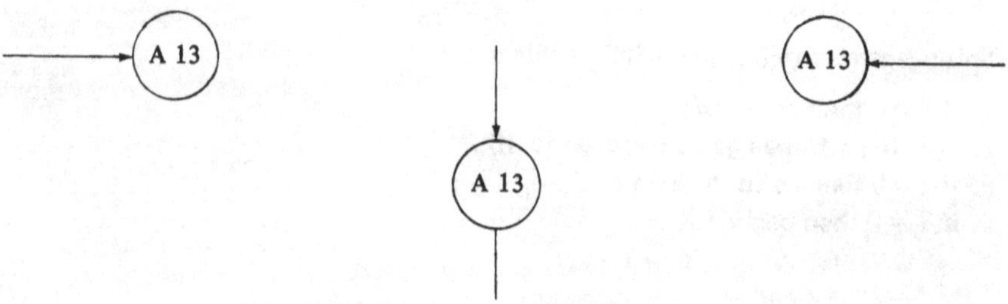

Im Programm 2.1/1 war jeweils der Schritt

$$c := c + a_i b_i$$

ausgeführt worden. Das muß nun für i = 2, 3, . . . 10 geschehen. Damit c am Ende den richtigen Wert besitzt, muß mit $c := a_1 b_1$ begonnen werden. Systematischer ist der Anfang mit $c := c + a_1 b_1$. Damit beides aber übereinstimmt, muß dann vorher c := 0 gesetzt werden. Das Programm muß außerdem das Weiterzählen bei jedem Durchlauf und die Abfrage, ob der Zyklus beendet ist, enthalten. Damit ergibt sich für dieses Programmstück Abb. 2.4/2 und

Programmstück 2.4/1:

```
    C := 0;
    I := 1;
R:  C := C + A[I] × B[I];
    I := I + 1;
    if I ⩽ 10 then go to R;
```

Entsprechend können wir auch das Horner-Schema (Progr. 2.1/2) auf Polynome vom Grad n ausdehnen (Abb. 2.4/3):

Programmstück 2.4/2:

```
      P := A[N];
      I := N - 1;
R:    P := P × X + A[I];
      I := I - 1;
      if I ⩾ 0 then go to R;
```

Bei diesem Programmstück beobachten wir, daß es falsch wird, wenn ein Polynom 0-ten Grades, also eine Konstante, vorliegt. Dann wird zwar richtig P := A[0] gesetzt, aber nach I := - 1 noch P := P × X + A[- 1] ausgeführt, wobei A[- 1] nicht definiert ist. Dieser Mangel wird in Abb. 2.4/4 und dem folgenden ALGOL-Stück behoben:

Programmstück 2.4/3:

```
    P := A[N];
    I := N - 1;
R:  if ⩾ 0 then
    begin P := P × X + A[I];
          I := I - 1;
          go to R
          end;
```

Während bei der ersten Version alle Anweisungen des Zyklus wenigstens einmal durchlaufen werden, werden bei der zweiten Version u. U. alle Anweisungen

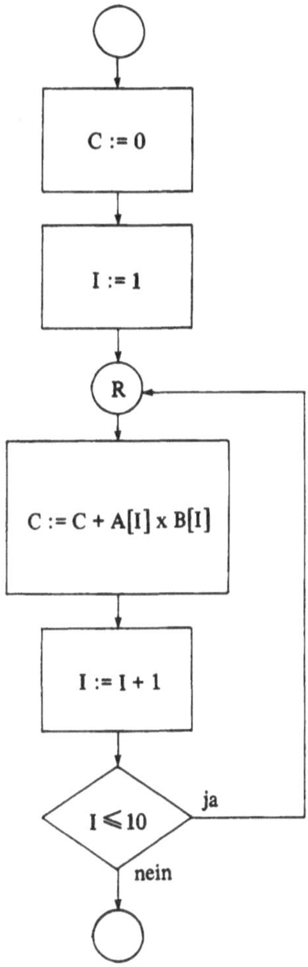

Abb. 2.4/2
Ablaufdiagramm
zu Programm 2.4/1

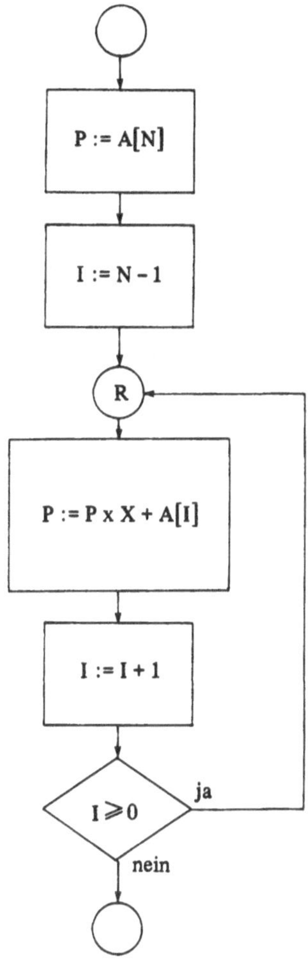

Abb. 2.4/3
Ablaufdiagramm
zu Programm 2.4/2

übersprungen (bei N = 0). Denkbar ist noch ein Zwischentyp. Alle drei Möglichkeiten sind in Abb. 2.4/5 dargestellt. Typ a) enthält die wenigsten Sprunganweisungen, dafür sind Typ b) und c) flexibler in ihrer Anwendung.[1]

[1] Die ALGOL-Laufanweisung (s. 2.5) und die PL1-Laufanweisung entsprechen Typ c), die FORTRAN-Laufanweisung dagegen a). Dies ist bei Übersetzung von ALGOL- oder PLI-Programmen in FORTRAN und umgekehrt zu beachten.

2. Zyklen mit einer variablen Anzahl von Durchläufen

Ist die Anzahl der Durchläufe nicht vorher bekannt, so können wir das Ende des Zyklus nicht durch einen Zählvorgang ermitteln. Es müssen dann andere Kriterien angewandt werden. Typische Beispiele für Zyklen mit variabler Durchlaufzahl sind Iterationen, bei denen die Genauigkeit der Näherung das Abbrechen des zyklischen Verfahrens bewirkt (iterative Zyklen), oder das Durchsuchen von Listen. Hier entscheidet das Auffinden einer Listenposition, ob der Zyklus unterbrochen wird oder nicht (induktive Zyklen). Bei iterativen Zyklen mit variabler Durchlaufzahl kann eine besondere Zählvariable (Index) häufig entfallen, wenn nicht außer dem Ergebnis auch die Anzahl der Iterationsschritte, die zu dem Ergebnis geführt haben, interessiert.

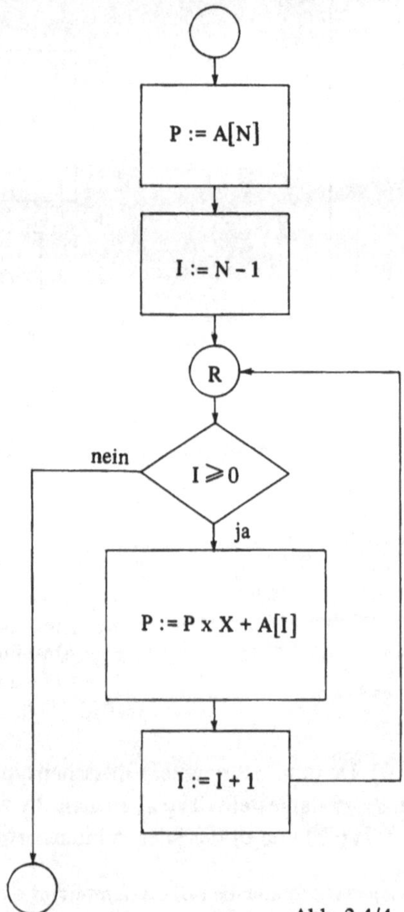

Abb. 2.4/4
Ablaufdiagramm zu Programm 2.4/3

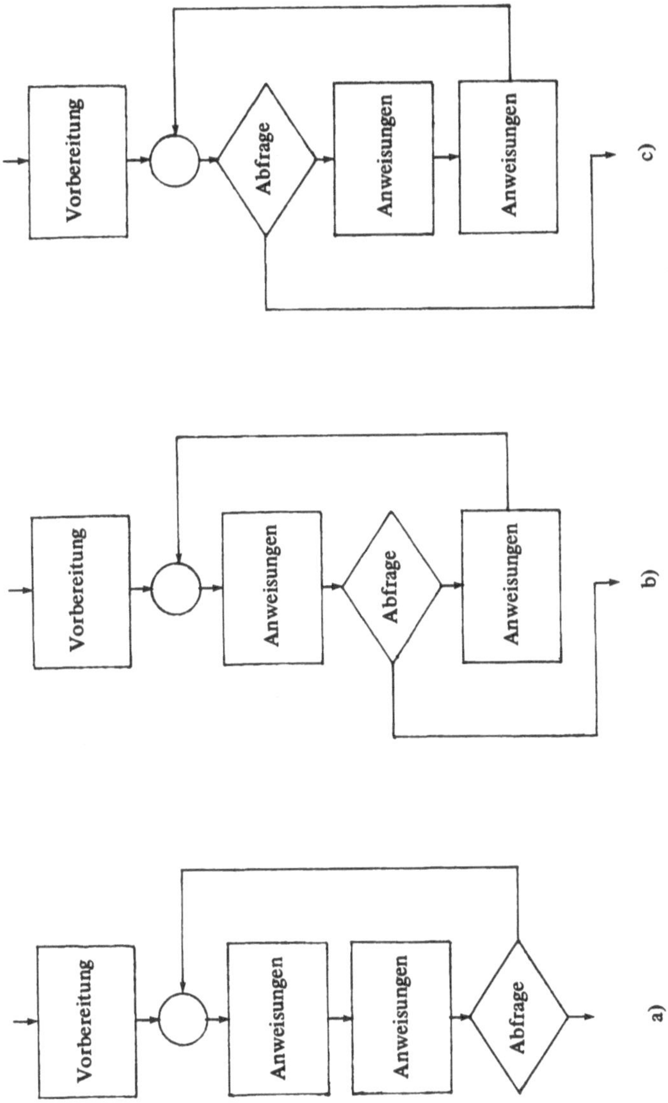

Abb. 2.4/5 Schleifenaufbau

Als Beispiel betrachten wir folgende Aufgabenstellung: $x = \sqrt{a}$ soll als Nullstelle der Funktion $x^2 - a = 0$ mit dem Newtonschen Iterationsverfahren

$$x_{i+1} = x_i - \frac{f(x_i)}{f'(x_i)} = \frac{1}{2}(x_i + \frac{a}{x_i})$$

bestimmt werden. Der Anfangswert sei $x_0 = 1$. Das Verfahren soll abgebrochen werden, wenn sich x_{i+1} und x_i, durch den jeweils neuesten Wert dividiert, um nicht mehr als s unterscheiden.[1] Das Programm kann dann folgendermaßen formuliert werden (Abb. 2.4/6):

Programm 2.4/4:

```
begin real A, X0, X1, S;
          read(A, S);
          X0 := 1;
R:        X1 := 0.5 × (X0 + A/X0);
          if abs((X1 - X0)/X1) > S
          then begin X0 := X1; go to R end;
          print(X1)
end
```

Im Programm bezeichnet Xo jeweils den vorherigen, X1 den neu errechneten Iterationswert; vor dem Rücksprung wird X0 durch X1 ersetzt. Will man vermeiden, daß eine solche Schleife endlos weiterläuft – weil etwa die Genauigkeitsschranke kleiner gewählt wurde, als es aufgrund der auftretenden Rundungsfehler möglich ist –, so führt man zusätzlich eine Zählgröße ein, die dann neben der Genauigkeit noch abgefragt wird (Abb. 2.4/7).

2.5 Laufanweisungen

Wie wir in 2.4 gesehen haben, nimmt die Organisation der Zyklen innerhalb eines Programmes einen verhältnismäßig breiten Raum ein. Daher sind für die Programmiersprachen besondere Anweisungen geschaffen worden, um die Zyklen kurz und übersichtlich zu formulieren: die Laufanweisungen.

Laufanweisungen bestehen aus einer beliebigen Anweisung mit einer vorgestellten Laufangabe. Die Laufangabe enthält Informationen darüber, welche Variable den Zyklus steuert und für welche Werte dieser Laufvariablen die gesteuerte Anweisung ausgeführt werden soll. Diese Werte werden durch die Lauflisten-

[1] Diese Division ist notwendig, damit die Genauigkeit unabhängig von der Größe des Ergebnisses ist. $s = 10^{-6}$ bedeutet hier, daß die ersten sechs geltenden Ziffern sich nicht mehr ändern.

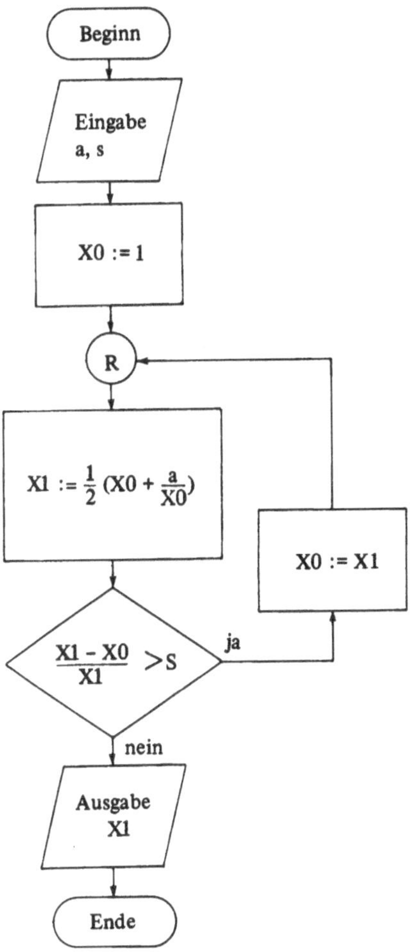

Abb. 2.4/6
Ablaufdiagramm zu Programm 2.4/4

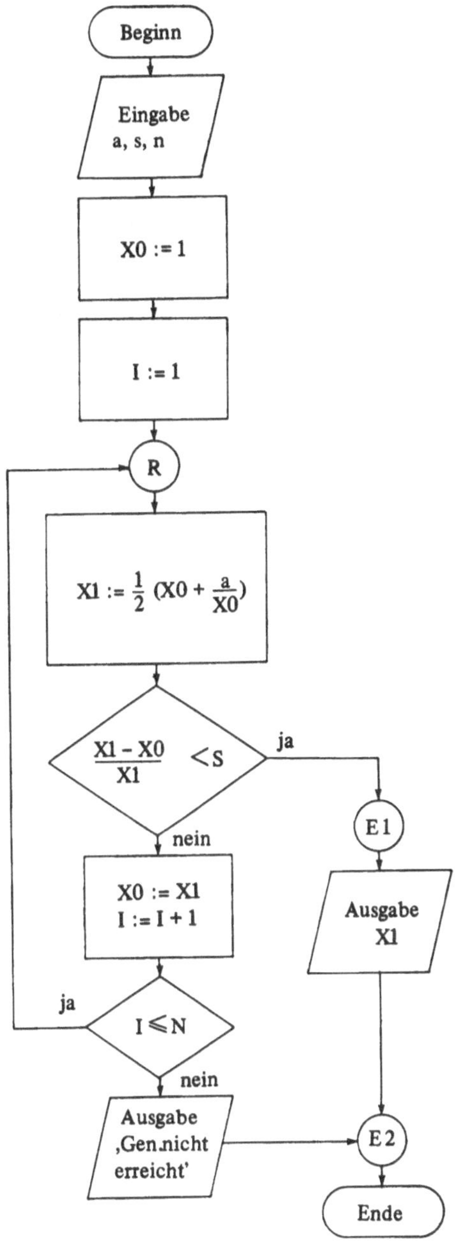

Abb. 2.4/7
Ergänzung zu Programm 2.4/4

elemente festgelegt und in der Reihenfolge, in der sie in der Laufliste stehen, abgearbeitet:

Laufanweisung:
for LV := LE, LE, . . . , LE **do** Anweisung.
LV = Laufvariable
LE = Lauflistenelement
Mögliche Lauflistenelemente sind:

a) ein arithmetischer Ausdruck:
Die gesteuerte Anweisung wird einmal ausgeführt, wobei LV den Momentanwert des Ausdrucks annimmt.

b) das **step - until** - Element:
A_1 **step** A_2 **until** A_3, wobei A_1, A_2, A_3 arithmetische Ausdrücke sind.
Die Laufvariable hat beim ersten Durchlauf den Wert von A_1 und wird dann bei jedem Durchlauf gemäß LV := LV + A_2 erhöht bzw. erniedrigt, bis die Bedingung

$$(LV - A_3) \times \text{sign}(A_2) > 0$$

erfüllt ist.[1]

c) das **while**-Element A **while** B, wobei A ein arithmetischer, B ein boolescher Ausdruck ist:
Die gesteuerte Anweisung wird mit LV := A solange ausgeführt, wie B den Wert **true** hat.

Beachte:

1. Ein **step-until**-Element oder while-Element wird übersprungen, wenn die Abbruchbedingung bereits für den ersten Wert von LV erfüllt ist.
2. Beim ordnungsgemäßen Ende einer Laufanweisung hat LV keinen definierten Wert.
3. Ein Sprung von außen in eine Laufanweisung hinein ist untersagt.
4. Die Zyklenstruktur entspricht Abb. 2.4/5c.

Die Zyklen von Abb. 2.4/2 und Abb. 2.4/4 lassen sich mit dieser Anweisung in der folgenden Form angeben:

a) C := 0;
for I := 1 **step** 1 **until** 10 **do** C := C + A[I] × B[I];

b) P := A[N];
for I := N - 1 **step** - 1 **until** 0 **do** P := P × X + A[I];

[1] Wieweit Änderungen der Schrittweite und des Endwertes, die erst während des Zyklendurchlaufes vorgenommen werden, zu berücksichtigen sind, ist umstritten [245].

Weitere Beispiele:

```
for I := 0, 1, 2 do B[I] := A + I;
for K := A, B + 1, C ÷ 2 do . . .
for L := 0, 10 step 2 until 20, 100 do . . .
for I := 1 step 1 until J - 1, J + 1 step 1 until N do . . .
```

Beim letzten Beispiel wird das Element I = J übersprungen.

Wir wollen nun die Beispiele aus 2.4 vervollständigen:

Programm 2.5/1: Skalarprodukt zweier 10-dimensionaler Vektoren

```
begin integer I; array A, B[1 : 10]; real C;
      for I := 1 step 1 until 10 do read(A[I]);
      for I := 1 step 1 until 10 do read(B[I]);
      C := 0;
      for I := 1 step 1 until 10 do C := C + A[I] × B[I];
      print(C)
end
```

Programm 2.5/2: Horner-Schema

```
begin integer I, N; real P, X; array A[0 : 10];
      read(N);
      if N > 10 then
      begin write ('zu grosses N'); go to E end;
      for I := 0 step 1 until N do read(A[I]);
      read(X);
      P := A[N];
      for I := N - 1 step - 1 until 0 do P := P × X + A[I];
      print(X, P);
E:
end
```

Wenn mit diesem Programm der Funktionswert des Polynoms

$$x^4 + 24x^2 - 3x + 1$$

an der Stelle x = 1,5 bestimmt werden soll, so muß der Datenstreifen folgendes Aussehen haben:

4, 1.0, - 3.0, 24.0, 0.0, 1.0, 1.5,

wobei die Koeffizienten mit A[0], also dem absoluten Glied beginnen. Es sei an dieser Stelle noch einmal darauf hingewiesen, daß das **step-until**-Element dem Typ c) in Abb. 2.4/5 entspricht.

Auch das Programm zur Wurzelberechnung (Programm 2.4/4) läßt sich mit einer Laufanweisung formulieren. Dem iterativen Charakter entspricht das **while**-Element:

Programm 2.5/3: Quadratwurzel-Bestimmung

```
begin real A, X0, X1, S;
      read(A, S);
      X0 := 1;
      for X1 := 0.5 × (X0 + A/X0) while abs((X1 - X0)/X1) ≥ S do
          X0 := X1;
      print(A, X0)
end
```

Die Anweisung print (X1) wäre falsch, weil X1 die Laufvariable ist, deren momentaner Wert nach ordnungsgemäßer Abarbeitung der Laufanweisung nicht mehr definiert ist.

2.6 Mehrfache Zyklen

Bislang haben wir uns auf Programme mit einer Rückführung, also auf einfach zyklische Programme beschränkt. Eine Erweiterung auf den Fall, daß mehrere, nicht verschachtelte Zyklen vorliegen, bringt – wie wir gesehen haben – keine neuen Gesichtspunkte (Vgl. Programm 2.5/1 und 2.5/2). Anders wird das bei verschachtelten Zyklen, weil die Abwicklung der einzelnen Zyklen nicht mehr voneinander unabhängig ist. Das äußert sich in der ALGOL-Formulierung am sinnfälligsten darin, daß die von einer Laufangabe gesteuerte Anweisung selbst wieder (auch verschachtelte) Laufanweisungen enthalten darf. Die engste Verkopplung mehrerer Zyklen liegt dann vor, wenn die Laufvariablen wechselseitig voneinander abhängig sind. Schließlich wollen wir noch bemerken, daß bei mehrfach zyklischen Programmen die einzelnen Zyklen unabhängig voneinander induktiv oder iterativ sein können und eine feste oder variable Durchlaufzahl besitzen dürfen. Wir wollen drei Beispiele mit mehrfachen Zyklen angeben:

Gegeben seien eine Matrix $A = (a_{ij})$ und ein Vektor $x = (x_j)$. Gesucht ist der Vektor $y = Ax = (y_i)$. Die Komponenten des Vektors y errechnen sich nach

$$y_i = a_{i1}x_1 + a_{i2}x_2 + \ldots + a_{in}x_n \quad (i = 1,2,\ldots, n)$$

Die Eingabe sei so organisiert, daß die a_{ij} zeilenweise, also in der Reihenfolge

$$\begin{array}{ccccc} a_{11} & a_{12} & a_{13} & \ldots & a_{1n} \\ a_{21} & a_{22} & a_{23} & \ldots & a_{2n} \\ \ldots & \ldots & \ldots & \ldots & \ldots \\ a_{n1} & a_{n2} & a_{n3} & \ldots & a_{nn} \end{array}$$

verlangt werden und anschließend

$$x_1 \quad x_2 \quad x_3 \quad \ldots \quad x_n$$

Programm 2.6/1:

```
begin integer I, J, N; array A [1 : 10, 1 : 10], X, Y [1 : 10];
      read (N); comment N darf 10 nicht übersteigen;
      for I := 1 step 1 until N do
         for J := 1 step 1 until N do read (A[I,J]);
      for J := 1 step 1 until N do read (X[J]);
      for I := 1 step 1 until N do
      begin Y [I] := 0;
           for J := 1 step 1 until N do
              Y [I] := Y [I] + A[I,J] × X [J];
           print (Y[I])
      end
end
```

Das Ablaufdiagramm ist in Abb. 2.6/1 angegeben. Leider sieht [239] kein abkürzendes Sinnbild für die Laufanweisung vor. Wir machen daher von der dort gegebenen Möglichkeit Gebrauch, ein zusätzliches Symbol zu verwenden[1]:

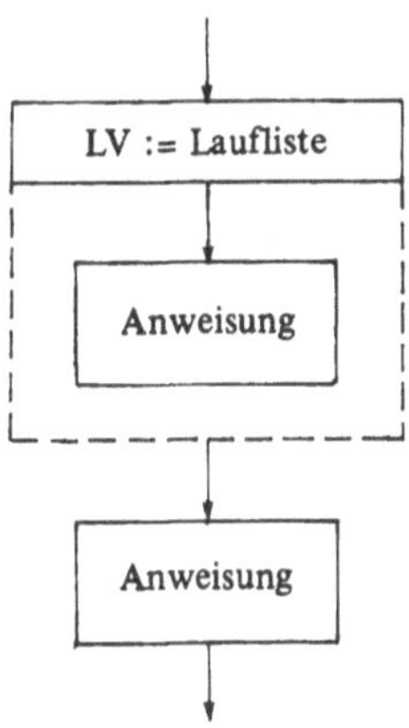

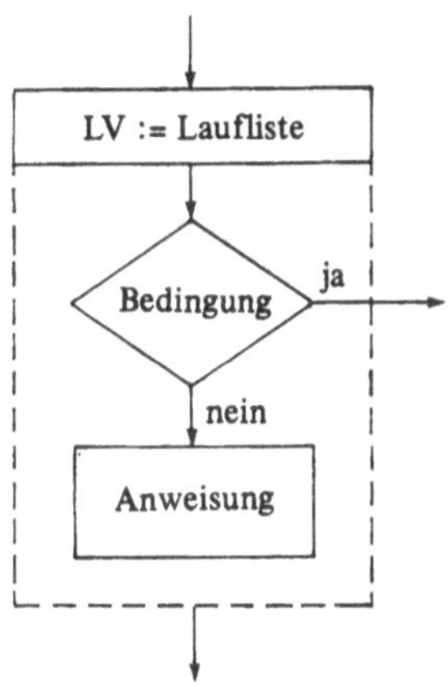

Der Ausgangspfeil für den normalen Ausgang (= ordnungsgemäße Abwicklung aller Lauflistenelemente) ist an der gestrichelten Linie, die alle Anweisungen des Zyklus umschließt, angebracht. Andere Ausgänge durchbrechen diese. Mit diesem Sinnbild ist das Ablaufdiagramm in Abb. 2.6/2 wiederholt.

[1]Es sei ausdrücklich darauf hingewiesen, daß dieses Symbol nur unter Angabe seiner Bedeutung benutzt werden darf.

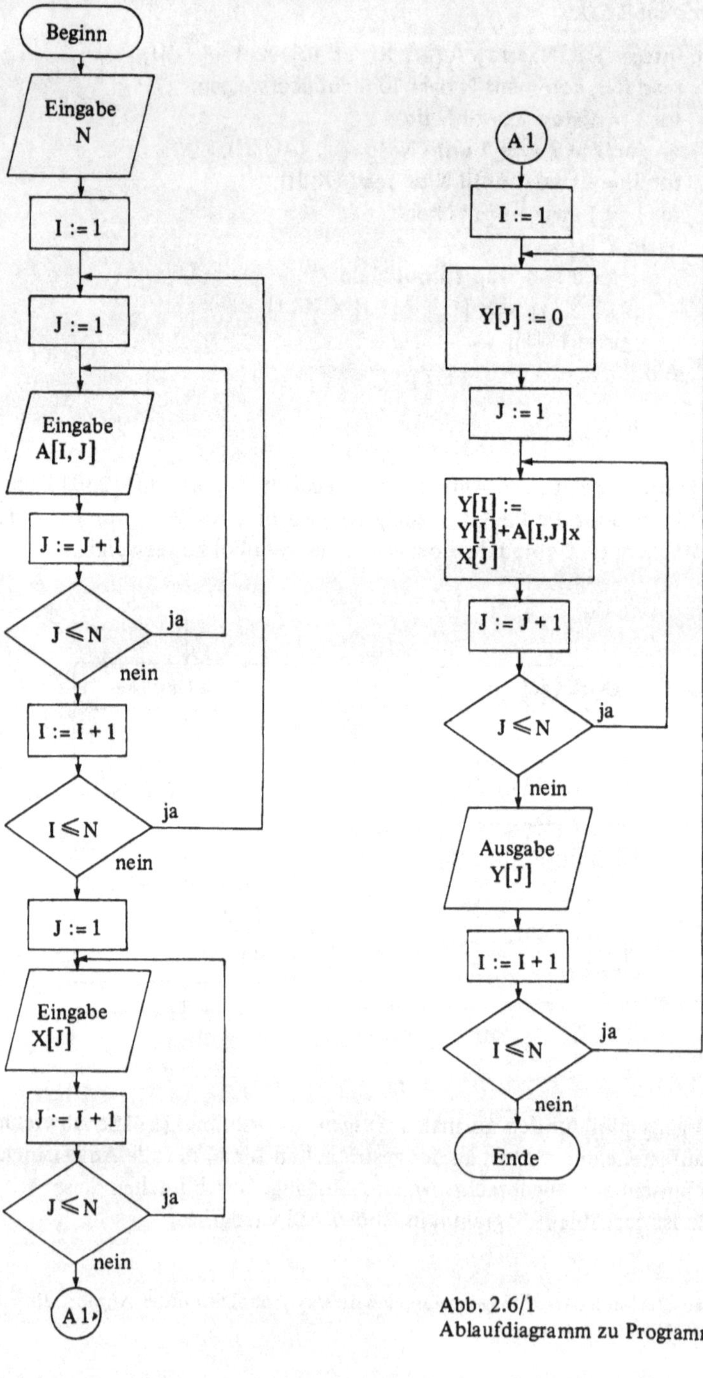

Abb. 2.6/1
Ablaufdiagramm zu Programm 2.6/1

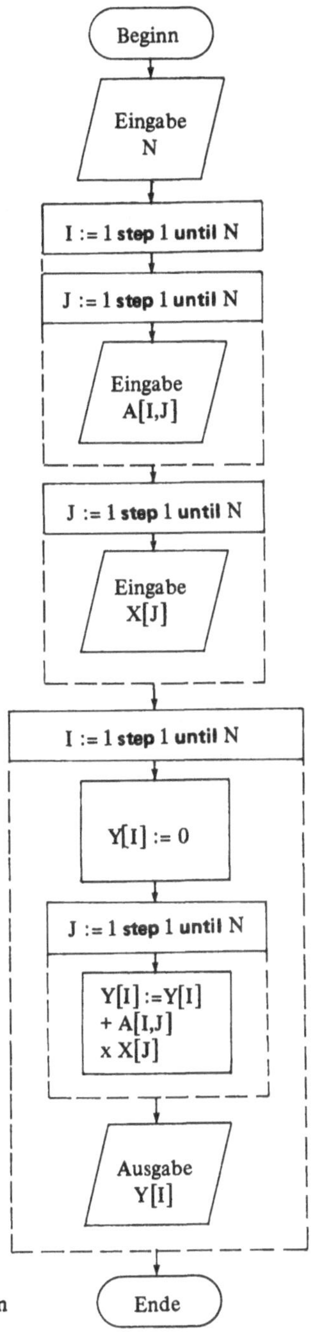

Abb. 2.6/2
Abgekürztes Ablaufdiagramm
zu Programm 2.6/1

Wir wollen nun ein lineares Gleichungssystem

$$\begin{array}{l} a_{11}x_1 + a_{12}x_2 + \ldots + a_{1n}x_n = b_1 \\ a_{21}x_1 + a_{22}x_2 + \ldots + a_{2n}x_n = b_2 \\ \ldots\ldots\ldots\ldots\ldots\ldots\ldots\ldots\ldots \\ a_{n1}x_1 + a_{n2}x_2 + \ldots + a_{nn}x_n = b_n \end{array}$$

mit der Gauß-Jordan-Elimination lösen. Hierzu werden zunächst die Elemente der ersten Spalte außer a_{11} zu Null gemacht. Dies kann man erreichen, indem man das a_{i1}/a_{11}-fache der 1. Gleichung von der i-ten subtrahiert ($i = 2, 3, \ldots, n$). Dann wird dies mit der 2. Spalte wiederholt, wobei nur von der 3. Zeile an Nullen erzeugt werden ($i = 3, 4, \ldots, n$,) usw. Nach n Schritten hat man ein dreieckiges Gleichungssystem

$$\begin{array}{rl} a'_{11}x_1 + a'_{12}x_2 + \ldots a'_{1n}x_n &= b'_1 \\ a'_{22}x_2 + \ldots a'_{2n}x_n &= b'_2 \\ \ldots\ldots\ldots\ldots & \\ a'_{nn}x_n &= b'_n \end{array}$$

erhalten, das rückwärts durch

$$x_k = \frac{1}{a'_{kk}} \left\{ b'_k - \sum_{j=k+1}^{n} a'_{kj}x_j \right\}$$

gelöst werden kann. (Ablaufdiagramm Abb. 2.6/3).

Programm 2.6/2:

```
begin real C; integer K, I, J, N;
      array X, B [1 : 10], A [1 : 10, 1 : 10];
      read (N); comment N darf 10 nicht übersteigen;
      for I := 1 step 1 until N do
      begin for J := 1 step 1 until N do read (A[I,J]);
            read (B[I]);
      end;
      for K := 1 step 1 until N-1 do
         for I := K + 1 step 1 until N do
         begin C := A[I,K]/A[K,K];
               for J := K+1 step 1 until N do
                  A[I,J] := A[I,J] - C × A[K,J];
               B[I] := B[I] - C × B[K]
         end;
      for K := N step -1 until 1 do
      begin C := B[K];
            for J := K+1 step 1 until N do
               C := C - A[K,J] × X[J];
            X[K] := C/A[K,K]
      end;
      for K := 1 step 1 until N do print(X[K])
end
```

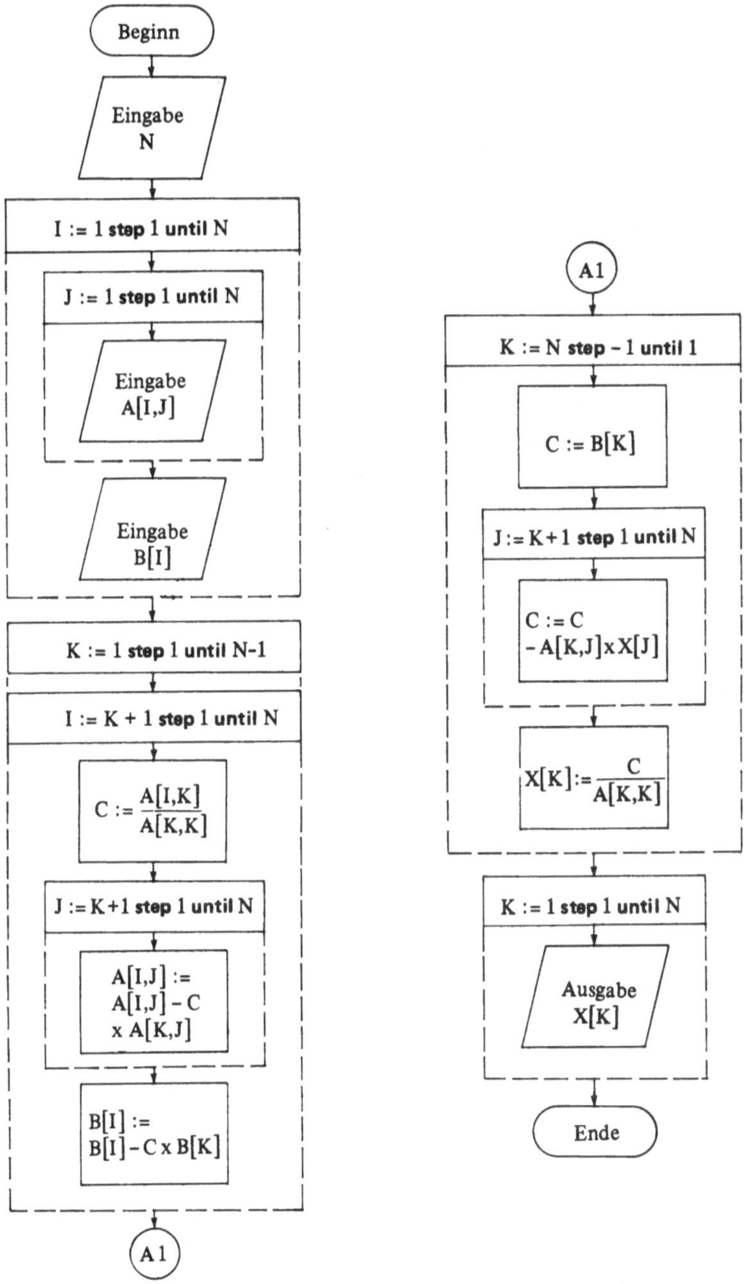

Abb. 2.6/3
Ablaufdiagramm zu Programm 2.6/2

In diesem Programm haben wir davon Gebrauch gemacht, daß ALGOL-Laufanweisungen übersprungen werden können: Ist K = N, so wird

for J := K+1 **step** 1 **until** N **do** . . .

übersprungen, und X[N] wird B[N]/A[N,N].

Als drittes Beispiel wollen wir 1000 Zahlen nach ihrer Größe ordnen und zwar so, daß die kleineren Werte vor den größeren zu stehen kommen. Wir wollen dabei folgendermaßen vorgehen: Wir durchsuchen die Liste vom Anfang bis zu der Stelle K, wo zum ersten Mal gegen die gewünschte Reihenfolge verstoßen wird, d.h. es ist G[K–1] > G[K]. Dann werden G[K] und G[K–1] miteinander vertauscht. Nun muß aber die auf dem (K– 1)-ten Platz stehende Größe (das frühere G[K]) noch mit den vorhergehenden Größen G[K–2], G[K–3], . . . verglichen und ggf. vertauscht werden, bis es größer ist als das unmittelbar links von ihm stehende. Danach wird von der K-ten Stelle an weitergesucht. Das Ablaufdiagramm ist in Abb. 2.6/4 und kompakter in Abb. 2.6/5 angegeben. Bei der Programmierung des Rückwärtssuchens läßt sich das **while**-Element benutzen:

Programm 2.6/3:

```
begin integer I, K; real C;
        array G[0:1000];
        for I := 1 step 1 until 1000 do read (G[I]);
        G[0] := 0;
        for K := 2 step 1 until 1000 do
        begin if G[K-1] ≤ G[K] then go to W;
                for I := K, I-1 while I > 1 ∧ G[I-1] > G[I] do
                begin C := G[I–1]; G[I-1] := G[I];
                        G[I] := C
                end;
        W:
        end;
        for I := 1 step 1 until 1000 do print (G[I])
end
```

Das Element G[0] muß eingeführt werden, weil sonst in dem I-Zyklus mit G[I–1] bei I = 1 (der Test kann noch erfolgen) ein nicht deklariertes Feldelement auftritt. Es gibt jedoch ALGOL-Übersetzer, die das Programm auch ohne diesen Zusatz im gewünschten Sinne ausführen. Diese nutzen aus, daß ein boolescher Ausdruck der Form p∧ . . . als ganzes den Wert **false** hat, wenn p falsch ist, und übergehen daher die Auswertung der restlichen Bestandteile.

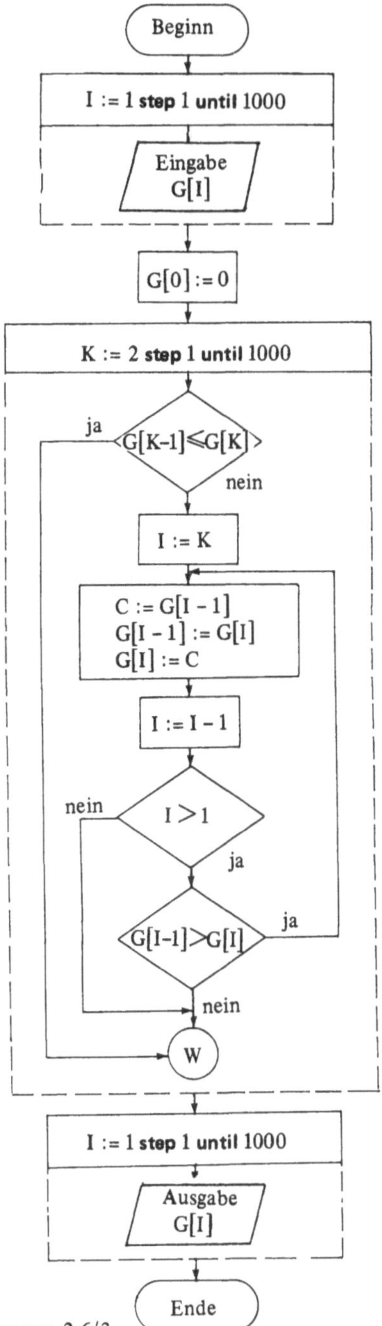

Abb. 2.6/4
Ablaufdiagramm zu Programm 2.6/3

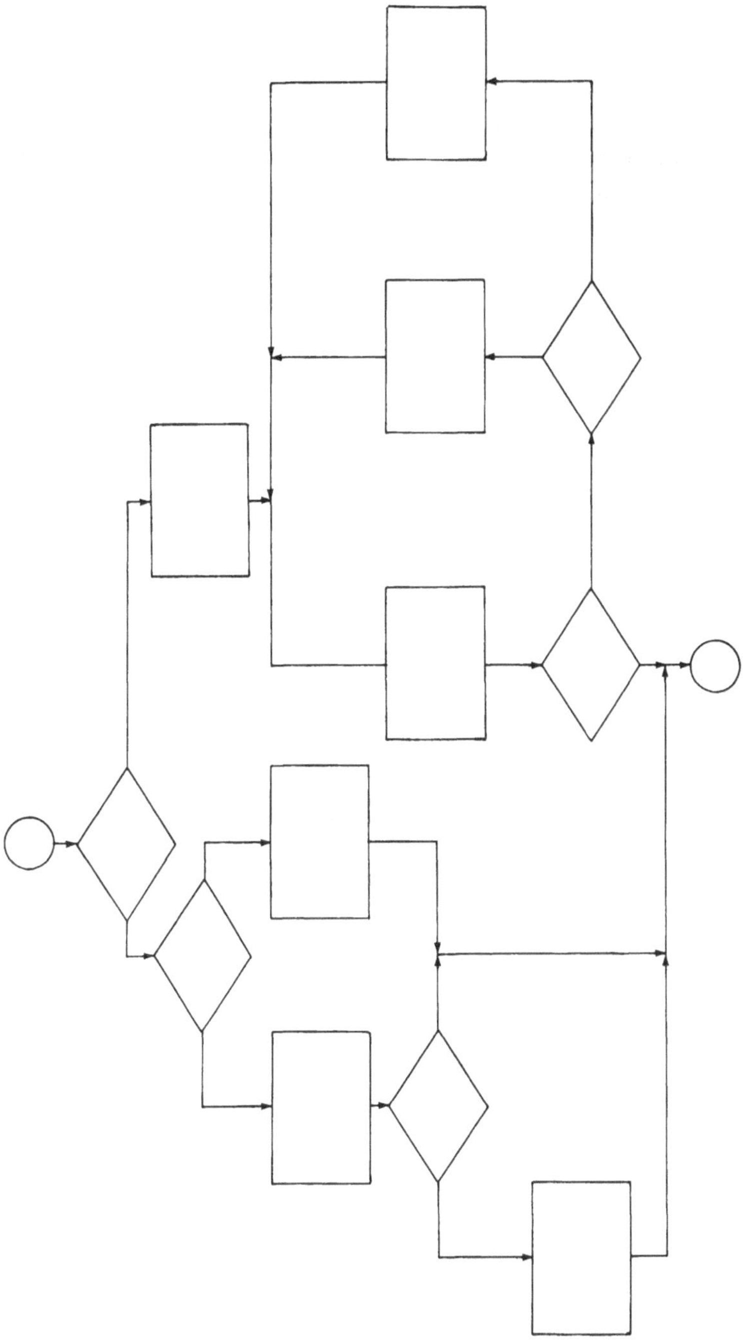

Abb. 2.4/1d
Zyklisches Programm mit einer Schleife
(außerdem Maschen)

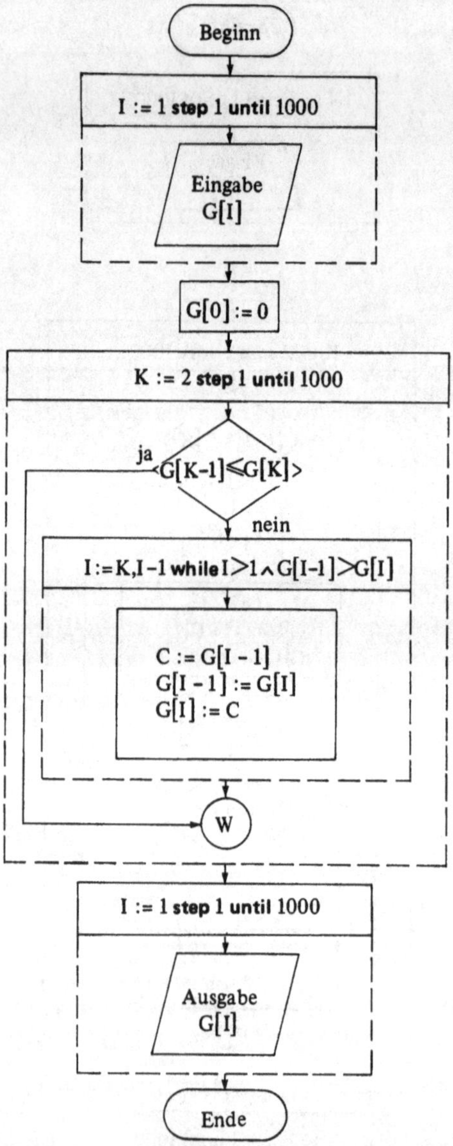

Abb. 2.6/5
Abgekürztes Ablaufdiagramm zu Programm 2.6/3

3. Maschinenprogrammierung (TR 440)

In den ersten beiden Kapiteln haben wir die Programmierung mit einer problemorientierten Sprache eingeführt. Bevor wir diese vervollständigen, wollen wir die elementaren Programmiertechniken auf der Ebene der maschinenorientierten Sprachen und die dabei vom Rechner gebotenen Möglichkeiten untersuchen. Da die maschinenorientierte Programmierung auf die Eigenheiten der speziellen Rechenanlage Bezug nimmt, müssen wir hier ein bestimmtes Datenverarbeitungssystem zugrundelegen. Wir betrachten in erster Linie das Telefunken-System TR 440. Dabei wollen wir jedoch interessante Alternativlösungen nicht aus dem Auge verlieren.

3.1 Kurzbeschreibung des TR 440

In Abb. 3.1/1 ist ein vereinfachtes Blockschaltbild des zentralen Rechners TR 440 angegeben, der den Kern des Datenverarbeitungssystems darstellt. Es wurden nur jene Aspekte berücksichtigt, die bei einer groben Erläuterung der Arbeitsweise erforderlich oder dem Programmierer zugänglich sind.

Der Zentral- oder Primärspeicher, in dem Programme und Daten gehalten werden, die der unmittelbaren Verarbeitung zugänglich sein sollen, ist als Ferritkernspeicher ausgebildet. Er enthält Ringe aus magnetisierbarem Material, bei denen zwei Remanenzzustände, nämlich die beiden gegenläufig ringförmigen Magnetisierungen, stabil sind. Diese Ringe sind in mehreren matrixförmigen Anordnungen zusammengefaßt. Die beiden stabilen Zustände erlauben die Speicherung binärer Informationen, die wir mit O und L[1] bezeichnen. Informationen, die nicht wie zum Beispiel die einzelnen Stellen einer Dualzahl (siehe 3.2) ohnehin binär sind, müssen in geeigneter Form binär (also durch Kombinationen von Binärgrößen) verschlüsselt werden.

Ein Maschinenwort im TR 440 umfaßt 52 Binärstellen[2], von denen

48 die eigentliche Information,
2 eine Typenkennung
2 Prüfstellen enthalten.

Die weitere Unterteilung der Information – so wie sie im Speicher abgelegt ist – wird aus Abb. 3.1/2 ersichtlich. Dabei ist in der rechten oberen Ecke jedes Feldes angegeben, wieviele Binärstellen (Bits) die Teilinformation umfaßt.

[1] siehe 3.2

[2] Eine Binärstelle ist eine Stelle, die von einer binären (also zweiwertigen) Größe besetzt werden kann. Eine Dualstelle ist dagegen eine Stelle aus einer im Dualsystem dargestellten Zahl. Dualstellen sind also immer auch Binärstellen; die Umkehrung gilt jedoch nicht.

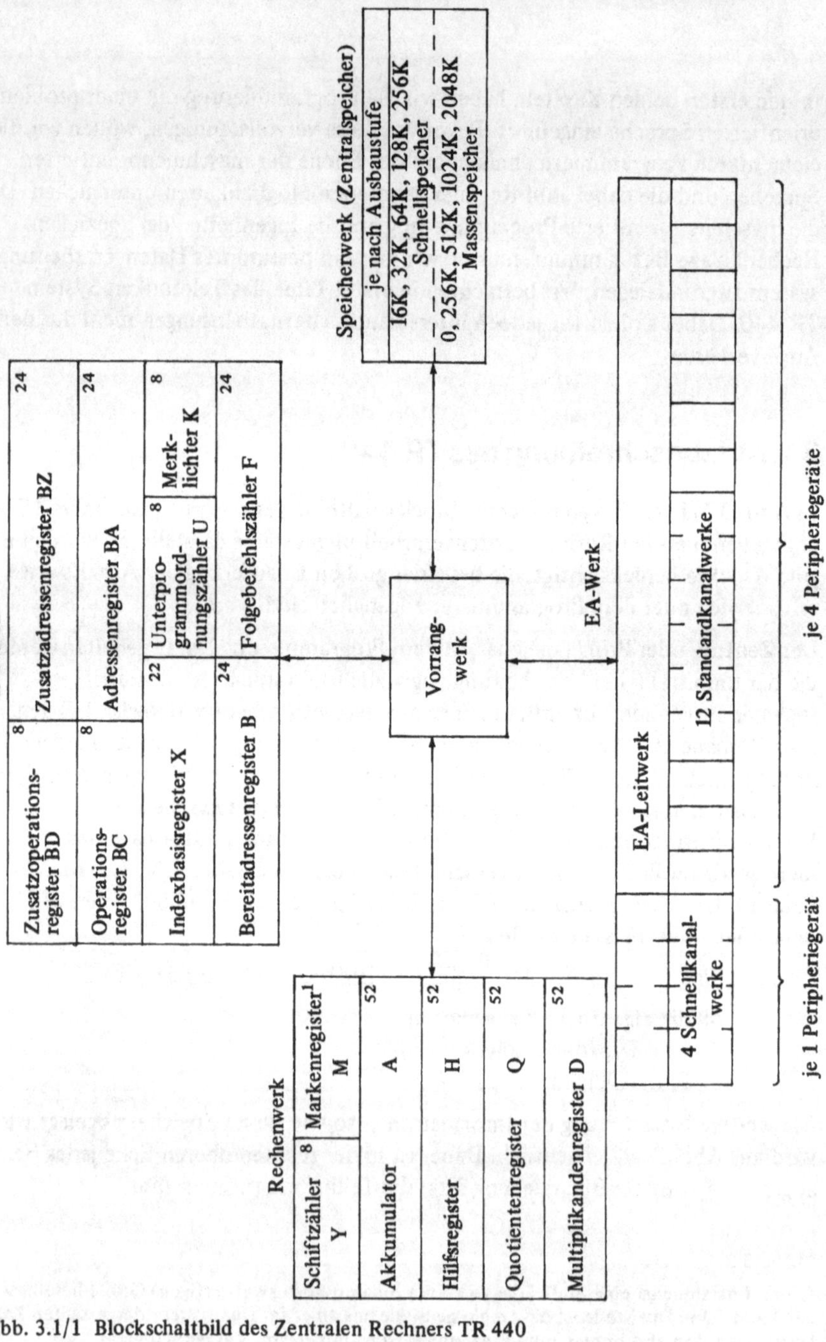

Abb. 3.1/1 Blockschaltbild des Zentralen Rechners TR 440

Die Typenkennung charakterisiert die Wortart:

OO duale Gleitpunktzahl
OL duale Festpunktzahl
LO Befehl
LL Text.

Während der Programmierer auf die Typenkennung Einfluß hat und diese gegebenenfalls verändern kann, sind die Prüfstellen durch die fünfzig übrigen Bits eindeutig festgelegt. Sie werden automatisch so besetzt, daß die 52-Bit-Information durch 3 teilbar ist. Wird bei einer maschineninternen Prüfung festgestellt, daß bei der Kontrolldivision ein Rest bleibt, wird ein interner Alarm des Speichers erzeugt.

Ein Speicher, zu dem der (oder die) Prozessoren und das EA-Werk unmittelbar zugreifen können, heißt Zentralspeicher. Er besteht aus dem durch Einzeladdressierung unmittelbar ansprechbaren Teil, dem Hauptspeicher und gegebenenfalls aus einem Ergänzungsspeicher, dessen Informationen nicht einzeln addressiert, sondern nur in Blöcken (aus einer Vielzahl von Wörtern) mit anderen Speichern oder mit EA-Geräten ausgetauscht werden können.

Beim TR 440 ist der Zentralspeicher in der aus Abb. 3.1/3 ersichtlichen Form aufgebaut. Der Schnellspeicher umfaßt mindestens 16K[1] Speicherzellen und ist in den angegebenen Stufen bis auf 256K Wörter ausbaubar. Die mittlere Zugriffszeit zum Schnellspeicher schwankt je nach Ausbau des (aus einzelnen, unabhängig arbeitenden Speichermoduln zusammengesetzten) Speichers, nach der Verteilung der aufgerufenen Adressen im Speicher sowie nach Verteilung der Aufrufe auf Lese- und Schreibwünsche zwischen 0,1 μs und 0,9 μs.

Reicht die Schnellspeicherkapazität nicht aus, kann ein Massenkernspeicher angeschlossen und von 256K bis 2048K Wörtern ausgebaut werden. Seine mittlere Zugriffszeit schwankt zwischen 0,6 μs und 2,1 μs.

Die Speicherzellen sind numeriert, wobei die erste die Adresse 0, die nächste die Adresse 2, dann 4, . . . usw. hat. Die Numerierung nur mit geraden Zahlen trägt der Tatsache Rechnung, daß ein Befehl meist wesentlich kürzer als eine Zahl mit brauchbar vielen Dezimalstellen (also mindestens etwa 8) ist. Denn dieser geradzahligen Adressierung wird eine fortlaufende Numerierung mit allen Zahlen überlagert, wobei die geraden Zahlen jeweils das linke, die ungeraden das rechte Halbwort bezeichnen. Damit ergeben sich für den Adreßteil eines Befehls zwei Möglichkeiten:

a) Die Operation verlangt als Operanden ein Ganzwort:
Dann muß die Adresse gerade sein. Ist sie es irrtümlicherweise nicht, so wird die um 1 kleinere Adresse genommen.

[1] K ist eine gebräuchliche Abkürzung für $2^{10} = 1024$.

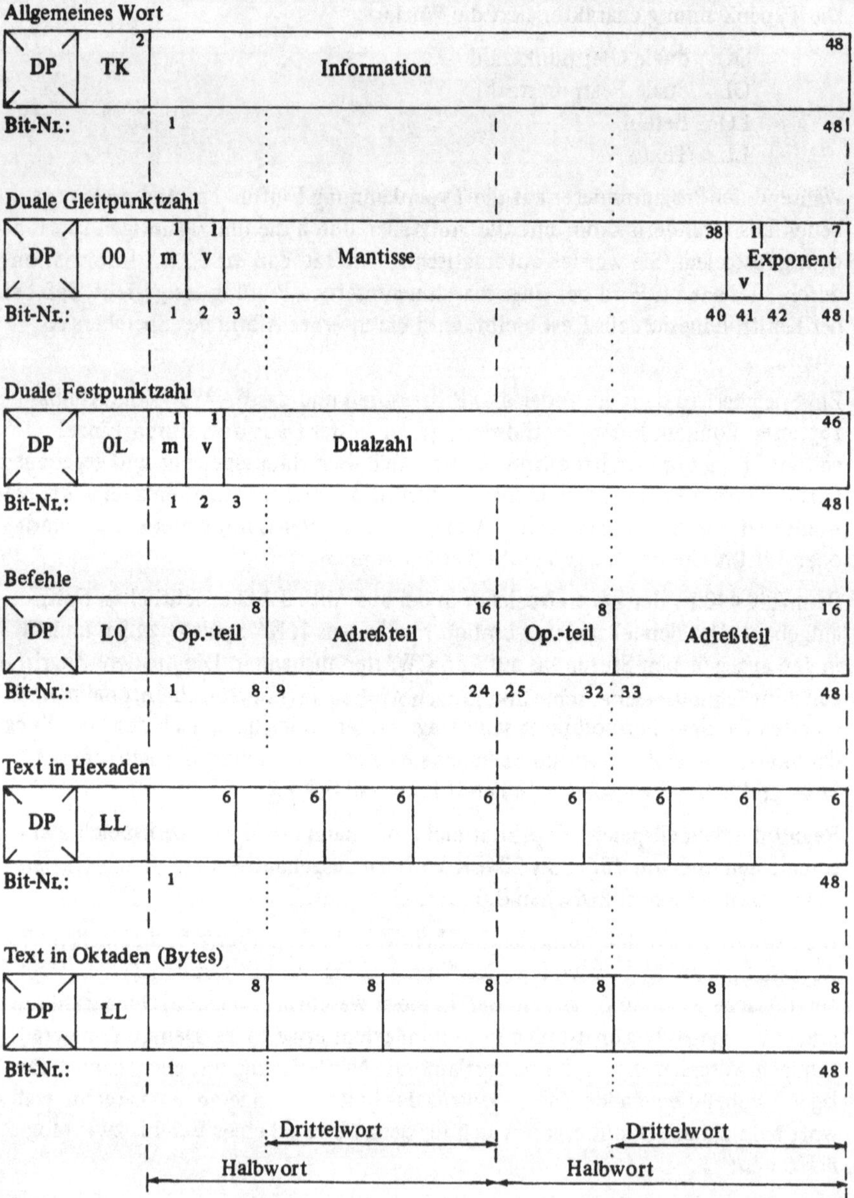

DP = Dreierprobe
TK = Typenkennung
m = Marke
v = Vorzeichen

Abb. 3.1/2 TR-440-Wortformate im Speicher

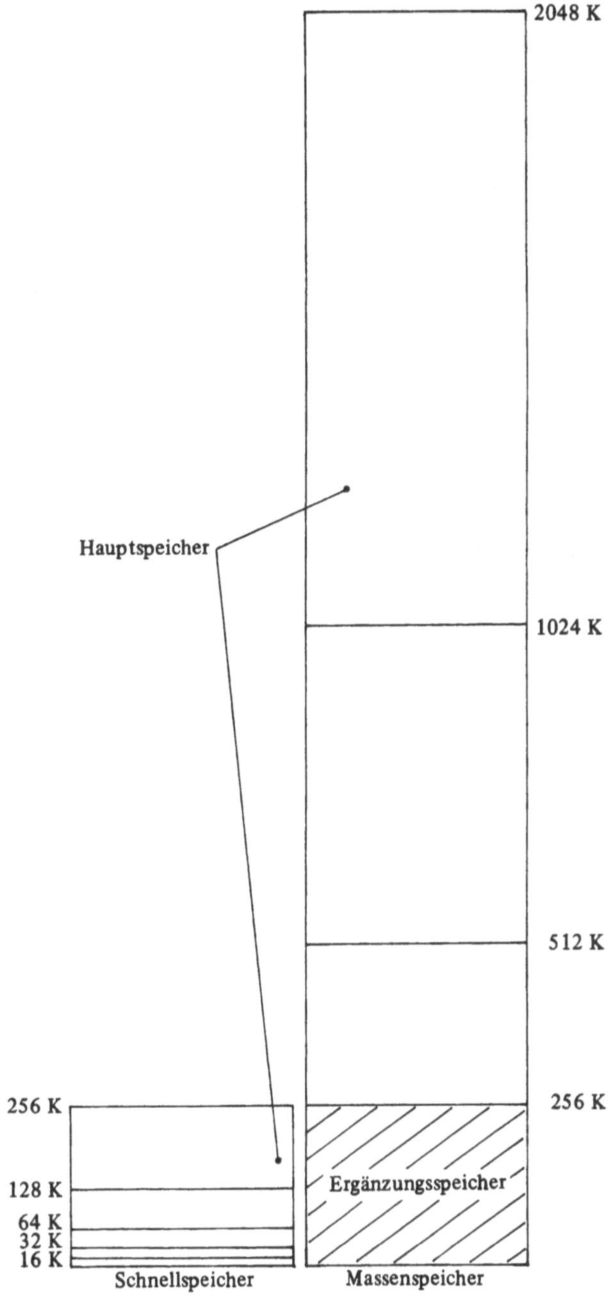

Abb. 3.1/3 TR 440-Zentralspeicher

b) Die Operation verlangt als Operanden ein Halbwort:
Dann darf die Adresse beliebig sein; ist sie gerade, wird das linke, ist sie ungerade, wird das rechte Halbwort genommen. Dieser Fall liegt insbesondere bei Sprungbefehlen vor (ALGOL: **goto**), da der angesprungene nächste Befehl wie alle Befehle nur ein Halbwort belegt.

Bei einer anderen Lösung werden die Ganzwörter fortlaufend numeriert. Dann ist jedoch der in der rechten Hälfte des Wortes stehende Befehl nicht anspringbar. Sprungbefehle können nur auf den vorderen Befehl zielen. Diese Lösung fand sich unter anderem bei der CDC 1604 der CONTROL DATA Corp.

Eine flexible Lösung, die jedoch bei gleicher Speicherkapazität den größten Raum für die Darstellung der Adresse benötigt beziehungsweise bei gleicher Adressenlänge nur eine geringere Speicherkapazität zuläßt, finden wir beim IBM-System 360. Dort sind je acht Binärstellen zu einem sogenannten Byte zusammengefaßt. (Zu jedem Byte gehört als neunte, vom Programmierer nicht beeinflußbare Stelle ein Prüfbit.) Im Speicher sind die Bytes einzeln und fortlaufend numeriert. Als Wort werden 32 Bits, also 4 Bytes, bezeichnet. Damit gibt es für den Adreßteil eines Befehls vier Möglichkeiten:

beliebige Zahlen adressieren Bytes,
gerade Zahlen adressieren Halbwörter (= 2 Bytes),
durch vier teilbare Zahlen adressieren Wörter (= 4 Bytes),
durch acht teilbare Zahlen adressieren Doppelwörter (= 8 Bytes).

Auch die Befehle sind – je nach den Erfordernissen des Operationsteils – verschieden lang. Es gibt Befehle, die ein, zwei oder drei Halbwörter umfassen.

Da Rechenwerk, Leitwerk und EA-Werk mehr oder weniger gleichzeitig auf den Speichern einer Rechenanlage zugreifen können, ist ein Vorrangwerk erforderlich, das die ankommenden Anforderungen in eine geeignete Reihenfolge bringt. Hierauf, auf die genauere Unterteilung und die Verteilung des Speicherraumes an die einzelnen Benutzer werden wir später eingehen.

Im Rechenwerk dienen mehrere Register der kurzfristigen Datenhaltung. Unter Registern versteht man extrem schnell erreichbare Speicher, in denen jeweils ein Wort oder ein Teil davon Platz findet. Für den Programmierer sind beim TR 440 die wichtigsten: Der Akkumulator A, wo sich nach Abschluß der meisten Operationen das Ergebnis befindet. Vor Ausführen einer zweistelligen Operation befindet sich einer der beiden Operanden in A. Der Akkumulator kann durch das Multiplikator-Quotienten-Register Q zu einem doppelt langen Register (96 Informationsstellen) verlängert werden. Dies wird zum Beispiel benötigt, wenn eine Information über die Grenzen des Akkumulators hinaus verschoben werden soll oder wenn bei Rechenoperationen Größen doppelter Länge auftreten (z.B. bei der Multiplikation). Außerdem wird Q wie das Multiplikanden-Divisor-Register D bei einigen Operationen als Hilfsspeicher benutzt. Ist eine Zwischenrechnung beabsichtigt, während der das Ergebnis der vorhergehenden Operation im Rechenwerk erhalten bleiben soll, so steht hierfür das Hilfsregister H zur Verfügung. Der Schiftzähler Y zählt die Verschiebungsschritte, denen ein Wort in den Registern unterworfen sein kann. Das Markenregister M nimmt das Markenbit einer ins Rechenwerk gebrachten Zahl auf, da diese Stelle bei Rechenoperationen als weitere Vorzeichenstelle benötigt wird. (Vgl. 3.2)

Das Rechenwerk des IBM-Systems 360 kennt keinen ausgezeichneten Akkumulator, der die Ergebnisse der Operationen aufnimmt. Es enthält vielmehr 16 allgemeine Register, von 0 bis 15 adressiert, von denen jedes diese Rolle spielen kann. Dadurch wird der Programmierer gezwungen, in jedem Befehl zwei Adressen anzugeben: eine Registeradresse für den ersten Operanden (gleichzeitig Ergebnisadresse) und die Adresse des zweiten Operanden, die wiederum eine Registeradresse oder aber auch eine Speicheradresse sein kann. Diese Mehrangabe wird dadurch gerechtfertigt, daß dem Programmierer 15 Hilfsregister zur Verfügung stehen.

Im Leitwerk[1] gibt das Folgebefehlsregister F die Adresse des Befehls an, der als nächster ausgeführt werden soll. Ist diese eine gerade Zahl, so wird das entsprechende Befehlswort aus dem Zentralspeicher ins Leitwerk gebracht. Der erste Befehl wird in Operations-[2] und Adressenregister, der zweite in den entsprechenden Zusatzregistern abgelegt. Ist die Adresse ungerade, so wird der nächste Befehl aus den Zusatzregistern übernommen. Die beiden Adressenregister umfassen je 24 Bits, so daß der Adreßteil des Befehls (16 Bits) zunächst durch Vorsetzen von acht Nullen verlängert werden muß. Während dieser Abrufphase des Befehls werden diese 24 Binärstellen aber eventuell zwei Modifikationen unterworfen. Die dabei verwendeten Modifikationsgrößen – mod1 und mod2 genannt – umfassen je 24 Stellen und sind durch die vorgehenden Befehlausführungen gesetzt worden (s. 3.7) Außerdem wird in der Abrufphase der Inhalt von F um 1 erhöht. In der Ausführungsphase wird der Befehl mit der eventuell veränderten Adresse gemäß der Bedeutung seines Operationsteils ausgeführt. Handelt es sich um einen Sprungbefehl, so bezeichnet die Adresse das Sprungziel und wird nach F gebracht.

Nach der Ausführungsphase beginnt eine neue Abrufphase. Sie kann bereits gleichzeitig zu der Ausführungsphase des vorhergehenden Befehls ablaufen, wenn sie nicht die gleichen Rechnerteile benutzen. In Abb. 3.1/4 ist der Befehlszyklus in stark vereinfachter Weise als Ablaufdiagramm wiedergegeben. Dabei bedeutet <n> den Inhalt der Speicherzelle n oder des Registers n.

Das EA-Werk umfaßt bis zu 16 selbständige Kanalwerke. Ein Standardkanalwerk kann 800 000 Zeichen/s übertragen, ein schnelles Kanalwerk bis zu 5 Millionen. Die schnellen Kanalwerke werden zweckmäßig für den Verkehr zwischen der

[1] In der TR 440-Literatur: Befehlswerk

[2] In der TR 440-Literatur: Coderegister

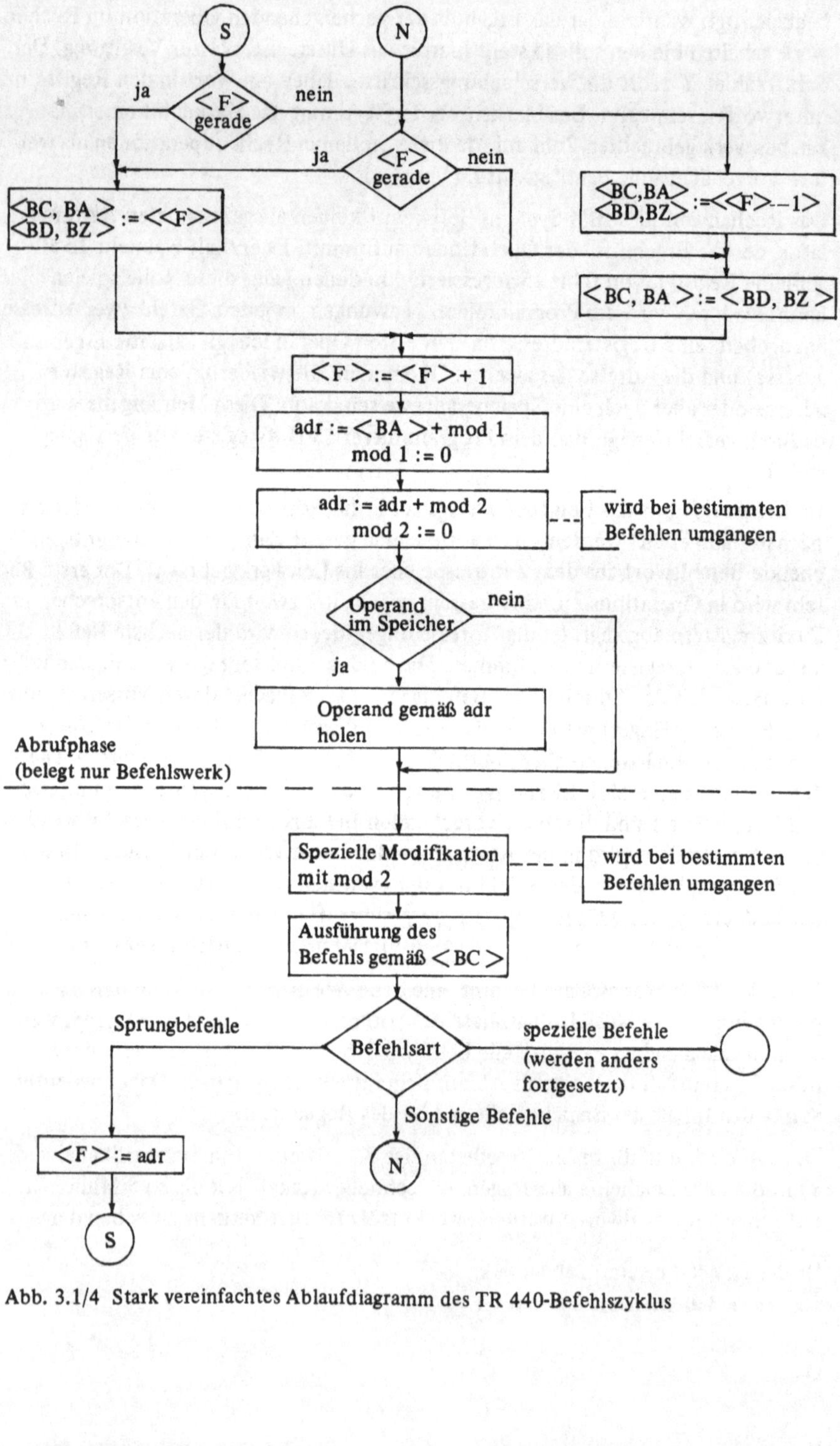

Abb. 3.1/4 Stark vereinfachtes Ablaufdiagramm des TR 440-Befehlszyklus

Zentraleinheit und den Hintergrundspeichern eingesetzt. Jedes Zeichen besteht dabei aus einem Byte. Die Steuerung der Kanalwerke erfolgt durch das EA-Leitwerk, wobei alle Kanalwerke simultan betrieben werden können, die schnellen Kanalwerke parallel (also durch entsprechend mehrfach vorhandene Steuerungsorgane des EA-Leitwerks) und die Standardkanalwerke im Zeitmultiplex (siehe 9.1 und 9.2).

Dadurch wird das zentrale Leitwerk nach dem Starten eines E-A-Vorganges wieder frei und kann wärend der im Verhältnis zur Geschwindigkeit des Rechnerkerns recht lange andauernden E-A-Vorgänge neue Aufgaben übernehmen.

3.2 Zahlendarstellung

Innerhalb elektronischer Digitalrechner wird vor allem das Dualsystem[1] benutzt. Gelegentlich tritt auch das Dezimalsystem auf, wobei jedoch die einzelnen Dezimalstellen binär verschlüsselt werden.

Die einfachste Zahlendarstellung ergibt sich, wenn jeder Ziffer ein fester Stellenwert zugeordnet wird: eine Potenz der Basis, z.B. die Stellenwerte

$$\ldots\ B^3\ B^2\ B^1\ B^0,\ B^{-1}\ B^{-2}\ \ldots$$

Die Basis des Dezimalsystems ist B = 10, des Dualsystems B = 2. Auf jeder einzelnen Stelle können die Ziffern von 0 bis B-1 stehen, d.h. beim Dezimalsystem 0, 1, 2, 3, 4, 5, 6, 7, 8, 9 und beim Dualsystem 0 (= O) und 1 (= L). Dann ist die Darstellung eindeutig. Demnach bedeutet $(173)_{10}$[2]

$$1.\ 10^2 + 7.\ 10^1 + 3.\ 10^0$$

In Zweierpotenzen ausgedrückt hat die Zahl die Form:

$$\begin{aligned} &128 + 32 + 8 + 4 + 1 \\ = &2^7 + 2^5 + 2^3 + 2^2 + 2^0. \end{aligned}$$

Es ist also

$$(173)_{10} = (\mathrm{OO}\ldots\mathrm{OOLOLOLLOL})_2$$

Die Zahlen von 0 bis 20 sind in Tab. 3.2/1 dargestellt.

Mit dem Dualsystem eng verwandt sind das Oktalsystem (B = 8) und das Sedezimalsystem (B = 16). Beim Oktalsystem werden je drei Dualstellen zu einer der Ziffern 0, 1, 2, 3, 4, 5, 6, 7 zusammengefaßt. Beim Sedezimalsystem werden je vier Stel-

[1] Die Elemente des Rechnens mit Dualzahlen werden hier nur gestreift. Die Benutzung des Dualsystems in programmgesteuerten Rechnern ist ebenso wie die halblogarithmische Zahlendarstellung zuerst bei Zuse zu finden [8,9]. Ausführliche Darstellung z.B. bei [231].

[2] Der Index gibt die Basis an. Er kann weggelassen werden, wenn keine Verwechslung möglich ist.

dezimal	dual	oktal	sedezimal
0	O	0	0
1	L	1	1
2	LO	2	2
3	LL	3	3
4	LOO	4	4
5	LOL	5	5
6	LLO	6	6
7	LLL	7	7
8	LOOO	10	8
9	LOOL	11	9
10	LOLO	12	A
11	LOLL	13	B
12	LLOO	14	C
13	LLOL	15	D
14	LLLO	16	E
15	LLLL	17	F
16	LOOOO	20	10
17	LOOOL	21	11
18	LOOLO	22	12
19	LOOLL	23	13
20	LOLOO	24	14

Tab. 3.2/1 Zahlensysteme

len zusammengefaßt, wobei für die Ziffern, die 9 übersteigen, die Buchstaben A, B, C, D, E, F verwandt werden. Beide Systeme werden gerne an Stellen benutzt, wo binäre Informationen kurz und übersichtlich dargestellt werden sollen.

Z.B. lassen sich die acht Binärstellen des Operationsteiles in TR 440 - Befehlen durch zweistellige Sedezimalzahlen ausdrücken: (Siehe Beispiel 1.3)

$$(173)_{10} = (255)_8 = (AD)_{16}$$

In einem TR 440 - Ganzwort stehen neben Marke und Vorzeichen für den Betrag der Zahl 46 Bits zur Verfügung. Wenn wir ganze Zahlen betrachten, also die unterste Stelle mit dem Stellenwert 2^0 belegen, so ist die größte, darstellbare Zahl

$$\text{OOOLLLL.....LLL} = 2^{46} - 1 = 70\ 368\ 744\ 177\ 663$$

Die Addition zweier Dualzahlen erfolgt so, wie man es auch von Dezimalzahlen gewohnt ist, also stellenweise unter Berücksichtigung von Überträgen. Dabei werden die Beziehungen benutzt:

$$\text{O} + \text{O} = \text{O} \qquad \text{O} + \text{L} = \text{L}$$
$$\text{L} + \text{O} = \text{L} \qquad \text{L} + \text{L} = \text{LO}$$

Beispiel:

46	...OO LOL LLO
+ 25	...OO OLL OOL
71	...OL OOO LLL

Die einfachste Darstellung negativer Zahlen ist die gebräuchliche mit Betrag und Vorzeichen. Dies bringt aber gewisse Schwierigkeiten beim Addiervorgang mit sich, so daß in den Rechenanlagen Komplementdarstellungen benutzt werden. Neben dem hier nicht näher erläuterten B-Komplement interessiert vor allem das (B–1)-Komplement. Es entsteht dadurch, daß von allen Stellen das Komplement bezüglich B-1 gebildet wird. Das ist besonders einfach bei Dualzahlen. Dort werden alle O in L und alle L in O verwandelt, z.B.

```
+ 173 = OO. . .OOLO LOL LOL
- 173 = LL. . .LLOL OLO OLO.
```

Die Komplementdarstellungen haben den Vorzug, daß die Addition zweier Zahlen ohne Berücksichtigung des jeweiligen Vorzeichens abläuft.

Die Darstellung negativer Zahlen im (B–1)-Komplement hat zwei Besonderheiten:

a) die Existenz zweier Nullen

```
+0 = OOO . . . OO
-0 = LLL . . . LL
```

b) den Einerrücklauf:

```
+ 13         OO . . . OOL LOL
-  3         LL . . . LLL LOO
          L | OO . . . OOL OOL
          |_____________________>L
+ 10         OO . . . OOL OLO
```

Auf die anderen Rechenoperationen brauchen wir nicht weiter einzugehen: Die Subtraktion erfolgt als Addition, wobei vom zweiten Operanden zunächst das Komplement gebildet wird. Multiplikation und Division werden auf Addition und Subtraktion zurückgeführt.

Für das Vorzeichen werden im Rechenwerk zwei Binärstellen benutzt:

OO . . . für positive Zahlen,
LL. . . für negative Zahlen.

Dies ist erforderlich, um bei Rechenoperationen eine Bereichsüberschreitung festzustellen:

OL . . . übergelaufene positive Zahl
LO . . . übergelaufene negative Zahl

Erfolgt im TR 440 eine solche Bereichsüberschreitung, so wird BÜ-Alarm gegeben. Dies bedeutet jedoch nicht, daß der Programmlauf sofort abgebrochen wird. Die Unterbrechung geschieht vielmehr erst beim nächsten Befehl, der das Rechenwerk benutzt. In der Zwischenzeit kann abgefragt werden, ob ein solcher arithmetischer Alarm vorliegt.

Da in den verschiedenen von der Maschine zu lösenden mathematischen Problemen Zahlen sehr unterschiedlicher Größenordnung vorkommen, fällt dem Programmierer die unangenehme Aufgabe zu, alle Größen so zu normieren, daß sie während des gesamten Rechenganges in der gleichen, vorgeschriebenen Größenordnung bleiben. Diese Aufgabe ist nicht nur mühsam und durch Irrtümer gefährdet, sondern setzt zu ihrer vernünftigen Bewältigung auch im voraus gewisse Kenntnisse über das Verhalten von Größen voraus, die erst noch berechnet werden sollen. Es müssen also geeignete Abschätzungen gemacht werden, die nicht immer einfach durchzuführen sind.

Um dem Programmierer dieser Normierungsarbeit zu entheben, führt man für die Zahlen die Gleitpunktdarstellung ein. Man benutzt hierzu eine halblogarithmische Notierung. Das heißt, jede Zahl z wird in der Maschine als Zahlenpaar $(\hat{z}, \bar{z})$ dargestellt. $\hat{z}$ wird Mantisse, $\bar{z}$ Exponent (oder Skalenfaktor) genannt. Mit $\hat{z}$ und $\bar{z}$ läßt sich z in der Form

$$z = \hat{z} \times b^{\bar{z}}$$

darstellen. Diese Darstellung ist beispielsweise eindeutig, wenn

$$\frac{1}{b} \leqslant |\hat{z}| < 1$$

gewählt wird. Als Basis b muß nicht unbedingt 2 genommen werden. Neuerdings wird oft b = 16 gewählt, also:

$$z = \hat{z} \times 16^{\bar{z}} \quad \text{mit} \quad 1/16 \leqslant |z| < 1.$$

Diese Lösung finden wir außer beim TR 440 zum Beispiel auch bei IBM 360 und SIEMENS 4004.

Im TR 440 stehen für $\hat{z}$ 38 und für $\bar{z}$ 7 Binärstellen (jeweils ohne Vorzeichen) zur Verfügung. Die einzelnen Stellen bedeuten demnach

$$m \; \underbrace{v \; 2^{-1} \; 2^{-2} \; 2^{-3} \ldots 2^{-38}}_{\text{Mantisse}} \; \underbrace{v \; 2^{6} \; 2^{5} \ldots 2^{0}}_{\text{Exponent}}$$

Die Normalisierungsvorschrift $1/16 \leqslant |z| < 1$ besagt, daß die erste Sedezimale der Mantisse nicht OOOO ist.

Die Genauigkeit von z entspricht 10 bis 11 Dezimalstellen; das soll heißen, daß sich jede zehnstellige Dezimalmantisse eindeutig (das heißt aber nicht: exakt) als duale Mantisse darstellen läßt, dies jedoch nur noch für einen Teil der elfstelligen Dezimalmantissen gilt.

Die kleinste Mantisse, die von Null verschieden ist, ist 1/16, die größte $2^0 - 2^{-38}$. Der Exponent kann zwischen -127 und +127 variieren. Somit ergibt sich für z:

$$2^{-4} \cdot 16^{-127} \leqslant |z| \leqslant (2^0 - 2^{-38}) \cdot 16^{127}$$
$$2^{-512} \leqslant |z| \leqslant 2^{508} - 2^{470}$$

oder dezimal:

$$0.745\ 834\ 1 \times 10^{-154} \leqslant |z| \leqslant 0.837\ 988\ 1 \times 10^{153}$$

Bei vielen Rechenanlagen wird im Gleitpunktwort nicht der Exponent, sondern eine sogenannte Charakteristik angegeben, die gegenüber dem Exponenten so um eine feste Konstante erhöht ist, daß sie stets einen nichtnegativen Wert hat.

Ferner sei darauf hingewiesen, daß es vielfach üblich ist, die Charakteristik nicht hinter der Mantisse (vgl. Abb. 3.1/2), sondern vor der Mantisse, also hinter dem Vorzeichen zu speichern und bei negativen Gleitpunktzahlen mit der Mantisse zusammen zu komplementieren (z.B. IBM, CDC). Der Vorteil dieser Darstellung liegt darin, daß sich Größenvergleiche zwischen Festpunkt- und zwischen Gleitpunktzahlen mit denselben Befehlen abwickeln lassen.

Beim Rechnen mit Gleitpunktzahlen ergeben sich für die einzelnen Rechenoperationen folgende Besonderheiten:

Sollen zwei halblogarithmisch dargestellte Zahlen addiert (oder subtrahiert) werden, so müssen zuvor die Exponenten angeglichen werden:

$$z_1 = \hat{z}_1 \cdot 16^{\bar{z}_1} \qquad z_2 = \hat{z}_2 \cdot 16^{\bar{z}_2}$$

Angenommen, es sei $\bar{z}_1 \geqslant \bar{z}_2$, dann kann z_2 auch in der nicht normalisierten Form

$$z_2 = \hat{z}_2' \cdot 16^{\bar{z}_1} \text{ mit } \hat{z}_2' = \hat{z}_2' \cdot 16^{-(\bar{z}_1 - \bar{z}_2)}$$

geschrieben werden, und es wird

$$z_1 \pm z_2 = (\hat{z}_1 \pm \hat{z}_2')\, 16^{\bar{z}_1}$$

Das Ergebnis muß gegebenenfalls erneut normalisiert werden.

Beispiele:

	Mantisse:	Exponent:	
a)	+ OO.OLOO LOOO	O . . . O OLLO	z_1
	+ OO.LLOO OOOO	O . . . O OLOL	z_2
angeglichen:	+ OO.OLOO LOOO	O . . . O OLLO	z_1
	+ OO.OOOO LLOO	O . . . O OLLO	z_2
	OO.OLOL OLOO	O . . . O OLLO	$z_1 + z_2$

b)	+	OO.LLOL LOOO	O . . . O OLOO	z_1
	+	OO.OOLL OLOO	O . . . O OLOO	z_2
		OL.OOOO LLOO	O . . . O OLOO	$z_1 + z_2$
normalisiert:		OO.OOOL OOOO LLOO	O . . . O OLOL	$z_1 + z_2$
c)	+	OO.LOLO LOOO O. . .	O . . . O OLOO	z_1
	-	OO.LOOL LOLO O. . .	O . . . O OLOO	z_2
	+	OO.LOLO LOOO O. . .	O . . . O OLOO	z_1
komplementiert:		LL.OLLO OLOL L. . .	O . . . O OLOO	z_2
	L |	OO.OOOO LLOL L. . .	O . . . O OLOO	
		→ + L		
		OO.OOOO LLLO O. . .	O . . . O OLOO	$z_1 + z_2$
normalisiert:		OO.LLLO OOOO O. . .	O . . . O OOLL	$z_1 + z_2$

Die Normalisierung läßt die Tatsache außer acht, daß unter Umständen beim Rechtsverschieben Stellen verloren gehen und beim Linksverschieben willkürliche Nullen nachgezogen werden, die keinen rechnerischen Wert besitzen. Man darf sich also über die Anzahl der gültigen Stellen eines Ergebnisses nicht täuschen lassen. Es sind daher auch andere Normalisierungsverfahren vorgeschlagen worden, die wenigstens das Nachziehen ungültiger Stellen mehr oder weniger vermeiden. (z.B. [10]).

Bei der Multiplikation und der Division können die Mantissen direkt verarbeitet werden. Als Exponenten erhält das Resultat dann die Summe beziehungsweise Differenz der Exponenten zugeordnet:

$$z_1 \cdot z_2 = \hat{z}_1 \cdot \hat{z}_2 \cdot 16^{\bar{z}_1 + \bar{z}_2}$$

$$z_1 / z_2 = (\hat{z}_1 / \hat{z}_2) \cdot 16^{\bar{z}_1 - \bar{z}_2}$$

Eine Normalisierung ist auch hier erforderlich, jedoch um höchstens eine Sedezimale.

3.3 Ganzworttransport zwischen Speicher und Register

Eine wichtige Klasse von Befehlen sind die Transportbefehle. Wir wollen zunächst nur diejenigen Befehle betrachten, die Information zwischen dem Hauptspeicher und den Registern des Rechenwerks transportieren. Unter diesen beschränken wir uns auf Ganzwortbefehle. (Außerdem können noch Doppel-, Halb-, Drittelwörter und andere Teile eines Wortes transportiert werden.) Alle Transportbefehle, die Information aus dem Speicher ins Rechenwerk bringen, enthalten in ihrer Bezeichnung beim TR 440 ein B (Bringen), die umgekehrten Befehle ein C (Speichern); der Befehl BC vertauscht die Informationen. Wie die Befehle auf die ein-

nische Abkürzungen, die für die Interndarstellung (durch den Assemblierer „TAS"[1]) in zweistellige Sedezimalzahlen umgewandelt werden müssen. Als allgemeine Größen, die im Adressenteil eines Befehls stehen können, benutzen wir:

n Ganzwortadresse (geradzahlig)
m Halbwortadresse (beliebige)
z Zahl, die selbst als Operand verwendet wird
i Indexadresse
p Parameter
s Spezifikation (kann in $s_1, s_2, \ldots$ unterteilt sein)
i, p, s können noch einen Index L oder R (links oder rechts) haben. Dann besetzen sie nur die linke beziehungsweise nur die rechte Hälfte des Adressenteils
c Operationscode für einen „Zweit-Befehl"

Weiter verwenden wir:

$\langle .. \rangle_v$ Vorzeichen des Inhalts
$\langle .. \rangle_t$ Typenkennung des Inhalts
$\langle .. \rangle_m$ Marke des Inhalts
$\langle .. \rangle_1$ Bit 1 des Inhalts
$\langle .. \rangle_{1,2}$ Bit 1 und 2 des Inhalts
$\langle .. \rangle_{9\text{-}24}$ Bit 9 bis Bit 24 des Inhalts
(Zählung gemäß 3.1)
x :=: y Die Operationen x := y und y := x laufen gleichzeitig ab.

Im folgenden sind alle Transportbefehle zusammengestellt:

a) Bringbefehle ohne Nebenwirkung

B n = Bringe nach A
$\langle A \rangle := \langle n \rangle$

BQ n = Bringe nach Q
$\langle Q \rangle := \langle n \rangle$

BD n = Bringe nach D
$\langle D \rangle := \langle n \rangle$

BH n = Bringe nach H
$\langle H \rangle := \langle n \rangle$

BQB n = Bringe nach Q und bringe nach A
$\langle Q \rangle := \langle A \rangle := \langle n \rangle$

Ist TK = OO oder OL : $\langle M \rangle := \langle M \rangle \vee \langle n \rangle_m$.

Das heißt, in M steht ein L, wenn vorher L darin stand oder das Markenbit der Speicherzelle ein L ist. Bei diesen Befehlen bleibt – wie überall, wo nichts Gegenteiliges angegeben ist – der Inhalt von n erhalten.

[1] TAS heißt „TELEFUNKEN-Assembler-Sprache"

b) Speicherbefehle ohne Nebenwirkung

C n = Speichere von A nach n
$\langle n \rangle := \langle A \rangle$

CQ n = Speichere von Q nach n
$\langle n \rangle := \langle Q \rangle$

CD n = Speichere von D nach n
$\langle n \rangle := \langle D \rangle$

CH n = Speichere von H nach n
$\langle n \rangle := \langle H \rangle$

Ist TK = OO oder OL : $\langle n \rangle_m := O$

Bei den gewöhnlichen Speicherbefehlen wird ein Zahlwort auch dann nicht markiert, wenn im Rechenwerk das Markenregister gesetzt ist. Das Wort bleibt beim Wegspeichern im entsprechenden Register erhalten.

c) Befehle mit arithmetischer Nebenwirkung

BN n = Bringe negativ
$\langle A \rangle := - \langle n \rangle$

BB n = Bringe Betrag
$\langle A \rangle := | \langle n \rangle |$

CN n = Speichere negativ
$\langle n \rangle := - \langle A \rangle$

CB n = Speichere Betrag
$\langle n \rangle := | \langle A \rangle |$

Markenbehandlung wie bei a) bzw. b).

d) Reservierende Befehle

BR n = Bringe und reserviere
$\langle H \rangle := \langle A \rangle ; \ \langle A \rangle := \langle n \rangle$

BNR n = Bringe negativ und reserviere
$\langle H \rangle := \langle A \rangle ; \ \langle A \rangle := - \langle n \rangle$

CR n = Speichere und bringe Reserve
$\langle n \rangle := \langle A \rangle ; \ \langle A \rangle := \langle H \rangle$

Markenbehandlung wie bei a) bzw. b).

e) Befehle ohne Markenberücksichtigung

BU n = Bringe unverändert
$\langle A \rangle := \langle n \rangle$

CU n = Speichere unverändert
$\langle n \rangle := \langle A \rangle$

Bei diesen beiden Befehlen werden alle 48 Binärstellen transportiert

f) Markiertes Speichern
CMT n = Speichere markiert
$<n> := <A>$ mit $<n>_m := L$
CMR n = Speichere mit Markenregister
$<n> := <A>$ mit $<n>_m := <M>$
CMC n = Speichere mit Marke aus dem Speicher
$<n> := <A>$ mit $<n>_m$ unverändert

g) Befehle mit Doppelwirkung
BL n = Bringe nach A und lösche
$<A> := <n>$
$<n> :=$ 0 mit $<n>_t :=$ OO und $<n>_m :=$ O
BC n = Vertausche A und n
$<A> :=: <n>$
RT $s_1 s_2$ = Registertausch
$<s_1> :=: <s_2>$ (s_1, s_2 = A, Q, H, D)

Wir wollen nun noch drei Beispiele programmieren:

a) Die Größen, die in den Speicherzellen 806 und 906 stehen, sollen vertauscht werden:

Programmstück 3.3/1

	B 806	$<A> := <806>$
	BR 906	$<H> := <A>$ $<A> := <906>$
	CR 806	$<806> := <A> (= <906>_{alt})$ $<A> := <H> (= <806>_{alt})$
	C 906	$<906> := <806>_{alt}$

Falsch wäre die Befehlsfolge B806, C906, B906, C806, weil nach den beiden ersten Befehlen der alte Inhalt von 906 vernichtet ist. Daher muß eine Hilfsspeicherzelle zwischengeschaltet werden, wobei der TR 440 dafür mit dem Hilfsregister H und den reservierenden Befehlen eine besonders elegante Möglichkeit bietet. Mit den Vertauschbefehlen, die jedoch nur wenige Rechner kennen, läßt sich die Aufgabe noch kürzer formulieren: B806, BC906, C806.

b) Die drei Größen in den Speicherzellen 512, 514 und 516 sind zyklisch zu vertauschen, d.h. $<514>$ soll auf den Platz 512, $<516>$ auf den Platz 514 und schließlich $<512>$ auf den Platz 516 gebracht werden. Auch hier muß ein Wert zwischengespeichert werden:

Programmstück 3.3/2

	B 512	$<A> := <512>_{alt}$
	BR 514	$<H> := <512>_{alt}$
		$<A> := <514>_{alt}$
	C 512	$<512> := <A> (= <514>_{alt})$
	B 516	$<A> := <516>_{alt}$
	CR 514	$<514> := <A> (= <516>_{alt})$
		$<A> := <H> (= <512>_{alt})$
	C 516	$<516> := <A> (= <512>_{alt})$

c) Zwei Größen (in Speicherzelle 1202 bzw. 1206) sollen markiert werden, wenn wenigstens eine markiert ist. Wir setzen voraus, daß vor Beginn des Programmstücks $<M> = O$ ist:

Programmstück 3.3/3

	B 1202	$<A> := <1202>$
		$<M>$:= L, falls $<1202>$ markiert
	BR 1206	$<H> := <1202>$
		$<A> := <1206>$
		$<M>$:= L, falls $<1206>$ markiert
		Nunmehr ist $<M> = O$ nur noch, wenn beide Größen nicht markiert sind.
	CMR 1206	$<1206> := <A>$ mit Marke aus M
	RT AH	$<A> :=: <H>$
	CMR 1202	$<1202> := <A>$ mit Marke aus M

Gelegentlich benötigt man im Programm konstante Werte. Diese müssen nicht immer in besonderen Speicherzellen abgelegt sein. Es ist vielmehr möglich, sie unmittelbar im Befehl anzugeben:

Konstantenbefehle

BA z = Bringe Adreßteil
$<A> := z$

BAN z = Bringe Adreßteil negativ
$<A> := -z$

BAR z = Bringe Adreßteil und reserviere
$<H> := <A>$
$<A> := z$

BANR z = Bringe Adreßteil negativ und reserviere
$<H> := <A>$
$<A> := -z$

Dabei ist $0 \leqslant z \leqslant 65535$ (16 Bits)

Durch Modifikationen (siehe 3.1 und 3.7) kann z bis auf 23 Binärstellen und eine Vorzeichenstelle erweitert werden, so daß z dann die untere Hälfte des Akkumulators belegt. Die obere Hälfte wird vorzeichengleich ergänzt. Die Typenkennung ist OL.

Beispiel: Es wird die Zahl 10 in H und die Zahl 1024 in A benötigt: BA 10
BAR 1024.

3.4 Gleitpunktarithmetik

Für die Gleichpunktoperationen stehen folgende Befehle zur Verfügung:

a) Additions- und Subtraktionsbefehle

GA	n	=	Addiere
			$<A> := <A> + <n>$
GAB	n	=	Addiere Betrag
			$<A> := <A> + \|<n>\|$
GSB	n	=	Subtrahiere
			$<A> := <A> - <n>$
GSBB	n	=	Subtrahiere Betrag
			$<A> := <A> - \|<n>\|$
GSBI	n	=	Subtrahiere invers
			$<A> := <n> - <A>$

b) Multiplikations- und Divisionsbefehle

GML	n	=	Multipliziere
			$<A> := <A> \cdot <n>$
GMLN	n	=	Multipliziere negativ
			$<A> := - <A> \cdot <n>$
GDV	n	=	Dividiere
			$<A> := <A> / <n>$
GDVI	n	=	Dividiere invers
			$<A> := <n> / <A>$

Bei allen diesen Befehlen werden außer A noch die Register D und Q benutzt. In D steht jeweils – außer bei Division – der zweite Operand $<n>$, Q wird am Ende auf +0 mit der TK = OO gelöscht, bei der Division geschieht das gleiche mit D. Im Schiftzähler Y ist angegeben, um wieviele Binärstellen das Ergebnis beim Normalisieren verschoben wurde. Auch für den Transport des zweiten Operanden ins Rechenwerk gelten die Angaben, die wir in 3.3 gemacht haben. Der Inhalt der Speicherzelle n bleibt selbstverständlich erhalten.

Als Beispiel betrachten wir die Bestimmung eines Polynomwertes (vgl. Programm 2.1/2) gemäß

$$P = a_0 + a_1 x + a_2 x^2 + a_3 x^3$$

Programmstück 3.4/1:

a) Speicherplan:

500 a_0
502 a_1
504 a_2
506 a_3
508 x
510 P

Die Speicherplätze 500 bis 508 müssen vor Beginn dieses Programmstücks gesetzt sein.

b) Programm

300	B 506	$<A> := a_3$
1	GML 508	$<A> := a_3\, x$
2	GA 504	$<A> := a_3\, x + a_2$
3	GML 508	$<A> := a_3\, x^2 + a_2\, x$
4	GA 502	$<A> := a_3\, x^2 + a_2\, x + a_1$
5	GML 508	$<A> := a_3\, x^3 + a_2\, x^2 + a_1\, x$
6	GA 500	$<A> := a_3\, x^3 + a_2\, x^2 + a_1\, x + a_0$
7	C 510	$P := <A>$

Als zweites Beispiel bestimmen wir

$$c = a_1 b_1 + a_2 b_2 + a_3 b_3$$

gemäß Programm 2.1/1:

Programmstück 3.4/2

a) Speicherplan

400 a_1
402 a_2
404 a_3
410 b_1
412 b_2
414 b_3
420 c

b) Programm

450	B	400	$\langle A \rangle := a_1$
1	GML	410	$\langle A \rangle := a_1 \cdot b_1$
2	C	420	$C := a_1 \cdot b_1$
3	B	402	$\langle A \rangle := a_2$
4	GML	412	$\langle A \rangle := a_2 \cdot b_2$
5	GA	420	$\langle A \rangle := C + a_2 \cdot b_2$
6	C	420	$C := C + a_2 \cdot b_2$
7	B	404	$\langle A \rangle := a_3$
8	GML	414	$\langle A \rangle := a_3 \cdot b_3$
9	GA	420	$\langle A \rangle := C + a_3 \cdot b_3$
460	C	420	$C := C + a_3 \cdot b_3$

Dieses Programmstück läßt sich etwas vereinfachen, wenn wir die akkumulierenden Befehle benutzen:

Akkumulierende Multiplikation

GMLA n = Multipliziere akkumulierend
$\langle A \rangle := \langle A \rangle \cdot \langle n \rangle + \langle H \rangle$

GMAN n = Multipliziere akkumulierend negativ
$\langle A \rangle := - \langle A \rangle \cdot \langle n \rangle + \langle H \rangle$

Damit erhalten wir bei gleichem Speicherplan folgendes Programm:

Programmstück 3.4/3

450	B	400	$\langle A \rangle := a_1$
1	GML	410	$\langle A \rangle := a_1 \cdot b_1$
2	BR	402	$\langle A \rangle := a_2; \langle H \rangle := a_1 \cdot b_1$
3	GMLA	412	$\langle A \rangle := a_2 \cdot b_2 + \langle H \rangle$
4	BR	404	$\langle A \rangle := a_3; \langle H \rangle := a_1 b_1 + a_2 b_2$
5	GMLA	414	$\langle A \rangle := a_3 \cdot b_3 + \langle H \rangle$
6	C	420	$C := a_1 b_1 + a_2 b_2 + a_3 b_3$

Einige weite.e Gleitpunktbefehle seien nur am Rande erwähnt:

Weitere Gleitpunktbefehle

GAC n = Addiere im Speicher
$\langle n \rangle := \langle n \rangle + \langle A \rangle$

GSBC n = Subtrahiere im Speicher
$\langle n \rangle := \langle n \rangle - \langle A \rangle$

GSBD n = Subtrahiere von D
<A> := <D> - <n>
REZ n = Bilde reziproken Wert
<A> := 1/ <n>

Bei den beiden ersten dieser Befehle finden wir das Ergebnis außer in n auch im Register D, beim dritten bleibt der Inhalt von D erhalten, beim letzten wird D – wie auch bei allen Q – auf +0 mit TK = OO gesetzt. Bei GAC und GSBC bleibt eine dort gesetzte Marke im Speicher erhalten.

Wir wollen nun noch einen Schritt aus Programm 2.4/4 programmieren:

$$x := \frac{1}{2}\left(x + \frac{a}{x}\right)$$

Programmstück 3.4/4:

a) Speicherplan:

202 a
204 x
206 2.0E

b) Programm

100	**B 204**	<A> := a
1	**GDV 204**	<A> := a/x
2	**GA 204**	<A> := x + a/x
3	**GDV 206**	<A> := (x + a/x)/2[1]
4	**C 204**	x := (x + a/x)/2

Die Gleitpunktzahlen werden ähnlich wie in ALGOL geschrieben. Lediglich anstelle der $_{10}$ wird ein E geschrieben, und dieses darf nicht fehlen. Jedoch kann ein Exponent 0 weggelassen werden:

-775.85E +246E-12 -45E3 2.6E

Bei speziellen Aufgabenstellungen kann es wünschenswert sein, daß das Ergebnis einer Operation nicht normalisiert wird, damit keine zu große Genauigkeit vorgetäuscht wird:

Befehle ohne Normalisierung
AU n = Addiere unnormalisiert
<A> := <A> + <n>
SBU n = Subtrahiere unnormalisiert
<A> := <A> - <n>

[1]Es sei darauf hingewiesen, daß eine Multiplikation mit 0,5 einen Zeitvorteil bringt.

3.5 Einfache Zyklen

Wesentliches Hilfsmittel zur Realisierung der Programmstruktur sind die unbedingten und bedingten Sprungbefehle:

Unbedingter Sprungbefehl

S	m =	Springe nach m
		$< F > := m$

Der unbedingte Sprungbefehl bewirkt, daß das Programm mit dem in der Speicherzelle m stehenden Befehl fortgesetzt wird. Dabei kann nur eine 16-stellige Adresse verwandt werden, die jedoch durch Modifikation vergrößerbar ist (vgl. 3.1 und 3.7). Hier wie auch bei den meisten Sprüngen, gilt, wenn nicht ausdrücklich etwas anderes gesagt ist: $< F >_{9-24} := m$, während die ersten acht Stellen, nämlich $< F >_{1-8}$ erhalten bleiben.

Vorzeichenbedingte Sprünge

SIO	m =	Springe, wenn $< A >$ identisch 0
SNO	m =	Springe, wenn $< A >$ nicht 0
SGGO	m =	Springe, wenn $< A >$ größer oder gleich 0
SGO	m =	Springe, wenn $< A >$ größer 0
SKGO	m =	Springe, wenn $< A >$ kleiner oder gleich 0
SKO	m =	Springe, wenn $< A >$ kleiner 0

Mit diesen Abfragen können wir den Zyklus zur Bestimmung der Quadratwurzel (s. Programm 2.4/4 und 3.4/4) vervollständigen. Wir wollen jedoch die Rechenvorschrift etwas verändern:

$$x_{i+1} := \frac{1}{2}(x_i + \frac{a}{x_i}) = x_i - \frac{1}{2}(x_i - \frac{a}{x_i})$$

$$= x_i - y_i$$

$$\text{mit } y_i := \frac{1}{2}(x_i - \frac{a}{x_i})$$

y_i bezeichnet dann die Differenz zwischen dem alten und dem neuen Näherungswert. Der Zyklus soll abgebrochen werden, wenn $| y_i | < 10^{-6}$ ist.

Programmstück 3.5/1:

a) Speicherplan:

400 1E
2 0.5E
4 1E-6
6 Zahlenwert für a
8 Zwischenspeicher für die x_i
410 Zwischenspeicher für die y_i

b) Programm:

300	**B 400**	< A > := 1
1	**C 408**	x := 1
2	**B 406**	< A > := a
3	**GDV 408**	< A > := a/x
4	**GSBI 408**	< A > := x - a/x
5	**GML 402**	< A > := 0.5(x - a/x)
6	**C 410**	y := 0.5(x - a/x)
7	**BB 410**	< A > := | y |
8	**GSB 404**	< A > := | y | - 10^{-6}
9	**SKO 314**	| y | - 10^{-6} < 0: Ende des Zyklus
310	**B 408**	< A > := x
1	**GSB 410**	< A > := x - y
2	**C 408**	x := x - y (neuer Näherungswert)
3	**S 302**	Nächster Iterationsschritt

Bei vielen Rechenanlagen umfaßt die Liste der Vorzeichentests nicht alle sechs Möglichkeiten, sondern nur die Abfragen, ob eine Größe gleich 0, kleiner als 0 oder nicht kleiner als 0 ist. Natürlich lassen sich die Abfragen so formulieren, daß auch diese Möglichkeiten ausreichen. Der TR 440 erlaubt jedoch nicht nur die Abfragen, die eine Größe mit 0 vergleichen, sondern den Vergleich beliebiger Größen:

Vergleichsbefehle
SI m = Springe, wenn < A > und < H > identisch
SN m = Springe, wenn < A > und < H > nicht identisch
SGG m = Springe, wenn < A > ⩾ < H >
SG m = Springe, wenn < A > > < H >
SKG m = Springe, wenn < A > ⩽ < H >
SKG m = Springe, wenn < A > < < H >

Mit diesen Abfragen kann man sich oft eine Subtraktion ersparen: im Programm 3.5/1 beispielsweise den Befehl 308, wodurch die Schleife verkürzt wird. Dazu muß vor Eintritt in den Zyklus die Vergleichsgröße 1E-6, also 10^{-6}, in das Register H gebracht werden. Das Programm hat dann die Form:

Programm 3.5/2:

300	**BH**	**404**	<H> := 10^{-6}
1	**B**	**400**	<A> := 1
2	**C**	**408**	x := 1
3	**B**	**406**	<A> := a
4	**GDV**	**408**	<A> := a/x
5	**GSBI**	**408**	<A> := x - a/x
6	**GML**	**402**	<A> := 0.5(x - a/x)
7	**C**	**410**	y := 0.5(x - a/x)
8	**BB**	**410**	<A> := | y |
9	**SK**	**314**	| y | < 10^{-6}: Ende des Zyklus
310	**B**	**408**	<A> := x
1	**GSB**	**410**	<A> := x - y
2	**C**	**408**	x := x - y
3	**S**	**303**	Nächster Iterationsschritt

Die Vergleiche und Abfragen erfolgen nicht bei allen Rechenanlagen in dieser Form. Häufig finden wir folgende Lösung (z.B. auch beim IBM-System 360): Die bedingten Sprungbefehle beziehen sich auf den Stand eines besonderen Registers (Bedingungsregister, Bedingungsschlüssel). Dieses wird durch einen vorhergehenden Vergleichsbefehl oder aber auch durch arithmetische Operationen (z.B. Addition, Subtraktion) gesetzt.

Im Programm 3.5/2 bleibt nach dem Befehl 307 der Wert von y, um den der Näherungswert x zu verbessern ist, auch im Akkumulator stehen. Sein Betrag ist mit 10^{-6} zu vergleichen. Dabei ist es nicht erforderlich, den Wert erneut aus dem Speicher zu holen. Es ist vielmehr möglich (zum Beispiel, um die Speicherzugriffszeiten einzusparen), anstelle einer Speicheradresse auch den Akkumulator oder ein anderes Register anzugeben:

Registeradressierung

R c s Die Operation c wird mit dem durch s spezifizierten Register ausgeführt. Als s sind zulässig: A, Q, D, H, Y, U, B, F.

Bei A, Q, D und H besitzen negative Zahlen in der ersten Stelle ein L. Daher wirken diese Zahlen dann wie markierte Zahlen.

Bei Y und U werden links Nullen ergänzt, bei B und F das Vorzeichen. Bei F ist zu beachten, daß wegen des Weiterzählens im Befehlszyklus bereits der um 1 erhöhte Wert gebracht wird. Bei Y, B, U, F wird TK = OL ergänzt. Der Zweitbefehl wirkt so, als ob der Operand aus dem Speicher geholt würde. Daraus ergeben sich einige Einschränkungen für die sinnvolle Anwendung des R-Befehls. In unserem Beispiel kann der Befehl 308 ersetzt werden durch R BB A. Ein weiteres Beispiel wäre die Bildung eines Quadrates:

$$<384>^2 + <386>^2$$

```
B       384
R GML   A
BR      386
R GMLA  A
```

R ist ein erstes Beispiel für die Klasse der Doppelcode-Befehle, bei denen ein zweiter Operationscode im Adressenteil angegeben wird. Dieser legt die auszuführende Operation fest und bildet so einen Zweitbefehl, dessen Adreßteil aufgrund des Operationscodes R bestimmt wird. Wir werden später mit den Ersetzungsbefehlen weitere Beispiele für Doppelcode-Befehle kennenlernen.

Wir wollen das Programm 3.5/2 nun noch um eine Zählung der Schleifendurchläufe ergänzen. Die Schleife soll höchstens sechsmal durchlaufen werden. Für solche Zählvorgänge verwenden wir nicht die Gleitpunktzahlen, sondern Festpunktzahlen. Dies liegt daran, daß die Gleitpunktzahlen mehr Rechenzeit beanspruchen und im allgemeinen gerundet werden – also nicht exakt sind. Insbesondere verwenden wir als Speicherplätze die sogenannten Indexregister, von denen jedem Programm ohne besondere Vorkehrungen maximal 256 (mit den Adressen 0 – 255) zur Verfügung stehen. Zur Organisation eines Zählvorganges benötigen wir die folgenden Operationen:

a) Setzen des Indexregisters
b) Erhöhen des Indexregisters
c) Vergleichen des Indexregisters mit dem Endwert

Im Zusammenhang mit den Indexregistern spielt das Bereitadressenregister B eine besondere Rolle. Nach jeder Veränderung eines Indexregisters bleibt der neue Wert auch in B erhalten. Wird der Wert anschließend benötigt, so ist kein weiterer Zugriff zum Speicher erforderlich; es genügt, sich auf B zu beziehen.

Für das Setzen des Indexregisters gibt es mehrere Möglichkeiten:

Setzen von Indexregistern

ZX p	i	=	Setze Indexregister
			$<i> := <B> := p$ mit $-127 \leqslant p \leqslant +127$
XC	i	=	Index speichern
			$<i> := <B>$
XCN	i	=	Index speichern negativ
			$<i> := -<B>$
XBA	z	=	Index: Bringe Adreßteil
			$<B> := z$ mit $0 \leqslant z \leqslant 65535$

XBAN z = Index: Bringe Adreßteil negativ
<B> := -z mit $0 \leqslant z \leqslant 65535$
TCB m = Transport aus Speicher nach B
<B> := <m>
TXX i_L i_R = Transport aus Indexzelle i_R in Indexzelle i_L
$< i_L > := < B > := < i_R >$

Beispiele:

ZX 0 17	<17> := 0
ZX -100 3	<3> := -100
XBA 2048 XC 76	<16> := 2048
TCB 176 XC 16	<16> := <176>

Natürlich gibt es zu den Befehlen XC und TCB auch die Umkehrung:

XB i = Index bringen
<B> := <i>
TBC m = Transport aus B nach Speicher
<m> := <B>

Beim IBM System 360 werden die allgemeinen Register des Rechenwerks als Indexregister benutzt. Damit entfallen besondere Transport- oder Vergleichsbefehle.

Für das Erhöhen stehen mit den gleichen Einschränkungen für p und z zur Verfügung:

Index erhöhen:
HXP p i = Erhöhe Index um Parameter
<i> := <B> := <i> + p
HBA z = Erhöhe B um Adreßteil
<B> := <B> + z
VBA z = Vermindere B um Adreßteil
<B> := <B> - z
HBC m = Erhöhe B um Speicher
<B> := <B> + <m>
VBC m = Vermindere B um Speicher
<B> := <B> - <m>

Beispiele:

HXP 1 17	<17> := <17> + 1
XB 16 HBA 406 XC 16	<16> := <16> + 406

Abfragen beziehen sich mit einer Ausnahme nur auf das Register B:

Indexregisterabfragen:		
SXI	m	= Springe, wenn $\langle B \rangle = 0$
SXN	m	= Springe, wenn $\langle B \rangle \neq 0$
SXGG	m	= Springe, wenn $\langle B \rangle \geqslant 0$
SXG	m	= Springe, wenn $\langle B \rangle > 0$
SXKG	m	= Springe, wenn $\langle B \rangle \leqslant 0$
SXK	m	= Springe, wenn $\langle B \rangle < 0$
SZX p	i	= Springe und zähle, wenn Index kleiner 0
		$\langle i \rangle := \langle i \rangle + 1;\ \langle F \rangle := \langle F \rangle + p$

Beim letzten Befehl erfolgt auch die Weiterzählung nur, wenn die Sprungbedingung erfüllt ist. Insbesondere beachte man, daß um p Speicherplätze vorwärts oder rückwärts gesprungen wird.

Damit läßt sich Programm 3.5/2 folgendermaßen umschreiben:

Programm 3.5/3:

300	**BH 404**	Falls kein Kommentar angegeben ist,
1	**B 400**	siehe Programm 3.5/2
2	**C 408**	
3	**ZX 0 14**	$\langle 14 \rangle := 0$
4	**B 406**	
5	**GDV 408**	
6	**GSBI 408**	
7	**GML 402**	
8	**C 410**	
9	**R BB A**	
310	**SK 317**	
1	**B 408**	
2	**GSB 410**	
3	**C 408**	
4	**HXP 1 14**	$\langle B \rangle := \langle 14 \rangle := \langle 14 \rangle + 1$
5	**VBA 6**	$\langle B \rangle := \langle B \rangle - 6$
6	**SXN 304**	Springe zurück, wenn $\langle B \rangle \neq 0$

In 303 wird das Indexregister 14 mit 0 belegt, also wird es am Ende des ersten Durchlaufs auf 1 erhöht. Da dieser geänderte Wert auch in B vermerkt wird, liefert die Subtraktion $\langle B \rangle = -5$, so daß zurückgesprungen wird. Erst nach dem sechsten Durchlauf bleibt als Ergebnis der Subtraktion der Wert 0, so daß die Bedingung nicht mehr erfüllt ist.

Wir haben hier eine der Möglichkeiten angewandt, um eine Zählung zu organisieren. Verschiedene Möglichkeiten haben wir in Tab. 3.5/1 zusammengestellt. Dabei bezeichnet I den Inhalt des Indexregisters i und N eine ganze Zahl. Ist N der Inhalt einer Speicherzelle, so müssen die Befehle ZX und VBA geeignet ersetzt werden.

Mit der vierten Methode wären im letzten Beispiel

303 durch ZX -6 14

314/316 durch SZX -10 14

zu ersetzen, wobei sich die - 10 als Differenz zwischen dem Sprungziel 304 und dem Speicherplatz 314 ergibt.

	Anfang	Änderung	Abfrage
1. Methode	I := 0 ZX 0 i	I := I + 1 HXP 1 i	I - N ≠ 0 I - N < 0 VBA N SXN . . . (SXK . . .)
2. Methode	I := N ZX N i	I := I - 1 HXP - 1 i	I ≠ 0 I > 0 SXN . . . (SXG . . .)
3. Methode	I := N - 1 ZX N - 1 i	I := I - 1 HXP - 1 i	I ⩾ 0 SXGG . . .
4. Methode	I := - N ZX - N i	I := I + 1 SZX . . . i	I < 0

Tab. 3.5/1 Aufbau einer Schleifenzählung

3.6 Symbolische Adressierung

Bei der Herstellung von Programmen sind wir bisher vor allem zwei Unzulänglichkeiten begegnet:

Es kommt – insbesondere bei Programmen mit Sprungbefehlen – oft vor, daß sich die Adressen einiger Befehle auf Programmteile beziehen, die noch nicht vorliegen. Das bedeutet, daß für diese Befehle die Adressen später nachgetragen werden müssen, wenn die zugehörigen Programmteile fertiggestellt sind.

Eine andere lästige Angelegenheit ist das nachträgliche Einschieben von Befehlen in „fertige" Programme. Ein solcher Einschub ist erforderlich, wenn das Programm erweitert werden soll oder wenn sich ein Fehler herausgestellt hat; er hat im allgemeinen zur Folge, daß eine große Anzahl von Adressen geändert werden muß: eine langweilige und fehleranfällige Arbeit.

Es gibt nun eine einfache Möglichkeit, dieser beiden Schwierigkeiten Herr zu werden, nämlich die Einführung sogenannter symbolischer Adressen im Rahmen einer Assemblersprache. Das heißt, daß die einzelnen Wörter eines Programms nicht mehr fortlaufend numeriert werden, sondern bei Bedarf mit willkürlichen Adressensymbolen gekennzeichnet werden. Ist das Programm fertig, so werden die Adressensymbole durch die echten fortlaufenden Adressen ersetzt [26, 27]. Diese Arbeit kann der Rechner jedoch selbst ausführen. Wir wollen im folgenden

als Adressensymbole Namen (im Sinne von ALGOL) benutzen und sie, durch ein Gleichheitszeichen getrennt, vor die entsprechenden Wörter des Programms setzen. Befehle, die sich auf ein so gekennzeichnetes Wort beziehen, erhalten als symbolische Adresse den entsprechenden Namen.
Es können vor einem symbolisch adressierten Wort auch mehrere Namen stehen, die dann voneinander durch Gleichheitszeichen getrennt werden. Ein solches Wort kann dann von verschiedenen Befehlen unter verschiedenen Namen angesprochen werden.
Wir wollen nunmehr die letzte Fassung des Wurzelprogramms (Progr. 3.5/3) symbolisch in TAS notieren:
Dabei vermerken wir, daß in TAS die einzelnen Befehle, Konstanten und Pseudobefehle, oder allgemeiner die sogenannten Informationseinheiten, voneinander durch Komma getrennt werden.

Programm 3.6/1:

	BH EPS,	$\langle H \rangle := \epsilon$[1]
	B X0,	$\langle A \rangle := x_0$
	C X,	$\langle X \rangle := x_0$
	ZX 0 I,	$i := 0$
SCHLEIFE =	**B A,**	$\langle A \rangle := a$
	GDV X ,	$\langle A \rangle := a/x$
	GSBI X,	$\langle A \rangle := x - a/x$
	GML (0.5E),	$\langle A \rangle := 0.5(x - a/x)$
	C Y ,	$y := 0.5(x - a/x)$
	R BB A,	$\langle A \rangle := \lvert y \rvert$
	SK FORTS,	$\lvert y \rvert < \epsilon$?
	B X,	$\langle A \rangle := x$
	GSB Y,	$\langle A \rangle := x - y$
	C X,	$x := x - y$
	HXP 1 I,	$i := i + 1; \langle B \rangle := i_{neu}$
	VBA 6,	$\langle B \rangle := i - 6$
	SXN SCHLEIFE,	Springe zurück, wenn $\langle B \rangle \neq 0$
FORTS =	....	
EPS =	**1E-6,**	
X0 =	**1 E,**	
X =	**0,**[2]	
A =	...	Zahlenwert, aus dem die Wurzel zu ziehen ist
Y =	**0,**[2]	

[1] Um die Übersicht zu erleichtern, sind in diesem Programm die symbolischen Namen für Speicherplätze mit großen Buchstaben, die Inhalte der Speicherplätze mit den entsprechenden kleinen gekennzeichnet.

[2] Wir werden in 4.2 erklären, daß es bei veränderlichen Größen X = 0/V und Y = 0/V heißen muß.

Das Assemblerprogramm, das ein symbolisch adressiertes Programm in die maschineninterne Form übersetzt, hat nun folgende Aufgaben:

1. Übersetzung der Befehle in die interne Form, zum Beispiel B in OLLLOOOO.
2. Feststellung der Speicheradressen, die durch eine symbolische Adresse benannt sind, z.B.
   SCHLEIFE entspricht 304,
   FORTS entspricht 317,
   falls dieses Programm auf Speicherzelle 300 beginnt.
3. Ersetzung aller symbolischen Adressen durch die gefundenen effektiven, zum Beispiel SXN SCHLEIFE wird zu SXN 304.

Im Befehl GML (0.5E) haben wir keine Adresse, sondern ein sogenanntes Literal angegeben. Diese Literale werden durch runde Klammern kenntlich gemacht. Im Gegensatz zur Adresse ist der Inhalt einer solchen Klammer buchstabengetreu zu interpretieren:

4. Heraussuchen aller Literale, Abspeichern an einer geeigneten, freien Stelle und Einsetzen dieser Adresse an Stelle des jeweiligen Literals.[1]

Am häufigsten werden Konstanten (oder Konstantenfolgen) als Literale verwendet. Es können aber auch genausogut Befehle oder Befehlsfolgen als Literale (in Sprungbefehlen) verwendet werden.

Der symbolischen Adresse I haben wir in unserem Programmstück keine Benennun I = ... zugeordnet. Sie bezeichnet eine Indexadresse und ist als solche durch ihr Auftreten in Indexbefehlen erkennbar:

5. Heraussuchen symbolischer Indexadressen, denen ein Indexregister zugewiesen und dessen Adresse an Stelle der symbolischen eingesetzt wird.

Wir haben jedoch außer dieser impliziten Benennung von Indexzellen auch die Möglichkeit zur expliziten Benennung, und zwar durch den Pseudobefehl

INDEX (Liste von Indexnamen).

Pseudobefehle sind Anweisungen in einer Assembler-Sprache, denen nicht unmittelbar ein Maschinenbefehl entspricht. Sie können eine Anweisung an den Assemblierer darstellen, die den Übersetzungsgang beeinflußt (das ist bei INDEX der Fall) oder stellvertretend für ein Programmstück stehen, das in das übersetzte Programm eingefügt wird. In diesem Fall spricht man auch von Makrobefehlen.

Wir können unser Programmstück also ergänzen durch

INDEX (I).

Weitere Beispiele:

INDEX (I, J, K)
INDEX (I1, I2, J).

[1] Natürlich hätten wir auch für EPS und X0 Literale verwenden können.

Den Indexnamen werden die verfügbaren Indexzellen in der genannten Reihenfolge zugeordnet. Sollen zwischen zwei Indexnamen einige Zellen freigehalten werden, so wird die entsprechende Anzahl angegeben:

INDEX (I, J, 7, K).

Hier werden also zwischen der mit J und der mit K benannten Indexzelle 7 weitere freigehalten.

Sind im Programm außerdem noch implizit vereinbarte Indexadressen vorhanden, so werden diese hinter den durch INDEX explizit benannten Indexadressen in der Reihenfolge ihres statischen[1] Auftretens angeordnet. Hat man absolute Indexadressen verwendet, so wird darauf bei der Anordnung der symbolischen Adressen im Speicher vom Assemblierer keine Rücksicht genommen. Der Programmierer muß also gegebenenfalls selbst aufpassen, daß er keine Indexzellen doppelt belegt.

Wünscht man, daß die Indexnamen von einer bestimmten Indexzelle an verteilt werden, so ist deren Adresse (Indexpegel) vor der Klammer anzugeben:

INDEX 18 (I, J, 7, K)

INDEX X3+6 (I, J)

Im ersten Beispiel würde I die Indexzelle 18, J die Zelle 19 und K die Indexzelle 27 bezeichnen.

Enthält ein INDEX-Befehl keinen Indexpegel, so werden die Indexadressen im Anschluß an die von einem vorangehenden INDEX-Befehl verteilten Adressen angeordnet. Handelt es sich um den ersten INDEX-Befehl im Programm, wird bei 0 begonnen.

Das zweite Beispiel zeigt, daß Adressen (nicht nur, wenn sie als Indexpegel vorkommen, sondern auch im Adreßteil der Befehle) durch Addition und Subtraktion symbolischer und absoluter Adressen gebildet werden können.

Beispiele:

SK A2-3

CH 40 + MAT

B N2-N1+N4-N3+N5+10.

Solche Ausdrücke benötigen wir z.B., wenn wir die Schleifenzählung nach der 4. Methode organisieren. Dann werden

ZX 0 I durch ZX -6 I

und die drei letzten Befehle durch

ABFRAGE = SZX SCHLEIFE - ABFRAGE I

ersetzt. SCHLEIFE-ABFRAGE liefert die Anzahl der Befehle, um die zurückgesprungen werden muß.

[1]Die statische Reihenfolge bezeichnet die Reihenfolge in geschriebenen (oder gespeicherten) Programmen, im Gegensatz zur Reihenfolge, in der die Befehle oder Daten beim Programmlauf berührt werden: der dynamischen Reihenfolge.

An dieser Stelle wollen wir erwähnen, daß sich Namen öfters dadurch einsparen lassen, daß man (vor allem bei Sprungbefehlen) die Lage eines adressierten Befehls relativ zum adressierenden Befehl angibt.

```
S - 17 R   und
S    5 R
```

bedeuten zum Beispiel Sprung 17 Befehle rückwärts und Sprung 5 Befehle vorwärts.

Die meisten Assemblersprachen kennen eine Segmentstruktur der Programme, die den Gültigkeitsbereich der verwendeten Namen auf einzelne Segmente beschränkt. Das bedeutet, daß der gleiche Name in verschiedenen Segmenten verschiedene Bedeutungen besitzt. Dem Namen werden dann auch vom Assemblierer in den einzelnen Segmenten verschiedene Speicherplätze zugeordnet. Soll dagegen ein Name in verschiedenen Segmenten die gleiche Bedeutung besitzen, so ist dies besonders zu vermerken. In der TAS-Sprache erfolgt dies dadurch, daß der Name bei seiner Definition, das heißt in der Benennung eines Speicherplatzes oder in der Indexanweisung mit einem Punkt versehen wird. Der Name gilt dann in allen Segmenten, in denen er nicht neu definiert ist. Man nennt Namen, die nur in dem Segment gelten, in dem sie erklärt wurden, lokal und solche, die überall gelten, global.

Wir wollen dies an einem Beispiel erläutern:

```
1. Segment         2. Segment          3. Segment
...............    ...............     C3.  = BA 1,
X1.  = A A,                 B BC,      A    = S X1,
       C BC,                SKO C3,           C D,
       .....                S X1,             SKO C3,
       S X1,                ......            S A,
BC   = .....       A. = BC = ......    D    = ......
```

Im ersten Segment sind außer den dort definierten Namen gültig: A aus dem 2. und C3 aus dem 3. Segment. Im zweiten Segment sind zusätzlich gültig: X1 aus dem 1., C3 aus dem 3. Segment. Im dritten Segment gilt auch X1 aus dem 1. Segment, jedoch nicht A aus dem 2. (trotz seiner global gültigen Definition), weil im 3. Segment ein lokales A existiert. Man beachte auch, daß die beiden Namen BC trotz ihrer gleichartigen Verwendung verschiedene Größen bezeichnen. Außerdem ist das letzte Wort des zweiten Segments unter zwei Namen, einem lokalen und einem globalen erreichbar.

Der Anfang eines Segmentes wird durch den Pseudobefehl SEGM, zusammen mit einem Segmentnamen gekennzeichnet:

```
WURZEL = SEGM,
```

das Ende durch den Beginn eines neuen Segmentes oder durch den Pseudobefehl ENDE, der das Ende eines Teilprogrammes kennzeichnet. Ein Teilprogramm kann aus beliebig vielen Segmenten bestehen. Der Name des ersten Segmentes ist gleichzeitig der Name des Teilprogrammes; sind vor dem ersten Segment jedoch zwei SEGM-Pseudobefehle angegeben, so gehört der Name des ersten zum Programm, der des zweiten zum Segment. Besteht ein Programm aus mehreren Teiprogrammen und will man in einem Teil Namen aus einem anderen benutzen, so muß dies durch den Pseudobefehl EXTERN angegeben werden. Dieser enthält den Namen des Teilprogramms, in dem die gewünschten Namen definiert sind und in Klammern die entsprechende Namensliste.

Das Teilprogramm, auf das mit den im EXTERN-Pseudobefehl angegebenen Namen Bezug genommen werden soll, muß seinerseits die in der Klammer des EXTERN-Befehls enthaltenen Kontaktnamen in einem eigenen Pseudobefehl EINGG (ebenfalls in Klammern) anführen. Im folgenden Beispiel nehmen die Befehle F1 und TU des Programms VORBER Bezug auf die Marken A und B im Programm VERARB. Natürlich dürfen die Kontaktnamen A und B in VORBER selbst nicht erklärt sein (übrigens können EXTERN und EINGG an beliebigen Stellen innerhalb ihrer Programme stehen.)

```
VORBER     = SEGM
             EXTERN VERARB (A, B),
             ....
             ....
        F1 = S  A,
             ....
             ....
        TU = C  B,
             ....
             ENDE
VERARB     = SEGM,
             EINGG (A, B),
             ....
         A = B T3,
             ....
             ....
         B = .  7 E,
             ....
             ENDE
```

Das Programm kann Kommentare und Überschriften enthalten; sie werden durch zwei bzw. drei Minuszeichen gekennzeichnet:

```
-- DIES IST KOMMENTAR --
--- DIES IST EINE ÜBERSCHRIFT ---
```

Kommentare oder Überschriften können anstelle des Kommas als Trennzeichen zwischen den Informationseinheiten benutzt werden.

Wir wollen das Programm zur Wurzelbestimmung (Prog. 3.6/1) als Segment eines Programmes schreiben. Dabei lassen wir die Erläuterungen weg und setzen nur Kommentare zur Orientierung.

Programm 3.6/2

WURZEL = SEGM		--- BESTIMMUNG DER QUADRATWURZEL MIT NEWTON-VERFAHREN ---
	BH EPS	-- GENAUIGKEIT UND ANFANGSWERT --
	B X0,	
	C X,	
	ZX 0 I,	
SCHLEIFE =	B A,	-- NAECHSTER ITERATIONSSCHRITT --
	GDV X,	
	GSBI X,	
	GML (0.5E),	
	C Y	-- KORREKTUR --
	R BB A,	
	SK FORTS	-- GENAUIGKEIT ERREICHT --
	B X,	
	GSB Y,	
	C X	-- NEUER X-WERT --
	HXP 1 I,	
	VBA 6,	
	SXN SCHLEIFE	-- WENIGER ALS 6 DURCHLAEUFE --
FORTS =	S . . .	-- SPRUNG INS NAECHSTE SEGMENT --
EPS =	1E–6,	
X0 =	1E,	
Y =	0,[1]	
A. =	0,	
X. =	0,	

Hier sind der Parameter A und das Ergebnis X als globale Namen betrachtet worden, damit sie von einem anderen Segment aus benutzt werden können.

[1] Vgl. Fußnote S. 99

3.7 Induktionszyklen

Wir wollen das Programm zum Horner-Schema betrachten (Abb. 2.4/4 und Progr. 2.5/2.) Nehmen wir an, die Werte A[I] seien hintereinander gespeichert und zwar in der Reihenfolge

A0	= ...	Zahlenwert für A[0]
	...	Zahlenwert für A[1]
	...	....
AN	= ...	Zahlenwert für A[N]

In der mit A0 benannten Speicherzelle finden wir also den Zahlenwert für das absolute Glied, N Ganzwörter dahinter (das entspricht 2N Adressen) den Wert für den Koeffizienten der höchsten Potenz. Wir denken uns also die Koeffizienten nach steigendem Index gespeichert. Nun ist bei jedem Durchlauf durch die Schleife ein A[I] zu addieren, das heißt aber, daß bei jedem Schleifendurchlauf nicht nur der Index I geändert werden muß, sondern auch die Adresse in diesem GA-Befehl. Dies läßt sich ebenfalls durch die Verwendung von Indexzellen bewerkstelligen. Wir speichern am Anfang in eine Indexzelle AI die Adresse von A[N-1], die wir mit { A[N-1] } bezeichnen:

XBA	AN-2	< B > :={ A[N-1] }
XC	AI	<AI>:= < B >.

Dieser Indexzelleninhalt wird bei jedem Schleifendurchlauf erniedrigt:

HXP -2 AI.

Die Erniedrigung muß jeweils um 2 erfolgen, weil die Adressen der Ganzwörter nur die geraden Zahlen durchlaufen. Die Abfrage lautet dann natürlich nicht, ob I = 0 ist, sonder ob AI die Adresse von A0 erreicht hat:

VBA	A0	< B > := < B > - { A[0] }
SXK	...	Springe, wenn < B > <0

Der GA-Befehl enthält nun nicht unmittelbar die Adresse des verlangten A[I], sondern wir verwenden einen Ersetzungsbefehl E (=Ersetzen) mit dem zweiten Operationscode (Zweitcode) GA und der Indexadresse AI

E GA AI.

Er bewirkt, daß GA mit der Adresse < AI > ausgeführt wird.

Programmsegment 3.7/1:

HORNER = SEGM,		
	B AN,	<A> := A[N]
	C P,	P := A[N]
	XBA AN-2,	<B> := {A[N-1]}
	XC AI,	<B> := <AI> := { A[N-1]}, d.h. I := N-1
R =	**VBA A0,**	<B> := { A[I]} - { A[0]}
	SXK F,	<B> < 0 ? (d.h. I < 0 ?)
	B P,	<A> := P
	GML X,	<A> := P × X
	E GA AI,	<A> := P × X + A[I]
	C P,	P := P × X + A[I]
	HXP -2 AI,	<B> := <AI> := <AI> - 2 (d.h. I := I-1)
	S R,	Rücksprung zum Schleifenanfang
F =	...	Programmfortsetzung

P, X, AN, A0 sind als globale Namen verwendet, die in einem anderen Segment definiert sind.

Man kann auf die Größe P ganz verzichten, da die Indexbefehle den Akkumulator A nicht benutzen. Es genügt dann, alle Befehle C P und B P zu streichen. Das Ergebnis, also der Funktionswert, steht im Akkumulator.

Nach dem gleichen Prinzip können wir auch das Beispiel des Skalarproduktes (Abb. 2.4/2, Progr. 2.5/1) programmieren. Wir benötigen dabei jedoch zwei Indexzellen: eine für die Ersetzung der A[I]-Adressen und eine für die der B[I]-Adressen. Welche wir davon zur Abfrage benutzen, ist gleichgültig. Wir wollen voraussetzen, daß die A[I] bei einer Adresse A1 und die B[I] bei B1 beginnen. Beide Vektoren sollen fortlaufend gespeichert und B[N] mit der symbolischen Adresse BN benannt sein. Auf eine besondere Speicherzelle für C wollen wir verzichten und diese Größe im Akkumulator bzw. H-Register halten:

Programmsegment 3.7/2:

SKALARPRODUKT = SEGM,		
	B (0E),	<A> := 0, d.h. C := 0[1]
	XBA A1,	<B> := { A[1]}
	XC AI,	<AI> := { A[1]}
	XBA B1,	<B> := { B[1]}

[1] BA 0 ist nicht möglich, weil dort die Typenkennung TK = 0L gesetzt wird, während für die Gleitpunktzahlen TK = 00 sein muß.

	XC BI,	< BI > := { B[1] } Die letzten vier Befehle entsprechen der Anweisung I := 1
R =	**E BR AI,**	< H > := C; < A > := A[I]
	E GMLA BI,	C := < A > := A[I] × B [I] + C
	HXP 2 AI,	< AI > := < AI > + 2
	HXP 2 BI,	< B > := < BI > := < BI > + 2 Diese beiden Befehle entsprechen I := I+1
	VBA BN,	< B > := { B[I] } - { B[N] }, d.h. < B > = 2(I-N)
	SXKG R,	I - N ⩽ 0?
	....	

Je mehr indizierte Größen in einer Schleife auftreten, desto größer wird der Organisationsaufwand, weil nicht nur alle Indexzellen gesetzt, sondern auch bei jedem Durchlauf weitergezählt werden müssen. Zumindest die zweite Aufgabe können wir gleichzeitig von den Ersetzbefehlen EZ und ENZ ausführen lassen, deren Wirkung hinter dem Programm 3.7/3 beschrieben wird.

Da das Erhöhen dann aber auch schon beim ersten Durchlauf erfolgt, müssen wir den Index ursprünglich um 1 zu klein ansetzen (bei Ganzwörtern um 2). Das Programm entspricht dann Abb. 3.7/1.

Programmsegment 3.7/3

SKALARPRODUKT = SEGM		
	B (0E),	< A > := 0, d.h. C := 0
	XBA A1-2,	< B > := { A[1] } - 2 (d.h. I := 0)
	XC AI,	< AI > := { A[1] } - 2 (d.h. I := 0)
	XBA B1-2,	< B > := { B[1] } - 2 (d.h. I := 0)
	XC BI	< BI > := { B[1] } - 2 (d.h. I := 0)
R =	**EZ BR AI,**	< B > := < AI > := < AI > + 2 d.h. I := I+1 für A[I] < H > := C; < A > := A[I]
	EZ GMLA BI,	< B > := < BI > := < BI > + 2 d.h. I := I+1 für B[I] C := < A > := A[I] × B[I] + C
	VBA BN,	< B > := { B[I] } - { B[N] } = 2(I-N)
	SXK R,	I - N < 0
	....	

zelnen Teile eines Zahlwortes (TK = OO oder TK = OL) wirken, ist in Abb. 3.3/1 dargestellt. Neben jedem Pfeil ist eingetragen, für welche Befehle er gilt. Pfeile ohne diesen Hinweis gelten für alle Befehle dieser Klasse, wobei die obere Hälfte die Klasse der B-Befehle, die untere die Klasse der C-Befehle darstellt. Für Nichtzahlwörter (TK = LO oder TK = LL) gelten die gleichen Pfeile wie für BU und CU.

Beispielsweise bewirkt der Befehl B612, daß aus der Speicherzelle 612 Typenkennung und Zahl in den Akkumulator übertragen werden; das Vorzeichen wird auf zwei Stellen erweitert, während die Marke, falls diese Stelle ungleich O ist, nach M gebracht wird. Bei CMC576 wird der Inhalt des Akkumulators in der Speicherzelle 576 abgelegt, wobei jedoch die dortige Marke unverändert bleibt.

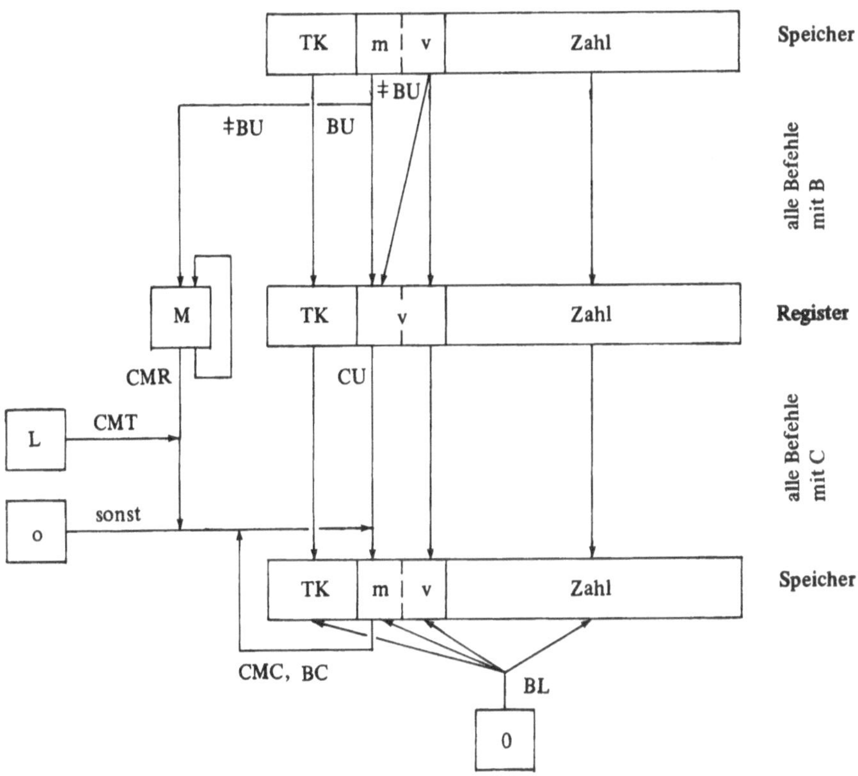

Abb. 3.3/1
Ganzworttransport zwischen Speicher und Rechenwerk (TK = 00,0L)

Bevor wir die Befehle aufführen, wollen wir die wichtigsten Abkürzungen zusammenstellen, die wir für die Darstellung der Befehle und ihrer Wirkungen benutzen werden: Für den Operationsteil der Befehle verwenden wir mnemotech-

Wir fassen zusammen:

Ersetzbefehle

E c i	=	Ersetze Adresse := < i >
EZ c i	=	Ersetze zählend Adresse := < i > + 2; < B > := < i > := < i > + 2
ENZ c i	=	Ersetze negativ zählend Adresse := < i >; < B > := < i > := < i > - 2

c = Zweitcode, i = Indexadresse

Im Anschluß an die Ersetzung wird der Zweitcode mit der sich ergebenden Adresse ausgeführt. Eine eventuell vorhandene Modifikation 2. Art (mod 2) wirkt erst auf den Zweitcode.

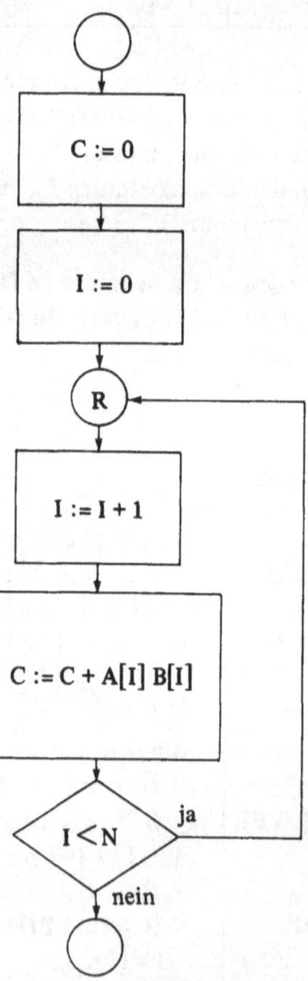

Abb. 3.7/1
Ablaufdiagramm zu Programm 3.7/3

Man beachte, daß bei EZ die Zählung vor, bei ENZ nach der Bereitstellung der Indexadresse erfolgt.

Eine andere Art, Indizierungen in Zyklen zu realisieren, ist durch die Modifizierbefehle gegeben. Diese lassen sich zweckmäßig dann anwenden, wenn mehrere Datenfelder den gleichen Index besitzen. Hier wird die angegebene Adresse nicht durch einen Indexzelleninhalt ersetzt, sondern modifiziert, das heißt der Indexzelleninhalt wird auf die angegebene Adresse addiert[1]:

```
M    I
GSB  X
```

bedeutet, daß der Subtraktionsbefehl GSB mit der Adresse $X + < I >$ ausgeführt wird. Enthält I den Wert 4, so wird also die Zahl subtrahiert, die zwei Ganzwörter (entspricht vier Adressen) hinter X steht. Wird $< I >$ laufend erhöht, so wird bei jedem Durchlauf ein anderer X-Wert benutzt.

Modifizierbefehle 2. Art

M	i	=	Modifiziere mit Indexzelleninhalt
			mod 2 := $< B >$:= $< i >$ + mod 2
MC	m	=	Modifiziere mit Speicherzelleninhalt
			mod 2 := $< B >$:= $< m >$ + mod 2
MA	z	=	Modifiziere mit Adressenteil
			mod 2 := $< B >$:= z + mod 2
MNA	z	=	Modifiziere mit negativen Adressenteil
			mod 2 := $< B >$:= -z + mod 2

Bei der Ausführung eines Modifizierbefehls wird also die Größe mod 2 neu gesetzt. Sie kann in dreierlei Weise zur Modifikation des nächsten Befehls benutzt werden:

a) Normale Modifikation: Wie gerade beschrieben, wird die Modifikationsgröße (mod 2) auf den Adreßteil addiert und anschließend gelöscht. Dies ist bei den weitaus meisten Befehlen der Fall, insbesondere bei den arithmetischen Befehlen, den Transportbefehlen und bei Sprüngen, die sich nicht auf B beziehen.

   Befehle, bei deren Beschreibung die Modifizierung nicht erwähnt ist, werden stets normal modifiziert.

b) Spezielle Modifikation: Wie wir schon gesehen haben, werden die Modifikations- und Ersetzbefehle nicht nach (a) modifiziert; denn bei den Modifizierbefehlen geht das vorgefundene mod 2 in der Regel in die erzeugten Modifi-

[1] Eine Vorrichtung für die automatische additive Adressenänderung ist zum erstenmal (unter dem Namen "B-Linie", weil für das Indexregister eine gesonderte Zeile des elektrostatischen Speichers reserviert war) an der Universität Manchester realisiert worden [46].

kationsgrößen ein (oder es wird eine andere Sonderregel angewendet, gegebenenfalls auch (c)) und bei den besprochenen Ersetzbefehlen verändert mod 2 die Adresse des Zweitbefehls. Unter anderen werden auch die weiter unten besprochenen Befehle BNZ, CNZ, SE, SUE, US und T speziell modifiziert. Die Modifikationsweise wird bei der Beschreibung speziell modifizierter Befehle immer angegeben.

c) keine Modifikation: Befehle, die sich auf B oder Indexzellen beziehen, werden in der Regel nicht modifiziert. Desgleichen die weiter unten besprochenen Befehle MAB, MABI, MU, die Befehle für das Rechnen mit doppelter Genauigkeit, die Tabellensuchbefehle und andere. Bei der Beschreibung solcher Befehle wird stets vermerkt, wenn nicht modifiziert wird. Sie werden dann so ausgeführt, als sei kein Modifikationsbefehl vorausgegangen.

Sollen Befehle, die mit mod 2 speziell oder nicht modifiziert werden, dennoch einer Modifikation unterworfen werden, so dient hierzu die Modifikation 1. Art. Diese wird stets ausgeführt (und zwar vor der Modifikation 2. Art und vor einer eventuellen Ersetzung):

Modifizierbefehle 1. Art
MF i = Modifiziere in jedem Fall
mod 1 := < B > := < i > + mod 2
MCF m = Modifiziere aus Speicher in jedem Fall
mod 1 := < B > := < m > + mod 2
MFU i = Modifiziere in jedem Fall mit unverändertem B
mod 1 := < B > + mod 2; < B > := < B >
MCFU m = Modifiziere aus Speicher in jedem Fall mit unverändertem B
mod 1 := < m > + mod 2; < B > := < B >

Zwei weitere Modifizierbefehle sind noch zu erwähnen:

MAB c p = Modifiziere Adreßteil mit B
Adresse := < B > := < B > + p
c = zweiter Operationscode (Zweitcode); MAB ist also ebenfalls ein Ersetzungsbefehl
MH p i = Modifiziere und erhöhe
mod 2 := < B > := < i > := < i > + p

Zum besseren Verständnis zeigt Abb. 3.7/2a und 3.7/2b eine etwas differenziertere Darstellung des bereits in Abb. 3.1/4 gezeigten TR 440-Befehlszyklus.

Wir wollen die Modifizierbefehle an folgendem Beispiel erläutern: Gegeben sind die Größen X[0], X[1], . . ., X[10], gesucht sind Y[1] := X[1] - X[0], Y[2] := X[2] - X[1], . . ., Y[10] := X[10] - X[9] (Abb. 3.7/3). X[0] sei mit der symbolischen Adresse X, Y[1] mit Y benannt. (Ein Y[0] gibt es nicht!)

Programmsegment 3.7/4:

DIFFERENZENBILDUNG = SEGM,		
	ZX 0 I,	<I> := 0, d.h. I := 0
R =	**M I,**	
	B X+2,	<A> := X[I+1]
	M I,	
	GSB X,	<A> := X[I+1] - X[I]
	M I,	
	C Y,	Y[I+1] := <A> := X[I+1] - X[I] (Es heißt nichtC Y+2, weil das Feld Y einen Zahlenwert weniger enthält und dieser am Anfang fehlt.)
	HXP 2 I,	<B> := <I> := <I> + 2; d.h. I := I + 1
	VBA 18,	<B> := <B> - 18 = 2(I - 9)
	SXKG R,	I - 9 < 0 ?
	....	

In einer zweiten Version wollen wir den MH-Befehl verwenden:

Programmsegment 3.7/5:

DIFFERENZENBILDUNG = SEGM,		
	ZX -20 I,	<I> := -20, d.h. I := 0
R =	**M I,**	
	B X+22,	<A> := X[I+1] Die Adresse ist X+22 + 2(I-10) = X + 2(I+1)
	M I,	
	GSB X+20,	<A> := X[I+1] - X[I]
	MH 2 I,	<B> := <I> := <I> + 2, d.h. I := I+1
	C Y+18,	Y[I] := X[I] - X[I-1] Es heißt Y+18 und nicht Y+20, weil I bereits vorher erhöht wird.
	SXN R,	
	....	

Bei anderen Rechnern finden wir für die Adressenmodifikation unter anderem auch folgende Lösung: In dem Befehl, dessen Adresse zu modifizieren ist, wird neben Operation und Adresse auch das Indexregister angegeben, mit dessen Inhalt die Adresse modifiziert werden soll (IBM-System 360):

Operation Indexregister Adresse.

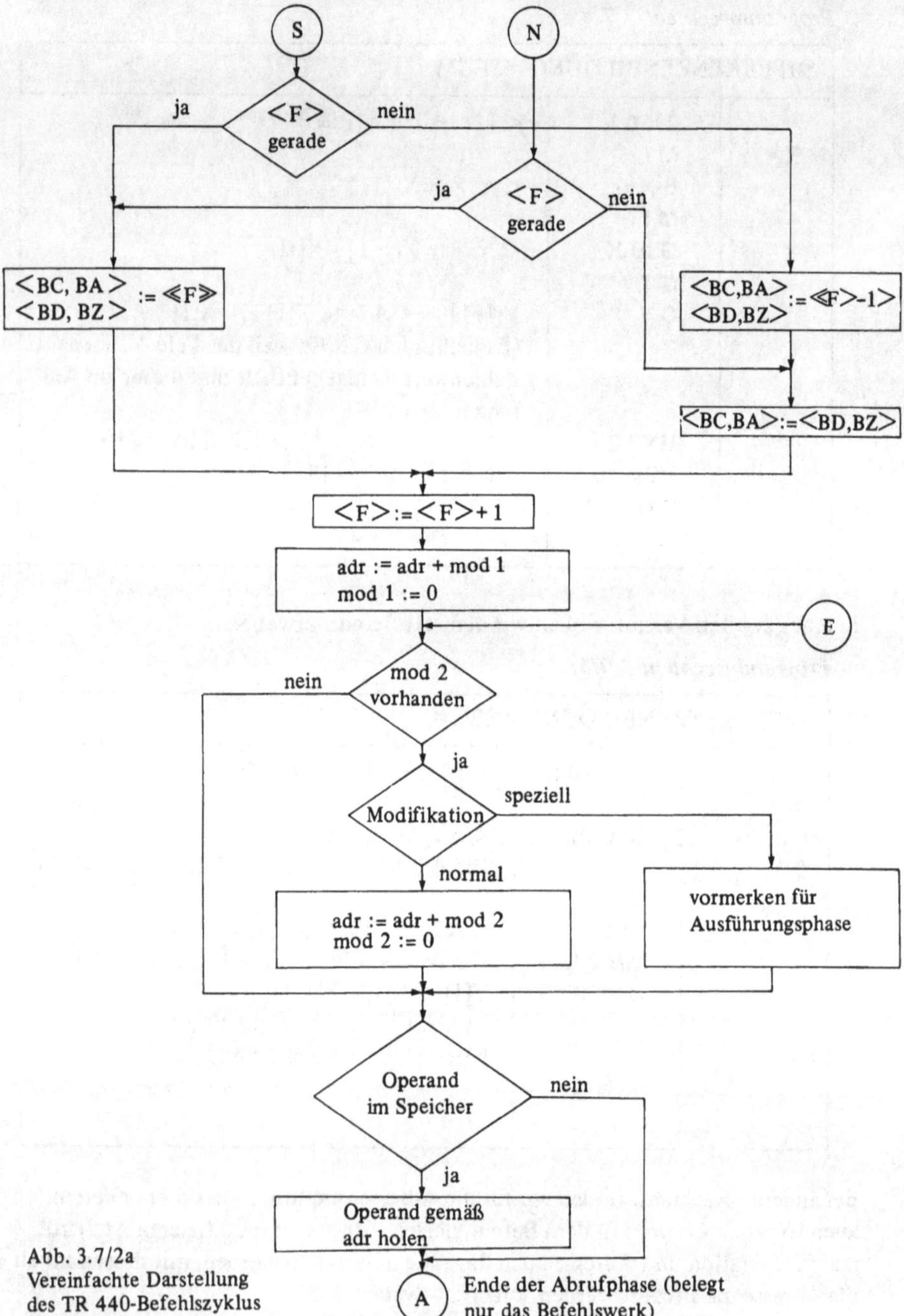

Abb. 3.7/2a
Vereinfachte Darstellung
des TR 440-Befehlszyklus
(Abrufphase)

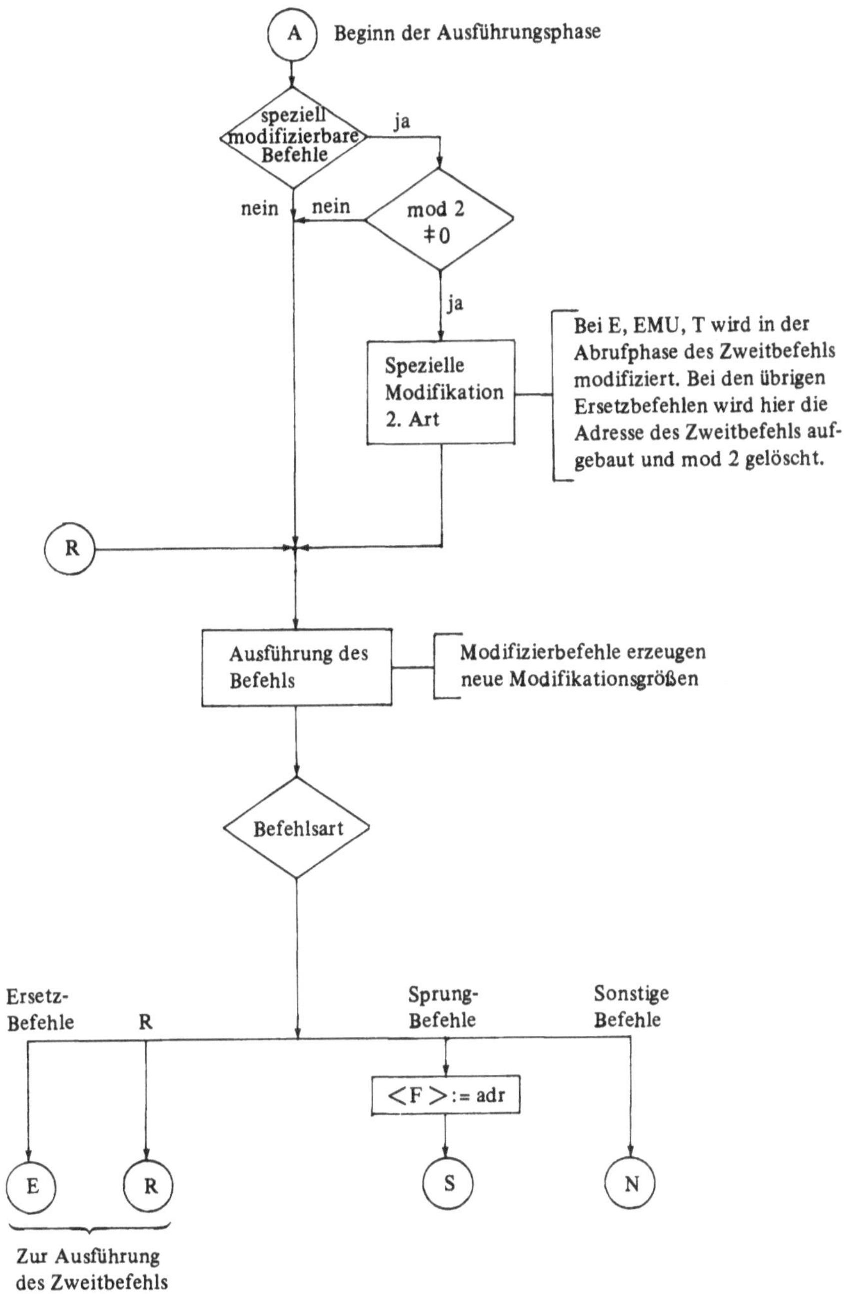

Abb. 3.7/2b Vereinfachte Darstellung des TR 440-Befehlszyklus (Ausführungsphase)

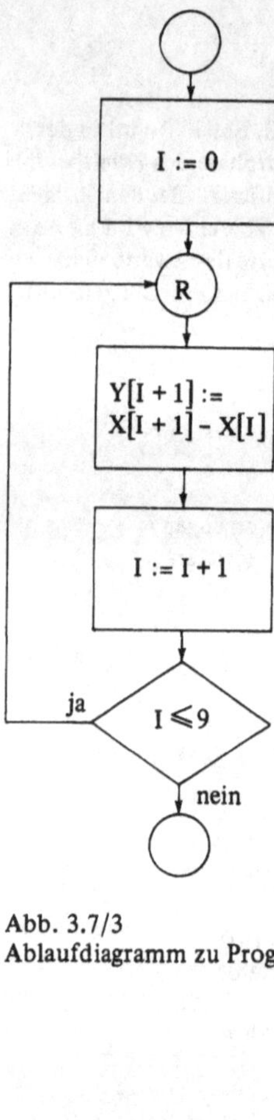

Abb. 3.7/3
Ablaufdiagramm zu Programm 3.7/4

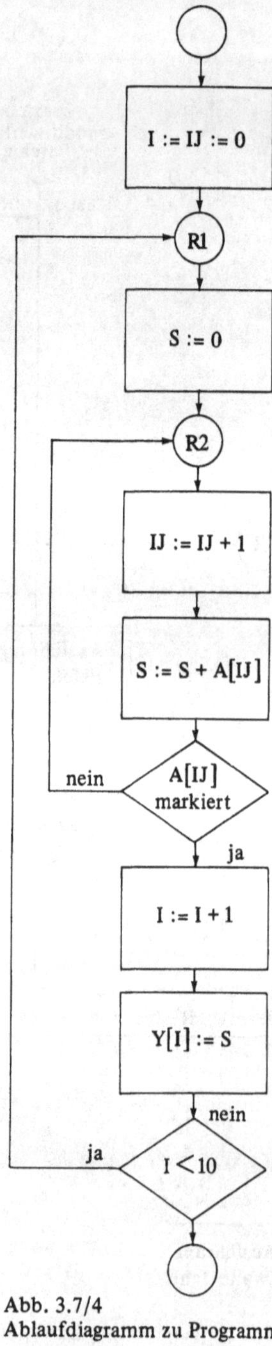

Abb. 3.7/4
Ablaufdiagramm zu Programm 3.7/6

Die Wirkung ist die gleiche: Die Adresse wird um den Indexregisterinhalt erhöht. Die Ersetz-Befehle entfallen. Ihre Wirkung erhält man, wenn die Adresse gleich 0 gesetzt wird. Bei solchen Lösungen finden wir jedoch ganz selten Befehle, die gleichzeitig den Indexregisterinhalt weiterzählen[1].

In den bisher angeführten Programm-Beispielen haben wir das Zyklusende immer mit Hilfe eines Zählvorganges bestimmt. Wir wollen nun zeigen, wie man zu dem gleichen Zweck Markierungen einsetzen kann: Der TR 440 verfügt über die Möglichkeit, Zahlwörter mit einer Marke zu versehen[2]. Für diese Marke wird in den Zahlwörtern des TR 440 das vorderste Bit hinter der Typenkennung verwandt. Wir haben in 3.3 beschrieben, wie die Marken beim Transport zwischen Rechenwerk und Speicher abgetrennt oder hinzugefügt werden. Außerdem sind Befehle vorgesehen, mit deren Hilfe man Marken (unabhängig vom Transport des Wortes) setzen oder löschen, und andere, mit denen man sie abfragen kann.

Haben wir Induktionszyklen mit fester Durchlaufzahl vor uns, in denen eine Folge von Größen nacheinander verarbeitet wird, so können wir die letzte Größe mit einer Marke versehen und bei jedem Durchlauf prüfen, ob die bearbeitete Größe markiert ist oder nicht.

Markenbefehle

LMC n = Lösche Marke im Speicher
$\langle n \rangle_m := 0$

ZMC n = Setze Marke im Speicher
$\langle n \rangle_m := L$

SM m = Springe, wenn $\langle M \rangle = L$ und $\langle M \rangle := 0$

SMN m = Springe, wenn $\langle M \rangle = 0; \langle M \rangle := 0$

Man beachte, daß nach einer Markenabfrage stets das Markenregister gelöscht ist. Obwohl das Markenregister nicht Teil des Akkumulators ist, kann es sonst nur mit dem LA-Befehl gelöscht werden.

[1]Ein solcher Rechner war die ZUSE Z 22, die in den früheren Auflagen dieses Buches ausführlich besprochen wurde. Grundsätzlich erlaubt diese Lösung einen modifizierten Befehl kürzer – das heißt mit weniger Speicherbedarf – zu notieren als durch ein Befehlspaar (Modifizierbefehl + zu modifizierender Befehl). Auf der anderen Seite lassen sich mit einem Befehlspaar wesentlich wirksamere, also programmverkürzende und damit auch speichersparende Befehlsfolgen aufbauen.

[2]Solche Markierungszeichen sind zuerst von Rutishauser [5] unter dem Namen Q-Zeichen eingeführt worden.

Löschbefehle

LA s = Lösche im Akkumulator

s = F: Mantissenteil
s = 2: linkes Halbwort
s = E: Exponententeil
s = 3: rechtes Drittel
s = V: Vorzeichenstellen
s = M: Markenregister
} Diese können beliebig kombiniert werden

s = H: alles außer rechter Hexade
s = T: alles außer rechter Tetrade
} nur mit M kombinierbar

LR $s_1 s_2$ = Lösche Register

s_1 = 0,1,2,3 (gewünschte TK = OO, OL, LO, LL)
s_2 = A, D, Q, H (gewünschtes Register)

LC n = Lösche im Speicher

$\langle n \rangle := 0$
Markenbit und Typenkennung bleiben erhalten.

LMT n = Lösche markiert

$\langle n \rangle := 0$ mit $\langle n \rangle_m := L$
Typenkennung bleibt erhalten.

Der Befehl zum Löschen des Markenregisters lautet also: LA M. Und in Programm 3.7/2 können wir demnach auch statt B (0E) schreiben: LR 0A.

Wir wollen als Beispiel die Zeilensummen

$$Y[I] := \sum_{J=1}^{N} A[I,J]$$

einer Matrix

$$\begin{matrix} A[1,1] & A[1,2] & A[1,3] & \dots & A[1,N] \\ A[2,1] & A[2,2] & A[2,3] & \dots & A[2,N] \\ \dots & \dots & \dots & \dots & \dots \\ A[10,1] & A[10,2] & A[10,3] & \dots & A[10,N] \end{matrix}$$

bilden. Da die Speicherzellen fortlaufend numeriert sind, haben wir also eine Anordnung der Koeffizienten in der folgenden Art:

$$\begin{matrix} A[1,1] & A[1,2] & A[1,3] & \dots & A[1,N] & A[2,1] & A[2,2] & \dots \\ \dots & A[2,N] & A[3,1] & \dots & \dots & A[10,N], & & \end{matrix}$$

in der die Zeilenenden nicht mehr ohne weiteres erkennbar sind. Wir denken uns nun aber jeweils den letzten Koeffizienten einer Zeile markiert, also die Zahlenwerte für A[1,N], A[2,N], ... A[10,N]. Dann können wir die Zeilensummen so bilden, daß wir alle Größen bis zu einer markierten einschließlich addieren und dann bei der nächsten Größe neu beginnen. Wir durchlaufen die linear angeordneten Matrixkoeffizienten also von links nach rechts, so daß wir uns den Doppelindex in diesem Fall ersparen können. Wir betrachten demnach IJ als einen Index, der von 1 bis 10N läuft (Abb. 3.7/4). Im Programm behalten wir die Größe S im Akkumulator.

Programmsegment 3.7/6:

ZEILENSUMME = SEGM,		
	ZX -20 I,	<I> := -20 (I := 0)
	XBA A-2,	<B> := { A[1,1] } - 2
	XC IJ,	<IJ> := { A[1,1] } - 2 d.h. IJ := 0
R1 =	**LR 0A,**	<A> := S := 0 (TK = OO für Gleitpunktzahlen)
	LA M,	<M> := 0
R2 =	**EZ GA IJ,**	<IJ> := <IJ> + 2, d.h. IJ := IJ+1
		<A> := <A> + A[I,J]
		<M> := <M> $\vee$ $(A[I,J])_m$
	SMN R2,	<M> = 0 ?
	MH 2 I,	<B> := <I> := <I> + 2 d.h. I := I+1
	C Y+18,	Y[I] := S
	SXN R1,	<B> ≠ 0 d.h. I ≠ 10 ?
	....	

Wir wollen nun noch zum Abschluß ein Beispiel mit mehrfacher Indizierung betrachten, bei dem wir die Doppelindizierung nicht auf einen einzelnen Index reduzieren können. Wir wählen dazu die Multiplikation zweier zehnspaltiger quadratischer Matrizen

$$C = A \cdot B,$$

wobei sich die Komponenten von C gemäß

$$C[I,J] := \sum_{K=1}^{10} A[I,K] \times B[K,J]$$

ergeben. Zur Verdeutlichung der Vorgehensweise sei auch die ALGOL-Formulierung des entsprechenden Programmstückes angegeben:

Programmstück 3.7/7:

```
for   I := 1 step 1 until 10 do
      for J := 1 step  1 until 10 do
      begin S := 0;
            for K := 1 step 1 until 10 do
                S := S + A[I,K] × B[K,J];
            C[I,J] := S
      end;
```

Das Ablaufdiagramm Abb. 3.7/5, das der ALGOL-Formulierung in etwa entspricht, läßt noch nicht erkennen, daß die Aufstellung des Maschinenprogramms recht verwickelt ist. Um zu sehen, wie wir die Adressierung mit Hilfe von Indexregistern regeln können, betrachten wir das Rechenschema:

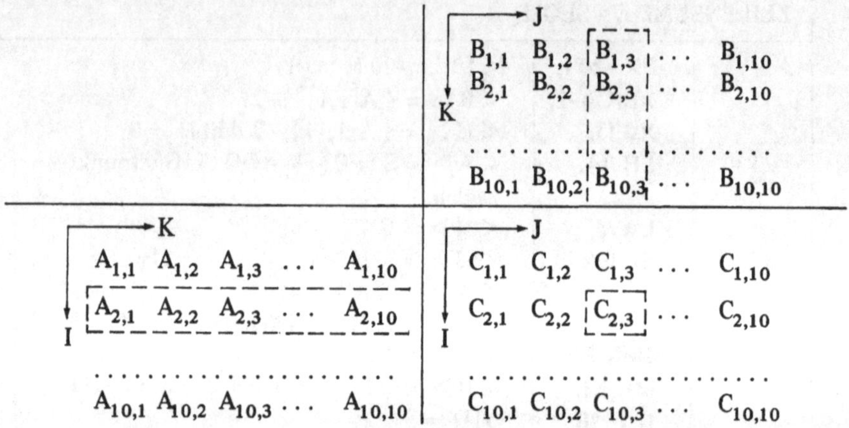

In diesem Schema berechnet sich ein C[I,J] als Skalarprodukt der links daneben stehenden A-Zeile mit der darüber befindlichen B-Spalte. Wir haben die entsprechenden Werte zur Berechnung von C[2,3] eingezeichnet.

Wenn wir die C[I,J] zeilenweise berechnen, so können wir das fortlaufende Speichern mit EZ C CIJ verwenden und müssen zu Anfang den Zähler CIJ mit XBA C-2, XC CIJ auf den Speicherplatz vor der Matrix C einstellen. Um CIJ zu bestimmen, durchlaufen wir auch die A-Zeile fortlaufend, der EZ-Befehl ist also auch dort anwendbar. In B benötigen wir dagegen eine Spalte, das heißt die aufeinanderfolgenden B[K,J] liegen jeweils 10 Ganzwörter auseinander (20 Adressen): MH 20 KJ. Setzen wir voraus, daß die letzte Spalte der A-Matrix (und nur diese) markiert ist, so erhalten wir für die K-Schleife zur Berechnung von C[I,J] folgendes Programmstück:

```
          LR 0A,
R3   =    EZ BR AIK,
          MH 20 KJ,          (Anmerkungen in der zusammen-
          GMLA B,            fassenden Darstellung des Programms)
          SMN R3,
          EZ C CIJ,
```

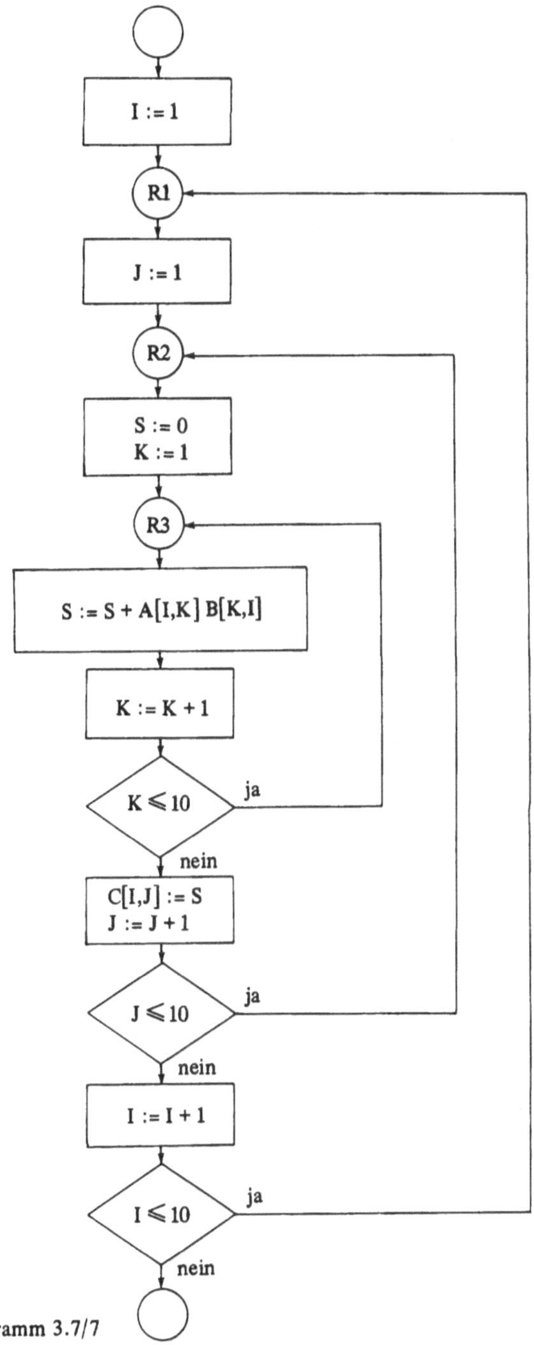

Abb. 3.7/5
Ablaufdiagramm zu Programm 3.7/7

Da jeweils 10 C[I,J]-Werte in der gleichen Zeile zu bestimmen sind, benötigen wir eine Indexzelle J, die von -10 bis 0 zählt. Außerdem beginnt AIK, solange wir uns in einer C-Zeile befinden, stets mit dem gleichen Wert, den wir zunächst in einer zusätzlichen Indexzelle AI0 retten müssen. Ferner muß KJ anfangs auf -20 stehen, weil es bei jedem Durchlauf um 20 erhöht wird. Wir haben demnach an Vorbereitungen für die J-Schleife:

```
R1  =  TXX AI0 AIK,
       ZX -10 J,
       XBA -20,
R2  =  XC KJ,
```

Beim Weiterzählen ist eine Fallunterscheidung zu machen: Ist < J > = 0 geworden, so ist die J-Schleife beendet. Andernfalls ist ein weiteres C[I,J] in dieser Zeile zu bestimmen. Das bedeutet, daß AIK auf den Zeilenanfang zurückgesetzt werden muß: TXX AIK AI0. Außerdem ist KJ auf den Anfang der nächsten Spalte einzustellen. Der Anfang der betrachteten Spalte ist um 200 niedriger als der Endstand, der Anfang der nächsten also um 198 niedriger als der Endstand der abgearbeiteten Zeile:

```
       HXP 1 J,
       SXI R4,
       TXX AIK AI0,
       XB KJ,
       VBA 198,
       S R2,
```

Ist eine Zeile beendet, so ist I zu erhöhen und abzufragen:

```
R4  =  SZX R1-R4 I
```

Ein Neusetzen für AIK für die nächste Zeile ist nicht erforderlich, weil der dortige erste Wert unmittelbar auf den letzten der eben betrachteten Zeile folgt. Zur Vorbereitung der I-Schleife gehört es, daß < I > := -10 und CIJ bzw. AIK auf den Anfang der entsprechenden Matrix gesetzt werden. Außerdem ist das Markenregister zu löschen:

```
       LA M,
       ZX -10 I,
       XBA C-2,
       XC CIJ,
       XBA A-2,
       XC AIK,
```

Insgesamt erhalten wir also folgendes Programm:

Programmsegment 3.7/8:

MATRIXMULTIPLIKATION = SEGM,		
	LA M,	Markenregister löschen ("K := O für K-Abfrage")
	ZX -10 I,	I := 1 für I-Zählung
	XBA C-2,	CIJ vor den Anfang der ersten C-Zeile stellen
	XC CIJ,	(I := 1; J := O für { C[I,J] })
	XBA A-2,	AIK vor den Anfang der ersten A-Zeile stellen
	XC AIK,	(I := 1; K := O für { A[I,K] })
R1 =	**TXX AIO AIK,**	Zeilenanfang A sicherstellen (K := O für { A[I,K] } zusammen mit R4 - 4)
	ZX -10 J,	J := O für J-Zählung
	XBA -20,	KJ vor den Anfang der ersten B-Spalte stellen
R2 =	**XC KJ,**	(K := O; J = 1 für { B[K,J] })
	LR OA,	S := O (mit TK=OO)
R3 =	**EZ BR AIK,**	(K := K+1 für { A[I,K] }) S := S+A[I,K]·B[K,J]
	MH 20 KJ,	(K := K+1 für { B[K,J] })
	GMLA B,	
	SMN R3,	Nicht markiert (K ≠ 10 bei A[I,K]) ?
	EZ C CIJ,	(J := J + 1 für { C[I,J] }); C[I,J] := S
	HXP 1 J,	J := J+1 für J-Zählung
	SXI R4,	J = 11 ?
	TXX AIK AIO,	AIK auf Anfang der A-Zeile zurückstellen (K := O für { A[I,K] } zusammen mit R1)
	XB KJ,	KJ auf Anfang der nächsten B-Spalte stellen
	VBA 198,	(K := K - 10 (also K := O) u. J := J+1 für { B[K,J] } zusammen mit R2)
	S R2,	
R4 =	**SZX R1 - R4 I,**	I := I+1 für I-Zählung; I < 11 ? (für { A[I,K] } ist I := I+1 erledigt, weil { A[I,10] } = { A[I+1,1] } - 2
	....	
	....	

3.8 Festpunktarithmetik

Wie im Falle der Gleitpunktarithmetik, so muß auch für die Festpunktoperationen bereits ein Operand im Rechenwerk vorhanden sein:

a) Additionsbefehle

A n = Addiere
<A> := <A> + <n>
AB n = Addiere Betrag
<A> := <A> + |<n>|
AC n = Addiere im Speicher
<n> := <n> + <A>

b) Subtraktionsbefehle

SB n = Subtrahiere
<A> := <A> - <n>
SBI n = Subtrahiere invers
<A> := <n> - <A>
SBB n = Subtrahiere Betrag
<A> := <A> - |<n>|
SBC n = Subtrahiere im Speicher
<n> := <n> - <A>
SBD n = Subtrahiere von D
<A> := <D> - <n>

c) Rechnen mit Konstanten

AA z = Addiere Adreßteil
<A> := <A> + z
SBA z = Subtrahiere Adreßteil
<A> := <A> - z

Bei AC und SBC enthält anschließend D ebenfalls das Ergebnis, bei SBD behält D seinen Inhalt, sonst steht der zweite Operand, das heißt <n> in D. Die Typenkennung sollte bei allen beteiligten Zahlwörtern OL sein.

Wir wollen als Beispiel die beiden folgenden, kleinen Anweisungen programmieren:

$$r1_{neu} := r1 + r2$$
$$r2_{neu} := r1 - r2$$

Dies kann folgendermaßen geschehen, wobei R1 und R2 die symbolischen Adressen für r1 und r2 sind:

Programm 3.8/1:

	B R1,	< A > := r1
	A R2,	< A > := r1 + r2
	C X,	< X > := r1 + r2
		Die Hilfszelle X ist erforderlich, weil die Summe noch nicht in R1 abgelegt werden kann. Der dort befindliche alte Wert wird noch benötigt.[1]
	B R1,	< A > := r1
	SB R2,	< A > := r1 - r2
	C R2,	< R2 > := r1 - r2
		Der alte Inhalt von R2 wird nun nicht mehr benötigt, so daß die Differenz sofort an den endgültigen Platz gebracht werden kann.
	B X,	< A > := r1 + r2
	C R1,	< R1 > := r1 + r2

Man kann auch die Eigenschaft ausnutzen, daß bei den Rechenoperationen der zweite Operand in D aufbewahrt wird:

Programm 3.8/2:

	B R2,	< A > := r2
	A R1,	< A > := r2 + r1; < D > := r1
	C R1,	< R1> := r2 + r1 ; D unverändert
	SBD R2,	< A > := r1 - r2
	C R2,	< R2 > := r1 - r2

Bei der Multiplikation müssen wir beachten, daß das Produkt zweier 48-stelliger Faktoren 92 Stellen haben kann. Wir müssen für das Ergebnis also zwei Register bereitstellen. Wir verwenden hierzu neben A das Q-Register:

Multiplikation mit doppelt langem Ergebnis

ML n = Multipliziere
< A,Q > := < A > · < n >

MLN n = Multipliziere negativ
< A,Q > := - < A > · < n >

MLA n = Multipliziere akkumulierend
< A,Q > := < A > · < n > + < H,Q >

MAN n = Multipliziere akkumulierend negativ
< A,Q > := - < A > · < n > + < H,Q >

[1] Statt X kann natürlich auch das Hilfsregister H benutzt werden.

Umgekehrt kann eine doppelt lange Zahl als Dividend benutzt werden:

> Division mit doppelt langem Dividenden
> DVD n = Dividiere doppelt lang
> <A> := <A,Q> / <n>
> <Q> := Rest

Dabei ist folgende Punktstellung angenommen:

Dividend:	rechts von A
Divisor:	rechts
Quotient:	links
Rest:	links

Man beachte, daß dieser Befehl nur dann ohne Bereichsüberschreitung abläuft, wenn <A> < <n> ist. Dies ist insbesondere dann der Fall, wenn ein einfacher langer Dividend in Q vorliegt und A gelöscht ist. Führt der Befehl zu einer Bereichsüberschreitung, so wird das Ergebnis als Gleitpunktzahl (TK = OO) angegeben und ein BÜ-Alarm erzeugt.

Wir wollen diese Befehle am Beispiel der Briefportoberechnung erläutern (Abb. 2.3/2). In dem Abschnitt „Ausland" finden wir dort folgende Anweisung:

P := 30 × entier ((GEW-1)/20) + 50.

Dies kann folgendermaßen übersetzt werden:

	B GEW,	<A> := GEW
	SBA 1,	<A> := GEW - 1
	RT AQ,	<Q> := GEW - 1
	LR 1A,	<A> := 0 mit TK = OL
	DVD (20),	<A> := <A,Q> / 20 = entier ((GEW-1)/20)
	ML (30),	<A,Q> := <A> × 30 Das Ergebnis kann wegen GEW ⩽ 2000 nicht größer sein als 30 × 99, d.h. die vordere Hälfte des Produktes (<A>) ist 0.
	RT AQ,	<A> := 30 × entier ((GEW - 1)/20)
	A (50),	<A> := <A> + 50
	C P,	P := 30 × entier ((GEW-1)/20) + 50

Die in den Literalen enthaltenen Festpunkt-Konstanten dürfen entweder ganze Zahlen oder echte Brüche sein (bei Bedarf mit Vorzeichen):

.7230 +0.298 -196 -00.5 66

Wir wollen nach dieser Vorbemerkung das Beispiel programmieren. Wir setzen voraus, daß die Variablen LAND, GEW, W als ganze Zahlen unter den entsprechenden symbolischen Adressen verfügbar sind, STD und E als +1 (**true**) oder -1 (**false**).

Wir erhalten dann folgendes Programmsegment:

Programmsegment 3.8/3:

BRIEFPORTO = SEGM,		
	MC LAND,	Der Sprung erfolgt modifiziert: Bei LAND = 1 auf die auf V folgende, bei LAND = 2 auf die um 2 Adressen hinter V liegende Speicherzelle usw.
V =	S V,	
	S I,	LAND = 1: Springe auf "Inland"
	S E1,	LAND = 2: Springe auf "EWG"
	S A1,	LAND = 3: Springe auf "übriges Ausland"
I =	B GEW,	Inland : Gewichtsabfrage
	SBA 1000,	
	SGO F,	GEW - 1000 > 0: Springe nach F
	AA 980,	GEW - 1000 + 980 = GEW - 20
	SKGO I30,	GEW - 20 $\leq$ 0: Springe nach I30
I1 =	SBA 80,	
	SKGO I50,	GEW - 100 $\leq$ 0: Springe nach I50
	SBA 150,	
	SKGO I70,	GEW - 250 $\leq$ 0: Springe nach I70
	SBA 250,	
	SKGO I90,	GEW - 500 $\leq$ 0: Springe nach I90
	BA 110,	Sonst: < A > := 110 (Portoanteil in diesem Zweig)
	S I2,	
I90 =	BA 90,	< A > := 90
	S I2,	
I70 =	BA 70,	< A > := 70
	S I2,	
I50 =	BA 50,	< A > := 50
	S I2,	
I30 =	TCB STD	< B > := STD
	SXK I1,	STD < 0: Springe nach I1 (Kein Standardbrief) Da bei I1 GEW–20 unverändert in A stehen muß, wird diese Abfrage im Register B gemacht.
	BA 30,	< A > := 30
I2 =	C P,	P := 30 bzw. 50 bzw. 70 bzw. 90 bzw. 110
	B W,	

```
        SIO EG,        Springe, wenn kein Wertbrief (W = 0)
        SBA 1,
        RT AQ,         <Q> := W - 1
        LR 1A,         <A> := 0 (TK = OL)
        DVD (500),     <A> := entier ((W-1)/500)
        AA 1,          <A> := entier ((W-1)/500)+1
                          = Anzahl der Gebühreneinheiten
        ML (100)       <A,Q> := 100 × Anzahl
        RT AQ,         <A> := 100 × Anzahl
        AC P,          P := P + 100 (entier((W-1)/500) + 1)
        S EG,          Springe nach EG
E1 =    B GEW,         EWG: Gewichtsvergleich
        SBA 20,
        SGO A1,        GEW - 20 > 0: wie übriges Ausland
        B STD,
        SKO A1,        STD = -1 (d.h. false) wie übriges Ausland
        BA 30,
        C P,           P := 30
        S A2,
A1 =    B GEW,         Ausland: Gewichtsvergleich
        SBA 2000,
        SGO F,         GEW - 2000 > 0: Springe nach F
        AA 1999,       GEW - 1
        RT AQ,         <Q> := GEW - 1
        LR 1A,         <A> := 0 (TK=OL)
        DVD (20),      <A> := entier((GEW-1)/20)
        ML (30),       <A,Q> := 30 × entier((GEW-1)/20)
        RT AQ,
        AA 50,         <A> := 30 × entier((GEW-1)/20) + 50
        C P,           P := <A>
A2 =    B W,
        SIO EG,        Kein Wertbrief (W = 0): Springe nach EG
        BA 1,
        C E,           E := true
        B W,
        SBA 1,
        RT AQ,         <Q> := W - 1
        LR 1A,         <A> := 0 (TK = OL)
        DVD (200),     <A> := entier((W-1)/200)
        AA 1,
        ML (50),       <A,Q> := 50 × (entier((W-1)/200)+1)
        RT AQ,         <A> := 50 × (entier((W-1)/200)+1)
```

	AC P,	$P := P + <A>$
EG =	B E,	
	SKO EG1,	Kein Einschreibebrief (E = -1): Springe nach EG1
	BA 80,	$<A> := 80$
	AC P,	$P := P + 80$
EG1=	......	
F =	......	

Bei Festpunktzahlen spielt die Stellung des Punktes natürlich eine große Rolle. Wir sind hier so vorgegangen, als stünde der Punkt jeweils am rechten Rand eines Wortes, d.h. die Wörter stellen ganze Zahlen dar. Das andere Extrem ist die auch bei den Mantissen von Gleitpunktzahlen verwendete Lösung: der Punkt steht rechts von der Vorzeichenstelle. Es handelt sich dann um echte Brüche. Auch hier liefert die Multiplikation ein doppelt langes Ergebnis, dessen Punkt ebenfalls neben der Vorzeichenstelle steht. Ist jedoch einer der beiden Faktoren kein exakter, sondern ein abgebrochener Bruch, so ist nur die vordere Hälfte des Ergebnisses sinnvoll. Wir können dann runden, wobei die zweite Hälfte wegfällt und die erste auf der letzten Stelle um eine Einheit erhöht wird, falls die nächste Stelle wenigstens die Hälfte dieser Einheit ausmacht.

Multiplikation mit einfach langem Ergebnis

MLR n = Multipliziere mit Rundung
$<A> := <A> \cdot <n>$

MNR n = Multipliziere negativ mit Rundung
$<A> := - <A> \cdot <n>$

MAR n = Multipliziere akkumulierend mit Rundung
$<A> := <A> \cdot <n> + <H>$

MANR n = Multipliziere akkumulierend negativ mit Rundung
$<A> := - <A> \cdot <n> + <H>$

Diese Befehle sind nur sinnvoll, wenn wenigstens ein Faktor ein echter Bruch ist.

Entsprechend ist auch die Division mit einfach langem Dividenden möglich:

Division (einfach lang)

DV n = Division
$<A> := <A> / <n>, <Q> := \text{Rest} \cdot 2^{46}$

DVI n = Dividiere invers
$<A> := <n> / <A>, <Q> := \text{Rest} \cdot 2^{46}$

Auch hier muß der Dividend kleiner sein als der Divisor; sonst entsteht eine Gleitpunktzahl.

Die Stellung des Punktes bei den Multiplikations- und Divisionsoperationen entnimmt man folgender Tabelle:

1. Faktor	2. Faktor	Ergebnis			
		doppelt	einfach	doppelt	einfach
links	links	links	links	links	links
links	rechts	Mitte	rechts	rechts	rechts
rechts	links	Mitte	rechts	rechts	rechts
rechts	rechts	rechts	-	rechts	-
Divisor	Ergebnis	Dividend		Rest	

Natürlich kann der Punkt beliebig im Wort stehen. Dann muß sich der Programmierer jeweils überlegen, wo der Punkt nach einer Rechenoperation steht. Bei Additionen und Subtraktionen muß darüberhinaus beachtet werden, daß der Punkt in beiden Operanden an der gleichen Stelle steht. Andernfalls läßt sich seine Stellung durch einen Schiftbefehl angleichen.

Die einfachsten Schiftbefehle sind gegeben durch:

SH s p = Schifte
s = Spezifikation
p = Anzahl der Binärstellen, um die geschiftet werden soll.
($p \leqslant 127$)

In der Spezifikation ist anzugeben, in welchem Register die Information zu verschieben ist:

A = Register A,
Q = Register Q,
AQ = Beide Register getrennt,
Z = Register A und Q zusammen (als eine Information).

Die einzelnen Binärstellen werden nach rechts verschoben, wobei am rechten Rand p Stellen verloren gehen; dafür werden links bei Zahlwörtern (TK = OO, OL) vorzeichengleiche Stellen nachgeschoben, bei Nichtzahlwörtern (TK = LO, LL) Nullen. (Bei allen Schiftbefehlen bleiben die Stellen für Dreierprobe und Typenkennung unverändert.)

Ein Schift nach links wird durch die zusätzliche Spezifikation L bewirkt. Hier gehen links p Stellen verloren, während rechts vorzeichengleiche Stellen bzw. Nullen nachgeschoben werden. Das Nachschieben vorzeichengleicher Stellen ist erforderlich, damit auch bei negativen Zahlen der Schift eine Multiplikation mit 2^p bedeutet. Bei Z und ZL wird eine Verbindung zwischen der letzten Stelle von A und der dritten von Q hergestellt, so daß das Vorzeichen in Q (ebenso wie in A) erhalten bleibt.

Beim Kreisschift (zusätzliche Spezifikation K) werden die auf der einen Seite herausgeschobenen Stellen auf der anderen Seite wieder hineingeschoben.

Dabei werden auch die Vorzeichen zerstört. Dieser Schift nimmt auf die Typenkennung keine Rücksicht. Bei gestreckten Schifts kann die Beachtung der Typenkennung durch die Zusatzspezifikation U unterdrückt werden.

Der Vollständigkeit halber seien noch die beiden anderen Spezifikationen angegeben:

R = nach dem Schift wird gerundet (Bei Z bedeutet dies, daß Q gelöscht wird.)

B = Zählen der aus A herausgeschobenen, mit L besetzten Binärstellen im Schiftzählregister Y. (Von dort kann dieser Zählwert mit Hilfe des Befehls R weiterverarbeitet werden.)

Beispiel:
Der Punkt in der Zahl a stehe hinter der 16. Stelle (von vorne gezählt), in b hinter der 24. Stelle. Es gibt dann zwei Möglichkeiten zur Bildung von a+b:

a)	B A	< A > := a
	SH A8	Verschiebe A um 8 Stellen nach rechts
	A B	< A > := < A > + b
b)	B B	< A > := b
	SH AL 8	Verschiebe A um 8 Stellen nach links
	A A	< A > := < A > + a

Wenn der Programmierer sicher ist, daß b klein genug ist, kann b) benutzt werden. Sonst ist a) zu verwenden, weil dort nur Stellen hinter dem Punkt verloren gehen. Dabei kann übrigens durch Verwendung des Befehls SH AR 8 noch gerundet werden.

4. Assemblierer

4.1 Informationseinheiten

Die wesentliche Aufgabe eines Assemblierprogrammes besteht darin, dem Programmierer die Verwendung von symbolischen Operationscodes und symbolischen Adressen zu gestatten. Auf diese Möglichkeit waren wir bereits früher – insbesondere in 3.6 – eingegangen. Im vorliegenden Kapitel sollen diese Gesichtspunkte noch einmal zusammengefaßt und einige andere, im Zusammenhang mit Assemblierprogrammen auftretende Leistungen besprochen werden. Dabei legen wir wiederum die TR 440 – Assembliersprache TAS zugrunde, ohne jedoch diese bis in die letzten Einzelheiten zu besprechen.

Die Grundeinheit jeder Assembliersprache ist eine Informationseinheit, die aus

Benennung
Information und
Abgrenzung

besteht. Die Benennung entspricht der Marke in ALGOL-Programmen und darf fehlen. Sie besteht aus einem Namen von höchstens 31 Zeichen und einem Gleichheitszeichen. TAS läßt auch mehrere Benennungen zu. Als Abgrenzung gegenüber der nächsten Informationseinheit dienen TAS das Komma oder ein Kommentar.

Assembliersprachen, die durch Lochkarteneingabe geprägt sind, benutzen häufig eine formatgebundene Darstellung, wobei sowohl der Benennung als auch der Information bestimmte Spalten der Lochkarte zugewiesen sind, z.B. in der folgenden Weise:

Spalte 1 - 8: Benennung
Spalte 10 - 14: Operationsteil des Befehls
Spalte 16 - 20: 1. Adresse
Spalte 23 - 30: 2. Adresse
Spalte 35 - 80: Kommentar

Die Spalten für nicht benötigte Teile müssen dann leer bleiben. Die Abgrenzung ist durch das Lochkartenende gegeben.

Als Informationen kommen in Frage:

a) Maschinenbefehle,
b) Pseudobefehle,
c) Konstante.

Die Pseudobefehle SEGM, ENDE, EXTERN und INDEX haben wir bereits in 3.6 besprochen. Weiterhin ist noch der Pseudobefehl ASP von besonderem Interesse. Er veranlaßt das Freihalten von Arbeitsspeicherzellen:

LISTE = ASP 100

reserviert 100 Halbwörter, deren erstes durch die symbolische Adresse LISTE gekennzeichnet ist. Die so benannten Speicherzellen können über Modifizier- und Ersetzungsbefehle angesprochen werden.

Für die Maschinenbefehle

Operationscode ␣ Adreßteil

bestehen in TAS entsprechend der Befehlsstruktur des TR 440 mehrere Möglichkeiten. Der Adreßteil kann nämlich bestehen aus

a) Ganzadresse oder Literal,
b) Rechtsadresse.
c) Linksadresse ␣ Rechtsadresse.

(␣ bezeichnet einen oder mehrere Zwischenräume.) Welcher dieser vier Fälle vorliegen muß, wird durch den Operationscode bestimmt. So verlangt zum Beispiel

der Operationscode B	eine Ganzadresse oder ein Literal,
der Operationscode M	eine Rechtsadresse,
der Operationscode TXX	eine Links- und eine Rechtsadresse,
der Operationscode E	einen Zweitbefehl anstelle der Linksadresse und eine Rechtsadresse.

Literale sind in 3.6 besprochen.

Als eigentliche Adressen sind zulässig:

a) Kernspeicherbezüge
das sind
Kernspeicheradressen – Namen (Lokal und global)
Relativadressen (siehe 3.6)
Summenadressen (siehe (c))

b) Absolutbezüge
das sind
absolute Angaben (bei Ganzwortadressen Zahlen zwischen 0 und 65535, bei Rechts- und Linksadressen Zahlen zwischen 0 und 255)
Differenzangaben
Absolute Summenangaben
Indexnamen

c) Summenadressen
das sind
Kombinationen je eines Kernspeicherbezuges mit einem Absolutbezug.
Durch Rekursion können so beliebig lange Ketten entstehen.

Bei Rechtsadressen können daneben noch auftreten:
Parameter und
Spezifikationen.

Der Aufbau der Parameter und Spezifikationen ergibt sich aus der jeweiligen Befehlsbeschreibung. Als Linksadresse sind die gleichen Möglichkeiten zulässig, außerdem die Zweitbefehle(zum Beispiel bei den R- und Ersetz-Befehle.)

4.2 Besondere Darstellungsformen

Neben Festpunkt- und Gleitpunktkonstanten (einfacher und doppelter Genauigkeit[1]) ist es uns möglich, beliebige Bitmuster als Konstanten abzuspeichern. Diese können wir als Tetraden- oder Oktadenkonstanten beschreiben.

Eine Tetradenkonstante ist eine Folge von höchstens 12 Sedezimalziffern, die je vier Binärstellen belegen (vgl. 3.2). Die Ziffernfolge wird in einfache Apostroph eingeschlossen:

'AAA'
'1F3E5D7C9546'

Eine Oktadenkonstante ist eine beliebig lange Folge von Zeichen aus dem TR 440-Zentral-Code (Tab. 4.2/1 und 4.2/2), die je 8 Binärstellen belegen. Die Zeichenfolge wird in Doppelapostroph eingeschlossen. Sie dient zur Abspeicherung von Texten:

"WALTER DE GRUYTER - VERLAG, BERLIN".

Darüberhinaus gibt es noch Adreßkonstanten. Wenn zum Beispiel in einer Speicherzelle die Anfangsadresse eines Vektors B gespeichert werden soll, so genügt

ADRB = B

nicht, denn der Buchstabe B bezeichnet auch einen Befehlscode. Zur Unterscheidung werden Spezifikationen eingeführt:

ADRB = B/A.

[1] Die Gleitpunktkonstanten doppelter Genauigkeit sind Gleitpunktzahlen mit etwa 25 Dezimalziffern Mantisse. Zur Unterscheidung von denen einfacher Genauigkeit wird der Exponent durch ein D (statt E) eingeleitet.

Die Steuerzeichen aus Tab. 4.2/2 haben folgende Bedeutung:

Dezimal	Sedezimal	Zeichen	Benennung
0	'00'	NUL	Nil (Nul)
16	'10'	PL	Parameterliste
17	'11'	PV	Parameterveränderung
18	'12'	VW	Verweis auf Parameterliste
19	'13'	KT	Beginn des Kopftextes
20	'14'	TX	Beginn des Textes
21	'15'	NZ	Neue Zeile
22	'16'	EM	Ende Material
23	'17'	FW	Formularwechsel
24	'18'	ZW	Zeilenwechsel
25	'19'	ZE	Zeileneinstellung
26	'1A'	PE	Positionseinstellung
27	'1B'	BS	Rückwärtsschritt (Backspace)
28	'1C'	ZR	Zwischenraumreplikator
29	'1D'	UR	Universalreplikator
30	'1E'	FN	Formularnumerierung
32	'20'	SUB	Substitution (Substitute Character)
35	'23'	T1	Textumschaltung 1
36	'24'	T2	Textumschaltung 2
37	'25'	TE	Textende
53	'35'	FL	Fluchtsymbol
168	'A8'	MZ	Minus Null (Minus Zero)
175	'AF'	SP	Zwischenraum (Space)
191	'BF'	PZ	Plus Null (Plus Zero)

Tab. 4.2/1 Steuerzeichen

OOOO	OOOL	OOLO	OOLL	OLOO	OLOL	OLLO	OLLL	LOOO
0	1	2	3	4	5	6	7	8
0 NUL	16 PL	32 SUB	48	64	80	96 ″	112 %	128 ∧
1	17 PV	33	49	65	81	97 ′	113 §	129 ∨
2	18 VW	34	50	66	82	98 ⁄	114 #	130 ¬
3	19 KT	35 T1	51	67	83	99 ∖	115 $	131
4	20 TX	36 T2	52	68	84	100	116	132
5	21 NZ	37 TE	53 FL	69	85	101 ∧	117	133
6	22 EM	38	54	70	86	102 °	118 @	134 ↑
7	23 FW	39	55	71	87	103 ˜	119 &	135
8	24 ZW	40	56	72	88	104	120 *	136
9	25 ZE	41	57	73	89	105	121 †	137
10	26 PE	42	58	74	90	106	122	138
11	27 BS	43	59	75	91	107	123 φ	139 |
12	28 ZR	44	60	76	92	108 ◜	124 ¤	140 ~
13	29 UR	45	61	77	93	109 ◝	125 α	141 10
14	30 FN	46	62	78	94	110 _	126 ϵ	142
15	31	47	63	79	95	111 ¯	127 π	143
Steuerzeichen						Akzente	Sonstige Zeichen	Mathe- Zei-

Tab. 4.2/2 TR440-Zentral-Code

2^7 … 2^0: 1. Sedezimale, 2. Sedezimale

LOOL	LOLO	LOLL	LLOO	LLOL	LLLO	LLLL	2. Sedezimale	
9	A	B	C	D	E	F		
144 +	160 (	176 0	192 A	208 Q	224 a	240 q	0	OOOO
145 -	161)	177 1	193 B	209 R	225 b	241 r	1	OOOL
146	162 [	178 2	194 C	210 S	226 c	242 s	2	OOLO
147 /	163]	179 3	195 D	211 T	227 d	243 t	3	OOLL
148	164 {	180 4	196 E	212 U	228 e	244 u	4	OLOO
149	165 }	181 5	197 F	213 V	229 f	245 v	5	OLOL
150 ±	166 ⟨	182 6	198 G	214 W	230 g	246 w	6	OLLO
151 =	167 ⟩	183 7	199 H	215 X	231 h	247 x	7	OLLL
152 ≠	168 MZ	184 8	200 I	216 Y	232 i	248 y	8	LOOO
153 ≡	169 .	185 9	201 J	217 Z	233 j	249 z	9	LOOL
154 ≢	170 ,	186	202 K	218 Ä	234 k	250 ä	A	LOLO
155 <	171 :	187	203 L	219 Ö	235 l	251 ö	B	LOLL
156 >	172 ;	188	204 M	220 Ü	236 m	252 ü	C	LLOO
157 ≦	173 !	189	205 N	221	237 n	253 ß	D	LLOL
158 ≧	174 ?	190	206 O	222	238 o	254	E	LLLO
159	175 SP	191 PZ	207 P	223	239 p	255	F	LLLL
matische chen	Satz-Zeichen	Ziffern	Großbuchstaben		Kleinbuchstaben			

Die Spezifikation A, durch einen Schrägstrich von der eigentlichen Information getrennt, bedeutet, daß es sich hier um die Adresse handeln soll. Wir haben demnach zu unterscheiden:

B C: Bringe den Inhalt der mit C benannten Speicherzelle.
B (C): Bringe den Operationscode für C, z.B. zum Zusammenbau eines Speicherbefehls.
B (C/A): Bringe die Adresse der Größe C.

Liegt die Adresse von C beim Programmieren fest und gibt es eine Benennung C = 1.0, . . . oder C. = 1.0 . . ., so kann die letzte Wirkung auch mit BA C erreicht werden.

Die Spezifikation A muß bei jeder Adreßkonstanten stehen. Weitere Spezifikationen können bei Bedarf den Konstanten angefügt werden:

0, 1, 2, 3: Die Konstante soll – abweichend von der normalen Typenkennung – diese Typenkennung erhalten.
V: Die Konstante wird später verändert und muß in Speicherzellen liegen, in denen dies möglich ist.[1]
L: Die Konstante soll, falls sie kürzer als ein Ganzwort ist, linksbündig eingesetzt werden.
R: Die Konstante soll rechtsbündig eingesetzt werden.
M: Die Konstante soll markiert werden.

Darüber hinaus ist es möglich, Befehle oder Teile davon intern darzustellen, das heißt als ganze Zahlen oder Tetradenfolgen. Hierauf werden wir jedoch nicht weiter eingehen.

Zum Programmbeispiel 3.7/6 wäre demnach folgender Datensatz denkbar:

1.3, -1.2, 6.1, 4.5/M, 6.7, 2.4, 3.1, -6.9/M, 0.8,
-4.7, 8.7, -3.6/M, -7.5, -0.3, 3.1, 5.7/M, 6.3, -6.7,
5.0, 2.1/M, 7.0, -0.7, -2.3, -1.7/M, -9.8, 4.8, 8.5,
9.2/M, -4.3, -0.5, -8.8, -6.1/M, -4.5, -3.8, 1.1, 9.4/M,
7.6, 3.8, 9.8, 3.6/M,

wobei es sich also um ein vierspaltiges Schema handelt, bei dem die Werte der letzten Spalte markiert sind.

[1] Z.B. muß es in Programm 3.6/1 und 3.6/2 heißen: X = 0/V, Y = 0/V.

4.3 Ersetzungsbezüge

Wir betrachten im Programm 3.8/3 die Stellen hinter I2 und A2:

```
I2 = C P,
     B W,                A2 = B W,
     SIO EG,                  SIO EG,
     SBA 1,                   SBA 1,
     RT AQ,                   RT AQ,
     LR 1A,                   LR 1A,
     DVD (500),               DVD (200),
     AA 1,                    AA 1,
     ML (100),                ML (50),
     RT AQ,                   RT AQ,
     AC P,                    AC P,
     S EG,                    BA 1, [1]
                              C E,
```

Beim Vergleich dieser beiden Befehlsfolgen stellen wir eine weitgehende Übereinstimmung fest: Nur an zwei Stellen weichen beide voneinander ab. Während im ersten Programmstück die Konstanten 500 und 100 benutzt werden, stehen im zweiten an diesen Stellen 200 und 50.

Die Assembliersprache TAS erlaubt uns nun folgende Konstruktion: Die Befehlsfolge wird nur einmal geschrieben und mit einem Namen gekennzeichnet. Dabei werden die variierenden Textstellen fortlaufend numeriert. Zur Unterscheidung von Konstanten geschieht dies in der Form*(Nummer), zum Beispiel

DVD (*(1)) oder ML (*(2)).

Die gleiche Symbolkombination aus Stern und Klammern umschließt den gesamten Text und kennzeichnet so die Länge dieser Ersetzungsdefinition:

```
*(WERT = B W,
         SIO EG,
         SBA 1,
         RT AQ,
         LR 1A,
         DVD (*(1)),
         AA 1,
         ML (*(2)),
         RT AQ,
         AC P)
```

[1] Daß die Befehle BA 1, C E an den Schluß dieser Folge verlagert wurden, spielt für die Richtigkeit des Programms keine Rolle.

Dabei ist WERT der Name dieses Ersetzungstextes. Die Ersetzungsdefinition kann irgendwo im Programm als selbständige Informationseinheit stehen. Sie kann im darauf folgenden Text dann als Abkürzung benutzt werden:

```
I2 =  C P,
      *(WERT, 500, 100),
      S EG,
      ............
A2 =  *(WERT, 200, 50),
      BA 1,
      C E
```

Die Ersetzungsbezüge sind von der Form *(. . .), wobei das erste Element in der Klammer den Namen des an diese Stelle zu kopierenden Ersetzungstextes angibt. Die weiteren Angaben – außer Konstanten können dies auch Befehle oder Teile davon sein – legen der Reihe nach fest, was für *(1), *(2), . . . usw. im Ersetzungstext eingesetzt werden muß. Sind im Ersetzungstext keine Ersetzungsbezüge vorgesehen, so entfallen auch diese Angaben. Der Text wird dann unverändert eingesetzt. Demnach entsprechen die oben angegebenen Ersetzungsbezüge genau dem ursprünglichen Programmtext.

Ein weiteres Beispiel läßt sich aus dem gleichen Programm 3.8/3 entnehmen:

```
I90  =  BA 90,
        S I2,
I70  =  BA 70,
        S I2,
I50  =  BA 50,
        S I2.
```

Hierfür können wir mit der Ersetzungsdefinition

(GP = I(1) = BA *(1), S I2)

schreiben:

*(GP, 90), *(GP, 70), *(GP, 50).

Der Ersetzungsparameter wird hier einmal als Adresse, einmal als Teil eines Namens verwandt.

Der hinter der Marke I stehende Teil des Programms 3.8/3 läßt sich günstiger mit Ersetzungsbezügen schreiben, wenn wir ihn etwas umformen:

```
I      =  B GEW,
          SBA 20,
          SKGO I30     -- GEW ≤ 20 ? --
```

```
I1    = SBA 80,
        SGO I3A       - - GEW > 100 ? - -
        BA 50,
        S I2,         - - Porto := 50 - -
I3A   = SBA 150,
        SGO I3B       - - GEW > 250 ? - -
        BA 70,
        S I2          - - Porto := 70 - -
I3B   = SBA 250,
        SGO I3C,      - - GEW > 500 ? - -
        BA 90,
        S I2          - - Porto := 90 - -
I3C   = SBA 500,
        SGO F         - - GEW > 1000 ? - -
        BA 110,
        S I2          - - Porto := 110 - -
I30   = TCB STD
        . . . . . . . .
```

Nun kann nach der Ersetzungsdefinition

```
*(GP = I*(1) =   SBA *(2),
                 SGO *(3),
                 BA *(4),
                 S I2)
```

das Programmstück in der Form

```
I  =  B GEW,
      SBA 20,
      SKGO I30,
      *(GP, 1, 80, I3A, 50),
      *(GP, 3A, 150, I3B, 70),
      *(GP, 3B, 250, I3C, 90),
      *(GP, 3C, 500, F, 110)
```

geschrieben werden.

In einem Ersetzungstext selbst dürfen wieder Ersetzungsdefinitionen und Ersetzungsbezüge vorkommen, so daß eine mehrfache Verschachtelung möglich ist. Dabei muß darauf geachtet werden, daß sich die Ersetzungsbezüge nicht (auch nicht auf Umwegen) auf den Ersetzungstext beziehen, in dem sie selbst stehen. Dies würde nämlich zu einem endlosen Ersetzungszyklus führen.

4.4 Der Assembliervorgang

Wir haben bereits in dem einleitenden Kapitel ausgeführt, daß maschinenorientierte Sprachen vor allem benutzt werden, damit dem Menschen der Umgang mit dem Rechner erleichtert wird. Wir haben im 3. Kapitel und den ersten Abschnitten des 4. Kapitel die wichtigsten Hilfsmittel besprochen, mit denen die maschinenorientierten Sprachen diese Vorzüge gegenüber den Maschinensprachen erzielen. Diese Vorzüge sind insbesondere:

1. Plausible Abkürzungen für die Operationen,
2. Verwendung von Dezimalzahlen,
3. Verwendung symbolischer Adressen,
4. Makrobefehle.

Makrobefehle sind Befehle der maschinenorientierten Sprache, die mit einem Befehl der Maschinensprache nicht realisiert werden können. Ihnen entspricht jeweils ein kurzes Programmstück. Flexible Programmiersprachen enthalten nicht nur eine Reihe von Makrobefehlen, sondern auch ein leistungsfähiges Definitionsschema, mit dessen Hilfe beliebige Makrobefehle neu eingeführt werden können [72]. Ein solches Definitionsschema sind z.B. die Ersetzungsbezüge.

Wir haben in dieser Aufzählung der typischen Aufgaben einer maschinenorientierten Sprache die Reihenfolge so gewählt, daß ausgehend von einer einfachen, umkehrbar eindeutigen Zuordnung zwischen den Befehlen der Maschinensprache und der maschinenorientierten Sprache die Übersetzung in die Maschinensprache immer komplizierter wird. Wir haben uns jedoch – wenigstens im Vergleich zu den problemorientierten Sprachen – verhältnismäßig eng an die Struktur der Maschinensprache angelehnt. Das ist typisch für die maschinenorientierte Sprache. Die Anlehnung an die Maschinensprache geht so weit, daß man bei maschinenorientierten Sprachen oft von externen Befehlscodes spricht. Das heißt, man beschreibt dann die maschinenorientierte Sprache durch eine Liste von Befehlen und deren Wirkungen. Dem Benutzer steht damit ein erweiterter Befehlscode zur Verfügung, ohne daß in dessen Handhabung ein wesentlicher Unterschied zum eigentlichen Maschinencode besteht. Bei den problemorientierten Sprachen ist das im allgemeinen nicht mehr möglich, weil sie eine wesentlich kompliziertere Struktur aufweisen als die vergleichsweise primitiven "Kommando-Sprachen" [71].

Die Strukturähnlichkeit der maschinenorientierten und der Maschinen-Sprachen bewirkt – und das ist bei der Konzeption maschinenorientierter Sprachen meist ein wesentlicher Gesichtspunkt –, daß im allgemeinen auch in den maschinenorientierten Sprachen alle Möglichkeiten der Maschinensprache ausgenutzt werden können. Das heißt, es soll kein Maschinenprogramm geben, das nicht auch in der maschinenorientierten Sprache formuliert werden kann.

Übersetzungsprogramme für die Umwandlung maschinenorientierter Sprachen in die Maschinensprache werden englisch meist Assembler oder Autocoder genannt. (Der Ausdruck Assembler hat sich auch im deutschen Sprachraum weitgehend eingebürgert.)

Nach diesen einleitenden Bemerkungen wollen wir uns diesem Übersetzungsprogramm zuwenden. Es hat folgende Funktionen:

1. Es liest Befehle vom Eingabegerät, übersetzt sie in die interne Darstellung und speichert sie fortlaufend[1].
2. Es liest dezimale Adressen und Konstanten und übersetzt sie ins Dualsystem.
3. Es liest Text. Dieser ist unverändert zu speichern.
4. Es liest symbolische Adressen und ersetzt diese durch die echten.

Einige Aspekte dieses Übersetzungsvorganges sollen im folgenden näher beleuchtet werden.

1. Die Übersetzung der Befehle. Hierbei ist zu beachten, daß der Aufbau eines Befehls wesentlich von dem als erstes angegebenen Operationscode bestimmt wird. Wir haben in der folgenden Tabelle einige der Befehlsaufbauformen zusammengestellt, die beim TR 440 möglich sind, und jeweils einen Operationscode als Beispiel angegeben, bei dem dieser Aufbau vorgeschrieben ist. Man kann diese Liste leicht vervollständigen, ohne daß beim Übersetzungsvorgang Wesentliches neu hinzukommt:

Lfd. Nr.	Typ			Beispiel
1	op	adr		B
2	op	sp		LA
3	op	sp	p	SH
4	op	ind	ind	TXX
5	op	p	ind	SZX
6	op	op	ind	MAB E
7	op	op	p	MAB
8	op	op	sp	R

Dabei bedeuten:

op = Operationscode
adr = Adresse
sp = Spezifikation (Form von dem jeweiligen Operationscode abhängig.)[2]
p = Parameter
ind = Indexadresse

[1]Das Einlesen kann auch mittelbar verstanden werden: ein besonderes Leseprogramm liest einen größeren Informationsblock und speichert diesen an einer Stelle, von wo das Assemblierprogramm die einzelnen Zeichen übernimmt.

[2]Auf die verschiedenen Formen der Spezifikationen wollen wir hier nicht eingehen.

Trennzeichen zwischen den einzelnen Angaben ist der Zwischenraum, Schlußzeichen für den Befehl ein Komma oder ein Kommentar. In Abb. 4.4/1 sind diese Schlußzeichen mit Ko bezeichnet. Die Übersetzung läuft in großen Zügen folgendermaßen ab: Der (erste) Operationscode wird gelesen. Es handelt sich dabei um eine externe, mnemotechnische Darstellung (z.B. TXX). Aus einer Liste aller externen Darstellungen muß diese herausgesucht werden. Diese Liste enthält neben der externen Darstellung die interne (hier: 0000 LLOO) und den Typ (hier: 4). Je nachdem, welchem Typ der gelesene Operationscode angehört, werden Vorhersagen über die Art der nun folgenden Angaben gemacht. In unserem Beispiel:

1. Vorhersage: Indexadresse
2. Vorhersage: Indexadresse
3. Vorhersage: Schlußzeichen

Der weitere Ablauf ist nun für alle Befehle gleich: Die übrigen Angaben werden der Reihe nach gelesen und mit den Vorhersagen verglichen. Die interne Darstellung kann nochmals von dem Operationscode abhängen. Dies ist zum Beispiel bei den Spezifikationen der Fall. Viele der Spezifikationen sind analytisch aufgebaut, das heißt, sie bestehen aus Einzelangaben, deren Bedeutung voneinander unabhängig ist. Bei gleichzeitiger Angabe zweier Kennzeichen werden die damit verbunden Operationen überlagert. Denken wir an den Schiftbefehl SH: Neben den Spezifikationen A, Q, AQ, Z sind noch die Zusatzangaben L, K, R, V, B möglich, die gar nicht, einzeln oder gemeinsam benutzt werden können, zum Beispiel:

K = Kreisschift,
R = Rundung,
KR= Kreisschift mit Rundung.

Zur Systematisierung und Vereinfachung des Befehlscodes beziehungsweise des Leitwerks kann dieses Prinzip auf den gesamten Befehlscode übertragen werden. Man spricht dann von analytischen Befehlscodes. Bei diesen werden alle Operationen so in Teiloperationen aufgelöst, daß die Operationen durch eine Kombination solcher Teiloperationen entstehen. So kann zum Beispiel eine Subtraktion aufgelöst werden in

a) den Transport eines Wortes aus dem Speicher ins Rechenwerk,
b) die Einschaltung des Addierwerkes mit Einspeisung des bisherigen Akkumulatorinhalts in diesen Transportvorgang,
c) die Vorschaltung eines Komplementierwerkes, um das Vorzeichen der aus dem Speicher in den Akkumulator transportierten Zahl vor dem Addierwerk umzukehren.

Die erhaltenen Teiloperationen werden so in Gruppen geordnet, daß jede Gruppe nur Teiloperationen enthält, die nicht miteinander kombiniert werden können, während Kombinationen mit den Elementen anderer Gruppen erlaubt

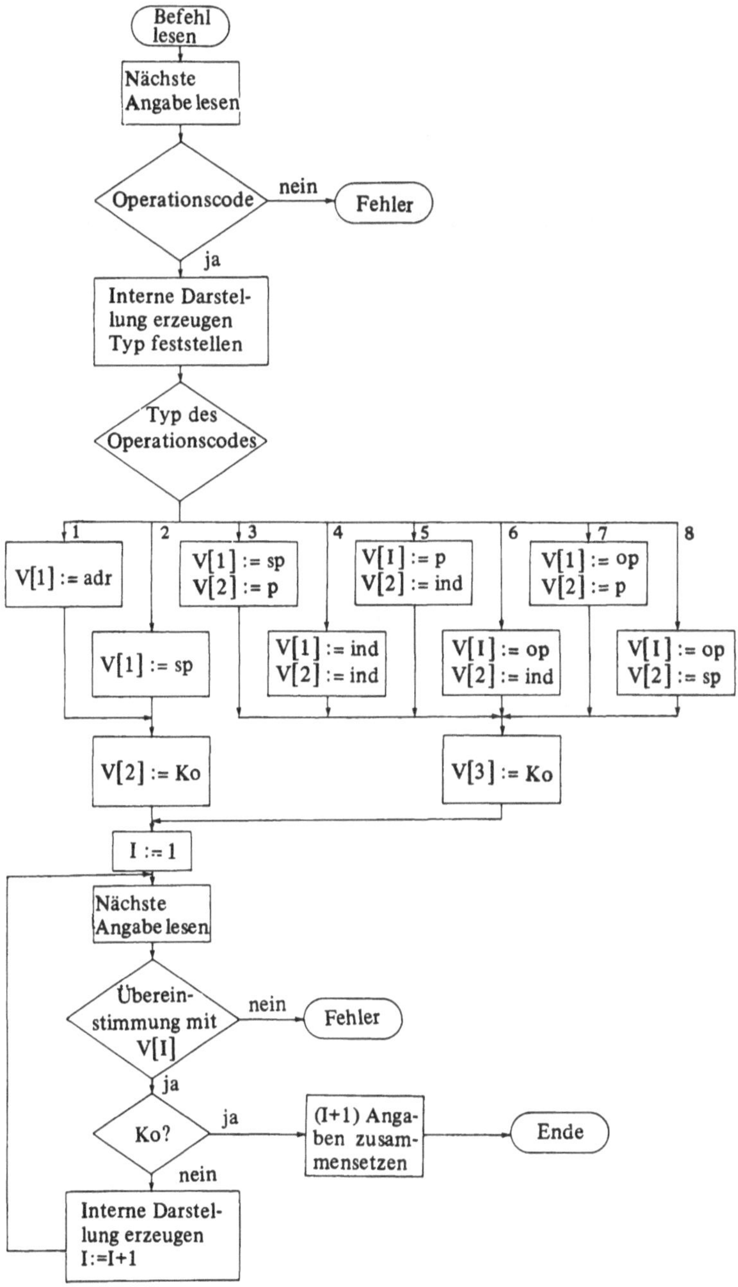

Abb. 4.4/1 Übersetzung der Befehle

sind. Jeder Befehl besteht dann aus Kombinationen von Teiloperationen, die alle aus verschiedenen Gruppen stammen [11]. Bei vollständiger Auflösung der Befehle in ihre Elemente kommen wir zu dem von van der Poel geschaffenen Einzelbit-Code, bei dem jedes Bit des Operationsteiles im Befehlswort eine eigene, von den übrigen unabhängige Funktion hat [12, 13].[1]

2. Die Übersetzung der Zahlen. Zahlen können als Adressen oder Konstanten in einem Programm auftreten. Die Übersetzung aus dem Dezimal- ins Dualsystem ist in beiden Fällen gleich. Wir haben die wichtigsten Gesichtspunkte in Abb. 4.4./2 dargestellt. Lediglich auf die Berücksichtigung der Zehnerexponenten wurde aus Gründen der einfacheren Darstellung verzichtet.

Das Programmstück hat vier verschiedene Eingänge, je nachdem, ob als erstes Zeichen eine Ziffer, ein Vorzeichen oder ein Punkt ankündigt, daß eine Zahl folgt. Das Vorzeichen wird als +1 oder -1 aufbewahrt. Außerdem wird unter der Variablen Pkt vermerkt, ob schon ein Punkt gelesen wurde. I und J zählen die Stellenzahl. Beim Auftreten des Punktes wird J erneut auf 0 gesetzt, so daß bei reellen Zahlen J am Ende die Anzahl der Stellen hinter dem Punkt angibt. I zählt die Gesamtstellenzahl und kann zu einer Abfrage benutzt werden, ob die Zahl zu lang ist ($I \leq N$). Alle Zahlen werden zweckmäßigerweise zuerst als ganze Zahlen eingelesen. Am Ende wird dann durch 10^J dividiert und normalisiert, falls ein Punkt vorlag. Wird auch noch der Zehnerexponent berücksichtigt, so wird durch 10^{J-Exp} dividiert. Während des Übersetzungsvorganges werden nur die Dualäquivalente der Ziffern von 0 bis 9 benötigt.

3. Die Übersetzung der symbolischen Adressen. Das einfachste ist, man setzt bei der Programmübersetzung die Adressensymbole vorläufig als Adressen ein und sorgt dafür, daß die echten Adressen später in den Speicherzellen zu finden sind, die durch die Adressensymbole bezeichnet werden [27,79]. Das geht natürlich nur dann, wenn die Adressensymbole natürliche Zahlen oder zum mindesten leicht in natürliche Zahlen übersetzbar sind.

Günstiger ist folgendes Verfahren [29]: Tritt beim Lesen eine symbolische Adresse im Adreßteil eines Befehls auf, so wird in einer Adressenliste nachgesehen, ob die zugehörige Adresse bereits bekannt, das heißt, ob dieser Name schon in einer Benennung aufgetreten ist. Ist dies der Fall, so wird die Adresse eingesetzt, und der Befehl kann weggespeichert werden. Im anderen Fall muß der Befehl vorläufig ohne Adresse gespeichert werden, und in einer zweiten Liste, der sogenannten Vormerkliste, werden das Symbol und die Adresse des gespeicherten Befehls notiert, damit später, wenn die Zuordnung Symbol/Adresse bekannt ist, dieser Befehl noch mit der Adresse versehen werden kann. Tritt

[1] Einen solchen Einzelbit-Code besaß im Wesentlichen die ZUSE Z 22, die in den früheren Auflagen dieses Buches ausführlich beschrieben wurde.

dagegen ein Symbol als Benennung einer Informationseinheit auf, so wird dieses Symbol mit der Adresse der Informationseinheit, die es benennt und die damit bekannt ist, zusammen in der Adressenliste vermerkt. Darüber hinaus werden die bis dahin vorliegenden Vormerkungen für dieses Symbol abgearbeitet.

Dieses Schema können wir noch ökonomischer gestalten, indem wir die Vormerkliste dadurch einsparen, daß wir die Vormerkungen in die leer gebliebenen Adreßteile der Befehle hineinschreiben, für die noch keine Adressen angegeben

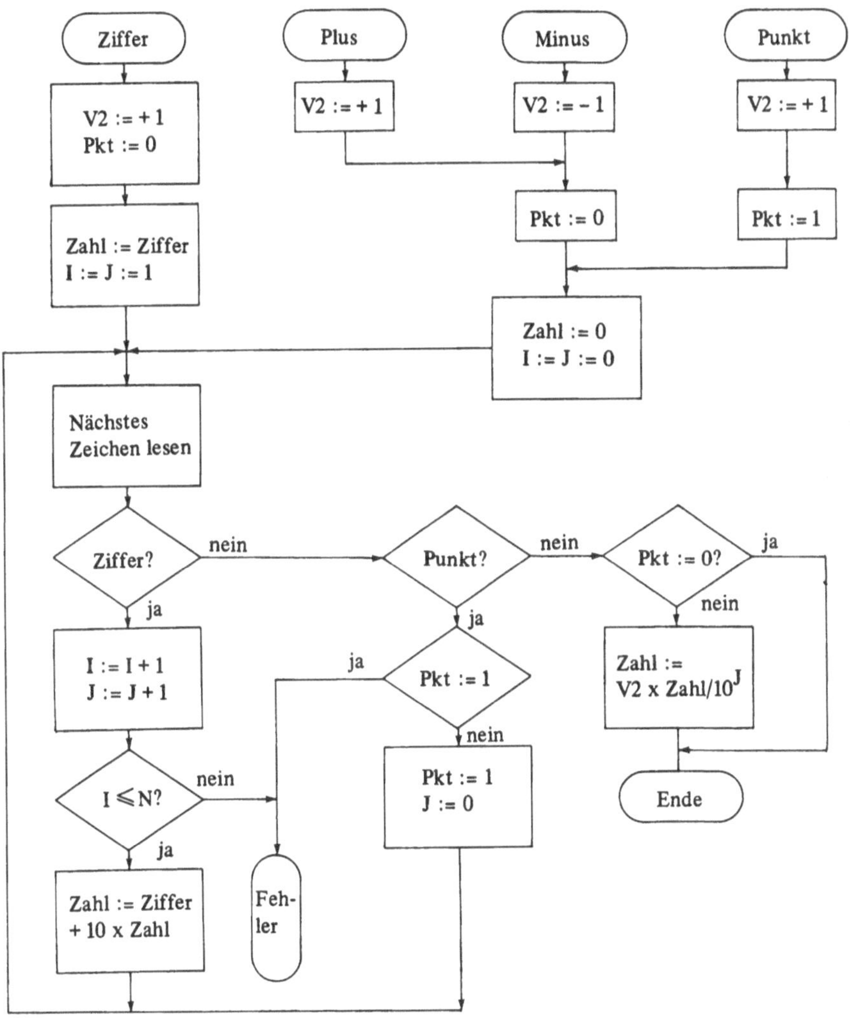

Abb. 4.4/2 Übersetzung der Dezimalzahlen

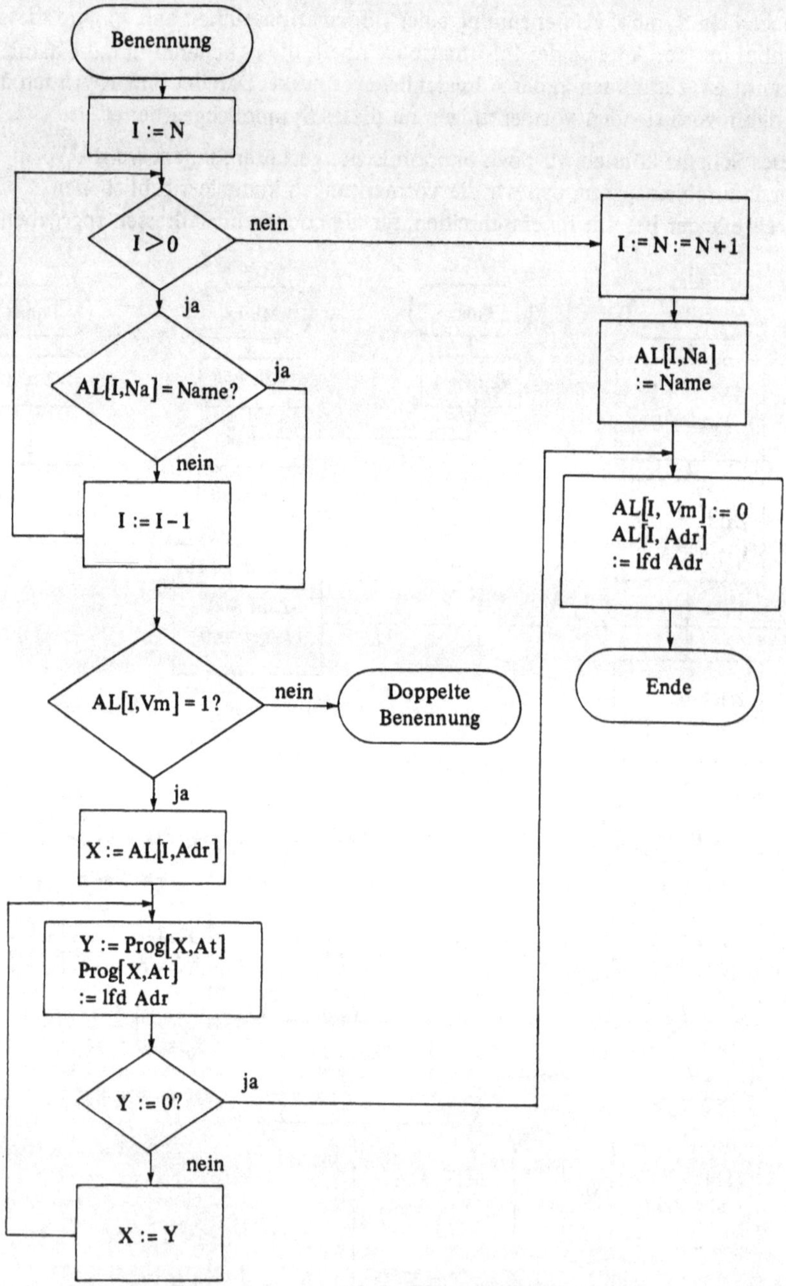

Abb. 4.4./3a
Übersetzung der symbolischen Benennungen

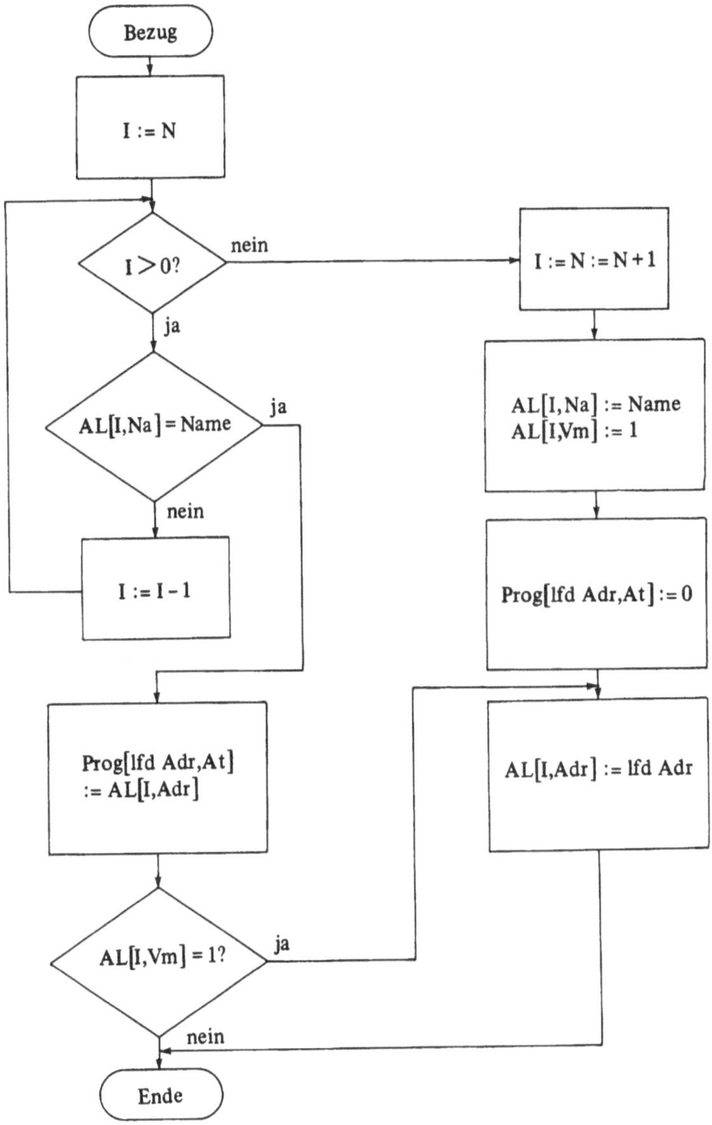

Abb. 4.4./3b
Übersetzung der symbolischen Namenszüge

werden können [80]. Eine derart angelegte Vormerkliste ist ein Spezialfall allgemeiner (nicht linearer)Listenstrukturen. In Abb. 4.4/3a,b haben wir dieses Schema als Ablaufdiagramm dargestellt:

Für den I-ten Namen werden in der Adressenliste AL vermerkt:

AL[I, Na] = symbolischer Name,
AL[I, Adr] = zugeordnete Adresse oder Vormerkadresse
AL[I, Vm] = $\begin{cases} 1 \text{ bei Vormerkung} \\ 0 \text{ bei endgültiger Adresse.} \end{cases}$

Die Vormerkadresse gibt die Stelle des übersetzten Programmes an, an der die endgültige Adresse noch nachzutragen ist. Der Adreßteil des J-ten Programmbefehls ist im Diagramm mit Prog[J, At] bezeichnet. Steht dort eine 0, so liegt keine weitere Vormerkung vor, steht dort eine positive Zahl, so ist dies eine weitere Vormerkadresse (Diagramm: Y).

Bei der Übersetzung eines Adressenbezuges kann AL[I, Adr] im gerade übersetzten Befehl (LfdAdr = laufende Adresse der Programmbefehle) als Adreßteil (At) eingesetzt werden, wenn es schon bekannt ist. Ist dies nicht der Fall, so wird die vorliegende Vormerkadresse in den vorläufig übersetzten Befehl übernommen und dessen laufende Adresse als neue Vormerkadresse in AL notiert. Die Vormerkung in AL zeigt also jeweils auf das bisher letzte Auftreten dieses Namens, dieses wiederum auf das vorletzte und so weiter. Zur Vereinfachung der Darstellung haben wir im Diagramm auf die Möglichkeiten, die sich aus dem Unterschied zwischen lokalen und globalen Benennungen ergeben, verzichtet.

4.5 Die Montage

Bei der Assemblierung des Programms kann nicht auf Anhieb die endgültige Fassung hergestellt werden, weil, im allgemeinen zunächst einzelne Programmteile assembliert werden[1]. Da die gegenseitige Lage dieser Programmteile und damit die endgültige Lage jedes Teiles im Speicher noch nicht bekannt ist, werden keine endgültigen Adressen eingesetzt, sondern relative Adressen. Das heißt, daß alle Befehle des Programmteils so übersetzt werden, als würde dieser Teil bei Adresse 0 beginnen. Werden mehrere Programmteile zu einem Programm zusammengefaßt, so müssen alle Befehle, die sich auf einen Speicherplatz innerhalb eines Teiles beziehen, um eine Konstante (die Anfangsadresse dieses Teiles) erhöht werden. Diese Arbeit nennt man den Montagevorgang. Das Montageprogramm benötigt zu jeder Informationseinheit einen Modifika-

[1] Insbesondere werden die später zu besprechenden Unterprogramme oft getrennt assembliert.

tionsschlüssel, der die durchzuführende Änderung festlegt. Man kann etwa folgenden Mindestbestand an Modifikationsschlüsseln[1] festlegen:

0: Die Informationseinheit unterliegt keiner Veränderung.
1: Anfangsadresse des Programmbereichs addieren.
2: Anfangsadresse des Konstantenbereichs addieren.
3: Anfangsadresse des Variablenbereichs addieren.
4: Anfangsadresse des Indexbereichs addieren.

Weiterhin werden Schlüssel benötigt, die dem folgenden Speicherwort eine besondere Bedeutung geben:

Das folgende Wort gibt an:
5: den Speicherbedarf für das Programm,
6: den Speicherbedarf für die Konstanten,
7: den Speicherbedarf für die Variablen,
8: den Speicherbedarf für die Indizes,
9: die Anzahl freizulassender Wörter,
10: den Namen eines externen Symbols, dessen Adresse im nächsten Befehl einzusetzen ist,
11: das gleiche für ein externes Indexsymbol,
12: die Bezeichnung eines Standardprogrammes,
13: den Anfang des Programmbereichs,
14: den Anfang des Konstantenbereichs,
15: den Anfang des Variablenbereichs.

Schließlich wird noch ein Schlüssel für das Ende des Programmteils benötigt (16).

Mit diesen Bezeichnungen kann das Programmsegment 3.6/2 in einer ersten Assemblierphase in folgender Weise übersetzt und für die Montage vorbereitet werden. (Dabei bezeichnen die Zahlen vor dem Schrägstrich den Schlüssel. Im Befehl haben wir die mnemotechnischen Abkürzungen des Operationsteils und die Dezimalziffern beibehalten, um die Übersicht zu erleichtern.):

5/18, 6/6, 7/6, 8/1, 13/,
2/BH 0, 2/B 2, 3/C 4, 4/ZX 0 0, 3/B 2, 3/GDV 4, 3/GSBI 4,
2/GML 4, 3/C o, 0/R BB A, 1/SK 17, 3/B 4, 3/GSB 0, 3/C 4,
4/HXP 1 0, 0/VBA 6, 1/SXN 4,
14/, 0/1E-6, 0/1E, 0/0.5E, 16/.

Da die Modifikationsschlüssel niemals ein ganzes Wort ausfüllen, empfiehlt es sich, jeweils eine bestimmte Anzahl zusammenzufassen. Man bildet dann etwa Einheiten von je neun Wörtern. Das erste enthält acht Modifikationsschlüssel, die übrigen acht die entsprechenden Informationen.

[1]Die Schlüsselzahlen sind hier willkürlich gewählt.

4.6 Programmübersetzung und -interpretation

Im Rahmen dieser ersten Erläuterungen eines speziellen Übersetzungsvorganges wollen wir eine grundsätzliche Bemerkung über zwei Varianten der Programmübersetzung machen.

Unter einer Programmübersetzung versteht man ganz allgemein die Überführung der Programme aus einer vorliegenden in eine bestimmte andere Form. Dabei denkt man in erster Linie an den Übergang zwischen verschiedenen Programmsprachen, also etwa an die Übersetzung einer problemorientierten oder einer maschinenorientierten Sprache in die Maschinensprache eines vorgegebenen Rechners. Wir unterscheiden dabei die eigentliche, erzeugende Übersetzung und die Interpretation.

Die erzeugenden Übersetzungsprogramme oder Generatoren analysieren das Ursprungsprogramm und stellen daraus ein vollständiges Maschinenprogramm, das Ziel- oder Objektprogramm her. Das Objektprogramm wird gespeichert und kann anschließend oder später ausgeführt oder aber auch ausgegeben werden. Das Objektprogramm liegt also vollständig vor und kann bei Bedarf jeweils neu ausgeführt werden, ohne daß eine neue Übersetzung erforderlich wird. Generierend arbeiten zum Beispiel die Assemblierer für maschinen- und die Kompilierer für problemorientierte Sprachen.

Hingegen wird bei der interpretativen Vorgehensweise die Bedeutung jeder Anweisung im Ursprungsprogramm zur Ausführungszeit untersucht und die entsprechende Operation ausgeführt. Es entsteht also kein Objektprogramm. Da jede Anweisung im Augenblick ihrer "Ausführung" interpretiert wird und somit keine Beziehungen zu anderen Programmstellen berücksichtigt werden müssen, sind die interpretierenden Programme einfacher als die generierenden. Im Gegensatz zum Generator muß der Interpretierer jedoch einen Befehl so oft untersuchen, wie er im Programm durchlaufen wird. Dies wirkt sich insbesondere in Zyklen nachteilig aus und bewirkt, daß die Interpretierer sehr viel langsamer arbeiten. Im folgenden seien einige Anwendungen beschrieben.

Eine wichtige Aufgabe ist die Simulierung eines Rechners, des sogenannten Ausgangsrechners, durch einen zweiten, den sog. Objektrechner [60,61]. Darunter versteht man die Nachbildung der Wirkungen eines jeden Befehls des Ausgangsrechners durch entsprechende Befehle oder aber auch durch ein entsprechendes Programmstück des Objektrechners. Solche Simulierungen sind um so schwieriger, je verschiedener die Rechner in ihrer Struktur sind. Sie können z.B. in den folgenden Fällen angewandt werden:

a) Entwicklung von Rechenanlagen. Die Programmierung und auch das Ausprüfen von Assemblierern, Kompilierern und Betriebsprogrammen kann bereits während der technischen Entwicklung des Rechners erfolgen, wenn Simulationsprogramme auf einem anderen Rechner existieren. Bei Fertigstellung des Rechners sind auch die zur Auslieferung erforderlichen Programme vorhanden.

b) Benutzung von Programmen einer anderen Maschine [62]. Stehen von einer anderen Maschine Programme zur Verfügung, so kommt man oft schneller zum Ziel, wenn man die andere Maschine simuliert, statt neue Programme zu schreiben. Diese Situation tritt besonders dort auf, wo eine alte Maschine durch einen neuen Rechner abgelöst wird. Es muß allerdings beachtet werden, daß durch die Simulierung eine erhebliche Verlangsamung des Programmablaufs entsteht. Das Verfahren ist also mehr zur Überbrückung der Übergangszeit empfehlenswert.

c) Programmierung eines Spezialrechners. Spezialrechner haben häufig ein sehr geringes Maß an Programmierungsbequemlichkeit und sind wegen ihrer beschränkten Leistungsfähigkeit und ihres kleinen Speichers auch kaum in der Lage, sich diese Bequemlichkeit durch geeignete, umfangreiche Übersetzungsprogramme zu verschaffen [57]. Daher schreibt man die Programme am besten in einer für den Menschen bequemen Form und läßt einen Universalrechner diese Programme in die Maschinensprache des Spezialrechners übersetzen. Das Ausprüfen dieser Programme besorgt man dann ebenfalls auf dem Universalrechner, indem man den Spezialrechner simuliert. Dies ist besonders dann von Nutzen, wenn es sich um Festspeicherprogramme handelt, also um Programme, die in Speichern aufbewahrt werden, aus denen man zwar Information lesen, in die aber (im normalen Betrieb) nichts hineingeschrieben werden kann.

Die Simulation ist neuerdings durch eine weniger zeitaufwendige Variante bereichert worden: die Ämulation [283–285]. Hierbei handelt es sich um eine Art der Simulation, bei der besonders zeitaufwendige und häufig auftretende Simulationsphasen durch einen besonderen Befehl realisiert sind, zum Beispiel die Interpretation der immer wiederkehrenden Phasen des Befehlszyklus. So kann etwa ein Befehl die folgenden Simulierungsarbeiten übernehmen:

1. Holen des simulierten Befehlszählers,
2. Umrechnen seines Wertes in die Speicheradresse des simulierenden Rechners,
3. Holen des zu simulierenden Befehls,
4. Erhöhen des Befehlszählers,
5. Abarbeiten von Indexregistern,
6. Umrechnung des Adreßteils in die Speicheradresse des simulierenden Rechners.

Ähnliche Ämulationsbefehle können für die E-A-Befehle geschaffen werden. Damit wird der Zeitaufwand günstiger. Außerdem stehen diesen Befehlen auch die besonderen Register des zentralen Rechners zur Verfügung, die auf Programmebene nicht direkt ansprechbar sind.

Zwei weitere Anwendungen der hier besprochenen Techniken seien noch erwähnt:

a) Die Protokollierung. Besondere Aufmerksamkeit verdient das Ausprüfen neuer Programme. Dies kann in der Weise gemacht werden, daß das Programm Befehl für Befehl durchgearbeitet wird, während der Programmierer sich jeweils charakteristische Informationen über den Ablauf des Programmes anzeigen oder ausdrucken läßt. Als systematisches Hilfsmittel für diese Arbeit bieten sich Protokollprogramme an, die jeden einzelnen Befehl des zu prüfenden Programms aus dem Speicher holen, ihn ausführen und gleichzeitig ein ausführliches Protokoll über den Programmablauf ausdrucken. Das heißt, alle ausgeführten Befehle und der Inhalt der wichtigsten Speicherzellen werden laufend notiert. Mit Hilfe solcher Protokolle können Programmfehler gefunden werden. Allerdings ist dieses Protokollieren sehr langsam. Um diesen Nachteil zu vermeiden, vereinfacht man die Protokollierung häufig dadurch, daß man an den wichtigsten Stellen des zu prüfenden Programms je einen Sprungbefehl auf ein (nicht interpretatives) Protokollprogramm einsetzt. Dieses Protokollprogramm druckt dann die wesentlichen Informationen über den Zustand des Rechners aus und springt danach zurück in das zu prüfende Programm.

b) Änderung der Bedeutung eines Programms. Es ergibt sich häufig die Gelegenheit, bei der Aufstellung eines Programms auf ein bereits vorhandenes Programm zurückzugreifen, das die vorliegende Aufgabe unter etwas anderen Voraussetzungen löst. So kann man sich zum Beispiel bei der Abfassung eines Programms für die Multiplikation von Matrizen mit komplexen Elementen eng an ein schon vorhandenes Programm für die Multiplikation von Matrizen mit reellen Elementen anlehnen. Das neue Programm geht aus dem alten durch Anwendung einfacher Regeln hervor, die leicht in einem Übersetzungs- oder Interpretationsprogramm zusammengefaßt werden können. Ein solches Übersetzungsprogramm wandelt Programme, die für reelle Zahlen geschrieben worden sind, in solche für komplexe Zahlen um. Ein entsprechendes Interpretationsprogramm durchläuft das Programm in der gewohnten Weise und interpretiert dabei alle arithmetischen Befehle im Sinne der komplexen Arithmetik.

5. Ergänzungen zu ALGOL 60

5.1 Blockstruktur und Gültigkeit der Vereinbarungen

Wir haben bislang kennengelernt, daß man eine Folge von (jeweils durch Semikolon getrennten) ALGOL-Anweisungen durch die Wortsymbole **begin** und **end** einklammern kann und daß man auf diese Weise eine zusammengesetzte Anweisung erhält. Hinter dem ersten **begin** eines Programmes haben wir die Vereinbarungen angegeben, die für das Programm Gültigkeit haben sollen. Man kann nun den Anfang jeder zusammengesetzten Anweisung durch Vereinbarungen ergänzen. Wir sprechen dann von einem Block.

> Ein Block hat die Form
> **begin** Vereinbarung; . . . ; Vereinbarung;
>   Anweisung; . . . . .
>   Anweisung
> **end**.
> Die Vereinbarungen sind nur innerhalb des durch **begin** und **end** geklammerten Blockes gültig.

Wird der Block verlassen, so verlieren die Namen ihre vereinbarten Eigenschaften und können wieder neu (z. Beispiel auch mit anderen Eigenschaften) verwendet werden.

Die Anwendung dieser an sich einfachen Regel ist etwas komplizierter, als es zuerst erscheint. Das hängt damit zusammen, daß Anweisungen und – weil durch entsprechende Vereinbarungen jede Anweisung zu einem Block gemacht werden kann – damit auch Blöcke verschachtelt auftreten können.

Anweisungen verschachteln sich dadurch, daß innerhalb einer zusammengesetzten Anweisung wieder zusammengesetzte Anweisungen auftreten können. Die Wortsymbole **begin** und **end** wirken dabei wie öffnende und schließende Klammern. (Der Begriff "Anweisung" läßt offen, ob die Anweisung zusammengesetzt ist oder nicht; sie kann auch ein Block sein.)

Beispiel:

```
begin Anweisung 11;
      Anweisung 12;
      begin Anweisung 21;
            Anweisung 22;
            Anweisung 23;
            begin Anweisung 31;
                  Anweisung 32
            end;
            Anweisung 24
      end
end
```

Bei verschachtelten Anweisungen empfiehlt es sich, die Struktur der Anweisungen durch sinngemäßes Einrücken hervorzuheben.

Werden Blöcke ineinander verschachtelt, so kompliziert sich die Situation dadurch, daß dann die Gültigkeitsbereiche der einzelnen Vereinbarungen ebenfalls verschachtelt sind. Dabei gilt folgende Regelung:

1. Ist eine Größe in einem Block vereinbart, so hat sie außerhalb dieses Blockes keine Bedeutung. Eine Benutzung außerhalb des Blockes ist nicht gestattet.
2. Ist eine Größe in einem Block vereinbart und enthält ein darin enthaltener Block (innerer Block) keine neue Vereinbarung für diesen Namen, so gilt die Vereinbarung auch im inneren Block. Die Benutzung der Größe ist dort gestattet.
3. Ist eine Größe in einem Block vereinbart und enthält ein innerer Block eine neue Vereinbarung für den gleichen Namen, so ist im inneren Block nur die innere Vereinbarung gültig. Eine Benutzung der Größe im Sinne der äußeren Vereinbarung ist nicht möglich.

Größen, für die in einem Block eine Vereinbarung vorliegt, nennt man dort lokal. Sind die Größen in einem umfassenderen Block vereinbart, so heißen sie global.

Beispiel:

```
begin real a;
        ......
        a := b + 2; .....                                  }
        begin real b;                    }                  }
                .....                    }  Block 2         }  Block 1
                b := 2 × a; ....         }                  }
        end;                             }                  }
        b := a                                              }
end
```

Der äußere Block (Block 1) enthält als lokale Größe die Variable a. Der innere Block (Block 2) enthält als lokale Größe die Variable b, während a dort nicht lokal ist. Der Gültigkeitsbereich der Vereinbarung **real** b ist durch den Block 2 gegeben, so daß die Anweisungen a := b + 2 und b := a falsch sind. b ist dort nicht vereinbart. Der Gültigkeitsbereich der Vereinbarung **real** a umfaßt den Block 1 vollständig, auch das Innere von Block 2, weil dort für den Namen a keine neue Vereinbarung getroffen wurde. Die Anweisung b := 2 × a ist somit richtig.

Beispiel:

```
begin real a, b, c;                                        ⎫
        ........                                           ⎪
        begin integer a, d;                     ⎫          ⎪
            ..........                          ⎪          ⎪
            begin real c;          ⎫            ⎪          ⎪
                ...........        ⎬ Block 3    ⎬ Block 2  ⎪
            end;                   ⎭            ⎪          ⎪
            ........                            ⎪          ⎪
        end;                                    ⎭          ⎬ Block 1
        .........                                          ⎪
        begin array c[1 : 10]; real d;          ⎫          ⎪
            ........                            ⎬ Block 4  ⎪
        end;                                    ⎭          ⎪
        .........                                          ⎪
end                                                        ⎭
```

Den Gültigkeitsbereich der einzelnen Vereinbarungen entnehmen wir der folgenden Tabelle:

		Block 1	Block 2	Block 3	Block 4
Block 1	**real** a	*			*
	real b	*	*	*	*
	real c	*	*		
Block 2	**integer** a		*	*	
	integer d		*	*	
Block 3	**real** c			*	
Block 4	**array** c[1:10]				*
	real d				*

Jede Vereinbarung gilt in dem Block, an dessen Anfang sie steht. Außerdem gilt **real** b in allen inneren Blöcken, weil sich nirgends eine neue Vereinbarung für b findet. **real** a gilt nur noch im Block 4, denn in Block 2 finden wir die Vereinbarung **integer** a, die auch in Block 3 gilt. Man beachte, daß zwei Vereinbarungen **real** c vorliegen. Diese definieren zwei verschiedene Variable. Die eine wird in Block 1 und 2, die andere in Block 3 benutzt.

Die gleiche Regelung über den Gültigkeitsbereich gilt auch für Marken. Daraus folgt:

1. Eine Sprunganweisung, die außerhalb eines Blockes steht, kann sich nie auf eine Marke innerhalb des Blockes beziehen.
2. Eine Sprunganweisung, die innerhalb eines Blockes steht, führt zu der entsprechenden Marke innerhalb des Blockes. Nur wenn eine Marke dieses Namens dort nicht existiert, führt sie zu der entsprechenden Marke im übergeordneten Block.

Beim Eintritt in einen Block haben die dort neu vereinbarten Variablen keinen definierten Wert. Es muß ihnen zunächst ein Wert zugewiesen werden, bevor sie in Ausdrücken verwandt werden dürfen. Beim Verlassen des Blockes verliert die Größe ihren Wert, so daß dieser auch beim späteren Wiedereintritt nicht definiert ist.

Soll eine Variable (oder ein Feld) so vereinbart werden, daß der letzte Wert der Größe außerhalb des Blockes ihrer Vereinbarung bis zum Wiedereintritt erhalten bleibt, so ist der Vereinbarung das Wortsymbol **own** voranzustellen: **own real** a. Dies ändert jedoch nichts an der Tatsache, daß die Variable außerhalb des Gültigkeitsbereiches der Vereinbarung nicht benutzt werden darf.

Um die Wirkung der Blockstruktur noch weiter zu verdeutlichen, betrachten wir folgendes Beispiel:

Beispiel 5.1/1:

```
begin integer a, b, c;
        a := 1;
M1:     b := 2 × a + 1;  c := a;
        begin integer a, d;
        M1:  a := b + c;
             d := 3 × a - b;  b := b + 10;
             if d < 10 then goto M1;
             if d < 40 then goto M2
        end;
M2:     print(a, b, c); a := b;
        if b < 30 then goto M1
end
```

In der folgenden Tabelle stellen wir die momentanen Werte der einzelnen Variablen während des Programmlaufs zusammen:

Block 1			Block 2		Erläuterungen
a	b	c	a	d	
1					a := 1
1	3	1			b := 2 × a + 1; c := a
	3	1	u.	u.	Eintritt in Block 2: Das alte a ist nicht erreichbar, behält aber seinen Wert, da Block 1 nicht verlassen wurde.
	3	1	4	u.	a := b + c
	13	1	4	9	d := 3 × a – b; b := b + 10
					d < 10 erfüllt: **goto** M1 innerhalb Block 2
	13	1	14	9	a := b + c
	23	1	14	29	d := 3 × a – b; b := b + 10
					d < 10 nicht erfüllt
					d < 40 erfüllt: **goto** M2. Damit wird Block 2 verlassen, a und d verlieren ihren Wert
1	23	1			print(a, b, c) : 1, 23, 1
23	23	1			a := b
					b < 30 erfüllt: **goto** M1 in Block 1
23	47	23			b := 2 × a + 1; c := a
	47	23	u.	u.	Eintritt in Block 2 (s.o.)
	47	23	70	u.	a := b + c
	57	23	70	163	d := 3 × a – b; b := b + 10
					d < 10 nicht erfüllt
					d < 40 nicht erfüllt: Damit wird Block 2 normal verlassen.
23	57	23			print(a,b,c): 23, 57, 23
57	57	23			a := b
					b < 30 nicht erfüllt. Programmende

Die Verwendung verschachtelter Blöcke kann leicht zu Irrtümern führen. Daher wollen wir von der Blockstruktur nur Gebrauch machen, wenn dies notwendig ist. Ein typisches Beispiel hierfür ist die Vereinbarung von Feldern, deren Indexgrenzen keine Konstanten sind, z.B.:

```
begin integer N;
      read (N);
      begin array X[1:N];
            .........
      end
end
```

Damit können wir die Beispiel von 2.5 und 2.6 für beliebiges N schreiben, ohne daß unnötige Speicherplätze reserviert werden. Als Beispiel sei Programm 2.5/2 in der neuen Fassung angegeben.

Programm 5.1/2: Horner-Schema

```
begin integer N;  real P;
      read(N);
      begin integer I; array A[0:N];
            for I := 0 step 1 until N do read(A[I]);
            read(X);
            P := A[N];
            for I := N-1 step -1 until 0 do
                P := P × X + A[I]
            end;
            print(X, P)
end
```

5.2 Bedingte Ausdrücke

Analog den unbedingten Anweisungen lassen sich auch einfache Ausdrücke mit einer Bedingung versehen:

> Ein bedingter Ausdruck hat die Form
> Bedingung einfacher Ausdruck **else** Ausdruck
> Diese Konstruktion ist für arithmetische, boolesche und Zielausdrücke möglich.

Der Begriff Ausdruck läßt offen, ob eine Bedingung vorhanden ist oder nicht. Der Begriff einfacher Ausdruck ist im Sinne von 1.4, 2.2 und 2.3 zu verstehen.

Beispiele:

a) arithmetischer Ausdruck:
   if I = 10 **then** A+0.3 **else** 1.7
b) boolescher Ausdruck:
   if T[I] ≠ 0 **then** A ∧ B ≥ 3 **else** ¬A ∧ B ≥ 3
c) Zielausdruck:
   if X ≥ 0 **then** Z[I] **else** 007

Die Bedingung hat in den Ausdrücken folgende Bedeutung: Ist die Bedingung erfüllt, wird der auf **then** folgende Ausdruck benutzt; ist sie nicht erfüllt, wird der auf **else** folgende Ausdruck genommen. Für den richtigen Aufbau der Ausdrücke ist es wichtig zu beachten, daß die in der Bedingung und hinter **else** stehenden Ausdrücke nicht einfach zu sein brauchen, sondern selbst wieder bedingt sein können. Nur der hinter **then** stehende Ausdruck muß einfach sein.

Beispiel:

if if A - T = E **then** A1 $\wedge$ B1 **else** A1 $\vee$ B1
then 4 × R ↑ 2 × PI/(A-B)
else if X > E **then** 4 × R ↑ 2 × PI/(A+B)
else 4 × R ↑ 2 × PI/A

Zum besseren Verständnis ist dieser Ausdruck in Abb. 5.2/1 in eine Aufeinanderfolge von Abfragen aufgelöst. M1 und M2 werden gemäß einer der Abfragen A1 $\wedge$ B1 oder A1 $\vee$ B1 angesprungen. Welche der Abfragen benutzt wird, entscheidet A - T = E.

So können ganze Bedingungsketten aufgebaut werden, die jeweils hinter dem Wort **else** ein weiteres Glied ansetzen:

if B_1 **then** A_1 **else**
if B_2 **then** A_2 **else**
if B_3 **then** . . . . .
. . . . .
then A_n **else** A_{n+1}.

Diese Kette wird so ausgewertet, daß der Reihe nach, von links nach rechts, alle booleschen Ausdrücke $B_1, B_2, \ldots B_n$ berechnet werden, bis sich einer (z.B. B_i) findet, der den Wert **true** besitzt. Dann wird der Ausdruck A_i benutzt. Besitzen alle B_i den Wert **false**, so wird A_{n+1} benutzt.

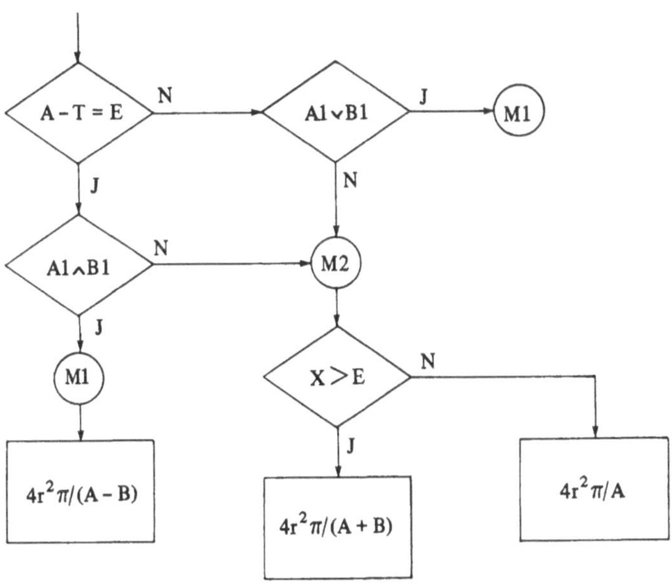

Abb. 5.2/1 Bedingter Ausdruck

In diesem Zusammenhang ist die Wirkung der Klammern wesentlich: ein eingeklammerter Ausdruck wird immer als einfacher Ausdruck behandelt:

nicht einfach: **if** A = B **then** X + 1 **else** 0
einfach: (**if** A = B **then** X + 1 **else** 0)

Eine gewisse Schwierigkeit bereitet der Umstand, daß auch in einfachen Ausdrücken implizit Bedingungen enthalten sein können:

1. Indexausdrücke dürfen aus beliebigen (nicht notwendig einfachen) arithmetischen Ausdrücken bestehen.
2. Sowohl in arithmetischen als auch in booleschen Ausdrücken dürfen zusammengehörige Klammerpaare beliebige (nicht notwendig einfache) Ausdrücke enthalten.
3. In Feldvereinbarungen enthaltene arithmetische Ausdrücke für die Indexgrenzen dürfen bedingt sein.
4. Die aktuellen Parameter in Prozeduraufrufen (s.5.5) dürfen bedingt sein.

Die geklammerten arithmetischen Ausdrücke (Nr.2) dürfen insbesondere als Exponenten oder als linke bzw. rechte Seite eines Vergleiches auftreten.

Beispiel: Einfach im Sinne von ALGOL sind die folgenden Ausdrücke:
A × (B − X ↑ 3 × (**if** I − 5 ⩾ 0 **then** A **else** 4) + 4 × AL [**if** K ≠ X **then** K else Y, Z])
oder:
BT ∨ 5 − 7 × (X + A × T) = 2 × E ∧ ¬(**if** TA **then** X **else** X ∧ XI ∨ Y ∧ Z[**if** M ∧ L ≡ Q **then** I **else** 0])

Zum Schluß sei noch ausdrücklich erwähnt, daß bei Ausdrücken **else** .... nicht weggelassen werden darf. Es würde sonst ein undefinierter Ausdruck entstehen.

5.3 Unterprogramme: formale Parameter

Eine vernünftige Programmtechnik muß so eingerichtet sein, daß ein einmal hergestelltes Programm unter gleichen oder ähnlichen Bedingungen wieder verwendet werden kann. Soll etwa innerhalb eines Programmsystems an mehreren Stellen der Sinus verschiedener Argumente berechnet werden, so kann man zwei Wege beschreiten: entweder man notiert an jeder Stelle, an der sin x benötigt wird, ein entsprechendes Sinus-Programm, oder man notiert das Sinus-Programm nur einmal. Es wird dann jedesmal von dem übergeordneten Programm (Hauptprogramm) aufgerufen und durchgerechnet. Anschließend wird auf das Hauptprogramm zurückgesprungen. Im ersten Fall spricht man von offenen, im zweiten Fall dagegen von geschlossenen Unterprogrammen (Abb. 5.3/1). Wird das Unterprogramm oft benutzt und ist nicht sehr kurz, so ist die Ausführung als ge-

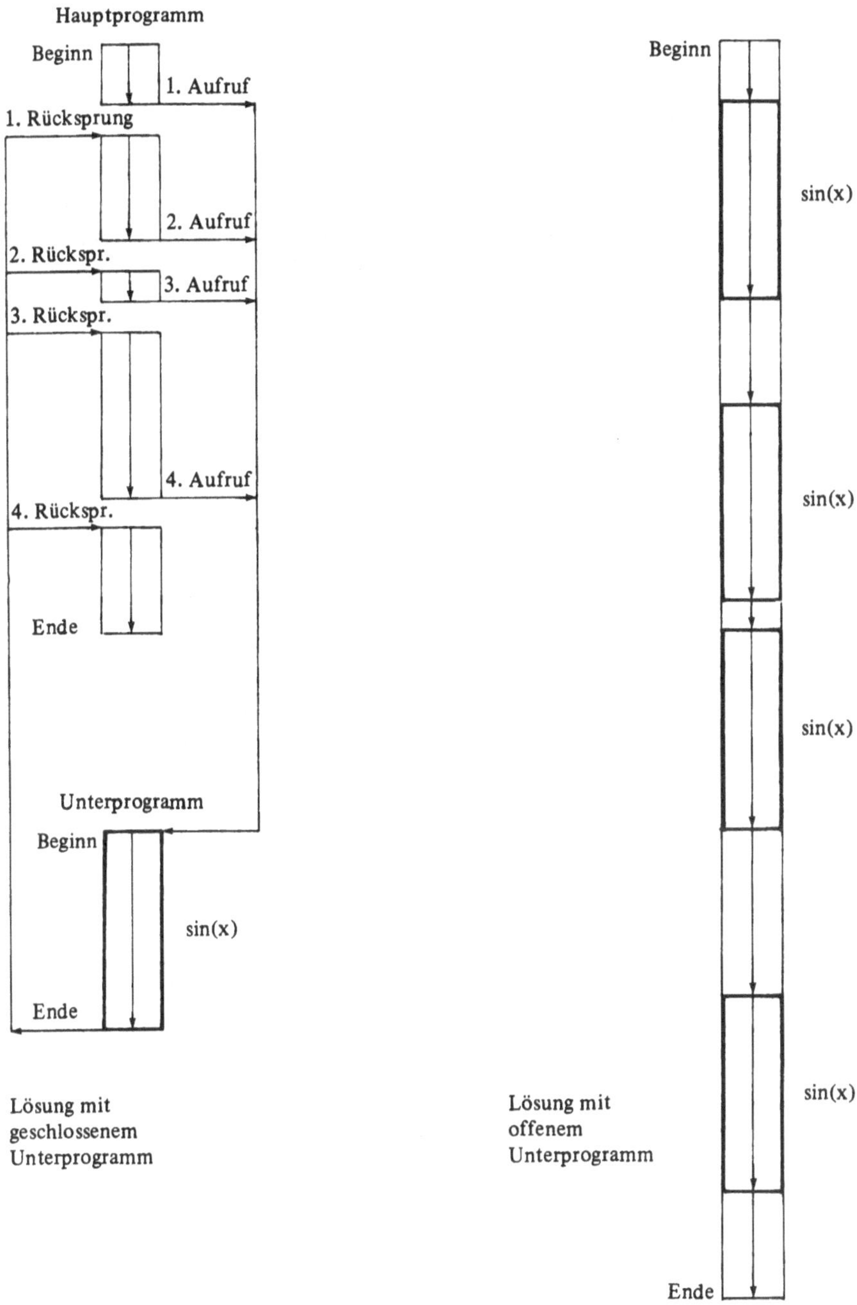

Abb. 5.3/1 Unterprogramme

schlossenes Unterprogramm sicher ökonomischer. Daher gehört zu jedem Rechner ein Vorrat an geschlossenen Unterprogrammen – die sogenannte Unterprogrammbibliothek.

Offene Unterprogramme werden dagegen seltener benutzt. Sie sind an zwei Stellen wichtig:

a) Wird ein Programm in einer maschinenorientierten Sprache geschrieben, so muß während der Eingabe in den Rechner eine Übersetzung in die eigentliche Maschinensprache durchgeführt werden. Dabei wird gelegentlich einem Befehl der maschinenorientierten Sprache nicht genau ein Maschinenbefehl entsprechen, sondern gewisse Befehle der maschinenorientierten Sprache werden durch ein kurzes Programmstück realisiert. Solche Befehle nennt man auch Makrobefehle. Die zugehörigen Programmstücke werden zweckmäßigerweise als offene Unterprogramme ausgeführt und gleich bei der Eingabe überall dort in das Programm eingefügt, wo extern ein Makrobefehl stand. ([7], [36])

b) Größere Rechenautomaten besitzen einen hierarchisch aufgebauten Speicher. Das heißt: neben einem schnellen Primärspeicher (auch Arbeitsspeicher genannt), der zum Beispiel aus Ferritkernen aufgebaut ist, gibt es einen größeren Sekundärspeicher (Massenspeicher), dessen Zugriffszeit merklich höher ist als die des Primärspeichers. Solche Speicher sind (pro Binärstelle) billiger als die Primärspeicher. Sie können zum Beispiel als Magnetplatte, -trommel oder -band ausgebildet sein. Häufig werden drei, gelegentlich vier Speicherstufen unterschieden (z.B. 1. Kernspeicher, 2. Trommel, 3. Platte, 4. Band). In den Primärspeicher werden die Informationen durch besondere Blocktransportbefehle in größeren Blöcken übertragen, sobald sie benötigt werden![1] Enthält nun ein größeres Programm viele Unterprogramme, so werden sie jedesmal, wenn sie gebraucht werden, zusammen mit dem entsprechenden Teil des Hauptprogramms durch einen Blocktransport in den Primärspeicher befördert. Bei dieser Gelegenheit können die Unterprogramme jeweils als offene Unterprogramme in das Hauptprogramm eingesetzt werden.

Es gilt nun für uns, Techniken anzugeben, die es erlauben, ein einmal hergestelltes Programm auch in anderem Zusammenhang wieder zu verwenden. Die von der speziellen Form des übergeordneten Programms unabhängige Verwendung von Unterprogrammen erfordert die Festlegung bestimmter Normen für den Verkehr zwischen dem übergeordneten Programm und dem Unterprogramm. Für diesen Verkehr zwischen den Programmen sind die sogenannten Parameter des Unterprogramms wesentlich. Das sind Größen, die im Unterprogramm eingesetzt werden müssen (z.B. das Argument x, wenn das Unterprogramm sin(x) berechnen soll), aber auch Ergebnisse (z.B. der Funktionswert von sin(x)), die das Unterprogramm dem übergeordneten Programm zurückliefert.

[1] Es sind auch automatische Vorrichtungen angegeben worden, um diesen Blocktransport jeweils dann automatisch ablaufen zu lassen, wenn die Informationen im Primärspeicher benötigt werden [37].

Wir wollen die Programmierung von Unterprogrammen an einem Beispiel einführen: Wir betrachten das Polynom

$$P(x) = a_n x^n + a_{n-1} x^{n-1} + \ldots + a_1 x + a_0$$

Die Koeffizienten seien in dieser Reihenfolge, also beim höchsten (a_n) beginnend, einzulesen. Der Grad n sei beliebig und werde vor dem ersten Koeffizienten angegeben. Das Intervall [x0, xm] werde in m gleiche Teilintervalle unterteilt. An den sich ergebenden Stützstellen soll das Vorzeichen von P(x) getestet werden. Wechselt dieses, so befindet sich im Innern dieses Teilintervalles eine Nullstelle, die mit dem Newtonschen Iterationsverfahren (vgl. 2.4)

$$x_{k+1} = x_k - \frac{P(x_k)}{P'(x_k)}$$

bis zur Genauigkeit s bestimmt und ausgedruckt wird. Ist P(x) zufällig an einer der Stützstellen 0, so soll dieser Wert ausgedruckt werden. Wir bekommen dafür folgendes Programm, wenn wir berücksichtigen, daß

$$\begin{aligned} P'(x) &= na_n x^{n-1} + (n-1)a_{n-1} x^{n-2} + \ldots + a_1 \\ &= b_{n-1} x^{n-1} + b_{n-2} x^{n-2} + \ldots + b_0 \end{aligned}$$

also $\quad b_{i-1} = ia_i$ ist:

Programm Nr. 5.3/1:

```
begin integer N, I, M, V;
      real XM, X0, C, XK, F, H, S;
      read(N);
      begin array A[0:N], B[0:N-1];
            for I := N step -1 until 0 do read(A[I]);
            for I := N step -1 until 1 do B[I-1] := I × A[I];
            read(X0, XM, M, S);
            H := (XM - X0)/M;
           ┌─────────────────────────────┐
           │ C := A[N];                  │
           │ for I := N-1 step -1 until 0 do │
           │     C := C × X0 + A[I];     │
           └─────────────────────────────┘
            V := sign(C);
            if V = 0 then begin print(X0); goto K end;
            for XK := X0+H step H until XM do
                  ┌─────────────────────────────┐
            begin │ C := A[N];                  │
                  │ for I := N-1 step -1 until 0 do │
                  │     C := C × XK + A[I];     │
                  └─────────────────────────────┘
                  if C = 0 then begin print(XK); goto K end;
                  if sign(C) ≠ V then goto ITERAT
            end;
```

```
                write('KEIN VORZEICHENWECHSEL GEFUNDEN'); goto K;
        ITERAT: XK := XK - H/2;
                comment NEWTON-ITERATION STARTET MIT DEM MIT-
                TELWERT DES LETZTEN TEILINTERVALLS;
            L:  ┌─────────────────────────────────┐
                │ C := A[N];                      │
                │ for I := N-1 step -1 until 0 do │
                │     C := C × XK + A[I];         │
                └─────────────────────────────────┘
                F := C;
                ┌─────────────────────────────────┐
                │ C := B[N-1];                    │
                │ for I := N-2 step -1 until 0 do │
                │     C := C × XK + B[I];         │
                └─────────────────────────────────┘
                C := F/C;
                if abs(C/XK) < S then begin print(XK); goto K end;
                XK := XK - C; goto L;
            K:
            end
    end
```

In diesem Programm ist viermal das Hornerschema als offenes Unterprogramm benutzt worden (eingerahmt). Lediglich die Parameter A, X0, N bzw. B, XK, N-1 ändern sich. Wir programmieren nunmehr das Horner-Schema als geschlossenes Unterprogramm, indem wir das Verfahren notieren und anstelle der sich ändernden Angaben formale Parameter einsetzen, die dann bei jedem der vier Aufrufe durch die entsprechenden aktuellen ersetzt werden müssen. Diese Ersetzung wird vom Rechner selbst vorgenommen. Die Entsprechung ist in der folgenden Tabelle angegeben:

formal	aktuell			
	1. Aufruf	2. Aufruf	3. Aufruf	4. Aufruf
A	A	A	A	B
P	N	N	N	N-1
X	X0	XK	XK	XK

Das Verfahren soll also in der formalen Fassung für ein Polynom vom Grade P an der Stelle X gelten. Mit der Ersetzung von P durch N bzw. N-1 wird auch P-1 durch N-1 bzw. P-2 ersetzt. Wir wollen das Unterprogramm HORNER nennen und wie eine Funktion benutzen. Daher müssen wir im Unterprogramm den Funktionswert dem Namen HORNER zuweisen. Dann sind C und I lokale Namen, die außerhalb nur in anderer Bedeutung benutzt werden. Sie können also in dem Unterprogramm vereinbart werden. Die Rechenvorschrift ist eine Anweisung (zum Beispiel auch ein Block) und bildet den sogenannten Prozedurrumpf. Ferner werden im sogenannten Prozedurrumpf die formalen Parameter spezifiziert, das heißt ihr Typ oder die anderen Eigenschaften müssen wie bei einer Vereinbarung angegeben werden. Jedoch entfallen die Indexgrenzen, da diese von Aufruf zu Aufruf verschieden sein können (hier einmal N, einmal N–1). Das so entstehende Unterprogramm – oder die Prozedur – wird durch das Wortsymbol **procedure** und den Typ des Funktionswertes (hier: **real**) gekennzeichnet.

Das Unterprogramm ist eine Vereinbarung in dem Sinne,daß mit dem Namen HORNER eine ganz bestimmte Rechenvorschrift verbunden wird, und gehört damit zu den Vereinbarungen.

Programm 5.3/2:

```
begin real procedure HORNER(A, P, X);
          integer P; real X; array A;
          begin real C; integer I;
                    C := A[P];
                    for I := P-1 step -1 until 0 do
                         C := C × X + A[I];
                    HORNER := C
          end HORNER;¹
          integer N, I, M, V;  real XM, X0, C, H, XK, S;
          read(N);
          begin array A[0:N], B[0:N-1];
                    for I := N step -1 until 0 do read(A[I]);
                    for I := N step -1 until 1 do B[I-1] := I × A[I];
                    read(X0, XM, M, S);
                    H := (XM - X0)/M;
                    V := sign(HORNER(A, N, X0));
                    if V = 0 then begin print(X0); goto K end;
                    for XK := X0+H step H until XM do
                    begin C := HORNER(A, N, XK);
                              if C = 0 then begin print(XK); goto K end;
                              if sign(C) ≠ V then goto ITERAT
                    end;
                    write('KEIN VORZEICHENWECHSEL GEFUNDEN'); goto K;
   ITERAT:          XK := XK - H/2;
          L:        C := HORNER(A, N, XK)/HORNER(B, N-1, XK);
                    if abs(C/XK) < S then begin print(XK); goto K end;
                    XK := XK - C; goto L;
          K:
          end
end
```

[1]Mit diesem Kommentar deuten wir an, daß hier die Prozedur HORNER zu Ende ist. Er ist natürlich für das Verfahren nicht erforderlich.

Das Ablaufdiagramm ist in Abb. 5.3/2 angegeben. Für den Prozeduraufruf wird das Symbol

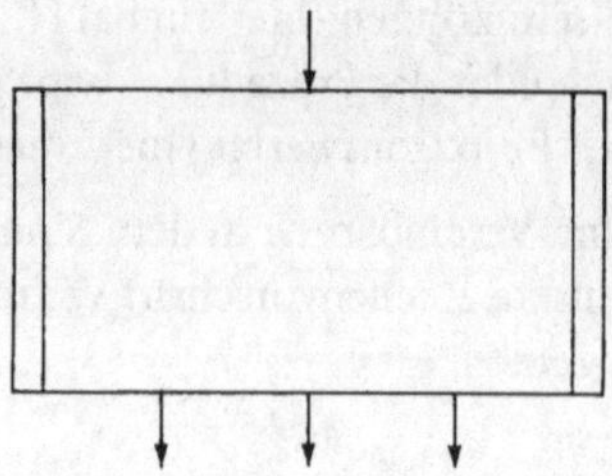

verwandt. Es kann mehrere Ausgänge haben (s. 5.5.).

Tritt eine Funktion in einem Ausdruck auf, der selbst in einer Ergibt-Anweisung, in einem Index, in einem Vergleich usw. enthalten ist, so wird bei der Berechnung dieses Ausdruckes der Funktionswert entsprechend der Prozedurvereinbarung bestimmt und anstelle der Funktion in den Ausdruck eingesetzt. Dabei werden im Prozedurrumpf der Vereinbarung alle formalen Parameter bei jedem Auftreten durch den entsprechenden aktuellen ersetzt.

Beispiel:

```
begin real X, Y, V, T, G;
      real procedure APPROX(S, T); real S, T;
          APPROX := (S ↑ 2 + 2 × T ↑ 3)/(1 - T);
      . . . . . . . . . . . . . .
      X := 2 × V - Y;
      T := G + (3 - APPROX(X, Y -1))/ (V-1);
      . . . . . . . . . . . .
end
```

(Eine Einschließung des Prozedurrumpfes in **begin** und **end** ist in diesem Beispiel nicht erforderlich, da dieser nur eine Anweisung umfaßt.)

Die Ausführung der Ergibt-Anweisung für X und T entspricht dem folgenden Ablauf

```
. . . . . . . . . . .
X := 2 × V - Y;
APPROX := (X ↑ 2 + 2 × (Y-1) ↑ 3)/(1 - (Y-1));
T := G + (3 - APPROX)/(V-1);
. . . . . . . . . . .
```

Dabei wurde im Prozedurrumpf S durch X und T durch Y-1 ersetzt.

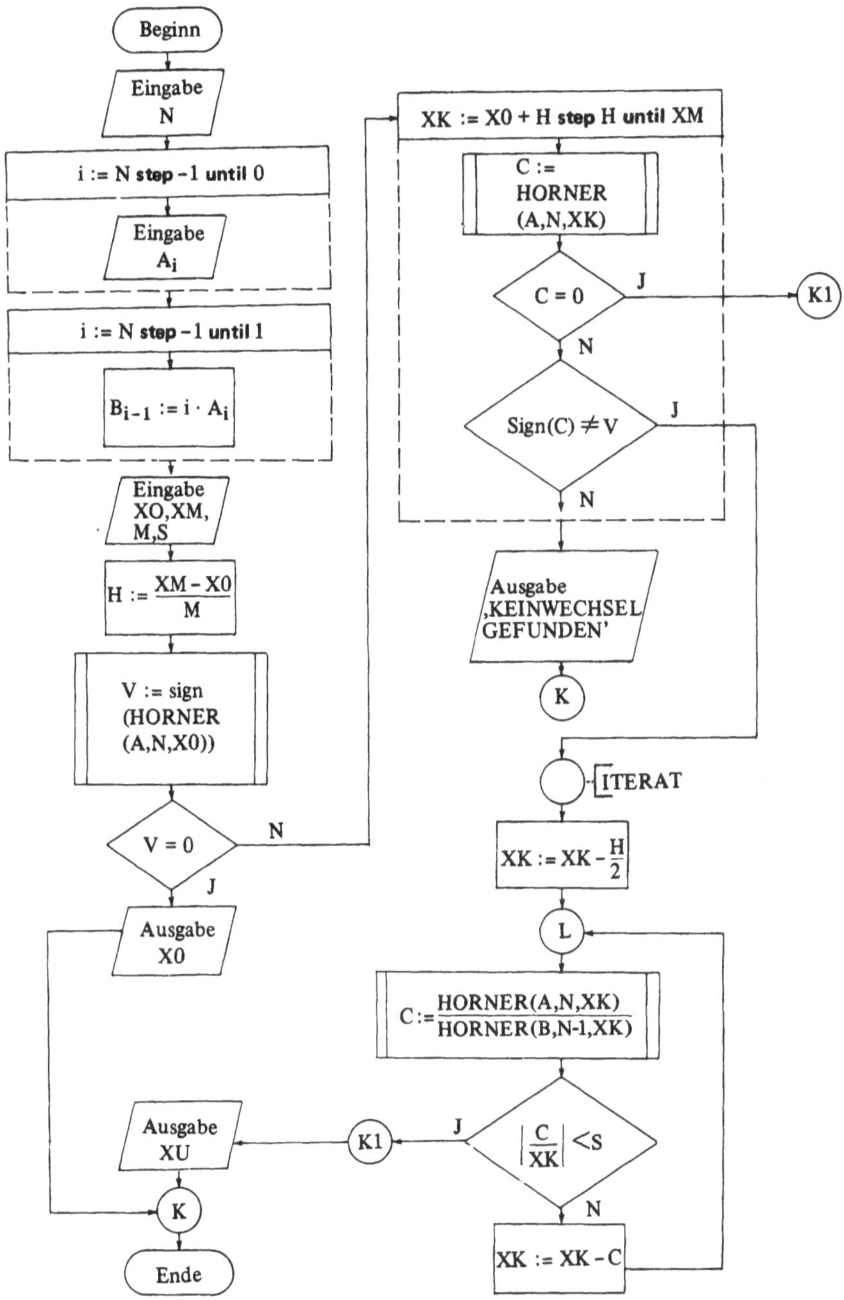

Abb. 5.3/2 Ablaufdiagramm zu Programm 5.3/2

Die folgende Erweiterung des Beispiels zeigt, daß hier die Blockstruktur eine große Rolle spielt:

Beispiel:

```
begin real X, Y, V, T, G;
        real procedure APPROX(S,T); real S, T;
        begin real V;
                V := 0.7;
                APPROX := (S ↑ 2 + 2 × T ↑ 3/V)/(1 - T)
        end Prozedur;
        . . . . . . . . . . .
        X := 2 × V - Y;
        T := G + (3 - APPROX(X, Y - 1))/(V - 1);
        . . . . . . . . . . .
end
```

Die Parametersubstitution liefert folgende Vorgehensweise:

```
        . . . . . . . . . . .
        X := 2 × V - Y;
        begin real V;
                V := 0.7;
                APPROX := (X ↑ 2 + 2 × (Y-1) ↑ 3/V)/(1 - (Y-1))
        end;
        T := G + (3 - APPROX)/(V - 1);
        . . . . . . . . . . .
```

Eventuell sind im eingeschobenen Block sogar Umbenennungen erforderlich, wie zum Beispiel in der folgenden Fassung, wo die Größe V des übergeordneten Blockes durch ihr Auftreten in den aktuellen Parametern im Unterprogramm verfügbar bleiben muß.

Beispiel:

```
begin real X, Y, V, T, G;
        real procedure APPROX(S, T); real S, T;
        begin real V;
                V := 0.7;
                APPROX := (S ↑ 2 + 2 × T ↑ 3/V)/(1 - T)
        end Prozedur;
        . . . . . . . . . . . .
        X := 2 × V - Y;
        T := G + (3 - APPROX(X, Y-V))/(V-1);
        . . . . . . . . . . . .
end
```

Die Substitution liefert

```
    ............
    X := 2 × V - Y;
    begin real W;
          W := 0.7;
          APPROX := (X ↑ 2 + 2 × (Y - V) ↑ 3/W)/(1 - (Y-V))
    end;
    T := G + (3 - APPROX)/(V-1);
    ............
```

Alle diese Substitutionen werden vom Rechner selbst vorgenommen, genauer ausgedrückt: er führt das Programm so aus, als ob diese Substitution stattgefunden hätte.

Es muß nun noch darauf geachtet werden, daß der Funktionsname im Prozedurrumpf nur auf der linken Seite einer Ergibt-Anweisung auftreten darf, weil er rechts (innerhalb eines Ausdruckes) einen erneuten Aufruf der Funktion bewirken würde. Im Horner-Schema können wir beispielsweise nicht schreiben:

```
      ..............
      HORNER := A[P];
      for I := P-1 step -1 until 0 do
         HORNER := HORNER × X + A[I];
```

weil der in der letzten Zeile rechts stehende Name HORNER die gleiche Prozedur wieder aufrufen würde, bevor sie zu Ende ist. (Der Wiederaufruf einer Prozedur in ihrem eigenen Prozedurrumpf ist nicht grundsätzlich verboten. Wir werden in 8.5 noch einmal darauf zurückkommen.)

Wir wollen noch einmal die Prozedur HORNER aufgreifen und damit die Funktion sin(x) approximieren. (Über zweckmäßige Approximationen findet sich das wichtigste bei [39].).

$$\sin(x) \approx a_1 x + a_3 x^3 + a_5 x^5 + a_7 x^7 + a_9 x^9$$

mit $-\frac{\pi}{2} \leqslant x \leqslant \frac{\pi}{2}$

$a_1 = 1 \qquad = c_0$

$a_3 = -1.6667_{10}-1 \qquad = c_1$

$a_5 = \ \ 8.2517_{10}-3 \qquad = c_2$

$a_7 = -1.9619_{10}-4 \qquad = c_3$

$a_9 = \ \ 2.5771_{10}-6 \qquad = c_4$

oder $\sin(x) \approx x(c_0 + c_1 x^2 + c_2 (x^2)^2 + c_3 (x^2)^3 + c_4 (x^2)^4)$

Mit den Koeffizienten c_i und dem Argument x^2 kann HORNER benutzt werden:

Programmstück 5.3/3:

```
begin real procedure HORNER(A, P, X);
      integer P; real X, array A;
      begin real C; integer I;
            C := A[P];
            for I := P-1 step -1 until 0 do
                C := C × X + A[I];
            HORNER := C
      end HORNER;
      real procedure SIN(X); real X;
      begin array C[0:4];
            C[0] := 1; C[1] := -1.6667₁₀-1;
            C[2] := 8.2517₁₀-3; C[3] := -1.9619₁₀-4;
            C[4] := 2.5771₁₀-6;
            SIN := X × HORNER(C, 4, X ↑ 2)
      end SIN; . . . . . . . . . .
end
```

Die Prozedurvereinbarung HORNER hätte auch innerhalb der Prozedur SIN erfolgen können (vor oder nach **array** C[0:4].)

5.4 Unterprogramme: Parameterverwendung

Wenn wir das letzte Programmbeispiel aufmerksam betrachten, so stellen wir fest, daß die Substitution der aktuellen für die formalen Parameter dazu führt, daß in der Anweisung

for I := P–1 **step** –1 **until** 0 **do** C := C × X + A[I]

X durch den Ausdruck X ↑ 2 ersetzt wird. Der Wert von X ↑ 2 wird also bei jedem Schleifendurchlauf (im Beispiel viermal) neu berechnet. Soll dies vermieden werden und der Wert eines aktuellen Parameter nur einmal (am Anfang eines Unterprogrammaufrufes) errechnet werden, so muß dies im Prozedurkopf durch **value** . . . . festgelegt werden. In unserem Beispiel bieten sich hierfür besonders der Polynomgrad P und das Argument X an[1]:

value P, X;

[1]Grundsätzlich können auch Felder in einer Wertliste auftreten. Jedoch sind die meisten ALGOL-Kompilierer nicht in der Lage, dies richtig zu verarbeiten.

Danach entspricht das Unterprogramm, das eine Wertliste enthält:

Unterprogramm 5.4./1:

```
real procedure HORNER(A, P, X); value X, P;
     integer P; real X; array A;
begin real C; integer I;
       C := A[P];
       for I := P-1 step -1 until 0 do
           C := C × X + A[I];
       HORNER := C
end
```

in seiner Wirkung dem folgenden Unterprogramm ohne Wertliste:

Unterprogramm 5.4.2:

```
real procedure HORNER (A, P, X);
     integer P; real X; array A;
begin integer PW; real XW;
       PW := P; XW := X;
       begin real C; integer I;
              C := A[PW];
              for I := PW - 1 step -1 until 0 do
                  C := C × XW + A[I];
              HORNER := C
       end
end
```

Die Auswertung der formalen Parameter, soweit sie in der Wertliste auftreten, muß vor Beginn des Prozedurrumpflaufes erfolgen, auch vor Vereinbarungen, weil diese unter Umständen Parameter als Grenzen in Feld- oder als Marken in Verteilervereinbarungen enthalten können.

Wir unterscheiden also zwei Arten des Parameteraufrufs:

a) Aufruf durch Substitution (Aufruf über den Namen),
b) Aufruf durch Wertzuordnung (Aufruf über den Wert).

Wir werden später bemerken, daß noch eine dritte Art möglich ist, die jedoch in ALGOL 60 nicht auftritt.

Der Unterschied zwischen dem Aufruf über den Namen und dem Aufruf über den Wert liegt nicht nur im Formalismus der Prozedurbearbeitung, sondern kann auch durchaus zu verschiedenen Ergebnissen führen. Wir wollen dies an dem folgenden Beispiel erläutern:

Programm 5.4/3:

```
begin real A, B, C;
      real procedure VERF(X, Y); real X, Y;
      begin X := X + Y;
            VERF := X × Y
      end;
      A := 0; B := 2;
      C := VERF(A, A+B) + 3
end
```

Hier werden alle formalen Parameter über den Namen aufgerufen. Im Prozedurrumpf werden X und Y so substituiert, daß die folgenden Anweisungen ausgeführt werden:

```
begin A := A + (A + B);
      VERF := A × (A + B)
end
```

Der berechnete Funktionswert ist demnach VERF = 8, und A hat danach den Wert A = 2.

Programm 5.4/4:

```
begin real A, B, C;
      real procedure VERF(X, Y); value Y; real X, Y;
      begin X := X + Y;
            VERF := X × Y
      end;
      A := 0; B := 2;
      C := VERF(A, A+B) + 3
end
```

Diesmal wird folgendermaßen substituiert:

```
begin real YW;
      YW := A + B;
      begin A := A + YW;
            VERF := A × YW
      end
end
```

Der Funktionswert wird dann VERF = 4, während A wie bei der ersten Fassung den Wert A = 2 bekommt.

Als dritte Fassung werden sowohl Y als auch X über den Wert aufgerufen:

Programm 5.4/5:

```
begin real A, B, C;
        real procedure VERF(X, Y); value Y, X; real X, Y;
        begin X := X + Y;
                VERF := X × Y
        end;
        A := 0; B := 2;
        C := VERF(A, A+B) + 3
end
```

Die Substitution führt zur Ausführung der folgenden Anweisungen:

```
begin real XW, YW;
        XW := A; YW := A + B;
        begin XW := XW + YW;
                VERF := XW × YW
        end
end
```

Der Funktionswert wird dann wie oben VERF = 4. Dagegen wird der Wert von A im Unterprogramm nicht verändert.

Der Namensaufruf der Parameter läßt besondere Kniffe zu, so liefert zum Beispiel die folgende Funktion

Programm 5.4/6:

```
real   procedure SUMME(A, J, N);
        integer J, N; real A;
begin real C;
        C := 0;
        for J := 1 step 1 until N do C := C + A;
        SUMME := C
end
```

beim Aufruf SUMME(A[I,K], K, N) die Summe der I-ten Zeile, beim Aufruf SUMME(A[I,K], I,N) die Summe der K-ten Spalte in einer Matrix („Jensen-Trick"). Man überzeuge sich davon, indem man die Substitution durchführt.

Wie wir an diesen Beispielen sehen, kann in einem Unterprogramm einem oder mehreren Parametern ein Wert zugewiesen werden. Dies ist insbesondere dann erforderlich, wenn das Unterprogramm nicht nur **einen** Funktionswert als Ergebnis liefert. Beispiele für Unterprogramme, die keine Funktionswerte berechnen, gibt es viele. Hierzu gehören zum Beispiel die Lese- und Druckprogramme. Ein anderes Beispiel sind die Sortierverfahren. Wird ein solches Unterprogramm aufgerufen, so wird eine bestimmte Datenmenge umgeordnet. Bei diesen Unterprogrammen, den sogenannten Verfahrensprozeduren, entfällt lediglich die Typenangabe und die Wertzuweisung an den Prozedurnamen. Im übrigen wird die Vereinbarung genauso gebildet wie bei einer Funktion. Als Beispiel geben wir hier die Prozedurvereinbarung für die Multiplikation einer Matrix mit einem Vektor an (vgl. auch Prog. 2.6/1):

Unterprogramm 5.4/7:

```
procedure MATVEK(N, A, X, Y); value N;
      integer N; array A, X, Y;
begin integer I, J;
      for I := 1 step 1 until N do
      begin Y[I] := 0;
            for J := 1 step 1 until N do
                Y[I] := Y[I] + A[I,J] × X[J]
      end
end
```

Zum Aufruf definieren wir eine neue Art von Anweisungen:

> Die Prozeduranweisung hat die Form
> Prozedurname (aktueller Parameter, ..., aktueller Parameter).
> Es gelten die gleichen Regeln wie bei Funktionsaufrufen mit dem Unterschied, daß die Prozeduranweisung nicht Teil eines Ausdruckes ist.

Beispiele sind:

```
read(A)
print(A+B)
SORTIEREN(A, N, X)
```

Sei A eine 10 × 10 Matrix und X ein Vektor. Nebeneinander sollen ausgedruckt werden die Komponenten der Vektoren X, Y und Z mit Y = AX und Z = AY. Das Programm kann folgendermaßen aussehen:

Programm 5.4/8:

```
begin integer I, J;
      array A[1:10, 1:10], X,Y,Z[1 : 10];
      procedure MATVEK(N, A,X, Y); . . . . . . .
      for I := 1 step 1 until 10 do
          for J := 1 step 1 until 10 do read(A[I,J]);
      for I := 1 step 1 until 10 do read(X[I]);
      MATVEK(10, A, X, Y);
      MATVEK(10, A, Y, Z);
      for I := 1 step 1 until 10 do print (X[I], Y[I], Z[I])
end
```

5.5 Unterprogramme: Vereinbarung

Wir unterscheiden also Unterprogramme, die einen Funktionswert definieren, und solche, die nur ein Verfahren darstellen. Die Vereinbarungen für beide Prozedurarten unterscheiden sich nur unwesentlich:

> Eine Prozedurvereinbarung besteht aus dem Wortsymbol **procedure**, Prozedurkopf und Prozedurrumpf.
> Der Prozedurrumpf ist eine Anweisung, gegebenenfalls zusammengesetzt oder ein Block. Bei Funktionsprozeduren enthält der Rumpf eine Wertzuweisung an den Funktionsnamen:
> Funktionsname := Ausdruck.
> Der Prozedurkopf hat die Form
> Name(Parameter, ..., Parameter);
> **value** Wertliste; Spezifikationen.
> Bei Funktionsprozeduren wird vor dem Wortsymbol **procedure** der Typ des Ergebnisses angegeben. (**real** darf nicht fehlen.)

Anstelle des Kommas zwischen den Parametern kann auch die Folge

) Buchstabenfolge : (

stehen, zum Beispiel anstelle von SORTIEREN(A, N, X) kann stehen:

SORTIEREN(A, N) GEMAESS: (X).

Dies gilt sowohl für die Prozedurvereinbarung als auch für den Prozeduraufruf.

Die Spezifikationen sind zum Teil wie Vereinbarungen aufgebaut. Sie dürfen jedoch nicht mit diesen verwechselt werden. Während die Vereinbarungen, zum Beispiel für Variable und Felder, eine Platzreservierung bedeuten, ist dies bei Spezifikationen nicht der Fall. Sie präzisieren lediglich, welche aktuellen Parameter für die formalen eingesetzt werden können. Wir haben diese in der Tab. 5.5/1 zusammengestellt. Alle Spezifikationen haben das gleiche Aussehen:

Wortsymbol Name, Name, Name, ..., Name;

Welches die entsprechenden Wortsymbole sind, ist ebenfalls aus der Tabelle ersichtlich.

Einige Anmerkungen müssen wir noch ergänzen:

1. Formaler Parameter = einfache Variable:
   Tritt der formale Parameter im Prozedurrumpf auf der linken Seite einer Ergibt-Anweisung auf, oder wird ihm sonst ein neuer Wert zugeordnet, so wirkt sich diese Wertänderung auch auf den entsprechenden aktuellen Parameter aus, falls der formale nicht zur Wertliste gehört. Daher darf der aktuelle Parameter nur eine einfache oder indizierte

Variable sein. Die Verwendung einer Konstanten, eines Funktionsaufrufs oder eines Operatoren enthaltenden Ausdruckes ist unzulässig, da diese nie links vom Ergibtzeichen stehen dürfen. Genau dies würde jedoch die Ersetzungsvorschrift bewirken. Würde zum Beispiel die Prozedur von Prog. 5.4/3 durch

C := VERF(1.0, A+B) + 3

aufgerufen, so würde die Ersetzung zu

1.0 := 1.0 + (A+B)

führen, was keine ALGOL-Anweisung ist.

2. Formaler Parameter = Feld-, Verteiler-, Verfahrens-, Funktionsname: Die aktuellen Parameter erscheinen ohne Indizes beziehungsweise Parameter. Diese werden vielmehr bei Verwendung der formalen Parameter im Unterprogramm angefügt. Ein Feldname mit Indizes (z.B. A[I,K]) oder ein Funktionsname mit Parametern (z.B. sin(X+Y)) als aktueller Parameter gehört zu den Ausdrücken. Entsprechendes gilt für die anderen Fälle.

Eine Prozedur, deren Parameter eine Zeichenkette ist, ist zum Beispiel die Prozedur write. Ein Beispiel, wo auch Marken und Prozeduren als Parameter auftreten, ist im folgenden angegeben:

Wir wollen das Newtonsche Iterationsverfahren (vergleiche auch die Bemerkungen zu Prog. 5.3/1) für beliebige Funktionen

$$x_{k+1} = x_k - \frac{f(x_k)}{f'(x_k)}$$

als Prozedur schreiben. Parameter seien:

X0	= Startwert der Iteration,
F	= Funktion, deren Nullstelle gesucht wird,
FS	= Ableitung dieser Funktion,
EPS	= Genauigkeit,
N	= maximale Anzahl der Iterationsschritte,
M	= Marke, auf die gesprungen werden soll, wenn die geforderte Genauigkeit mit N Schritten nicht erreicht wird,
X	= Lösung

Wortsymbol	Verwendung im Unterprogramm wie	zulässige aktuelle Parameter
integer **real** **Boolean**	einfache Variable	Ausdrücke (insbesondere auch: Variable, Konstante, Funktionsaufruf)
Typ **array**	Feldname	Feldname (ohne Indizes!)
string	Zeichenkette	Zeichenkette
label	Marke	Zielausdruck (insbesondere: Marke, Verteilerausdruck)
switch	Verteilername	Verteilername (ohne Indizes!)
procedure	Verfahrensname	Verfahrensname (ohne Parameter!)
Typ **procedure**	Funktionsname	Funktionsname (ohne Parameter!)

Tab. 5.5/1 Spezifikationen

Die Prozedur kann folgendermaßen geschrieben werden:

Unterprogramm 5.5/1:

```
procedure NEWTON(X0, F, FS, EPS, N, M, X); value X0, EPS, N;
          real X0, EPS, X; integer N; label M;
          real procedure F, FS;
begin real XK, KORR; integer I;
      XK := X0;
      for I := 1 step 1 until N do
      begin KORR := F(XK)/FS(XK);
            if abs(KORR/XK) < EPS then goto A;¹
            XK := XK - KORR
      end;
      goto M;
A:    X := XK
end
```

Soll mit diesem Programm der Wert von π errechnet werden, so kann dies z.B. dadurch geschehen, daß die in der Nähe von 3.2 befindliche Nullstelle der Funktion sin(x) bestimmt wird. Soll die Iteration auf 8 Schritte beschränkt und im Falle zu schlechter Konvergenz die Marke KD angesprungen werden, so ist die Prozeduranweisung

[1] Soll auch X0 = 0 zulässig sein, so ist diese Abfrage zu ändern.

NEWTON(3.2, SIN, COS, $_{10}$-7, 8, KD, X)

erforderlich.

Wollen wir dieses Unterprogramm im Zusammenhang mit Programm 5.3/2 verwenden, so können wir nicht für F und FS das Horner-Schema unmittelbar angeben, weil HORNER drei Parameter hat, während F und FS in NEWTON nur mit einem Parameter verwandt werden. Es sind also noch zwei Funktionsvereinbarungen zwischenzuschalten:

```
real procedure F(X); real X;
    F := HORNER(A, N, X);
real procedure FS(X); real X;
    FS := HORNER(B, N-1, X);
```

Wir können diese Schwierigkeiten übrigens umgehen. Wir benutzen F und FS nicht als Funktionsnamen, sondern als Funktionsaufrufe. Damit gehören diese formalen Parameter also zu den einfachen Variablen, und wir haben

Unterprogramm 5.5/2:

```
procedure NEWTON2(X0, F, FS, EPS, N, M, X); value X0, EPS, N;
    real X0, F, FS, EPS, X; integer N; label M;
    begin real KORR; integer I;
        X := X0;
        for I := 1step 1 until N do
        begin KORR := F/FS;
            if abs(KORR/X) < EPS then goto A;
            X := X - KORR
        end;
        goto M;
    A:
    end
```

Der Aufruf kann dann sowohl mit

NEWTON2(3.2, SIN(X), COS(X), $_{10}$-7, 8, KD, X)

als auch mit

NEWTON2(XK-H/2, HORNER(A, N, XK),
HORNER(B,N-1,XK), S, 6, ENDE, XK)

(wie z.B. in Programm 5,3/2 erforderlich) erfolgen. Wir verwenden hierbei den für das Ergebnis vorgesehenen Parameter auch, um dem Hauptprogramm mitzuteilen, welches Argument bei der Bestimmung von F und FS benutzt werden muß. Der Startwert X0 kann hierzu nicht benutzt werden, weil wir dort gelegentlich Konstanten oder arithmetische Ausdrücke als aktuelle Parameter einsetzen.

Der Aufruf der verschiedenen Unterprogrammarten ist wesentlich voneinander verschieden. Während wir für die Verfahrensprozeduren die eigenständige Prozeduranweisungen haben (siehe 5.4,), erscheinen Funktionsaufrufe im Rahmen von Ausdrücken (siehe 5.3). Beiden Aufrufen gemeinsam ist:

Die aktuellen Parameter müssen in Anzahl und Reihenfolge mit den formalen Parametern der entsprechenden Prozedurvereinbarung übereinstimmen. Es gibt Prozeduren ohne Parameter. Dann fehlen auch die Klammern.

In 5.3 haben wir erwähnt, daß der Name einer Funktionsprozedur im Rumpf dieser Prozedur normalerweise nur links vom Ergibtzeichen auftritt, weil er rechts die gleiche Prozedur wieder aufrufen würde. Der Wiederaufruf der Prozedur innerhalb der Prozedur selbst ist nicht verboten. Wir werden später, bei der Besprechung der rekursiven Unterprogrammtechnik, noch einmal darauf zurückkommen. Hier soll ein einfaches Beispiel genügen, um zu zeigen, daß dieser Selbstaufruf einer Prozedur manchmal sehr gute Dienste leistet:

Unterprogramm 5.5/3:

```
integer procedure FAKULTAET(N); integer N;
        if N = 0 then FAKULTAET := 1
                 else FAKULTAET := N × FAKULTAET(N-1);
```

Der Prozedurrumpf kann auch in der Form

```
FAKULTAET := if N = 0 then 1
                      else N × FAKULTAET(N-1)
```

geschrieben werden. Es sei jedoch erwähnt, daß viele ALGOL-Übersetzer rekursive Prozeduren nicht übersetzen können.

5.6 Ein- und Ausgabeprozeduren

Für die Ein- und Ausgabe haben wir in 1.5 gemäß den ALCOR-Konventionen die Prozeduren read, print und write eingeführt. Wie wir dort bereits erwähnt haben, sind keine Ein- und Ausgabeprozeduren in der ALGOL-Definition enthalten. Es hat neben der ALCOR-Konvention einige weitere Ansätze zur Vereinheitlichung dieser Anweisungen gegeben. Die wichtigsten sollen hier kurz behandelt werden.

Der IFIP-Bericht[1] über Ein- und Ausgabeprozeduren für ALGOL [247] nennt sieben Elementarprozeduren:

insymbol	outsymbol
inreal	outreal
inarray	outarray
length	

Mit diesen lassen sich leicht zusätzliche Prozeduren konstruieren:

ininteger	outinteger
inboolean	outboolean

Manchen ALGOL-Übersetzern sind auch diese Prozeduren als Standardprozeduren bekannt.

Die Prozedurpaare

inreal	outreal
ininteger	outinteger
inboolean	outboolean

dienen zum Einlesen beziehungsweise Ausdrucken einzelner Werte, wobei sowohl die Richtung des Datentransportes (in = Eingabe, out = Ausgabe) als auch der Typ des Wertes aus dem Namen ersichtlich ist. Der Aufruf aller sechs Prozeduren hat die gleiche Form:

$$\left.\begin{array}{l}\text{inreal}\\ \text{ininteger}\\ \text{inboolean}\end{array}\right\}\ \text{(Gerätenummer, Variable)}$$

$$\left.\begin{array}{l}\text{outreal}\\ \text{outinteger}\\ \text{outboolean}\end{array}\right\}\ \text{(Gerätenummer, Ausdruck)}$$

Im Unterschied zu read und print darf bei diesen Prozeduraufrufen jedoch nur eine Variable oder ein Ausdruck angegeben werden. Die Gerätenummer ist eine Konstante, Variable oder ein Ausdruck, wobei der momentane Wert eine positive ganze Zahl ist. Dieser bezeichnet das gewünschte Gerät. Dabei ist genau zu unterscheiden zwischen diesen „logischen" Nummern, die der Programmierer selbst wählt, und den „physikalischen" Nummern, die für die einzelnen Geräte oder Kanäle bei einer gegebenen Installation festliegen. Die Verwendung logischer Nummern macht das Programm flexibler. Möge zum Beispiel ein Programmierer in einer Aufgabenstellung drei Ausgabegeräte benötigen. Er bezeichne sie mit den logischen Nummern 17, 19 und 21, die willkürlich gewählt sind. Indem der Programmierer diese Nummern als Parameter in den EA-Prozeduren angibt, kann er die Ausgabedaten in drei verschiedene, logisch getrennte Datenmengen einteilen.

[1] IFIP heißt International Federation for Information Processing

Die Zuordnung zwischen logischen und physikalischen Gerätenummern erfolgt außerhalb des ALGOL-Programms in einem besonderen Vorspann: der Steuerinformation. Dort muß der Programmierer unter anderem angeben, welche EA-Geräte er beim aktuellen Programmlauf benötigt und mit welchen logischen Nummern sie im Programm bezeichnet sind. Bei großen Rechnersystemen ist es im allgemeinen nicht zulässig (oder wenigstens nicht empfehlenswert), ein ganz bestimmtes Gerät zu verlangen. In unserem Beispiel könnte durch solch eine Steuerinformation zum Beispiel festgelegt werden:

17 = Drucker
19 = Lochkartenstanzer
21 = Drucker

Das Betriebssystem ordnet dann den einzelnen logischen Nummern geeignete, zur Zeit verfügbare Externgeräte zu (vergleiche Kap. 10).

Als Beispiel für die gemischte Verwendung mehrerer EA-Geräte wollen wir folgende Aufgabe betrachten:

Zwei Datenstapel bestehen aus Blöcken zu je zehn Angaben[1]. Die beiden Stapel sind (jeder für sich) nach der ersten Zahl in jedem Block geordnet: der erste Wert eines Blockes ist kleiner als der erste Wert im nächsten Block. Beide Stapel enden mit einem Block, der in der ersten Position eine 0 hat. Das Unterprogramm MISCHEN soll beide Stapel, die von den Eingabegeräten EG 1 und EG 2 kommen, zu einem einzigen, geordneten Stapel vereinen und diesen auf AG1 und AG2 ausgeben. Man stelle sich etwa vor, der Datenbestand auf EG1 stelle eine Stammliste dar und der Stapel EG2 eine Ergänzung. Man kann etwa an den Fall denken, daß EG1 ein Magnetband, EG2 ein Lochkartenleser, AG1 ein zweites Magnetband und AG2 ein Zeilendrucker ist. In diesem Fall würde der Datenbestand des ersten Bandes durch den Lochkartenstapel auf den neuesten Stand gebracht und gleichzeitig ein Protokoll gedruckt. Da beide Datenstapel geordnet sind, kann man sich darauf beschränken, jeweils einen Block aus beiden Beständen zu lesen: X[1:10] diene zur Aufnahme des nächsten Blockes von EG1 und Y[1:10] zur Aufnahme des nächsten Blockes von EG2. Es gibt dann die folgenden Fälle:

a) $X[1] < Y[1]$: Der Block von EG1 ist zuerst einzuordnen. Da Y eventuell sogar erst nach dem nächsten Block von EG1 an der Reihe sein kann, muß nach dem Lesen eines neuen Blockes X wieder verglichen werden.
b) $X[1] = Y[1]$: Y enthält eine geänderte Fassung des Blockes X, da das Kennzeichen gleich ist. X wird ersatzlos gestrichen, indem von EG1 ein neuer Block gelesen wird.
c) $X[1] > Y[1]$: Wie bei a), jedoch mit vertauschten Rollen.

[1]Diese Angaben sind interne Darstellungen irgendwelcher Informationen (z.B. Kundennummern, Namen, Anschriften, Guthaben usw.)

d) X[1] = 0 oder Y[1] = 0: Ein Datenstapel ist erschöpft; der andere muß noch bis zum Ende kopiert werden.
e) X[1] = 0 und Y[1] = 0: Beide Stapel sind erschöpft. Das Mischverfahren ist beendet.

Wir wollen das Verfahren als Unterprogramm angeben, wobei die Nummern der externen Geräte durch die Parameter festgelegt sind (Abb. 5.6/1):

Programm 5.6/1:

```
procedure MISCHEN(EG1, EG2, AG1, AG2);
          value EG1, EG2, AG1, AG2; integer EG1, EG2, AG1, AG2;
begin integer I; integer array X, Y[1:10];
          for I := 1step 1 until 10 do ininteger(EG1, X[I]);
M1:       for I := 1step 1 until 10 do ininteger(EG2, Y[I]);
M2:       if X[1] = 0 then goto M6;
          if Y[1] = 0 ∨ X[1] < Y[1] then goto M4;
          if X[1] = Y[1] then goto M5;
M3:       for I := 1 step 1 until 10 do
          begin outinteger(AG1, Y[I]); outinteger(AG2, Y[I]) end;
          goto M1;
M4:       for I := 1 step 1 until 10 do
          begin outinteger(AG1, X[I]); outinteger(AG2, X[I]) end;
M5:       for I := 1 step 1 until 10 do ininteger(EG1, X[I]);
          goto M2;
M6:       if Y[1] ≠ 0 then goto M3;
          X[1] := 0;
          for I := 1step 1 until 10 do outinteger(AG1, X[I])
end
```

Für die Ein- und Ausgabe von reellwertigen Feldern stehen die Prozeduren inarray und outarray zur Verfügung

$$\left.\begin{array}{l}\text{inarray}\\ \text{outarray}\end{array}\right\}\ (\text{Gerätenummer, Feldname})$$

Beispiele:

inarray(12, B);
outarray(17, A);

Ist das Feld eindimensional, also etwa vereinbart mit **array** B[N:M], so ist die Anweisung gleichbedeutend mit

for I := N **step** 1 **until** M **do** inreal(12, B[I]).

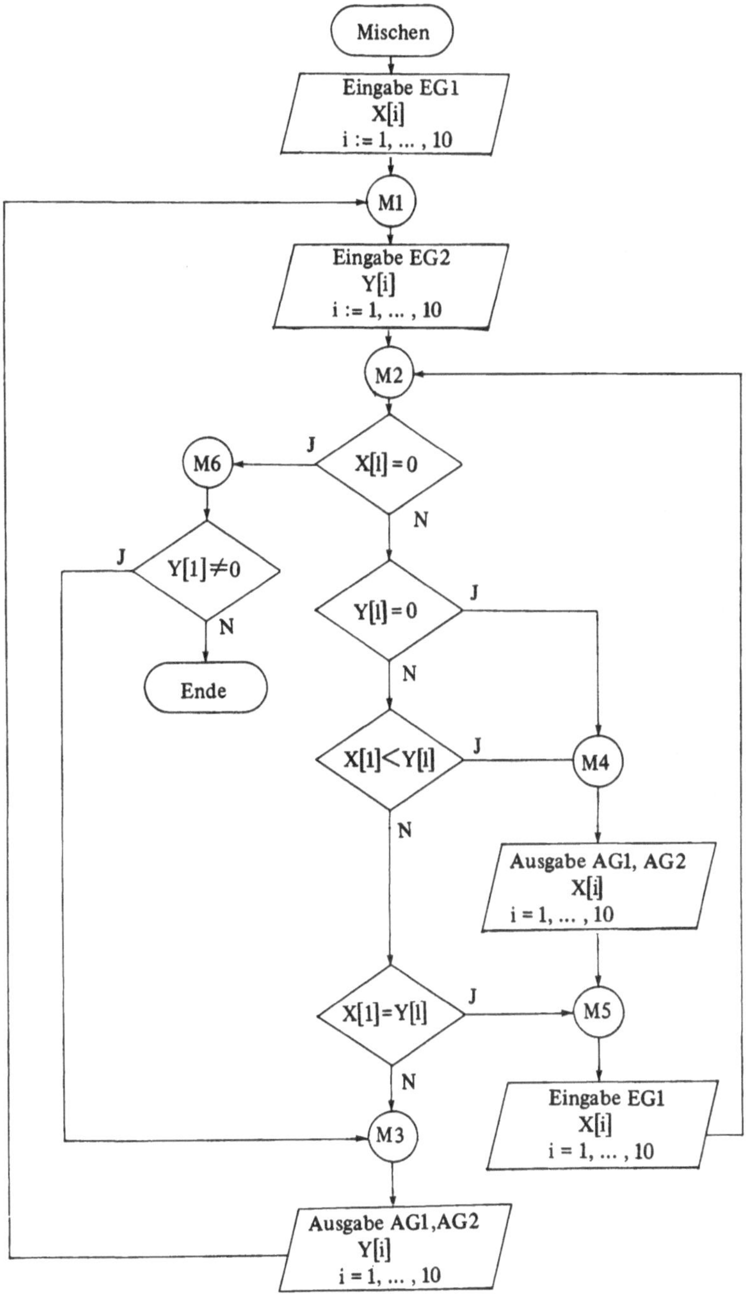

Abb. 5.6/1 Ablaufdiagramm zu Programm 5.6/1

Hat das Feld zwei Indizes, z.B. **array** A[L:M, P:Q], so wird der erste Index jeweils festgehalten, während der zweite alle Möglichkeiten durchläuft:

```
for I := L step 1 until M do
    for J := P step 1 until Q do outreal(17, A[I,J])
```

Das gilt entsprechend für Felder mit einer noch größeren Anzahl Indizes: ein Element erscheint vor einem anderen, wenn der erste Index, der nicht gleich ist, einen kleineren Wert hat.

Zur Ein- und Ausgabe irgendwelcher Symbole dienen die Prozeduren

insymbol
outsymbol

Da ALGOL 60 innerhalb des Programms keine Verarbeitung von Zeichenketten kennt, übersetzt insymbol jedes gelesene Zeichen in eine positive ganze Zahl. Bei outsymbol geschieht die umgekehrte Übersetzung. Dabei kann die Zuordnung zwischen Zeichen und Zahlen für jeden Aufruf einer dieser beiden Prozeduren unabhängig gewählt werden. Der Aufruf geschieht durch

insymbol(Gerätenummer, 'Zeichenkette', Variable)
outsymbol(Gerätenummer, 'Zeichenkette', Ausdruck)

Die Zeichenkette, die hier als zusätzlicher Parameter auftritt, legt die Zuordnung zwischen ganzen Zahlen und Zeichen fest: Die ganze Zahl ist durch die Position des Zeichens in der Kette gegeben. Dabei zählen zusammengesetzte ALGOL-Zeichen, wie etwa Wortsymbole oder das Zeichen := als ein Symbol. Die Zeichenkette 'BACH:=true' bedeutet demnach folgende Zuordnung

Zeichen	Zahl
B	1
A	2
C	3
H	4
:=	5
true	6

Bei jedem Aufruf kann nur ein Symbol ein- oder ausgegeben werden:

outsymbol(DR, 'BACH:=**true**', I)

liefert z.B. im Falle, daß I = 1 ist, ein B, im Falle, daß I = 6 ist, das Symbol **true**.

Die Eingabe arbeitet umgekehrt:

insymbol(LK, 'BACH:=**true**', K)

setzt K auf 2, wenn das nächste gelesene Symbol ein A ist und auf 5, wenn := gelesen wird. Wird ein Zeichen gelesen, das nicht in der Kette steht, so wird K := 0 gesetzt. Um die Kette als ganzes auszudrucken, ist also eine Laufanweisung erforderlich:

```
for I := 1 step 1 until 6 do
    outsymbol(DR, 'BACH:=true', I).
```

Ist die Länge der Kette nicht bekannt, so kann sie mit der Standardfunktion

length('Zeichenkette')

festgestellt werden. Damit ergibt sich folgendes Unterprogramm zur Ausgabe einer vollständigen Zeichenkette [247]:

Unterprogramm 5.6/2:

```
procedure outstring(G, ZK); value G;
          integer G; string ZK;
begin integer I;
      for I := 1 step 1 until length(ZK) do
      outsymbol(G, ZK, I)
end
```

In [247] wird insymbol benutzt, um die Prozedur ininteger näher zu beschreiben. Das Ablaufdiagramm ist in Abb. 5.6/2 angegeben.[1] Bis zum Vorzeichen oder der ersten Ziffer soll jedes andere Zeichen übergangen werden. Die Zeichenkette mit den relevanten Zeichen ist also '0123456789-+'. N = 1 bis N = 10 entspricht den Dezimalziffern, N = 11 dem Minuszeichen und N = 12 dem Pluszeichen. Die Zahl selbst wird aufgebaut, indem jeweils der bisher aufgebaute Anteil mit 10 multipliziert und die neu gelesene Ziffer (Zahlenwert: N - 1) addiert wird. Das erste Zeichen, das keine Ziffer ist, beendet den Lesevorgang. Die Schleifen können mit **while**-Elementen realisiert werden. Damit jede Schleife wenig-

[1] Das Programm ist gegenüber [247] leicht geändert.

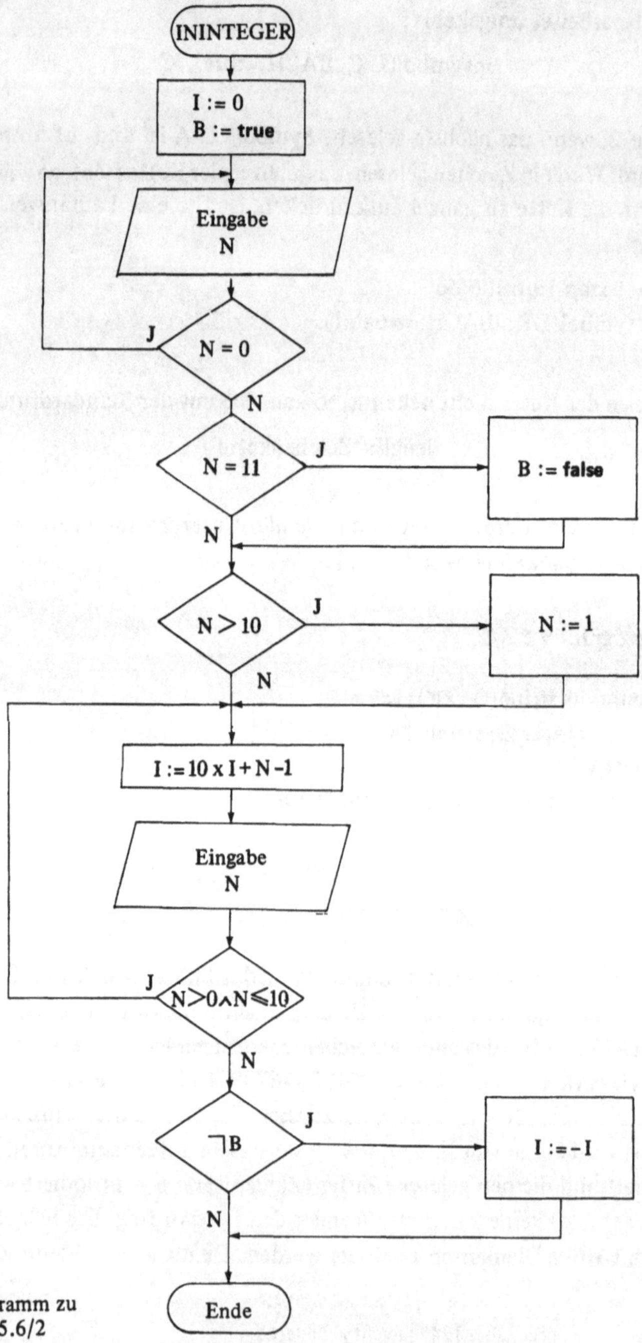

Abb. 5.6/2
Ablaufdiagramm zu
Programm 5.6/2

stens einmal durchlaufen wird, muß ein arithmetischer Ausdruck (hier 1) vorgezogen werden. Die Laufvariable K hat in beiden Schleifen keine Bedeutung:

Unterprogramm 5.6/3:

```
procedure ininteger(G, I); value G;
          ininteger G, I;
begin integer N, K; Boolean B;
      I := 0; B := true;
      for K := 1, K+1 while N = 0 do insymbol(G, '0123456789-+', N);
      if N = 11 then B := false;
      if N > 10 then N := 1;
      for K := 1, K+1 while 0 < N ∧ N ≤ 10 do
      begin I := 10 × I + N - 1;
            insymbol(G, '0123456789-+', N)
      end;
      if ¬B then I := - I
end
```

5.7 Formatgebundene Ein- und Ausgabe

Der Nachteil aller bisher besprochenen E-A-Prozeduren ist die Tatsache, daß wir keinen Einfluß auf die externe Darstellung der Ergebnisse haben. In [246] ist eine ALGOL 60-Ergänzung angegeben, die diesen Wünschen Rechnung trägt. Wenn wir beispielsweise die beiden reellen Lösungen einer quadratischen Gleichung mit drei Stellen vor und vier Stellen nach dem Punkt ausdrücken wollen, so können wir die Anweisung

output2(G, 'DDD.DDDD, BBB, DDD.DDDD', X[1], X[2])

verwenden. Dabei bedeutet die 2 im Namen output2, daß zwei Werte zu drucken sind. Entsprechend verwendet man die Prozedur output4, wenn vier Werte auszugeben sind und so weiter.

Das G bedeutet die Gerätenummer. Die Verwendung erfolgt wie in 5.6. Das gewünschte Format wird durch die Zeichenkette 'DDD.DDDD, BBB, DDD.DDDD' angegeben. Jedes D steht für eine Ziffer (engl. digit), B für einen Zwischenraum (englisch: blank). Das Komma besagt, daß das Format einer Zahl zu Ende ist und ein weiteres folgt. Sind die Lösungen $x_1 = 6/5$ und $x_2 = 80/3$, so ergibt sich folgendes Druckbild:

001.2000␣␣␣026.6667

Die führenden Nullen werden unterdrückt, wenn wir auf den in Frage kommenden Positionen Z statt D schreiben:

'ZZD.DDDD, BBB, ZZD.DDDD'

Das Druckbild wäre dann

␣␣1.2000␣␣␣␣26.6667

Um das Vorzeichen zu verlangen, stellen wir voran:

+: das Vorzeichen wird stets gedruckt
-: das Vorzeichen wird nur im negativen Fall gedruckt.

Werden führende Nullen unterdrückt, so wird das Vorzeichen an die erste geschriebene Stelle herangerückt.

Soll die Rundung unterdrückt werden, so ist als letztes Zeichen im Format ein T anzugeben. Dann wird der Rest der Zahl abgeschnitten (englisch: truncate).
Zum Beispiel mit dem Format

'ZZD.DDDDT'

liefert 80/3

␣26.6666

Die Schreibarbeit bei der Angabe der Formate läßt sich mit Hilfe der Replikation vermeiden: BBB kann durch 3B abgekürzt werden, also kann das erste Format auch als

'2ZD.4D, 3B, 2ZD.4D'

geschrieben werden. Weiter kann durch Klammerung eine Wiederholung größerer Einheiten erreicht werden. Das Format

'2(2ZD.4D, 3B)'

unterscheidet sich vom vorhergehenden nur dadurch, daß nach der zweiten Zahl ebenfalls drei Zwischenräume ausgegeben werden.

Hat man keine Kenntnis über die voraussichtliche Größe einer Zahl, so verwendet man die Gleitpunktdarstellung, bei der als zusätzliches Element in der Formatangabe die tiefgestellte $_{10}$ erscheint. Die auf $_{10}$ folgenden Stellen charakterisieren dann den Zehnerexponenten:

'ZD.DDD$_{10}$+DD'

Die Zahl 1024.56 wird mit diesem Format ausgegeben als

10.246$_{10}$+02

Sollen beispielsweise I, X[I], und F(X[I]) ausgegeben werden, so kann dies durch

output3(G, '4B, ZZD, 4B, Z.4D, 4B, .6D$_{10}$+2D', I, X[I], F(X[I]))

geschehen.

Für boolesche Größen stehen drei Formate zur Wahl: P, F, 5F. Die Darstellung ist:

	P	F	5F
true	1	T	true␣
false	0	F	false

Die vorzeitige Beendigung einer Druckzeile kann durch /, die einer Seite durch ↑ erreicht werden. Sollen etwa X und Y in einer Zeile, X + Y in der nächsten und schließlich X - Y in der dritten Zeile erscheinen, so kann dies mit der folgenden Anweisung realisiert werden:

output4(G, '2(3ZD.4D,4B), 2(/,3ZD.4D)', X, Y, X+Y, X-Y)

Die Anweisung output0(G, '/') beginnt nur eine neue Zeile. In [246] ist folgendes aufschlußreiche Beispiel angegeben:
Eine Matrix A[1:N, 1:N] soll, mit einer neuen Seite beginnend, ausgedruckt werden. Jedes Element erfordert bei

'BB-4Z.DD'

10 Anschläge. Das

Programmstück 5.7/1:

```
output0(DRUCKER, '↑');
for I := 1 step 1 until N do
begin for J:= 1 step 1 until N do
        output1(DRUCKER, 'BB-4Z.DD', A[I,J]);
    output0(DRUCKER, '//')
end
```

druckt die Elemente einer Matrixzeile – also n Werte – in einer Zeile, falls sie dort Platz finden (10 N ⩽ Zeilenlänge); wenn dieses nicht der Fall ist, werden sie in mehreren Zeilen gedruckt. Nach jeweils N Werten jedoch (am Ende der J-Schleife) bewirkt '//' einen zweifachen Zeilenwechsel, so daß nach jeweils N Werten eine Zeile frei bleibt.

Zeichenketten können auf zweierlei Weise ausgegeben werden

a) mit der Formatangabe S:

output2(G, '-4Z.6D, 4B, 5S4B', X[1], 'REELL')

wobei neben dem Zahlenwert für X[1] mit 4 Zwischenräumen Abstand das Wort reell geschrieben wird.

b) Die Zeichenkette kann unmittelbar in dem Format angegeben werden, wenn sie stets die gleiche ist:

output2(G, '4Z.6D, 4B, 'ODER', 2B, 4Z.6D', X[1], X[2]).

Hier werden zwei Zahlenwerte ausgedruckt. Dazwischen erscheint das Wort 'ODER'.

In [246] sind noch einige weitere Prozeduren angegeben, jedoch ist es nicht möglich, in diesem Buch alles zu besprechen.

6. Problemorientierte Programmiersprachen

6.1 Übersicht

Die problemorientierten Programmiersprachen sind nicht mehr an bestimmte Rechner gebunden. Sie sind vielmehr den Erfordernissen bestimmter Aufgabengebiete angepaßt. In der Einleitung haben wir bereits bemerkt, daß die problemorientierten Sprachen entweder

operative (oder Verfahrens-) Sprachen oder
deskriptive Sprachen

sein können. Das heißt, daß sie mehr für die Beschreibung von Lösungsverfahren oder mehr für die Beschreibung einer bestimmten Aufgabenstellung gedacht sind.

In jedem Fall sind sie in ihrer Struktur wesentlich komplizierter als die maschinenorientierten Sprachen, in denen im allgemeinen die Formulierung und Wirkung der einzelnen Befehle unabhängig von anderen Befehlen festgelegt ist (Kommandosprache). Da sich aber der Mensch, wie die natürlichen Sprachen und die weitverbreiteten mathematischen Kalküle beweisen, unter bestimmten Voraussetzungen gerade in solchen komplizierten Sprachen besonders wirksam ausdrücken kann, bedeutet es einen erheblichen praktischen Vorteil, wenn der Programmierer eine solche problemorientierte Sprache statt der primitiven maschinengebundenen Sprache benutzen kann. Dies leuchtet unmittelbar ein, wenn man vergleicht, wie einfach für jeden etwas Vorgebildeten ein mathematischer Ausdruck zu begreifen ist, wenn er in einer der üblichen Formelsprachen vorliegt. Dagegen empfinden wir es als unbequem, ja geradezu unzumutbar, einen komplizierten arithmetischen Ausdruck in Form eines Maschinenprogramms aufzunehmen.

Seit den ersten Arbeiten von Zuse sind eine Reihe von Verfahrenssprachen entstanden, die zum Teil breite Anwendung gefunden haben. Von besonderer Bedeutung sind zwei Hauptgruppen:

Sprachen für technisch-wissenschaftliche Verfahren und
Sprachen für kaufmännische Verfahren.

Die technisch-wissenschaftlich ausgerichteten Sprachen, zum Beispiel FORTRAN (**For**mula **Trans**lation System) [92, 252–253] und vor allem ALGOL (**Algo**rithmic **L**anguage) [93, 248–252, 273, 274] verfügen über Ausdrucksmittel, die besonders für komplizierte Entscheidungsketten, Formelsätze und Unterprogrammkonstruktionen geeignet sind. Dagegen spielt die Ein- und Ausgabe eine untergeordnete Rolle.

Die mehr kaufmännisch ausgerichteten Verfahrenssprachen (eine vergleichende Übersicht findet sich bei [94]) nehmen auf den großen Anteil der Ein- und Ausgabevorgänge[1] und die Verwaltung umfangreicher Listen besonders Rücksicht.

Sie verfügen daher über besondere Ausdrucksmittel zur Beschreibung von Datenlisten und Ein- und Ausgabegeräten. Außerdem benutzen diese Sprachen gerne statt Formeln die natürliche Sprache. Damit soll erreicht werden, daß auch solche Programmierer, die den Umgang mit Formeln nicht gewöhnt sind, geeignete Ausdrucksmittel vorfinden. Weiterhin soll damit der Vorteil verbunden sein, daß man auch ohne Programmierungserfahrung die Programme lesen und verstehen kann[2].

Unter den kaufmännischen Verfahrenssprachen hat COBOL (**Co**mmon **B**usiness **O**riented **L**anguage) [97–100][3] eine Vorrangstellung erworben. Diese Sprache besitzt neben der eigentlichen Verfahrensbeschreibung zwei wesentliche Teile: Die Datenbeschreibung und die Gerätebeschreibung. In der Datenbeschreibung werden die logische Struktur (Namen, Beziehungen zwischen verschiedenen Datengruppen, Größenordnungen von Zahlen, Längen alphanumerischer Datenlisten usw.), die interne Darstellung (Einzelheiten über die Aufbewahrung der Daten im Rechner) und das Format (Einzelheiten über die Darstellung in den Ein- und Ausgabegeräten) erfaßt. Die Gerätebeschreibung enthält alle Angaben, die die Handhabung der Daten in den Geräten betreffen (Speichergrößen, Indexregister usw.).

Neben den Sprachen zur Beschreibung technisch-wissenschaftlicher und kaufmännischer Aufgaben ist eine Vielzahl von Spezialsprachen für die verschiedensten Anwendungen geschaffen worden. Einige Beispiele sind folgende:

- zur Übersetzung natürlicher Sprachen: z.B. COMIT [101],
- zur Simulierung: z.B. SIMCOM [102], SIMSCRIPT [259],
- zur Werkzeugmaschinensteuerung: z.B. APT [103,104], AUTOPROMPT [105],
- zur Übersetzung von Programmsprachen: z.B. CLIP [106], SLANG [107],
- für heuristische Probleme (Schachspiele, Beweis mathematischer Sätze, Einsatzplanung für eine Vielzahl von Werkzeugmaschinen usw.): z.B. IPL [108],
- für Vielfach-Entscheidungsaufgaben: z.B. TABSOL [109,110],
- für Symbolmanipulation [264,282]: z.B. SNOBOL [263], FORMAC [269],
- zur Listenverarbeitung: z.B. LISP [266,268,270], SLIP [267],
- für Realzeitaufgaben: z.B. JOVIAL [261,262].

[1] Etwa 40 % aller Befehle eines typischen kaufmännischen Programms sind Ein- und Ausgabe-Befehle [7].

[2] Die Verwendung der natürlichen Sprache zur Beschreibung formaler Abläufe hat natürlich auch Nachteile [6,95]. So ist es sicher nicht übersichtlicher, anstelle der einfachen Formel $R := L \times (A+C)/(A-C) \uparrow 2$ folgenden Text zu schreiben: „Add A and C giving numerator. Subtract C from A giving denominator. Multiply denominator by denominator giving denominator. Multiply L by numerator giving numerator. Divide denominator into numerator giving R."[96].

[3] Außerdem enthält das Mai-Heft 1962 der Communications of the Association for Computing Machinery eine ganze Reihe interessanter COBOL-Beiträge.

Darüberhinaus gibt es beispielsweise auch Erweiterungen von ALGOL für diese Spezialgebiete [257, 258, 271, 272].

Die deskriptiven Sprachen beschreiben nicht Verfahren zur Lösung einer Aufgabe, sondern die Aufgabe selbst. Denken wir an die uns seit langem vertrauten Aufgaben der numerischen Analysis, so handelt es sich beispielsweise darum, lineare Gleichungssysteme, Differentialgleichungen, Variationsprobleme usw. einschließlich der Nebenbedingungen (z.B. Anfangs- und Randbedingungen für Differentialgleichungen) und die Forderungen an die Lösung (z.B. Genauigkeit) exakt und einheitlich zu beschreiben. Für diese Aufgaben stehen seit langem in der üblichen mathematischen Formelsprache Ausdrucksmitel zur Verfügung. Allerdings werden sie nicht einheitlich und nicht immer exakt gehandhabt. Man muß aber beachten, daß Rechenautomaten in steigendem Maße auf vielen anderen Gebieten eingesetzt werden. Nur wenige dieser Gebiete haben bereits hochentwickelte und standardisierte Ausdrucksmittel (Kalküle) zur Beschreibung ihrer Aufgaben entwickelt. Um einen ungefähren Eindruck davon zu geben, in welcher Breite Rechner eingesetzt werden, wollen wir im folgenden einige Stichworte zusammenstellen[1]:

Allgemeine Verwaltungs- und Buchführungsaufgaben [112, 113],
  z.B. Betriebsbuchführung, Kontenführung im Bank- und Postscheckdienst, Lagerverwaltung, Steuerberechnung, Prämienberechnung, Platzbuchungs- und -auskunftssystem,

Optimierung bei der Produktion und Lagerung von Gütern [114],
  z.B. Erdölproduktion, Einsatz einer Vielzahl von Werkzeugmaschinen,

Industrielle Anlagen- und Maschinensteuerung [280],
  z.B. Kraftwerke [115], Walzwerke [116], Werkzeugmaschinen [117],

Ausprüfen komplizierter elektrischer Anlagen [118, 119],
  z.B. Digitalrechner, Bordelektronik eines Flugzeuges,

Planung und Entwicklung nachrichtenverarbeitender Anlagen [60],
  z.B. Simulierung des Papierflusses in einem Postscheckamt, Dimensionierung der einzelnen Werke eines Rechners,

Planung und Steuerung von Verkehrs- und Transportsystemen,
  z.B. Planung optimaler Verkehrswege in einem Stadtgebiet [120], Steuerung der Verkehrsampeln [121], Planung kostenoptimaler Transportprogramme [122],

Flugsicherung [41],
  z.B. Überwachung und Führung der Luftfahrzeuge vom Boden,

[1] Wer einen umfassenden Überblick über Rechenautomaten und deren Anwendung erhalten will, wird auf die Computing Reviews – eine von der Association for Computing Machinery herausgegebene, monatlich erscheinende Referatezeitschrift – verwiesen. Sie erfaßt bis 1970 rund 19000 Aufsätze und 20 umfassende Bibliographien über spezielle Anwendungsgebiete.

Militärische Warn- und Abwehrsysteme,
z.B. Luftschutzwarnsystem, Luftabwehrsystem [123], Waffenführung an Bord von Schiffen und Flugzeugen,
Unternehmensplanung,
z.B. PERT (Program Evaluation and Review Technique) und CPM (Critical path method) [125],
Militärisches Nachschub- und Versorgungswesen [125],
Wetterprognosen [126],
Taktische und strategische Spiele,
z.B. Kriegsspiele [127], Unternehmensspiele im wirtschaftlichen Bereich [128,129],
Strukturerfassung [130],
z.B. Schrifterkennung, Spracherkennung, Erkennung taktischer und strategischer Situationen,
Logische Aufgaben [131],
Informationsspeicherung und -suche [132, 133, 134],
z.B. Literatur-Dokumentation, Patentsuche [135],
Vermittlung in Nachrichtenübertragungssystemen [136, 137],
Lernende Systeme [138,139,52,281],
Unterrichtssysteme [140],
Medizinische Diagnostik [141],
Untersuchungen auf verschiedenen Gebieten der Kunst [142],
z.B. Ästhetik, Urheberschaftsnachweis.

Gegenüber der automatischen Übersetzung extern notierter Verfahren in Maschinenprogramme stellt eine Übersetzung von extern beschriebenen Aufgaben in Maschinenprogramme einen weit größeren Fortschritt in der Entlastung des Menschen dar. In diesem Fall kann man mit einer gewissen Berechtigung von automatischer Programmierung sprechen.

Als praktische Beispiele seien die Sortierprogramm-Generatoren genannt [143, 6,7,144,145]. Das sind Programme, denen man eine bestimmte Sortieraufgabe in einer deskriptiven Sprache mitteilt und die dann, ohne daß das Sortierverfahren beschrieben wird, ein Sortierprogramm erzeugen. Die Sortieraufgabe enthält Angaben wie Größe des Arbeitsspeichers, Anzahl der Magnetbandgeräte, vermutlich bereits vorhandene Teilordnung, Länge und Struktur der Sortiereinheiten usw. Der Generator erzeugt aus diesen Angaben unter Verwendung einer Reihe ihm bekannter Sortierverfahren ein brauchbares Sortierprogramm.

Außerdem gibt es zum Beispiel Formular-Generatoren und Listen-Generatoren [143,6,7]. Formulargeneratoren erzeugen Programme, die aus vorhandenen Listen für bestimmte Formular-Typen die benötigten Daten herausziehen und sie formatrichtig drucken. So können aus den gleichen Listen verschiedene vom Formular-Generator erzeugte Programme Rechnungen, Mahnungen, Bestellungen,

Auftragsbestätigungen, Berichte usw. drucken. Listen-Generatoren erzeugen Programme, die bestimmte Listen auf dem laufenden halten. Sie ergänzen eine bestimmte Stammliste – etwa die Personalliste einer Fabrik – entsprechend den laufend anfallenden Änderungsmitteilungen.

Auf technisch-wissenschaftlichem Gebiet sei das Beispiel der sogenannten Block-Programmierung genannt. Hat man beispielsweise eine gewöhnliche Differentialgleichung, so kann man – etwa in ALGOL – ein Programm für eines der üblichen Integrationsverfahren (zum Beispiel nach Runge und Kutta) aufstellen. Ein anderer Weg besteht darin, die Aufgabe anzupacken, als habe man einen Analogrechner vor sich: Man macht sich einen „Koppelplan", der mit Hilfe von Integrations-, Additions- und Multiplikationsgliedern sowie – wenn nötig anderer spezieller Funktionsglieder – eine strukturelles Abbild der Differentialgleichung darstellt. In dem Analogrechner benutzt man die darin enthaltenen Funktionselemente und verknüpft sie entsprechend dem Koppelplan durch galvanische Steckverbindungen. Der Analogrechner stellt dann die Lösungsfunktion (als Spannung über der Zeit) physikalisch dar. Bei Digitalrechnern läßt sich dieses der Denk- und Vorstellungswelt von Ingenieuren sehr entgegenkommende Verfahren in der Weise realisieren, daß man ein System von den Funktionselementen des Analogrechners entsprechenden Unterprogrammen aufstellt und die Steckverbindung durch ein Steuerprogramm nachbildet, das nach Maßgabe des in geeigneter Form eingegebenen Koppelplanes die einzelnen Funktionsprogramme in der geplanten Folge und mit den vom vorangegangenen Funktionsprogramm ermittelten Ausgangswerten aufruft und ablaufen läßt [320]. Auf diese Weise hat der Benutzer nicht mehr die Integrationsverfahren zu formulieren, sondern er beschreibt nur noch – in Form des Koppelplanes – seine Aufgabe.

Angesichts dieser Vielfalt von Programmiersprachen ist der Wunsch naheliegend, auf diesem Gebiet zu einer weitgehenden Vereinheitlichung zu kommen. Denn es ist erstens für die Benutzer unbequem, verschiedene Sprachen zu lernen, und zweitens ist die Entwicklung der Sprachen und der zugehörigen Übersetzungsprogramme zeitraubend und kostspielig [150,151]. Ansätze zur Vereinheitlichung könnten sich möglicherweise aus PL/1 ergeben [254,255,256,260,275].

Trotz dieser berechtigten Wünsche nach Vereinheitlichung muß man sich darüber im klaren sein, daß bei der oben erwähnten Vielfalt von Anwendungsgebieten nicht etwa eine Vereinheitlichung der Beschreibungsmittel für all diese Anwendungen angestrebt werden kann. Es wird im Gegenteil zu recht eine ständig steigende Anzahl von problemorientierten Sprachen geben. Die Vereinheitlichungsbemühungen müssen sich darauf konzentrieren, für jeweils einen Zweck nicht unnötig viele Sprachen zu haben. So wäre es zum Beispiel im Prinzip möglich, für den von ALGOL und FORTRAN erfaßten Anwendungsbereich mit einer Sprache auszukommen.

Auch für die maschinenorientierten Sprachen scheint eine gewisse Vereinheitlichung erzielbar zu sein, obwohl eine für alle Rechner zweckmäßige maschinenorientierte Sprache (insbesondere wenn man die nicht ohne weiteres abzusehenden zukünftigen Weiterentwicklungen in der Rechnerstruktur berücksichtigt) nur schwer vorstellbar ist. Die Bemühungen um eine solche universelle maschinenorientierten Sprache UNCOL (**Un**iversal **c**omputer **o**rientied **l**anguage) haben zu einer Reihe von interessanten Vorschlägen ([152,153,154,155]) geführt.

Eine andere Möglichkeit ist die Vereinheitlichung der Übersetzung. Auch hier kann viel Arbeit gespart werden. Eine erste Möglichkeit zur Vereinheitlichung der Übersetzung problemorientierter Sprachen in die Maschinensprache ist die, eine einheitliche Zwischensprache zwischen diesen Sprachen zu schaffen. Zu diesem Zweck ist ebenfalls UNCOL vorgeschlagen worden [153,151,156]. Mit einer solchen einheitlichen Zwischensprache braucht für jede problemorientierte Sprache nur ein Programm für die Übersetzung aus dieser Sprache in die Zwischensprache und für jeden Rechner ein Übersetzungsprogramm von der Zwischensprache in die Maschinensprache geschrieben zu werden, während ohne eine solche einheitliche Zwischensprache für jedes relevante Paar Sprache/Maschine ein solches Übersetzungsprogramm entwickelt werden muß. Diese Übersetzungsprogramme zur Umwandlung problemorientierter Sprachen in die Zwischensprache müssen, damit der Spareffekt überhaupt eintritt, wieder in der Zwischensprache geschrieben sein.

Ein noch weitergehendes Vorhaben, das überdies nicht von der Existenz der umstrittenen einheitlichen maschinenorientierten Sprache abhängt, ist das sogenannte SLANG-System [107]. Dabei handelt es sich um eine maschinenunabhängige Formulierung von Programmen, die problemorientierte Sprachen in Maschinensprachen übersetzen. Hat man eine solche problemorientierte Sprache für Übersetzungsprogramme, so genügt es, diese Sprache SLANG einmal durch ein besonderes Übersetzungsprogramm in die Maschinensprache eines einzigen Rechners zu übersetzen. Dann können in SLANG formulierte Übersetzungsprogramme für beliebig vorgegebene Paare problemorientierte Sprache/Maschinensprache stets auf dem einen Rechner in der gewünschten Maschinensprache erzeugt werden. Die besondere Schwierigkeit bei der maschinenunabhängigen Formulierung eines Übersetzungsprogramms liegt darin, daß die Eigenschaften des Rechners, für den das Übersetzungsprogramm bestimmt ist, wesentlich in die Struktur des zu beschreibenden Übersetzungsprogramms eingehen. Daher enthält SLANG zwei Hauptbestandteile:

a) Einen operativen Teil, der das Übersetzungsverfahren für die problemorientierte Sprache beschreibt und

b) einen deskriptiven Teil, der den Rechner beschreibt, in dessen Maschinensprache die problemorientierte Sprache übersetzt werden soll.

Auch SLANG benutzt eine Zwischensprache. Der Unterschied zu dem Versuch mit UNCOL liegt darin, daß diese Zwischensprache nicht einheitlich ist, sondern wesentlich von der Struktur des Rechners beeinflußt wird, für den das Übersetzungsprogramm bestimmt ist. Bei [156] geht man noch einen Schritt weiter: Der Operationsteil des Systems wird durch eine Beschreibung der problemorientierten Sprache ersetzt. Damit wird nicht nur, wie bereits bei SLANG, eine systematische Beschreibung des Rechners, sondern auch eine gut formalisierte Beschreibung der problemorientierten Sprache vorausgesetzt. Die Ableitung von Übersetzungsprogrammen aus formalisierten Beschreibungen der Programmsprachen ist erfolgreich behandelt worden (z.B. [157,158,276]).

Eine weitere Möglichkeit, für verschiedene Sprachen gemeinsame Übersetzungsverfahren zu erzielen, die über die Einschaltung einer gemeinsamen Zwischensprache hinausgeht, diese Möglichkeit aber nicht ausschließt, ist von H. Bottenbruch [159] systematisch untersucht worden. Hierbei handelt es sich darum, ein leistungsfähiges Definitionsschema zu erstellen, mit dessen Hilfe in eine vorhandene Bezugssprache, etwa die Maschinensprache eines Rechners oder eine gemeinsame Zwischensprache, beliebige neue Ausdrucksmittel eingefügt werden können, so daß alle Sprachen nach einem Schema aufgebaut und damit auch in die Bezugssprache übersetzt werden können. Die Definition neuer Ausdruckmittel in der Bezugssprache erfolgt dabei in einer verallgemeinerten Unterprogrammtechnik. Wir haben bereits bei ALGOL 60 gesehen, daß die Prozeduren dazu geeignet sind, neue Ausdrucksmittel in die algorithmische Sprache einzuführen. Allerdings sind wir dort infolge der für die Benennung der Prozeduren angegebenen Regeln (z.B. die formalen Parameter folgen, jeweils durch Komma getrennt, in Klammern hinter dem Namen) nicht in der Lage, beliebige Ausdrucksmittel einzuführen. Bottenbruch benutzt als Bezugssprache den Befehlscode einer etwas modifizierten Turing-Maschine[1]. Dies ist eine von A.M. Turing [160,278,279] geschaffene einfachste Universalrechenmaschine, auf die alle normalen Digitalrechner (soweit sie keine Analogelemente oder Zufalls-Elemente enthalten und sofern sie über nicht begrenzte Ausgabemedien verfügen, die auch wieder von den Eingabeorganen gelesen werden können) durch Simulierung abgebildet werden können.

6.2 ALGOL 60

Die algorithmische Formelsprache ALGOL 60 ist von uns in den Kapiteln 1, 2 und 5 vollständig dargestellt worden. Sie wurde erstmals 1960 in dem *Report on the Algorithmic Language ALGOL 1960* ([161], deutsche Übersetzung [162,163]) von einem Komitee amerikanischer und europäischer Fachleute auf einer Konferenz in Paris definiert. Dieser Bericht wurde 1962 in Rom noch einmal überar-

[1] Vgl. auch [277].

Für ALGOL sind folgende Darstellungsformen vorgesehen, die den verschiedenen Bedingungen Rechnung tragen, unter denen ALGOL benutzt wird:

1. die Bezugssprache,
2. die Veröffentlichungssprachen,
3. die maschinengebundenen Darstellungen.

1. *Die Bezugssprache.* Die Bezugssprache ist die Sprache, in der ALGOL definiert ist. Sie wird in den wichtigsten Veröffentlichungen über ALGOL selbst benutzt und dient für alle anderen ALGOL-Formen und deren wechselseitige Übersetzung, sowie für die Übersetzung in die Maschinensprache als Bezugsnorm.

2. *Die Veröffentlichungssprachen.* Die Veröffentlichungssprachen sind ALGOL-Formen, die etwas besser auf die handschriftliche Notierung und die Schreibmaschinenschrift zugeschnitten und die der normalen Formelsprache ähnlicher sind als die Bezugssprache. Sie sind daher besonders für Veröffentlichungen geeignet, die nicht ALGOL, sondern die in ALGOL dargestellten Verfahren betreffen. Diese Veröffentlichungssprachen sollen, um international besser verstanden zu werden, die englichen Sprachelemente beibehalten. Mögliche Erleichterungen sind:

a) Die Verwendung beliebiger Buchstaben, z.B. des griechischen Alphabets,
b) Die Verwendung geschweifter und anderer Klammern,
c) Die Tiefstellung der Indizes,
d) Die Hochstellung der Exponenten.

3. *Die maschinengebundenen Darstellungen.* Dies sind ALGOL-Formen, die von den Übersetzungsprogrammen der Rechner direkt angenommen werden können. Hierbei muß man vor allem dem eingeschränkten Zeichenvorrat der Rechner Rechnung tragen. Unter den verschiedenen maschinengebundenen Darstellungen haben diejenigen eine besondere Bedeutung erlangt, die auf dem internationalen Fernschreibcode CCIT2 und dem Lochkartenalphabet beruhen. Hierüber liegen DIN-Normen vor [240].

Zur Beschreibung einer Sprache muß man sich wieder einer Sprache bedienen. Eine solche Sprache nennt man in Bezug auf die zu beschreibende Sprache eine Metasprache. Wir haben bislang die deutsche Sprache als Metasprache für ALGOL benutzt. Für die Beschreibung der ALGOL-Syntax ist von J.W. Backus [175] eine für diesen Zweck wesentlich bequemere, formalisierte Metasprache geschaffen worden, die wir im folgenden einführen wollen. Sie benutzt Formeln, in denen (entsprechend den Ergibt-Anweisungen) bestimmten metalinguistischen Variablen Werte zugeordnet werden. Als Zuordnungszeichen wird das dem Ergibtzeichen entsprechende Zeichen ::= benutzt.

Beispiel:

<Ziffer> ::= 0 | 1 | 2 | 3 | 4 | 5 | 6 | 7 | 8 | 9

Metalinguistische Variable werden durch ein Klammerpaar < . . . > gekennzeichnet[1]. Die Werte dieser Variablen sind Zeichen und Zeichenfolgen. Einer Variablen können auch wahlweise mehrere durch den senkrechten Strich getrennte Werte zugeordnet werden (Der Strich steht für *oder*). Das oben angeführte Beispiel bedeutet damit: Eine Ziffer kann sein: 0 oder 1 oder 2 oder 3 . . . oder 9. Auf der rechten Seite der Beziehung können auch wieder Variable stehen. Sie repräsentieren dann die ihnen durch entsprechende Beziehungen zugeordneten Werte. Stehen auf der rechten Seite Werte und/oder Variable nebeneinander, so repräsentieren sie neue Werte, die durch die Aneinanderreihung der entsprechenden Zeichenfolgen entstehen.

Beispiel:

<ganze Zahl> ::= <vorzeichenlose ganze Zahl> |
+ <vorzeichenlose ganze Zahl> |
- <vorzeichenlose ganze Zahl>

Ihre besondere Bedeutung verdankt diese Notierung ihrem rekursiven Charakter: Auch die auf der linken Seite einer Definition stehende Variable darf rechts verwendet werden.

Beispiel:

<vorzeichenlose ganze Zahl> ::= <Ziffer> |
<vorzeichenlose ganze Zahl> <Ziffer>

Dieses Beispiel ist so zu interpretieren, daß zuerst die Werte der Variablen <Ziffer> zu nehmen sind. Das sind bereits vorzeichenlose ganze Zahlen. Sie können dadurch, daß man weitere Ziffern rechts daneben schreibt, erweitert werden usw. Auf diese Weise lassen sich alle vorzeichenlosen ganzen Zahlen aufbauen.

Im ALGOL-Bericht ist die Syntax in Form von solchen metalinguistischen Definitionen enthalten. Da diese Definitionen aber über den ganzen Bericht verteilt sind, ist der Zusammenhang der gesamten Syntax nicht leicht zu übersehen. Wir wollen sie daher in den als Anhang beigegebenen Blättern in einer Form zusammenstellen, die den Gesamtüberblick möglichst fördert.[2] Die Druckanordnung unserer Schemata faßt jeweils einige Definitionen zu einer Gruppe zusammen. Die in dieser Gruppe definierte metalinguistische Variable steht als erste. So wird zum Beispiel der Begriff Feldvereinbarung in der Gruppe von Zeile 10 bis 16 erklärt. Tritt bei der Erklärung eines Begriffes eine Variable auf, die es verdient, selbständig behandelt zu werden, so werden diese Beziehungen zu einer neuen Gruppe

[1] Verwechslungen mit der Bedeutung von <n> als Inhalt eines Maschinenortes n sind nicht möglich.

[2] Bei [176] ist der Versuch unternommen worden, die Übersichtlichkeit durch Verwendung eines syntaktischen Diagramms zu gewinnen.

zusammengefaßt, die eingerückt gedruckt ist. So finden wir unter „unbedingte Anweisung" eingerückt die Erklärungen für

a) Zuordnungsanweisung
b) Sprunganweisung
c) leere Anweisung
d) Prozeduranweisung

Davon enthält die Zuordnungsanweisung wiederum selbständige Unterbegriffe. Wird eine metalinguistische Variable besser in einer anderen Gruppe definiert, so ist die entsprechende Zeilennummer neben dem Namen angegeben.

Die Reihenfolge der Definitionen entspricht nicht der im ALGOL-Bericht. Es ist versucht worden, die Begriffe einander so zuzuordnen, daß jeder Begriff in der Umgebung anzutreffen ist, in der er beim Programmieren am häufigsten gebraucht wird. So sind zum Beispiel die Ausdrücke auseinandergerissen worden: der arithmetische Ausdruck ist der Ergibtanweisung untergeordnet, der Zielausdruck der Sprunganweisung und der boolesche Ausdruck der bedingten Anweisung. Ebenso finden wir beispielsweise die Vereinbarungen als Unterbegriff zu Block. Der Vollständigkeit halber geben wir die Syntax in deutsch und englisch[1].

6.3 FORTRAN

Unter den vielen erwähnten Sprachen ist vor allem FORTRAN sehr weit verbreitet, wobei sich die Anwendungsgebiete mit denen von ALGOL decken. Wir wollen aus diesem Grund einige Bemerkungen zu FORTRAN machen, ohne jedoch hier eine Einführung in diese Sprache geben zu wollen. Hierzu ist die ausführlichere, in 6.2 zitierte Literatur geeignet.

Schon in der äußeren Form unterscheidet sich FORTRAN von ALGOL. Die FORTRAN-Darstellung ist wesentlich von der Lochkarte geprägt. Jede Karte enthält eine Anweisung, wobei in jeder der 80 Spalten ein Zeichen steht. Die Anweisungen sind formatgebunden:

Spalte 1 – 5: Marke (zulässig nur ganze Zahlen)
Spalte 7 – 72: Anweisung
Spalte 73 – 80: für das Programm ohne Bedeutung, dienen z.B. zur Numerierung der Karten

Eine besondere Bedeutung haben zum Beispiel die 1. und die 6. Spalte. Enthält die erste Spalte ein C, so ist der Karteninhalt keine Anweisung, sondern ein Kommentar. Ist Spalte 6 nicht leer, so enthält die Karte die Fortsetzung der vorherigen Anweisung. Ist Spalte 6 leer, so beginnt hier eine neue Anweisung; das Kartenende ist Trennzeichen zwischen den Anweisungen. Ein besonderes Trennzeichen (wie

[1] Die Neufassung stammt von Herrn Feldmann, Hamburg.

in ALGOL das Semikolon) existiert nicht. Auch die meisten Wortsymbole sind nicht besonders gekennzeichnet.

Neben den Typenvereinbarungen INTEGER, REAL und LOGICAL (für **Boolean**) kennt FORTRAN noch DOUBLE PRECISION für arithmetische Größen, die mehr Dezimalstellen umfassen als die REAL vereinbarten, und COMPLEX für komplexe Zahlen, die als Paare reeller Zahlen dargestellt werden. Ein wesentlicher Unterschied gegenüber ALGOL ist die implizite Typenvereinbarung: Wird ein Name nirgends vereinbart, so ist er vom Typ INTEGER, wenn er mit einem der Buchstaben I, J, K, L, M, N beginnt, sonst REAL.

In den arithmetischen Ausdrücken finden wir

* als Multiplikations- und
** als Potenzierungszeichen.

Dabei dürfen in FORTRAN-Ausdrücken reelle und ganzzahlige Größen nicht miteinander verknüpft werden (Ausnahme: R**K). Die Division zweier ganzzahliger Größen entspricht der ganzzahligen Division:

```
4/3        = 1
4.0/3.0    = 1.333...
4.0/3      = unzulässig
```

Als Ergibtzeichen wird in FORTRAN das Gleichheitszeichen verwandt. Damit nimmt der Algorithmus zur Lösung einer quadratischen Gleichung (vgl. Programm 1.5/1) folgende Form an:

```
      Q     = - B/(2.0*A)
      P     = SQRT(Q**2 - C/A)
      X1    = Q + P
      X2    = Q - P
```

Die bedingte Anweisung ist eine Dreifach-Verzweigung:

```
      IF (arithmetischer Ausdruck) M1, M2, M3
```

Die Marke M1 wird angesprungen, wenn der Wert des arithmetischen Ausdrucks negativ ist; M2 wird angesprungen, wenn er 0 ist, M3, wenn er positiv ist. Wir können das Beispiel also gemäß Programm 2.2/1 erweitern:

```
      Q   = - B/(2.0*A)
      P   = Q**2 - C/A
      IF (P) 1,2,3
3     P   = SQRT(P)
2     X1  = Q + P
      X2  = Q - P
      ...........
1     P   = SQRT(-P)
      ...........
```

Bei indizierten Variablen erscheint der Index in runden Klammern und hat stets die Form c∗v ± k, wobei v eine ganzzahlige Variable ist und c, k Konstanten sind. (c = 1 bzw. k = 0 kann weggelassen werden.)
Beispiele:

```
C(I,K)        D(I+1,2*L-6)        E(3)
```

Die Feldvereinbarung, z.B.

```
DIMENSION A(10,10), B(5)
```

gibt nur die oberen Grenzen der Indizes an. Die unteren sind stets 1. Ein Typ wird in der Feldvereinbarung nicht angegeben; stattdessen erscheinen diese Namen auch noch in einer Typenvereinbarung oder es gilt die implizite Typenvereinbarung.
Die Laufschleife

```
DO M LV = A, E, S
```

wird im Gegensatz zu ALGOL mindestens einmal durchlaufen.[1] Die Marke M bezeichnet die letzte noch zum Laufbereich gehörige Anweisung, LV ist die (stets ganzzahlige) Laufvariable. Anfang A, Ende E und Schrittweite S sind einfache Variable oder Konstante, die einen positiven Wert besitzen müssen. (S = 1 darf fehlen.) Sind 100 Elemente T_i (i = 1,2, . . ., 100) zu summieren, so ist dieses in FORTRAN folgendermaßen zu schreiben:

```
      DIMENSION T(100)
      .................
      S = 0.0
      DO 17 I = 1,100
17    S = S + T(I)
      ............
```

Für das Horner-Schema müssen wir jedoch die Koeffizienten nach fallenden Potenzen von x numerieren und dabei bei 1 beginnen:

$$P(x) = a_1 x^n + a_2 x^{n-1} + \ldots + a_n x + a_{n+1} .$$

und wir erhalten für Programm 2.5/2:

```
      NP1  = N + 1
      P    = A(1)
      DO 2 I = 2,NP1
2     P    = P*X + A(I)
```

oder aber:

```
      P    = A(1)
      DO 2 I = 1,N
2     P    = P*X + A(I+1)
```

[1] Es handelt sich um den Typ von Abb. 2.4/5a

Die Ein- und Ausgabe ist formatgebunden. Das Format wird in einer eigenen Anweisung festgelegt, die an beliebiger Stelle des Programms stehen darf:

FORMAT (2F8.4, 16HREELLE␣LOESUNGEN)

Die Kennbuchstaben bedeuten

F = reelle Zahl mit Punkt an einer festen Stelle,
H = Text,

also besagt 2F8.4: zwei Festpunktzahlen mit je 8 Anschlägen, wobei 4 Stellen hinter dem Punkt stehen. 16H. . . bedeutet, daß der Text aus 16 Zeichen besteht. Die Ein- und Ausgabeanweisungen selbst haben die Form

$\left.\begin{array}{l}\text{READ}\\ \text{WRITE}\end{array}\right\}$ (NR,M), L

Dabei bezeichnet NR die Kanalnummer des Geräts, M die Marke des Formats, L die Liste der zu transferierenden Variablen, z.B.

READ (17,6) A,B,C

Für Programm 2.2/1 erhalten wir damit die folgende FORTRAN-Fassung:

Programm 6.3/1:

```
C     QUADRATISCHE GLEICHUNG
      READ (17,6) A,B,C
6     FORMAT (3F8.4)
      IF (A) 1,2,1
1     Q = B/(2.0*A)
      P = Q**2 - C/A
      IF (P) 3,4,5
5     P = SQRT(P)
4     X1 = Q + P
      X2 = Q - P
      WRITE (14,7) X1, X2
      STOP
3     P = SQRT(-P)
      WRITE (14,8) Q, P
      STOP
2     WRITE (14,9)
7     FORMAT (2F8.4, 16HREELLE␣LOESUNGEN)
8     FORMAT (2F8.4, 18HKOMPLEXE␣LOESUNGEN)
9     FORMAT (17HNICHT␣QUADRATISCH)
      END
```

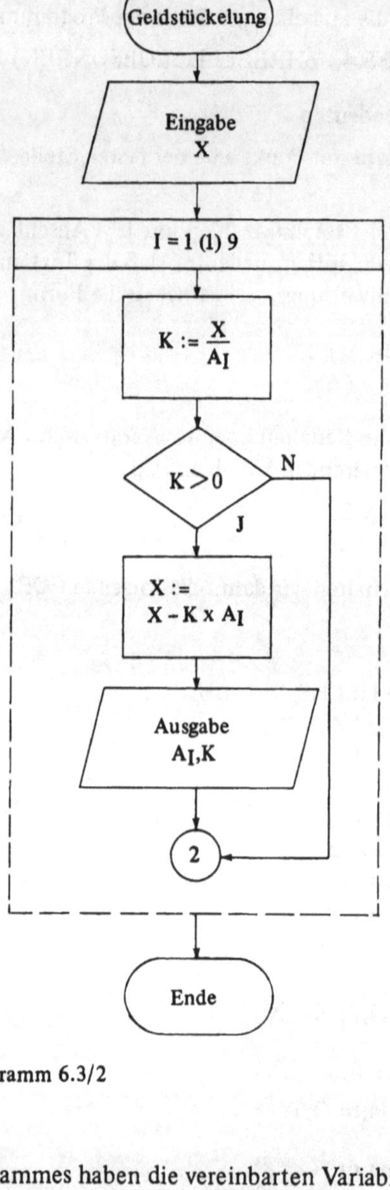

Abb. 6.3/1
Ablaufdiagramm zu Programm 6.3/2

Zu Beginn eines Programmes haben die vereinbarten Variablen keinen definierten Wert. Sollen einige Variable zu Beginn eines Programmes stets einen festen Wert haben, so stellt FORTRAN hierfür die Dateninitialisation zur Verfügung:

```
DATA A/1000,500,100,50,20,10,5,2,1/
```

bedeutet, daß das Feld A von Anfang an mit den Werten

A(1) = 1000
A(2) = 500
. . . .

besetzt ist. Als Beispiel sei noch folgendes Programm angegeben: ein DM-Betrag X soll gemäß den verfügbaren Geldscheinen und Münzen gestückelt werden. Es soll also ausgedruckt werden, wieviele 1000-DM-Scheine, 500-DM-Scheine, . . ., 1-DM-Stücke benötigt werden, um den Betrag X auszuzahlen (Abb. 6.3/1):

Programm 6.3/2:

```
C     GELDSTUECKELUNG
      INTEGER X, A
      DIMENSION A(9)
      DATA A/1000,500,100,50,20,10,5,2,1/
      READ (5,1) X
1     FORMAT (I6)
      DO 2 I = 1,9
      K = X/A(I)
      IF (K) 2,2,4
4     X = X - K*A(I)
      WRITE (6,3) A(I), K
3     FORMAT (2I6)
2     CONTINUE
      END
```

Die CONTINUE-Anweisung bewirkt keine Operation. Sie ist nur erforderlich, weil der Sprung im Falle K = 0 hinter die letzte Anweisung des Laufbereichs der Schleife führen muß. (ALGOL-Äquivalent: Die Marke 2 würde vor dem zusätzlichen Wortsymbol **end** stehen.)

7. Kompilierer

7.1 Formelübersetzung

Formuliert man eine Aufgabe in einer problemorientierten Programmsprache, so muß der Algorithmus in die Maschinensprache übersetzt werden. Der erste Schritt in dieser Richtung wurde von H. Rutishauser getan, der sich vor allem mit der Übersetzung arithmetischer Ausdrücke, der sogenannten Formelübersetzung, befaßt hat. [5]

Bei der Formelübersetzung handelt es sich darum, einen durch Klammern gegliederten Ausdruck abzubauen und die zugehörige lineare Befehlsfolge aufzustellen. Diese Aufgabe wird bei Rutishauser dadurch gelöst, daß jedem Element des Ausdrucks bestimmte Begleitwerte zugeordnet werden, die die Art der Elemente kennzeichnen (z.B. Befehle für Operatoren und Adressen für Operanden) und außerdem jeweils den Verschachtelungsgrad des Elementes angeben. Diese Begleitwerte werden dann in mehreren Reduktionsschritten so abgearbeitet, daß die am stärksten verschachtelten Teilausdrücke aufgesucht und die zugehörigen Teilprogramme bestimmt werden. Dabei wird für die Zwischenergebnisse eine fortlaufende Folge von Speicherzellen bereitgestellt.

Als Beispiel betrachten wir den Abbau des arithmetischen Ausdrucks

$$a - ((b + c) \times d - e)/f + (g - h) \times i.$$

Wir verklammern den Ausdruck vollständig und fügen ein Kennzeichen ϵ für das Ende des Ausdrucks hinzu[1]:

$$(a - ((((b + c) \times d) - e)/f)) + ((g - h) \times i) \epsilon$$

Weiter zeichnen wir über den Ausdruck einen Polygonzug, der die den Verschachtelungsgrad der einzelnen Elemente kennzeichnenden Begleitwerte repräsentiert. Bei öffnenden Klammern und Operanden wird jeweils ein Schritt nach oben gemacht, während der Polygonzug bei Operatoren, schließenden Klammern und beim Schlußzeichen um eine Stufe absinkt. Es werden dann jeweils zwei benachbarte, gleich hohe Gipfel aus dem Klammergebirge herausgesucht, und es wird das entsprechende Programmstück erzeugt. Die Zwischenergebnisse sind mit Z1 bis Z7 bezeichnet.[2] (Abb. 7.1/1)

Das Rutishausersche Verfahren geht davon aus, daß der ganze Ausdruck geschlossen im Speicher des Rechners vorliegt, ehe der Übersetzungsprozeß beginnt. Es sind später verbesserte Verfahren angegeben worden, die es gestatten, solche

[1] ϵ entspricht in ALGOL 60 dem Semikolon oder einem der Wortsymbole **end** oder **else**, wenn der Ausdruck rechte Seite einer Ergibtanweisung ist. In anderen Fällen übernehmen **then**, **step**, **do** usw. die Rolle von ϵ.

[2] Daß ein Teil dieser Zwischenspeicherplätze überflüssig ist, wird später behandelt.

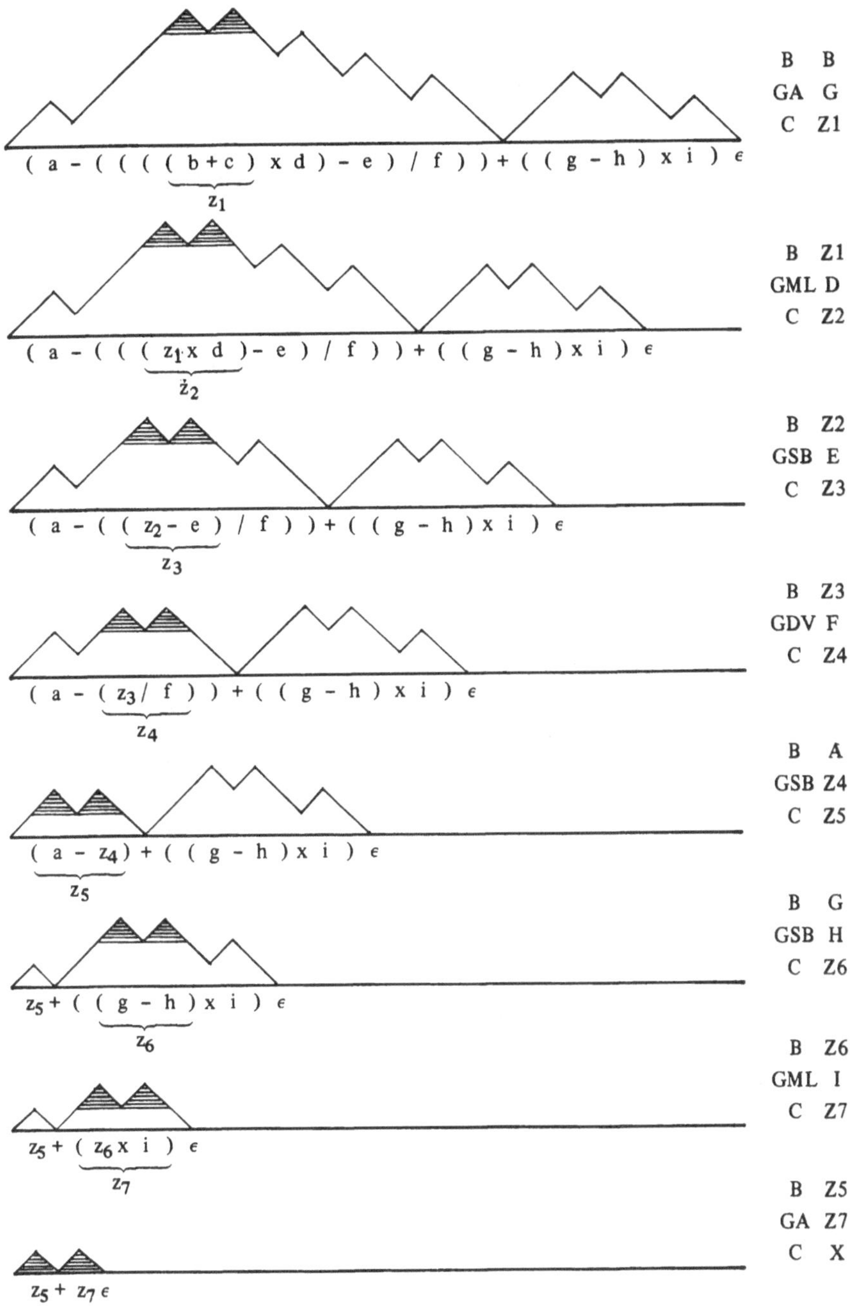

Abb. 7.1/1 Abbau eines Klammerausdrucks

Ausdrücke in einem Durchgang abzubauen. Man nennt diese Verfahren sequentielle Formelübersetzung. Dazu haben K. Samelson und F.L. Bauer [81] die Keller- oder Stapelmethoden eingeführt. Da die Übersetzung algorithmischer Sprachen neben der Adressierung vor allem die bei der Übersetzung arithmetischer Ausdrücke benötigten Verfahren benutzt, wollen wir auf die sequentielle Übersetzung arithmetischer Ausdrücke etwas genauer eingehen. Wir folgen dabei im wesentlichen der Darstellung bei [81].

7.2 Sequentielle Formelübersetzung

Um die wichtigsten Dinge besser herauszuarbeiten, beschränken wir uns auf die Übersetzung arithmetischer Ausdrücke, die nur durch Klammern gegliederte und durch die arithmetischen Operatoren +, –, $\times$ und / verbundene Variable enthalten. + und – sollen dabei stets mit **zwei** Operanden verwendet werden. Im Gegensatz zum letzten Beispiel sollen hier die Prioritäten zwischen den arithmetischen Operatoren auch ohne Klammern berücksichtigt werden. Die Namen der Variablen sollen jeweils aus einem Zeichen bestehen, und das Ende des Ausdrucks soll wieder durch ein Schlußzeichen ϵ erkannt werden.

Der Übersetzungsprozeß läuft nun so ab, daß alle Zeichen des Ausdrucks – zum Beispiel während der Eingabe in die Rechenmaschine – von links nach rechts gelesen und verarbeitet werden. Dabei werden alle Zeichen, die nicht sofort ausgewertet werden können, in einem Zeichen-„Keller" (oder Zeichen-„Stapel") abgelegt. Z wird von einer Zählgröße ζ ($\zeta = 0,1,2,\ldots$) gesteuert. Die jeweils zuoberst liegende und damit nach dem Konstruktionsprinzip solcher Keller unmittelbar erreichbare Angabe innerhalb Z ist Z_ζ. Ein weiterer Keller ist der Operandenkeller Ω. Er wird durch eine Größe ω ($\omega = 0,1,2,\ldots$) gesteuert. Die oberste Angabe in Ω ist Ω_ω.[1] Ω nimmt die während der Berechnung des Ausdrucks auftretenden Operanden und Zwischenergebnisse auf. Die Zählgrößen ζ und ω treten explizit nur während des Übersetzungsprozesses auf. Das gleiche gilt auch für die beiden Keller Z und Ω. Ein Teil des Operandenkellers tritt auch im generierten Programm auf: der Zwischenergebniskeller. In 7.1 hatten wir für jedes Zwischenergebnis einen neuen Speicherplatz benutzt. Dies ist natürlich nicht jedesmal erforderlich, da jedes Zwischenergebnis später nur einmal als Operand benötigt wird.

Es gibt allerdings Rechner mit stapelndem Akkumulator [83,84,85][2], bei denen die Zwischenergebnisse im Akkumulator verbleiben. Ein stapelnder Akkumulator besteht aus mehreren Stufen, von denen jeweils die oberste als d e r Akku-

[1] $\zeta = 0$ oder $\omega = 0$ bedeutet, daß der entsprechende Keller leer ist, also keine Angaben enthält.
[2] Andere Vorschläge für maschinelle Vorrichtungen zur Formelübersetzung bei [86-89].

mulator fungiert. Das Herauf- oder Hinunterschalten des Stapels erfolgt durch geeignete Zusätze in den Operationsteilen der Befehle. Eine andere Stapelvorrichtung sind die stapelnden Speicher (z.B. [90]), bei denen konsekutive Speicherzellen angesprochen werden. Eine solche Möglichkeit bietet der TR 440 mit den EZ- und ENZ-Befehlen. Wir halten ein Zwischenergebnis im Akkumulator, bis eine Operation durchzuführen ist, bei der keiner der beiden Operanden das bisherige Zwischenergebnis ist. Dann wird es mit

EZ C ZW

abgespeichert, wobei die Indexspeicherzelle ZW jeweils den Stand des Zwischenergebniskellers enthält. Wird ein abgespeichertes Zwischenergebnis wieder als Operand benötigt, so ist es oberstes Element des Zwischenergebniskellers (alle später hinzugekommenen Zwischenergebnisse sind wegen der Abarbeitung von links nach rechts schon wieder verbraucht) und kann mit

ENZ code ZW

in den Rechenvorgang eingeschleust werden, wobei code die Bezeichnung der entsprechenden Operation ist. Wenn der Operand zur Verfügung gestellt wurde, so bewirkt der ENZ-Befehl, daß darüberhinaus auch in ZW abwärts gezählt wird.

In der folgenden Beschreibung werden weiter die folgenden Bezeichnungen verwandt:

$\ulcorner$ neu eingelesenes Symbol (Name oder sonstiges Zeichen)
Z Zeichenkeller
ζ Zählgröße für Z
Z_ζ oberstes Element in Z
Ω Operandenkeller (enthält die Adresse des Operanden)
ω Zählgröße für Ω
Ω_ω oberstes Element in Ω

Darüberhinaus spielen beim Übersetzen eine Rolle:

AC ist die Nummer des Operanden in Ω, der Ergebnis der zuletzt generierten Operation ist. Läuft der bereits generierte Teil später ab, so steht am vorläufigen Endpunkt dieser Operand im Akkumulator.

op(X) und $\overline{\text{op}}$(X) bezeichnen bestimmte Befehlscodes, die der Operation X zugeordnet sind. op(X) wird zur Generierung der Operation X verwandt, wenn der linke, und $\overline{\text{op}}$(X), wenn der rechte Operand im Akkumulator vorausgesetzt wird.

In unserem Beispiel ergeben sich die folgenden Befehlscodes, wobei wir uns auf Größen vom Typ **real** beschränken:

X	op(X)	$\overline{\text{op}}$(X)
+	GA	GA
-	GSB	GSBI
X	GML	GML
/	GDV	GDVI
:=	——	C

ZW spielt während der Übersetzung keine Rolle; es wird nur benötigt, wenn das generierte Programm ausgeführt wird, wobei wir voraussetzen, daß ZW am Anfang des generierten Programms mit einem geeigneten Anfangswert besetzt wird.

Das Verfahren läuft nun im wesentlichen folgendermaßen ab (siehe Abb. 7.2/1): Bei jedem auftretenden Namen wird aus einer geeignet aufgebauten Liste (s. 7.3) die Adresse herausgesucht, die diesem Namen zugeordnet ist. Diese Adresse wird als nächstes Element im Operandenkeller Ω gespeichert.

Tritt eine Klammer, ein Operationszeichen oder ein Schlußzeichen auf, so wird im Übersetzungsprogramm eine Fallunterscheidung gemacht, die sich auf den Vergleich von Γ und dem in Z_ζ abgelegten Zeichen gründet. Wir stellen diese Fallunterscheidung am besten in Form einer Übergangsmatrix M dar. Die Spalten von M entsprechen den Γ, die Zeilen den Z_ζ, und die einzelnen Matrixelemente bezeichnen die Fälle 0,1,2 und 3[1]. M lautet für unser Beispiel folgendermaßen:

		Γ							
		:=	+	-	X	/	(	)	ϵ
Z_ζ	leer	1	0	0	0	0	0	0	0
	:=	1	1	1	1	1	1	0	2
	+	0	2	2	1	1	1	2	2
	-	0	2	2	1	1	1	2	2
	X	0	2	2	2	2	1	2	2
	/	0	2	2	2	2	1	2	2
	(	0	1	1	1	1	1	3	0

In den einzelnen Fällen werden vom Übersetzungsprogramm folgende Operationen ausgeführt:

Fall 0: Die mit 0 markierten Stellen der Matrix bezeichnen Situationen, die bei orndungsgemäßer Notierung einer arithmetischen Ergibt-Anweisung nicht auftreten dürfen. 0 kennzeichnet also einen Formfehler, der im Ablaufdiagramm zu einem besonderen Ausgang führt.

[1] Bei umfassenderen Kompilierern reichen 4 Fälle natürlich nicht aus.

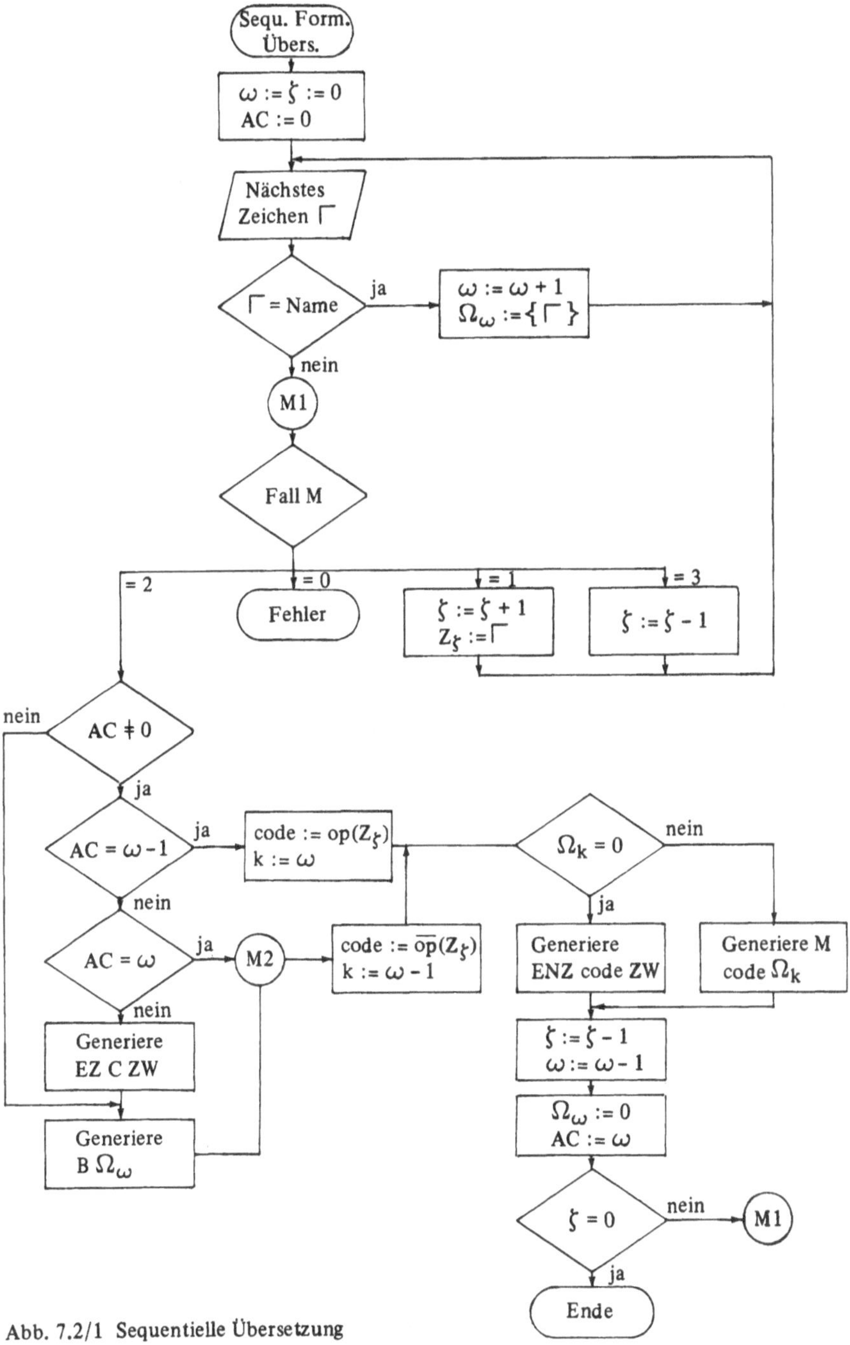

Abb. 7.2/1 Sequentielle Übersetzung

Fall 1: Γ führt zu einer Erhöhung des Verschachtelungsgrades,
d.h. a) Γ ist eine öffnende Klammer oder das Ergibtzeichen,
b) Z_ζ enthält eine öffnende Klammer oder das Ergibtzeichen, während Γ ein beliebiger arithmetischer Operator ist.
c) Z_ζ enthält + oder -, während Γ $\times$ oder/ ist.

Ein Programmstück wird in diesem Fall nicht generiert, weil das gelesene Zeichen auf eine Operation mit höherer Priorität hinweist.

Fall 2: Z_ζ enthält einen arithmetischen Operator, auf den ein Operator niedrigerer Priorität, eine schließende Klammer oder ein Schlußzeichen folgt. Das bedeutet, daß die Operation aus Z_ζ generiert werden kann. Die beiden letzten in Ω notierten Adressen bezeichnen die Operanden; sind $\Omega_{\omega-1}$ oder Ω_ω gleich 0, so ist der betreffende Operand als Zwischenergebnis bei einer früheren Operation zustande gekommen. Ist AC ein Hinweis auf Ω_ω oder $\Omega_{\omega-1}$, so heißt dies, daß dieser Operand das Ergebnis des zuletzt generierten Programmstückes ist und die arithmetische Operation ohne besonderen B-Befehl für einen Operanden angefügt werden kann. Ist AC ein Hinweis auf ein anders Ω_k ($k \leqslant \omega -2$), so kann das Ergebnis des zuletzt generierten Programmstückes nicht unmittelbar weiterverarbeitet werden, und es muß ein Speicherbefehl auf den Zwischenergebniskeller eingefügt werden. (In Abb. 7.1/1 müßte dies mit Z_5 geschehen). Dann und im Fall AC = 0 wird ein B-Befehl generiert, für den die Operandenadresse gleich Ω_ω ist. Danach kann der Maschinenbefehl für die Operation generiert werden, wobei der Operationsteil gemäß op($Z\zeta$) oder $\overline{\text{op}}$(Z_ζ) bestimmt wird. Der Adreßteil ergibt sich aus Ω_k ($k = \omega$ oder $k = \omega - 1$). Falls dieses 0 ist, wird zum Zwischenergebnisspeicher zugegriffen. Der Operandenkeller wird um zwei Operanden erniedrigt, jedoch um den Hinweis auf das neue Zwischenergebnis erhöht. Der Operatorenkeller wird um die programmierte Operation erniedrigt. Ist er dabei leer geworden, so ist die Ergibtanweisung übersetzt; andernfalls wird erneut die Fallunterscheidung in der Übergangsmatrix vorgenommen.

Fall 3: Γ ist eine schließende Klammer und Z_ζ enthält eine öffnende Klammer. Das Programmstück zur Berechnung des Klammerinhalts ist also bereits generiert. Das Übersetzungsprogramm hat lediglich die öffnende Klammer aus dem Operatorenkeller zu entfernen und dann weiterzulesen.

Wir wollen die Übersetzung des auch in 7.1 angegebenen Ausdruckes

$$x := a - ((b + c) \times d - e)/f + (g - h) \times i\epsilon$$

schrittweise verfolgen. Dazu dient Tabelle 7.2/1.

Naturgemäß ist es nicht möglich, die Vielzahl der verschiedenen Verfahren zur Übersetzung der arithmetischen Anweisungen zu beschreiben. Hierzu sei auf [286] verwiesen. Die Struktur der jeweils benutzten Maschine und der verfügbare Befehlscode wollen ebenfalls berücksichtigt sein. So stehen zum Beispiel nicht in allen Rechnern die hier verwandten Befehle GSBI und GDVI zur Verfügung.

Z						Γ	Fall	Ω						Gen. Prog.	AC
1	2	3	4	5	6			1	2	3	4	5	6		
						x		x							0
:=						:=	1	x							0
:=						a		x	a						0
:=	–					–	1	x	a						0
:=	–	(				(	1	x	a						0
:=	–	(	(			(	1	x	a						0
:=	–	(	(			b		x	a	b					0
:=	–	(	(	+		+	1	x	a	b					0
:=	–	(	(	+		c		x	a	b	c				0
:=	–	(	(	+		)	2							B c	
:=	–	(	(					x	a	0				GA b	3
:=	–	(					3	x	a	0					3
:=	–	(	x			x	1	x	a	0					3
:=	–	(	x			d		x	a	0	d				3
:=	–	(	x			–	2							GML d	
:=	–	(						x	a	0					3
:=	–	(	–				1	x	a	0					3
:=	–	(	–			e		x	a	0	e				3
:=	–	(	–			)	2							GSB e	
:=	–	(						x	a	0					3
:=	–						3	x	a	0					3
:=	–	/				/	1	x	a	0					3
:=	–	/				f		x	a	0	f				3
:=	–	/				+	2							GDV f	
:=	–							x	a	0					3
:=	–						2							GSBI a	
:=								x	0						2
:=	+						1	x	0						2
:=	+	(				(	1	x	0						2
:=	+	(				g		x	0	g					2
:=	+	(	–			–	1	x	0	g					2
:=	+	(	–			h		x	0	g	h				2
:=	+	(	–			)	2	x	0	g	h			EZ C ZW	
														B h	
:=	+	(						x	0	0				GSBI g	3
:=	+						3	x	0	0					3
:=	+	x				x	1	x	0	0					3
:=	+	x				i		x	0	0	i				3
:=	+	x				∈	2	x	0	0	i			GML i	
:=	+							x	0	0					3
:=	+						2	x	0	0				ENZ GA ZW	
:=								x	0						2
							2	0						C x	1

Tab. 7.2/1 Übersetzung eines arithmetischen Ausdruckes

Damit werden zusätzliche Speicherbefehle erforderlich, oder die Übersetzung von links nach rechts muß aufgegeben werden und einer neuen Strategie Platz machen. Im Fall des TR 440 hätten wir auch vom Hilfsregister H und den akkumulierenden Befehlen Gebrauch machen können. Damit hätten wir die letzten sechs Befehle des generierten Programms in der Form

BR H, GSBI S, GMLA I, C X

schreiben können. Dafür sind jedoch im Übersetzungsprogramm weitere Fallunterscheidungen erforderlich. (Je besser das generierte Programm wird, desto umfangreicher wird der Übersetzer.) In der gleichen Richtung liegt das Vorhandensein mehrerer Akkumulatoren (z.B. IBM/360). Ganz andere Anforderungen werden an den Übersetzungsprozeß gestellt, wenn etwa mehrere Rechenwerke vorliegen, die verschiedene Teile eines arithmetischen Ausdruckes parallel abarbeiten können. In unserem Beispiel könnten (b+c) × d und (g-h) × i parallel berechnet werden. Damit zusammenhängende Fragen werden zum Beispiel in [287] behandelt. Wieder ein anderer Gesichtspunkt ist es, arithmetische Ausdrücke so umzubauen, daß ein mehrfach auftretender Teilausdruck erkannt und vorgezogen wird [288].

7.3 ALGOL-Übersetzung

Im Prinzip läßt sich ein ALGOL-Programm ebenfalls mit dem von uns in 7.2 beschriebenen Verfahren übersetzen. Dabei vergrößert sich die Übergangsmatrix, und es erhöht sich die Zahl der verschiedenen Fortsetzungen. Umfassendere Beschreibungen dieses und auch anderer Verfahren findet der interessierte Leser in [289-301].

Im Gegensatz zu dem Eindruck, den 7.2 vermittelt, ist es nicht möglich, ein ALGOL-Programm in einem Durchgang von links nach rechts zu übersetzen. Dies liegt daran, daß ein angefangenes Teilprogramm nicht alle Informationen enthalten muß, die zu seinem Verständnis erforderlich sind. Als Beispiele seien erwähnt:

a) Sprunganweisungen und Verteiler können auf Marken Bezug nehmen, die erst später definiert werden. Marken gleichen Namens aus einem übergeordneten Block können erst eingesetzt werden, wenn das Ende des laufenden Blockes erreicht ist, weil bis dahin noch eine neue Definition dieser Marke möglich ist. (s. 5.1.)

b) Auch zu deklarierende Namen können vor ihrer Deklaration benutzt werden. Dies ist dann möglich, wenn sie im gleichen Block deklariert sind wie eine Prozedur, in deren Rumpf sie als nichtlokale Namen benutzt werden. Da die

Reihenfolge von Deklarationen beliebig ist, kann die Prozedurdeklaration zuerst erfolgen, z. B.:

```
begin real A; . . . . .
      begin procedure F(X, Y);
            begin . . . . . X := 3 × Y + A[Y]; . . . . end
            array A[1 : 10]; . . . .
      end
end
```

c) Formale Parameter, die nicht in der Wertliste auftreten, müssen nach dem ALGOL-Bericht nicht unbedingt im Prozedurkopf spezifiziert sein[1]. Aus dem Auftreten innerhalb der Prozedur lassen sich oft Angaben über diese Namen gewinnen. So muß ein Name A, der im Kontext **goto** A auftritt eine Marke sein, während ein formaler Parameter B, der als B[I, J] auftritt, ein Feldname mit zwei Indizes sein muß. Ganz ausschließen läßt sich diese Untersuchung aber auch nicht durch die Spezifikationen, da zum Beispiel die Anzahl der Indizes bei einem Feldnamen durch diese nicht festgelegt wird.

Diese Gesichtspunkte bewirken, daß die Übersetzung eines ALGOL-Programmes in mehreren Phasen durchgeführt werden muß, wenn man nicht wesentliche Einschränkungen in der Programmiersprache machen will. Die wichtigsten Phasen dieses Übersetzungsvorganges sind:

1. Die Übersetzung der Sprachelemente in eine interne Darstellung,
2. der eigentliche Übersetzungsvorgang,
3. die Festlegung der Adressen.

Wir wollen einige Gesichtspunkte der einzelnen Phasen beschreiben und dabei im wesentlichen [292] folgen:

1. Die Übersetzung der Sprachelemente in eine interne Darstellung.
Während des ersten Durchganges werden alle Sprachelemente in eine interne Form überführt. Als Sprachelemente gelten dabei die Basiselemente von ALGOL, das heißt := wird als ein Symbol dargestellt. Dabei ist es möglich, Unterschiede in der externen Darstellung der Symbole zu beseitigen. Hierbei können sowohl die Unterschiede gemeint sein, die sich aus dem Gebrauch verschiedenartiger Peripherie-Geräte ergeben (. , steht auf Lochkarten für ;), als auch die Unterschiede, die ein bestimmtes Peripherie-Gerät erlaubt. Wenn zum Beispiel ein Eingabegerät über das Symbol $<$ verfügt, so ist es zweckmäßig, dieses neben der ALCOR-Fassung 'LESS' zuzulassen, aber unzweckmäßig, intern zwischen beiden Darstellungen zu unterscheiden. Umgekehrt kann die erste Phase Basissymbole

[1] Da diese Möglichkeit sehr oft zu Mehrdeutigkeiten führt, ist sie bei vielen Kompilierern (ebenso wie (b)) verboten. An (a) kommt jedoch kein Kompilierer vorbei.

in verschiedene interne Darstellungen überführen, wenn diese verschiedene Funktionen haben. Als Beispiele seien erwähnt:

begin kann den Anfang einer zusammengesetzten Anweisung oder den Anfang eines Blockes kennzeichnen,

( ) kann eine Klammerung bedeuten oder die aktuellen Parameter eines Prozeduraufrufs oder die formalen Parameter einer Prozedurvereinbarung umschließen,

if . . . **then** . . . **else** . . . kann sich auf Anweisungen oder Ausdrücke beziehen,

array kann eine Vereinbarung oder eine Spezifikation einleiten.

Je nach dem Zusammenhang, in dem solche Basissymbole auftreten, sind die Folgerungen, die bei der Fallunterscheidung gemäß der Übergangsmatrix zu ziehen sind, verschieden. Der jeweilige Zusammenhang kann von Phase 1 leicht erkannt werden.

Darüberhinaus wird während der ersten Phase eine Liste aller Namen angelegt, die in einem Block deklariert sind oder dort als Marken auftreten. Die Blöcke werden fortlaufend numeriert. Damit an jeder Stelle des Programms bekannt ist, welche Namen dort gültig sind, muß die gegenseitige Verschachtelung der Blöcke festgehalten werden. Dies geschieht in [292] dadurch, daß jeder Blocknummer ein Zahlentripel zugeordnet wird:

a) die Nummer des nächsten, den gegebenen umfassenden Blockes,
b) die Stelle der Namensliste, an der die Namen des gegebenen Blockes beginnen,
c) die Anzahl dieser Namen.

Mit dieser Blockliste und der Namensliste ist es dann in der zweiten Phase recht einfach, an jeder beliebigen Programmstelle für einen auftretenden Namen die jeweils gültige Deklaration herauszusuchen (Abb. 7.3/1). Zweckmäßigerweise ergänzt man das Blockschema durch einen das ganze Programm umfassenden Block 0, in dem man die Vereinbarungen für die Standardnamen annimmt[1].

Zur Durchführung der ersten Phase ist keine vollständige ALGOL-Übergangsmatrix erforderlich, sondern nur wenige Zeilen und Spalten für die Blockstruktur und die homonymen Symbole.

2. Der eigentliche Übersetzungsgang kann zum Beispiel mit dem in 7.2 beschriebenen Verfahren arbeiten. Wir wollen dies hier nicht weiter ausführen, sondern nur drei besondere Gesichtspunkte herausgreifen, die für den ALGOL-Programmierer von einigem Interesse sind:

a) In Laufanweisungen tritt die Laufvariable oft als Index auf:

for I := 1 **step** 1 **until** 100 **do** A[I - 1] := A[I] - A[I - 1]

[1] Dann ist es aufgrund der Blockstruktur auch möglich, neue Standardnamen einzuführen, ohne daß Programme, die diese Namen bereits in anderer Bedeutung benutzen, geändert werden müssen.

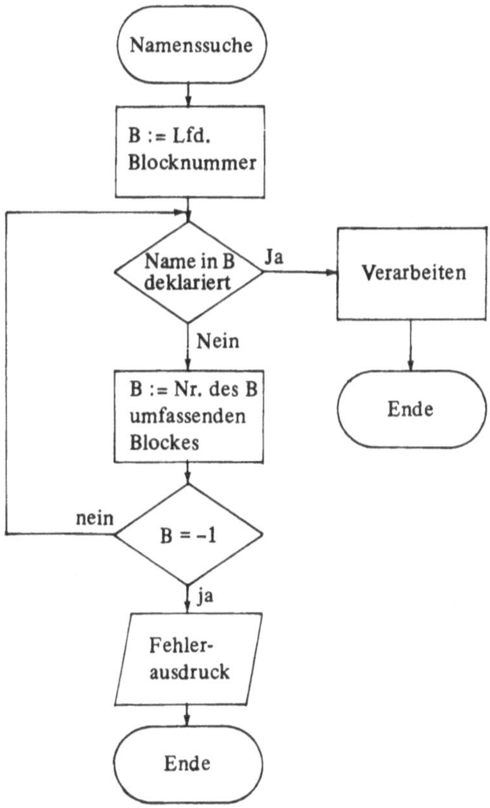

Abb. 7.3/1 Gültigkeit von Namen (nach [292])

In diesem Fall sind zur Bestimmung von A[I - 1] auf der rechten Seite folgende Operationen erforderlich:

Hole I.
Subtrahiere 1.
Addiere die Adresse von A[0].
Speichere diese Adresse in eine Hilfszelle.

Auf die so bestimmte Adresse von A[I - 1] kann man sich dann mit einem E-Befehl beziehen. Diese Operationen sind auch für A[I] erforderlich und werden meist für das A[I - 1] auf der linken Seite noch einmal ausgeführt, weil der Kompilierer die Gleichheit dieser Operandenadressen nicht bemerkt. Alle diese umfangreichen Befehlsfolgen werden für jeden Wert von I durchlaufen, das heißt, die Ausnutzung von Indexregistern und deren weniger aufwendiges Weiterzählen um eine feste Schrittweite (hier 2, wenn man die Speicherplatzgröße im TR 440 berücksichtigt) unterbleiben in der Regel. Man kann nun mit einigem Aufwand den Kompilierer so erweitern, daß alle Laufschleifen, die sich dafür eignen, herausgesucht und gesondert verarbeitet werden. Die Laufvariable darf dann nur linear in den Indexausdrücken vorkommen und die Schrittweite darf sich während der Durchführung der Laufanweisung nicht ändern (Lineare Indexfortschaltung).

b) Die formalen Parameter sind bei jedem Auftreten durch die entsprechenden aktuellen zu ersetzen. Soweit die Parameter nicht in der Wertliste stehen, sind aktuell auftretende Ausdrücke bei jedem Aufruf neu auszuwerten und etwa inzwischen geschehene Veränderungen zu berücksichtigen. Dies wird dadurch erreicht, daß die formalen Parameter im generierten Programm durch einen Unterprogrammsprung realisiert werden, wobei das Unterprogramm jeweils die Auswertung eines aktuellen Parameters vornimmt (s. 8.3). Unter diesem Gesichtspunkt ist beispielsweise das Programm 5.5/2 ungünstig geschrieben, weil dort ein formaler Parameter, der nicht in der Wertliste steht, zur Aufnahme von Zwischenergebnissen benutzt wird. Es ist also besser, hierfür eine zusätzliche Variable zu deklarieren (wie in Programm 5.5/1).

c) Die sogenannte dynamische Speichervereinbarung bewirkt, daß der benötigte Speicherplatz erst bei Eintritt in den Block reserviert wird [302–304]. Hierzu ist für das Programm die Kenntnis des ersten freien Speicherplatzes (EFS) erforderlich. Benötigt ein Block n Speicherplätze, so werden hierfür EFS bis EFS + n - 1 benutzt und EFS um n erhöht (EFS := EFS + n). Die Problematik liegt aber nicht in der Bereitstellung des Speicherplatzes, sondern in seiner Beseitigung beim Verlassen des Blockes. Man beachte, daß ein Block – außer auf dem normalen Wege, das heißt beim Passieren von **end** – auch über Sprunganweisungen verlassen werden kann. Dabei kann der Sprung aus mehreren verschachtelten Blöcken gleichzeitig herausführen. Dann muß für alle diese Blöcke die Speicherplatzreservierung aufgehoben werden. Um dieses Problem zu lösen, ordnet man jedem Block eine positive Zahl b zu, die die Schachtelungstiefe des Blockes angibt. Der äußerste Block, gekennzeichnet durch das Paar **begin** . . . **end**, das am Anfang und Ende des Programmes steht, erhält die Schachtelungstiefe 1. Bei jedem weiteren **begin**, das einen neuen Block einleitet, wird sie um 1 erhöht, bei jedem zugehörigen **end** um 1 erniedrigt. Jeder Schachtelungstiefe wird nun eine Größe EFS_b zugeordnet[1]. Für den fiktiven Block, der das Programm umschließt, legen wir b = 0 fest und setzen für EFS_0 den ersten freien Platz ein, der dem Programm überhaupt zur Verfügung steht. An den Anfang jeden Blockes (b := b + 1) muß dann eine Befehlsfolge generiert werden, die $EFS_b := EFS_{b-1} + n$ bewirkt. Am

[1] Diese Größen werden nur während des Programmlaufs benötigt.

Ende jeden Blockes übernimmt nach b := b - 1 wieder das bisherige EFS_{b-1} die Angabe des freien Speicherplatzes. Somit sind die durch EFS_b reservierten Speicherplätze wieder frei. Damit auch bei den Sprunganweisungen die entsprechende Reduzierung von b stattfindet, muß an jeder Marke eine Befehlsfolge ausgeführt werden, die den für den laufenden Block gültigen EFS_b-Wert setzt.

3. Die Festlegung der Adressen kann erst am Ende erfolgen, weil dann erst von allen Programmstellen die Adressen bekannt sind. Außerdem werden oft die benötigten Speicherplätze unmittelbar im Anschluß an das Programm freigehalten, so daß sich folgende Aufteilung ergibt:

a) Programm,
b) Konstanten,
c) Plätze für einfache Variable,
d) Plätze für Zwischenergebnisse und Felder.

d) muß jeweils dynamisch für das Haupt- und alle Unterprogramme reserviert werden, wenn diese durchgeführt werden. c) kann für jedes Programm fest vorgegeben werden, wenn man rekursive Prozeduren verbietet. Dabei dürfen sich diese Speicherbereiche jedoch nicht überschneiden, da auch auf gleicher Verschachtelungsstufe deklarierte Prozeduren sich gegenseitig aufrufen können. (Auf gleicher Stufe beginnende Blöcke dürfen dagegen den gleichen Speicherplatz benutzen). Sind rekursive Prozeduren erlaubt, so müssen für diese c) und d) bei jedem Aufruf zusätzlich reserviert werden. Fest vorgegebene Adressen sind dann natürlich nicht möglich. Es bedarf keiner weiteren Ausführungen, daß auch hier eine relative Fassung des Programms hergestellt wird (s. 4.5). Es gibt auch Kompilierer, die zunächst eine maschinenorientierte Fassung herstellen. Dann muß das Programm nochmals assembliert werden; es ergibt sich jedoch der Vorteil, daß der Programmierer das Programm vereinfachen kann.

8. Maschinenorientierte Formulierung von Unterprogrammen

8.1 Rücksprungadresse

Der wesentlichste Gesichtspunkt, den wir im Zusammenhang mit den ALGOL-Unterprogrammen besprochen haben (5.3–5.5), war die Übergabe der Parameter. Auch wenn die Unterprogramme in einer maschinenorientierten Programmiersprache geschrieben werden, spielen diese Überlegungen die Hauptrolle. Jedoch kommt ein weiterer wichtiger Parameter hinzu, von dem in der ALGOL-Fassung keine Rede war.

Betrachten wir noch einmal Abb. 5.3/1. Wenn wir die Lösung mit geschlossenem Unterprogramm vorziehen, so wird das Unterprogramm jeweils mit einem Sprungbefehl aufgerufen, der auf die erste Speicherzelle des Unterprogramms zielt. Andererseits ist am Ende des Unterprogramms ein Sprungbefehl notwendig, der die auf den Aufruf folgende Speicherzelle des Hauptprogramms anspringt. Dieser kann nicht in einer allgemein gültigen Form angegeben werden, da bei verschiedenen Aufrufen auch verschiedene Rücksprungbefehle erforderlich sind. Hierzu wird bei jedem Unterprogrammaufruf die Zieladresse für den Rücksprung benötigt. Auf zwei verschiedene Weisen kann diese dem Unterprogramm mitgeteilt werden:

1. Vor dem Aufruf des Unterprogramms wird diese Adresse mit einem BA-Befehl in den Akkumulator gebracht, so daß das Unterprogramm hieraus den Rücksprungbefehl errechnen kann (Abb. 8.1/1).
2. Für den Aufruf eines Unterprogramms wird ein besonderer Sprungbefehl verwandt, der neben der Ausführung des Sprungs auch die Rückkehradresse an eine bequem erreichbare Stelle bringt. Solche Sprungbefehle werden Unterprogrammsprünge genannt (TR 440: SU) Die Notierung der Folgeadresse nennt man Ablaufnotierung. Für eine solche Ablaufnotierung besonders günstige Auffangstellen sind
   a) eine feste Stelle im Rechner, z. B. ein bestimmtes Indexregister [48],
   b) der Anfang des Unterprogramms,
   c) eine Folge von Speicherplätzen, die über ein besonderes Register, den Unterprogrammzähler, gesteuert wird.

Wir wollen diese Möglichkeiten der Reihe nach besprechen:

Notiert der Unterprogrammsprung die Folgeadresse an einer bestimmten Stelle, so hat das den Vorteil, daß ihre Benutzung – auch bei der Übergabe der Parameter (s. 8.2) – in allen Unterprogrammen in der gleichen Weise möglich ist. Handelt es sich darüberhinaus um ein Indexregister, so kann sie zur Adressenmodifikation mitbenutzt werden. Nachteilig ist diese Art der Ablaufnotierung

beitet, um einige Mehrdeutigkeiten zu entscheiden. Seitdem ist die Arbeitsgruppe 2.1 der IFIP federführend. In ALGOL programmierte Verfahren verschiedener Aufgabenstellungen werden unter anderem regelmäßig in den *Communications of the Association for Computing Machinery* und der *Numerischen Mathematik* veröffentlicht.

Bei der Formulierung eines Verfahrens unterscheidet man zweckmäßigerweise folgende Stufen:

1. Information
2. Sprache
3. Darstellung
4. Code

1. *Information.* Die erste Stufe besteht aus der das Verfahren festlegenden Information (z.B. „Lösung linearer Gleichungssysteme nach dem Gaußschen Verfahren") unabhängig von der Formulierung des Verfahrens.

2. *Sprache.* Die nächste Stufe ist die Sprache, in der Darstellungsmittel benutzt werden, deren Verwendung syntaktisch und semantisch genau geregelt ist. Die Syntax (Formenlehre) regelt die formale Kombination der Elemente einer Sprache. So ist zum Beispiel die Vorschrift, daß innerhalb eines Prozedurkopfes die Parameterliste die formalen Parameter durch Komma getrennt enthält, eine syntaktische Regel. Dagegen legt die Semantik die Bedeutung der Sprachelemente fest. Als Beispiel nennen wir die Vorschrift, daß beim Aufruf einer Prozedur durch Wertzuordnung der beim Aufruf gültige Wert des aktuellen Parameters dem entsprechenden formalen als Wert zugeordnet wird.

3. *Darstellung.* Jede Sprache kann auf verschiedene Weise dargestellt werden. Das heißt: Die Elemente der jeweiligen Sprache können, ohne daß die Syntax oder Semantik davon berührt werden, in beliebiger Weise aus einem (endlichen) Zeichenvorrat nach einer eindeutigen Vorschrift bestimmten Grundsymbolen zugeordnet werden. So ist zum Beispiel dem Potenzierungszeichen das Symbol ↑ zugeordnet. Wie wir bereits erwähnten, verwendet eine andere Darstellung das Symbol **power**.

4. *Code.* Die letzte Formulierungsstufe ist der Code. Damit ist die Vorschrift gemeint, die den einzelnen Grundsymbolen der Sprache bestimmte physikalische Signale zuordnet. So ist zum Beispiel nach dem internationalen Fernschreibalphabet CCIT2 das Zeichen für „Klammer auf" auf dem Lochstreifen durch eine Folge von vier Löchern und einer nicht gelochten Position dargestellt. Nach anderen Konventionen werden entsprechende Darstellungen auf Magnetbändern, Lochkarten usw. geregelt.

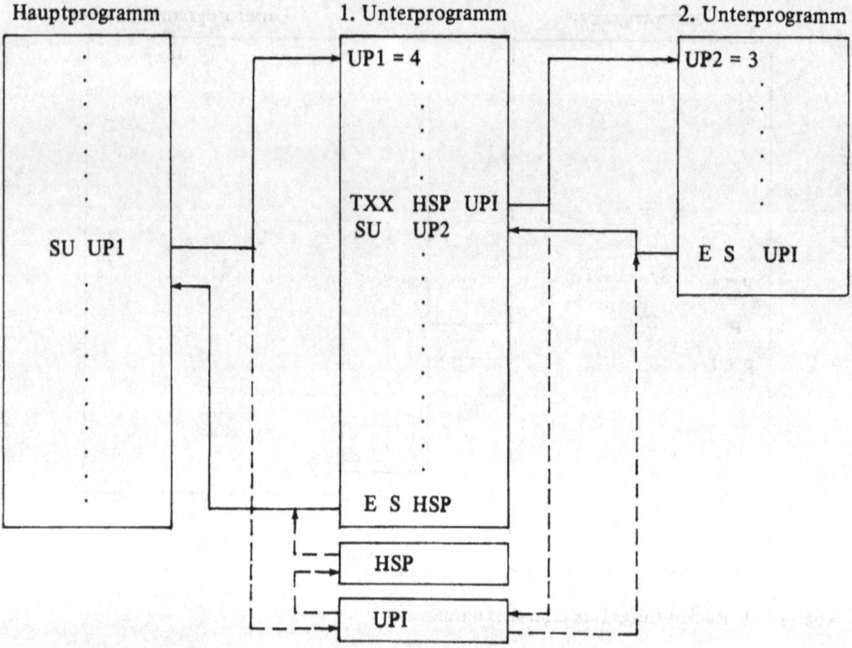

Abb. 8.1/2a Rücksprungadresse im Indexregister

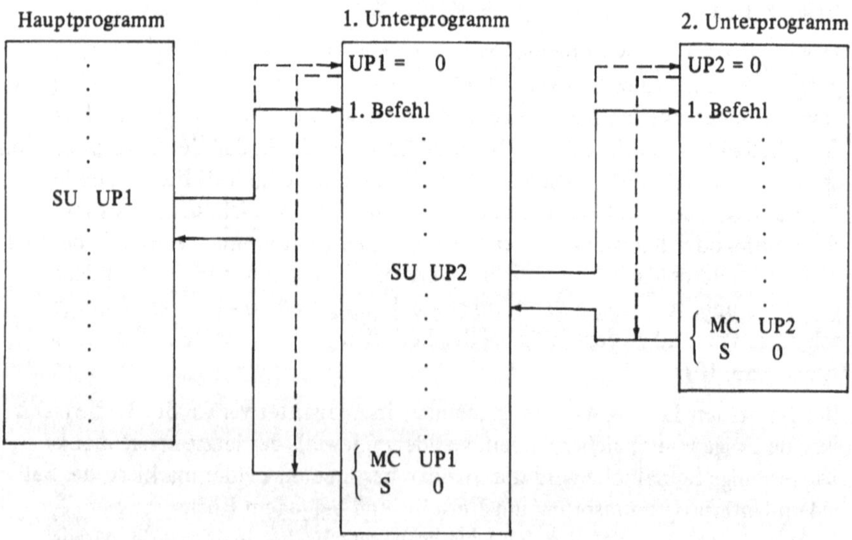

Abb. 8.1/2b Rücksprungadresse am Anfang des Unterprogramms

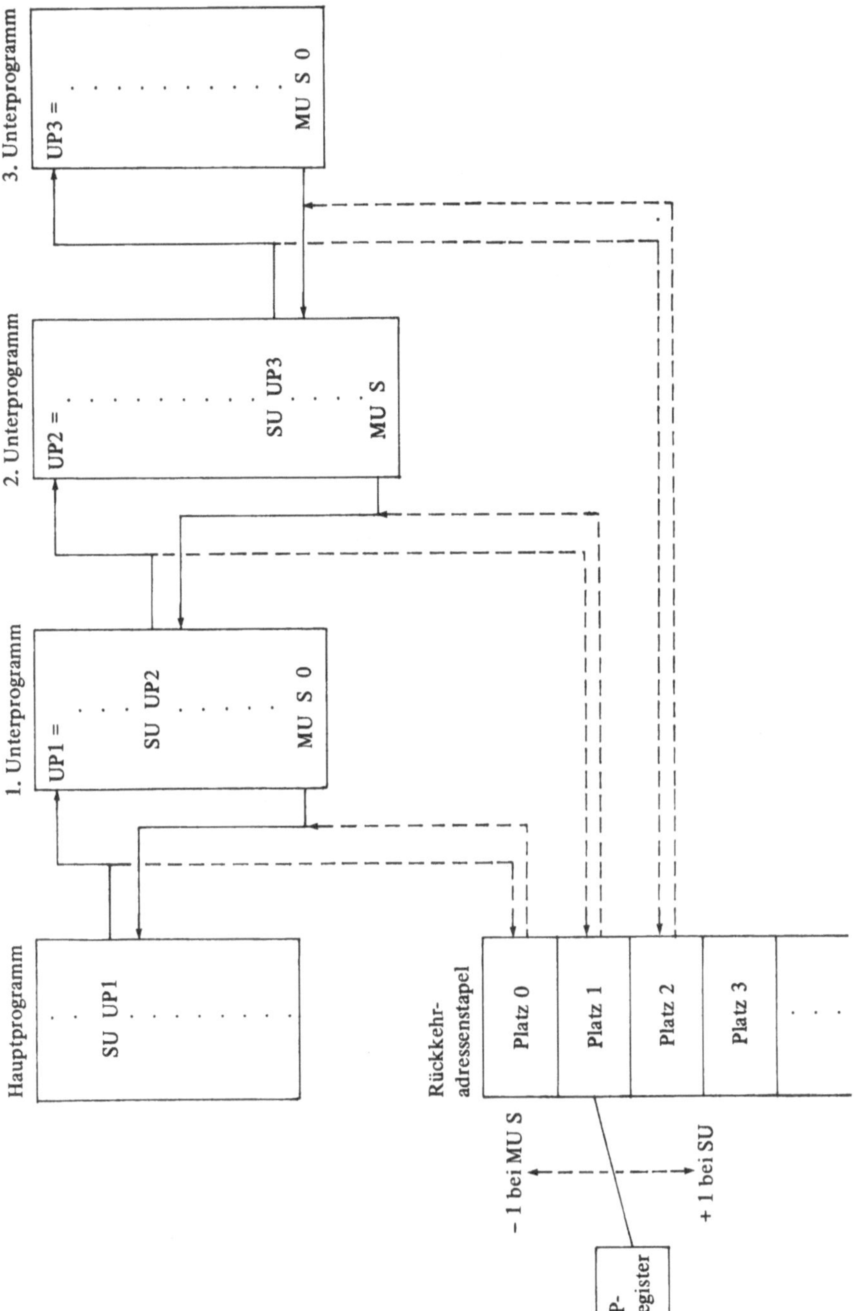

Abb. 8.1/3 Rücksprungadressenstapel

Diese Lösung ist beim TR 440 realisiert, wobei das Unterprogrammregister U die Adresse eines beliebigen Indexregisters mit $| \langle U \rangle | < 253$ enthält. Im folgenden bezeichnet F wieder das Befehlszählregister, das die Adresse des gerade auszuführenden Befehls enthält:

SU m = Springe ins Unterprogramm
$\langle U \rangle := \langle U \rangle + 1$
$\langle\langle U \rangle\rangle := \langle F \rangle + 1$
$\langle F \rangle := m$

MU c p = Modifiziere mit U
$adr := \langle\langle U \rangle\rangle + p$
wenn c ein Sprungbefehl: $\langle U \rangle := \langle U \rangle - 1$

EMU c p = Ersetze nach Modifizierung mit U
$adr := \langle\langle\langle U \rangle\rangle + p \rangle$
mod 2 := mod 2

Das Programm zur Berechnung der Quadratwurzel (Progr. 3.6/2) kann als Unterprogramm folgendermaßen notiert werden, wobei der Parameter x und das Ergebnis $\sqrt{x}$ im Akkumulator stehen sollen:

Programm 8.1/1:

WURZEL = SEGM		- - Bestimmung der Quadratwurzel mit dem Newton-Verfahren - -
	C A	- - Parameter - -
	BH EPS	- - Genauigkeit - -
	B X0	- - Anfangswert - -
	C X,	
	ZX 0 I,	
SCHLEIFE =	B A	- - Nächster Iterationsschritt - - ←
	GDV X,	
	GSBI X,	
	GML (0.5E).	
	C Y	- - Korrektur - -
	R BB A,	
	SK RK	- - Genauigkeit erreicht - -
	B X,	
	GSB Y,	
	C X	- - Neuer x-Wert - -
	HXP 1 I,	
	VBA 6,	
	SXN SCHLEIFE	- - Weniger als 6 Durchläufe - -
→ RK =	B X	- - Ergebnis - -
	MU S 0	- - Rücksprung - -

EPS =	1E-6,	
X0 =	1E,	
Y =	0/V,	
A =	0/V,	
X =	0/V,	

Diese Lösung für die Rückkehradresse ist zwar sehr bequem, hat aber den Nachteil, daß ein maximaler Verschachtelungsgrad existiert, der durch die Anzahl der vorgesehenen Speicherplätze für Rückkehradressen gegeben ist. Dieser Verschachtelungsgrad darf nicht ohne besondere Vorkehrung überschritten werden. Kann man nun bei der Abfassung des Unterprogramms nicht von vornherein garantieren, daß der Verschachtelungsgrad unkritisch ist, so muß in jedes Programm eine entsprechende Prüfung eingebaut werden, die im allgemeinen aufwendiger ist als das einfache Retten der Adresse. Außerdem ist die Ausnutzung der höheren Stufen sehr schlecht, weil die statistische Verteilung der praktisch auftretenden Verschachtelungsgrade sehr steil abfällt. Das heißt: Hohe Verschachtelungsgrade sind sehr selten, und die dafür reservierten Stufen werden kaum benutzt.

8.2 Parameterversorgung

Die einfachste Art, Parameter in ein Unterprogramm einzuschleusen ist, diese Parameter vor der Eingabe des Programms in den Rechner in das Programm einzufügen. Diese simple Methode ist aber nur in Ausnahmefällen anwendbar. Sie verbietet sich im allgemeinen aus folgenden Gründen:

a) Man möchte die Unterprogramme ohne zeitraubende und fehleranfällige Manipulationen aus der Bibliothek in den Arbeitsspeicher einführen.
b) Gewisse Parameter stehen bei der Eingabe des Unterprogramms in die Rechenmaschine überhaupt noch nicht zur Verfügung. Sie werden erst als Resultat von anderen Programmteilen geliefert.
c) Die Parameter müssen auf einfache Weise durch neue Parameter ersetzt werden können, damit das gleiche Programm bei verschiedenen Anwendungen verwendet werden kann.

Wir interessieren uns also im folgenden nur für die von den Programmen selbst durchgeführte Versorgung des Unterprogramms mit Parametern. Dabei muß als Grundvoraussetzung gelten, daß man bei der Abfassung eines Programmes nicht explizit zu wissen braucht, wo sich die einzelnen Speicherplätze eines anderen – dem vorliegenden Programm über- oder untergeordneten – Programmes befinden, in dem Parameter für das Programm bereitstehen oder in die das Programm Parameter abliefern soll. Daher wird man den Anschluß von Unterprogrammen so organisieren, daß an bestimmten ausgezeichneten Stellen innerhalb des Rechners Schlüsselinformationen bereitliegen, mit deren Hilfe alle Parameter gefunden werden können. Es gibt nun viele Möglichkeiten, solche Schlüsselinformationen und deren Aufbewahrung zu verabreden.

Ausgezeichnete Stellen für die Aufbewahrung der Schlüsselinformationen sind:

1a) Der Speicherplatz, der im übergeordneten Programm unmittelbar auf den Absprungbefehl zum Unterprogramm folgt.
1b) Der Anfang eines Unterprogrammes.
1c) Fest verabredete Speicherplätze (unabhängig von der Lage des Programms).
1d) Bestimmte Register, wie zum Beispiel der Akkumulator.
1e) Die Indexregister.
1f) Der Anfang eines Stapelbereiches.

Natürlich ist es auch möglich, verschiedene dieser Lösungen zu kombinieren.

Unter den verschiedenen Möglichkeiten, von den Schlüsselinformationen auf die Speicherplätze der Parameter zu schließen, sind folgende besonders interessant:

2a) Alle Parameter werden in einem zusammenhängenden Parameterblock zusammengefaßt, und dieser Block beginnt an der ausgezeichneten Stelle. Wenn die Länge des Blockes bei verschiedenen Aufrufen des gleichen Unterprogramms verschieden ist, muß die Blocklänge selbst wieder Parameter sein und innerhalb des Blockes an einer festen Stelle (bezogen auf den Blockanfang) stehen.
2b) Die Schlüsselinformation enthält lediglich die Adresse des Blockanfangs und, wenn die Blocklänge nicht feststeht, die Adresse des Blockendes (oder die Blocklänge).
2c) Die Schlüsselinformation enthält die Adresse mehrerer Parameterblöcke (und ggf. ihre Längen).
2d) Es sind mehrere Parameterblöcke vorhanden; die Schlüsselinformation verweist aber nur auf den ersten Block. In diesem befindet sich wieder an ausgezeichneter Stelle (z. B. am Anfang oder Ende) ein Hinweis auf den zweiten Block usw.

Die dritte Fallunterscheidung betrifft die Methode, nach der die Parameter, wenn ihre Speicherorte bekannt sind, in das Programm übertragen werden, in dem sie benötigt werden. Hier zeichnen sich folgende Möglichkeiten ab:

3a) Die Parameterblöcke werden geschlossen umgespeichert, bevor sie benötigt werden. So kann man zum Beispiel beim Aufruf eines Unterprogramms zuerst alle vom Unterprogramm benötigten Parameter in eine Serie von Speicherplätzen übertragen, die zu diesem Zweck freigehalten werden. Das Unterprogramm bezieht sich dann immer auf die dem Unterprogramm bekannten Speicheradressen.
3b) Die Parameter werden jeweils dann einzeln übertragen, wenn sie wirklich benötigt werden.

Es ist kaum möglich, allgemeine Regeln anzugeben, welche Methode die beste ist. Das hängt unter anderem davon ab, welche Eigenschaften der verwendete Rechner hat. Insbesondere spielt dabei seine Fähigkeit im Adressenrechnen eine große Rolle. Weiter ist es eine Ermessensfrage, wie man Speicher- und Zeitbedarf im Einzelfall bewertet. Denn einige Möglichkeiten benötigen zwar wenig Speicher, sind aber dafür langsam, während schnellere Möglichkeiten häufig mehr Speicherplatz beanspruchen. Diese Alternative: schnell und großer Platzbedarf oder langsam und platzsparend, ist uns bereits bei den Programmzyklen begegnet, und wir werden auch bei anderen Programmtechniken finden, daß sich Geschwindigkeiten und Platzbedarf häufig wechselseitig bedingen.

Daneben gibt es noch einen Gesichtspunkt, der sich zwar selten quantitativ erfassen läßt, der nichtsdestoweniger eine größere praktische Bedeutung besitzt als viele andere Erwägungen: Das ist die Übersichtlichkeit der Methode und damit zusammenhängend die Bequemlichkeit der Handhabung [38]. Da wir es in der modernen Rechentechnik sowohl beim Bau als auch bei der Benutzung von Rechnern mit ständig komplizierter werdenden Systemen zu tun haben, steht das Gebot, die verwendeten Systeme möglichst übersichtlich zu gestalten, mit an oberster Stelle. Übersieht man diese Forderung – etwa um durch besondere Tricks einen Spareffekt zu erzielen –, so rächt sich dieser Schritt häufig dadurch, daß sich Fehler und Irrtümer häufen. Die dadurch entstehenden Ausfallzeiten stehen dann im allgemeinen in keinem vernünftigen Verhältnis zu dem ursprünglich angestrebten Spareffekt.

Es bedarf eines gut ausgebildeten Sinnes für eine wirtschaftliche Arbeitstechnik und eine große Programmierungserfahrung, um jeweils den besten Kompromiß zwischen Übersichtlichkeit und Raffinement eines Verfahrens zu erzielen.

Wir wollen uns hier damit begnügen, an einigen Beispielen zu erläutern, was wir bisher ausgeführt haben.

Wir wollen zunächst ein Unterprogramm zur Lösung einer quadratischen Gleichung (s. Programm 1.5/1) angeben, wobei die Parameterübermittlung gemäß 1a–2a erfolgen soll, das heißt, die Parameter bilden einen geschlossenen Block, der hinter dem Aufrufbefehl steht. Im aufrufenden Programm ist also die Folge

```
              ......
┌──────────   SU QUAGL,
│        A =  ......,
│        B =  ......,
│        C =  ......,
│       X1 =  ......,
│       X2 =  ......,
├─────────→   S FEHLER,
└─────────→   ......
```

erforderlich. Der Inhalt der mit A, B und C bezeichneten Speicherplätze wird entweder als Konstante vorgegeben oder im vorhergehenden Teil des Programms errechnet. Der Inhalt der Speicherplätze X1 und X2 wird erst durch das Unterprogramm bestimmt. Letztes Wort des Parameterblockes ist ein Sprungbefehl auf ein anderes Programmstück. Dieses soll erreicht werden, wenn die Gleichung nicht lösbar ist. Der reguläre Programmablauf wird also auf dem 12. Platz[1] hinter dem Absprungbefehl fortgesetzt.

Programm 8.2/1:

QUAGL = SEGM,		
	MU B 0	-- A --
	MU SIO 10	-- A = 0? -- ⟹
	MU GDVI 4	-- P := C/A --
	C P,	
	MU B 2	-- B --
	MU GDV 0	-- B/A --
	GML (0.5E)	-- Q := B/(2A) --
	C Q,	
	R GML A	-- Q^2 --
	GSB P	-- $Q^2 - P$ --
	MU SKO 10	-- $Q^2 - P < 0$? -- ⟹
	SU WURZEL	-- $\sqrt{Q^2 - P}$ --
	C P,	
	GA Q	-- X1 := Q + P --
	MU C 6,	
	B Q,	
	GSB P	-- X2 := Q - P --
	MU C 8,	
	MU S 11	-- Rücksprung -- ⟹
P =	**0/V,**	
Q =	**0/V**	

Zur Beschleunigung des Unterprogramms kann man diejenigen der Parameter A, B, C, die mehr als einmal benötigt werden, zusätzlich unter einem dem Unterprogramm unmittelbar zugänglichen Namen zwischenspeichern. In diesem Programm trifft dies für A zu:

Programm 8.2/2:

QUAGL = SEGM		-- Kommentare wie im vorigen Beispiel --
	MU B 0,	
	C A,	-- A zwischenspeichern --
	MU SIO 10,	⟹

[1] Beachte, daß A, . . . , X2 je ein Ganzwort benötigen

	MU GDVI 4,	
	C P,	
	MU B 2,	
	GDV A	-- A muß nicht mehr aus dem Hauptprogramm übernommen werden --
	GML (0.5E),	
	C Q,	
	R GML A,	
	GSB P,	
	MU SKO 10,	⟹
┌──	SU WURZEL,	
└──→	C P,	
	GA Q,	
	MU C 6,	
	B Q,	
	GSB P,	
	MU C 8,	
	MU S 11,	⟹
P =	0/V,	
Q=	0/V,	
A=	0/V	

Wir wollen das gleiche Programm noch einmal schreiben, jedoch mit 1a–2b, das heißt, der Versorgungsblock befindet sich an einer beliebigen Stelle des Speichers, hinter dem Aufrufbefehl befindet sich lediglich die Adresse des Blockes:

Unveränderliches Hauptprogramm:	Veränderlicher Hilfsspeicher:
. . . . . .	. . . . . .
SU QUAGL2,	FALL1 = A = . . . ,
FALL1/A,	B = . . . ,
. . . .	C = . . . ,
	X1 = . . . ,
	X2 = . . . ,
	S FEHLER,

Für das Unterprogramm ergibt sich ein neuer Aspekt insofern, als die Modifikation mit MU nicht mehr den Zugriff zum Parameter liefert. In diesem Falle holen wir die Adresse des Versorgungsblockes in ein Indexregister, das wir beispielsweise mit ADR bezeichnen und beziehen uns mit den Modifikationsbefehlen auf dieses Indexregister.

Ein wesentlicher Vorteil der sich so ergebenden Fassung gegenüber den beiden vorhergehenden besteht darin, daß folgende Fehlermöglichkeit vermieden wird: Programm 8.2/1 und 8.2/2 sind falsch, wenn der Absprungbefehl auf eine gerade Adresse fällt. Dann steht nämlich nur noch ein Halbwort für A bereit beziehungsweise dieses bleibt frei, und alle Parameteradressen verschieben sich um 1! Diese Form führt also leicht zu Fehlern. Die Schwierigkeit entfällt bei der neuen Fassung, weil für die Adresse FALL1 ein Halbwort ausreicht.

Programm 8.2/3:

QUAGL2 = SEGM		
	MU TCB 0,	
	XC ADR	-- Umspeichern der Parameterblockadresse --
	E B ADR	-- A --
	C A,	
	M ADR,	
	SIO 10,	-- A = 0 ? -- ⟹
	M ADR,	
	GDVI 4	-- P := C/A --
	C P,	
	M ADR,	
	B 2	-- B --
	GDV A,	
	GML (0.5E)	-- Q := B/(2 × A) --
	C Q,	
	R GML A,	
	GSB P	-- Q^2 - P --
	M ADR,	
	SKO 10	-- Q^2 - P < 0? -- ⟹
	SU WURZEL,	
	C P	-- P := $\sqrt{Q^2 - P}$ --
	GA Q	-- X1 := Q + P --
	M ADR,	
	C 6,	
	B Q,	
	GSB P	-- X2 := Q - P --
	M ADR,	
	C 8,	
	MU S 1	-- Rücksprung -- ⟹
P =	**0/V,**	
Q =	**0/V,**	
A =	**0/V,**	

Nachteilig an dieser Lösung ist, daß beim Verlassen des Unterprogramms über den Fehlerausgang der Unterprogrammzähler nicht zurückgesetzt wird.

Als vorerst letzte Lösung wollen wir den Parameterblock aufspalten: Der erste Block enthalte die Eingangsparameter A, B, C, der zweite Block die Ergebnisse X1 und X2. Die Adressen dieser beiden Parameterblöcke und der Fehlerausgang sollen hinter dem Absprungbefehl stehen:

```
......               ......            ......
SU QUAGL3,        ABC=A= ....       X12= X1 = 0/V,
X12/A,                B= ....            X2 = 0/V,
S FEHLER,             C= ....          ......
......               ......
```

Bei dieser Versorgung ist zum Beispiel folgendes Unterprogramm möglich:

Programm 8.2/4:

QUAGL3 = SEGM,		
	MU TCB 0,	
	XC AD1	-- Adresse der Eingangsparameter --
	MU TCB 1,	
	XC AD2	-- Adresse der Ergebnisse --
	E B AD1	-- A --
	C A,	
	MU SIO 2	-- A = 0? -- ⟹
	M AD1,	
	GDVI 4	-- P := C/A --
	C P,	
	M AD1,	
	B 2	-- B --
	GDV A	-- B/A --
	GML (0.5E)	-- Q := B/(2 × A) --
	C Q,	
	R GML A,	
	GSB P	-- Q^2 - P --
	MU SKO 2	-- Q^2 - P < 0 ? -- ⟹
┌──	**SU WURZEL,**	
└─→	**C P,**	-- P := $\sqrt{Q^2 - P}$ --
	GA Q	-- X1 := Q + P --
	E C AD2,	

	B Q,	
	GSB P	-- X2 := Q - P --
	EZ C AD2,	
	MU S 3	-- Rücksprung -- ⟹
P =	0/V,	
Q =	0/V,	
A =	0/V,	

Als Beispiel für ein Unterprogramm mit variabler Versorgungsblocklänge sei das Horner-Schema in der Fassung von Programm 5.3/3 betrachtet. Der Aufruf erfolge in der Form

```
.....                       KOEFF = ....
┌─SU HORNER,                        ....
│ KOEFF/A,
└→......
```

wobei sich X im Moment des Unterprogrammaufrufs im Akkumulator befinden soll (ebenso das Ergebnis am Ende des Unterprogrammlaufes), und bei KOEFF der Reihe nach die Größen p, a_p, a_{p-1}, . . . a_0 stehen sollen. Der Versorgungsblock KOEFF enthält also als erstes einen Hinweis auf seine Länge.

Programm 8.2/5:

HORNER = SEGM,		
	C X	-- Abspeichern von X --
	MU TCB 0,	
	XC ADR	-- Adresse der Koeffizienten --
	M ADR,	
	TCB 1	-- Unteres Halbwort von P; P ist sicher kleiner als 2^{24}, so daß das vordere Halbwort leer ist --
	XC I	-- I := P --
	EZ B ADR	-- C := A[P] --
ZY =	HXP -1 I	-- I := I - 1 -- ←
	MU SXK 1	-- I < 0: Programmende -- ⟹
	GML X,	
	EZ GA ADR	C := C × X + A[I] ---
	S ZY	
X =	0/V	

Wenn wir dieses Programm zur Bestimmung der Sinus-Funktion (s. Programm 5.3/3) anwenden wollen, so wäre folgender Aufruf erforderlich:

Programm 8.2/6:

```
   .....                  SIKO = 4,
   B X,                          2.5771E-6,
   R GML A,                      -1.9619E-4,
┌─ SU HORNER,                    8.2517E-3,
│  SIKO/A,                       -1.6667E-1,
└→ GML X,                        1E,
   .....                         ......
```

Es sei dem Leser überlassen, weitere Programmbeispiele aus den früheren Kapiteln als Unterprogramme zu schreiben.

8.3 Parameterbehandlung

Bei der Besprechung von formalen Parametern in ALGOL-Unterprogrammen haben wir den Unterschied zwischen dem Namensaufruf und dem Wertaufruf kennengelernt. Bisher haben wir diesen Unterschied in den maschinenorientierten Unterprogrammen noch nicht berücksichtigt. Wir haben bei allen Beispielen angenommen, daß es sich bei den Parametern um einen festen Wert oder ein Feld oder um deren Adressen handelt, wobei die Verwendung im Unterprogramm so war, daß sich die Unterschiede in der Parameterbehandlung nicht auswirkten.

Wir wollen die verschiedenen Möglichkeiten an folgendem Beispiel besprechen: X sei ein mit **real** spezifizierter formaler Parameter. Der entsprechende aktuelle bei dem betrachteten Aufruf sei A[I]. Dann gibt es drei Interpretationsmöglichkeiten:

a) Aufruf über den Wert: Der momentane Wert, den der formale Parameter während des gesamten Unterprogrammlaufes repräsentiert, ist durch den anfänglichen Wert von A[I] gegeben, wobei auch für I der momentane Wert beim Unterprogrammaufruf einzusetzen ist. Dies ist der **value**-Aufruf in ALGOL. In maschinenorientierter Sprache läßt sich dieser Fall folgendermaßen realisieren: Vor Ausführung der ersten Unterprogrammanweisung werden die betroffenen Parameter in besondere Speicherplätze übernommen. Diese Übernahme kann vom Unterprogramm vorgenommen werden, wie wir es in Programm 8.2/2 mit dem Parameter A gemacht haben, oder vom Hauptprogramm, wie wir es in Programm 8.2/6 finden. Dort wurde der Wert von X^2 im Hauptprogramm bestimmt. (Diese Lösung ist systematisch jedoch anders zu interpretieren: Der aktuelle Parameter ist nicht mehr X^2, sondern eine vor dem Unterprogrammaufruf neu bestimmte Größe $Z := X^2$, deren Vorgeschichte für das Unterprogramm keine Rolle mehr spielt.)

b) Aufruf über die Adresse: Der momentane Wert, den der formale Parameter während des Unterprogrammlaufs repräsentiert, kann sich ändern. Fest liegt nur seine Adresse, die durch den anfänglichen Wert von I gegeben ist, das heißt, eventuelle Änderungen von I während des Unterprogrammlaufs werden nicht berücksichtigt. Die meisten Parameter in unseren Beispielen von 8.2 sind über die Adresse aufgerufen worden. Naheliegend ist dies, wenn wir im Informationsblock Adressen angegeben haben. Diese Art des Aufrufs ist in ALGOL 60 nicht vorgesehen.

c) Aufruf über den Namen: Der momentane Wert des aktuellen Parameters A[I], den der formale Parameter während des Unterprogrammlaufs repräsentiert, kann sich in zweierlei Weise ändern: einmal können die Zahlenwerte in dem Feld A geändert werden, zum andern kann sich I und somit die Adresse von A[I] ändern. Der Aufruf des aktuellen Parameters muß also jedesmal auch die Auswertung der Größe I umfassen, so daß in diesem Fall der Programmierer im übergeordneten Programm als aktuellen Parameter ein Programmstück einsetzen muß, das dann vom Unterprogramm her seinerseits als Unterprogramm (Parameteraufrufprogramm) angesprungen wird. Dieses Parameteraufrufprogramm berechnet die Adresse des Momentanwertes für den Parameter. (Es darf nicht den Wert selbst berechnen, weil sonst eine Wertzuweisung durch das Unterprogramm an seine Parameter unmöglich wird.) Diese Lösung ist die flexibelste, da sie dem Unterprogramm in der Parameterbehandlung freie Hand läßt, jedoch auch die aufwendigste. Wir haben noch einmal alle Möglichkeiten in Tab. 8.3/1 zusammengestellt.

<table>
<tr><th>formal
aktuell</th><th>Name</th><th>Adresse</th><th>Wert</th></tr>
<tr><td rowspan="3">Parameter-
aufruf-
programm</td><td colspan="3">Das Parameteraufrufprogramm wird angesprungen</td></tr>
<tr><td rowspan="2">bei jedem Auftreten des formalen Parameters</td><td colspan="2">am Anfang des Unterprogramms</td></tr>
<tr><td>Adresse sichern</td><td>Wert sichern</td></tr>
<tr><td rowspan="2">Adresse</td><td rowspan="2"></td><td colspan="2">Adresse holen</td></tr>
<tr><td>bei jedem Auftreten</td><td>am Anfang und Wert sichern</td></tr>
<tr><td>Wert</td><td></td><td></td><td>Wert holen am Anfang oder bei Auftreten</td></tr>
</table>

Tab. 8.3/1 Parameterbehandlung

Die Verwendung von Parameteraufrufprogrammen wird sich bei maschinenorientierter Programmierung in den meisten Fällen vermeiden lassen. Eine besondere Bedeutung hat diese Möglichkeit in ALGOL und beim Anschluß von maschinenorientierten Unterprogrammen (sogenannten Code-Prozeduren) an ALGOL-Hauptprogramme. Bei maschinenorientierten Unterprogrammen wird meist die Verwendung von Adressen (evtl. in der Form von Programm 8.2/5) genügen.
Wir wollen das Programm 8.2/2 noch in diesem Sinne schreiben. Dabei soll der Aufruf durch die Befehlsfolge

```
   ......
┌──SU QUAGL3,
│  A/A,
│  B/A,
│  C/A,
│  X1/A,
│  X2/A,
├─→S FEHLER,
└─→......
```

erfolgen. Mit anderen Worten: Hinter dem Unterprogrammsprung werden die Adressen der Speicherplätze für A, B, C, X1 und X2, sowie ein Sprungbefehl für den Fehlerausgang angegeben. Das entsprechende Unterprogramm kann folgendermaßen aussehen:

Programm 8.3/1:

QUAGL3 = SEGM,		
	EMU B 0	-- A --
	C A,	
	MU SIO 5	-- A = 0? -- ⟹
	EMU GDVI 2	-- P := A/C --
	C P,	
	EMU B 1	-- B --
	GDV A	-- B/A --
	GML (0.5E)	-- Q := B/(2 × A) --
	C Q,	
	R GML A,	
	GSB P	-- Q^2 - P --
	MU SKO 5	-- Q^2 - P < 0 ? -- ⟹
┌──	SU WURZEL,	
└─→	C P	-- P := $\sqrt{Q^2 - P}$ --
	GA Q	-- X1 := Q + P --
	EMU C 3,	

	B Q	-- Q --
	GSB P	-- X2 := Q - P --
	EMU C 4,	
	MU S 6	-- Rücksprung -- ⟹
P =	**0/V**	
Q =	**0/V**	
A =	**0/V**	

Die Verwendung des EMU-Befehles statt MU ist erforderlich, weil hinter dem Absprungbefehl nicht die Parameter selbst, sondern deren Adressen stehen. Somit ist nach der Modifikation über das Unterprogrammregister, die den jeweiligen Speicherplatz im Informationsblock bestimmt, noch eine Ersetzung erforderlich.

Wir wollen nun noch die Programme 5.5/1 und 5.5/2 als maschinenorientierte Unterprogramme schreiben. Bei der Übertragung von 5.5/1 verwenden wir Adressen im Informationsblock, den wir hinter dem Unterprogrammsprung einsetzen:

```
......                      ......
SU NEWTON,                  F = Programm zur Bestimmung
XO/A,                           von f(x)
F/A,                        ......
FS/A,                       FS = Programm zur Bestimmung
EPS/A,                          von f'(x)
N/A,                        ......
SM,
X/A,
......
```

Die Programme F und FS sollen dabei voraussetzen, daß das Argument im Akkumulator steht und das Ergebnis ebenfalls dort abgelegt werden soll.

Programm 8.3/2

NEWTON = SEGM,		
	EMU TCB 4	-- N --
	XCN I,	-- I := -N --
	EMU B 0,	-- X0 --
R1 =	**C XK**	-- XK := X0 -- ←
	EMU SU 1,	-- F(XK) --
	C Z,	
	B XK,	
	EMU SU 2	-- FS(XK) --

```
        | GDVI Z           | -- KORR := F(XK)/FS(XK) --
        | C KORR,          |
        | GDV XK,          |
        | R BB A           | -- abs(KORR/XK) --
        | EMU GSB 3        | -- abs(KORR/XK) - EPS --
        | SKO A            | -- Genauigkeit erreicht --
        | B XK,            |
        | GSB KORR         | -- XK := XK - KORR --
R2 =    | SZX R1-R2 I      | -- I := I+1; I<0: Sprung
        |                  |                   nach R1--
        | MU S 5           | -- Fehlerausgang --  ⟹
A  =    | B XK             |
        | EMU C 6          | -- X := XK --
        | MU S 7           | -- Normalausgang -- ⟹
Z  =    | 0/V,             |
XK =    | 0/V,             |
KORR =  | 0/V,             |
```

Für den Fehlerausgang ist die alleinige Angabe der Adresse (also M) nicht zweckmäßig, weil der dann erforderliche EMU-Befehl das Unterprogrammregister nicht herunterzählt, obwohl das Unterprogramm verlassen wird. Daher tragen wir für den Fehlerausgang einen Sprungbefehl ein, der mit MU S 5 angesprungen werden kann.

Im Programm 5.5/2 haben wir F und FS nicht als Funktionen, sondern als Ergebnisse dieser Funktionen benutzt. Wir verwenden in der maschinenorientierten Fassung für diese Parameter ein Aufrufprogramm. NEWTON2 kann z. B. durch

```
 ......                      ......
 SU NEWTON2,                 F  = B X,
 X0/A,                            ... Bestimmung von f(x)
 F/A,                             C FX,
 FS/A,                            XBA FX,
 EPS/A,                           MU S 0,
 N/A,                        FS = B X,
→S M,                             ... Bestimmung von f'(x)
 X/A,                             C FX,
→......                           XBA FX,
                                  MU S 0
                             FX= 0/V
```

aufgerufen werden. Neben den bisher benötigten Speicherplätzen benötigt diese Fassung noch einen Hilfsspeicher FX. Das entsprechende Programm ergibt sich in folgender Weise:

Programm 8.3/3:

NEWTON2 = SEGM,		
	EMU TCB 4	-- Kommentar wie im vorigen Programm --
	XCN I,	
	EMU B 0,	
R1 =	**EMU C 6,**	-- Abspeichern von X ins Hauptprogramm --
┌──	**EMU SU 1**	-- Parameteraufrufprogramm --
└──→	**MAB B 0**	-- Adresse ist im Bereitadressen-register hinterlegt --
	C Z,	
┌──	**EMU SU 2**	-- Parameteraufrufprogramm --
└──→	**MAB B 0,**	
	GDVI Z,	
	C KORR,	
	EMU GDV 6,	
	R BB A,	
	EMU GSB 3,	
	MU SK0 7	-- Ergebnis übergeben entfällt! -- ⟹
	EMU B 6,	
	GSB KORR,	
R2 =	**SZX R1-R2 I,**	
	MU S 5,	⟹
Z =	**0/V,**	
KORR =	**0/V.**	

8.4 Verschachtelte Unterprogramme

Genau wie bei den zyklischen Programmen bringt die Verschachtelung auch bei Unterprogrammen eine Reihe von neuen Schwierigkeiten mit sich. Um auch verschachtelte Unterprogramme bequem handhaben zu können, müssen wir voraussetzen, daß alle Unterprogramme – unabhängig davon, in welchem Verschachtelungsgrad sie jeweils eingesetzt werden – auf die gleiche Weise mit ihrem jeweils übergeordneten Programm verkehren können. Grundsätzlich gibt es dafür zwei Möglichkeiten:

a) Jedes Unterprogramm bezieht seine Parameter aus dem ihm unmittelbar übergeordneten Programm.
b) Alle Unterprogramme werden vom Hauptprogramm versorgt.

Nachteil von (a): Alle Parameter für weit verschachtelte Unterprogramme müssen durch alle dazwischen liegenden Unterprogramme durchgeschleift werden, auch wenn sie dort nicht benutzt werden.

Nachteil von (b): Alle Parameter für ein Unterprogramm müssen über das Hauptprogramm geschleift werden, auch wenn die Parameter im unmittelbar übergeordneten Programm bereitstehen.

Da bei verschachtelten Unterprogrammen die Parameter häufiger aus dem unmittelbar übergeordneten Programm stammen, wird meist (a) benutzt. Für die Anschlußtechnik stehen dann wieder die im vorigen Abschnitt angegebenen Möglichkeiten zur Verfügung[1]. Die mit der Rücksprungadresse zusammenhängenden Probleme bei verschachtelten Unterprogrammen sind bereits in 8.1 behandelt.

Wir wollen als Beispiel das Programm 5.3/1 betrachten, dabei jedoch einige Vereinfachungen anbringen und die Unterprogramme HORNER (Programm 8.2/5) und NEWTON (Programm 8.3/2) benutzen. Das Programm selbst soll wieder ein Unterprogramm mit dem Namen SUNST (Suche Nullstelle) sein. Der Verschachtelungsgrad der einzelnen Unterprogramme ist aus Abb. 8.4/1 ersichtlich: Das Hauptprogramm ruft SUNST auf. Dieses wiederum benutzt NEWTON und HORNER. NEWTON seinerseits benötigt F und FS, die beide wieder HORNER aufrufen. HORNER erscheint also sowohl auf der zweiten als auch auf der vierten Verschachtelungsstufe. In Abb. 8.4/2 ist ein Ablaufdiagramm für die hier programmierte, vereinfachte Form angegeben.

Der Aufruf des Programms durch ein Hauptprogramm soll durch die Befehlsfolge

```
SU SUNST,
PARA/A          -- Adresse des Versorgungsblockes --
S KN            -- Keine Nullstelle gefunden --
S SK            -- Schlechte Konvergenz --
......
```

[1] Die Versorgung verschachtelter Unterprogramme mit Fall (b) ist ausführlich bei [40] beschrieben.

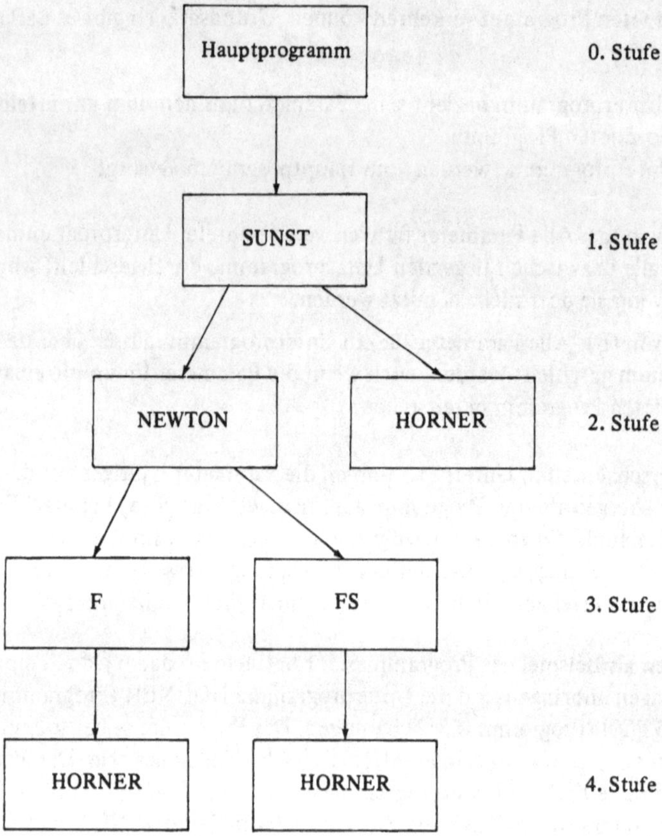

Abb. 8.4/1 Verschachtelungsdiagramm zu Prog. 8.4/1

erfolgen. Dabei enthalte der Versorgungsblock PARA in dieser Reihenfolge die folgenden Angaben:

X0	-- Anfang des Intervalls --
XM	-- Ende des Intervalls --
M	-- Anzahl der Teilintervalle --
NG	-- Polynomgrad als Gleitpunktzahl[1] --
NF	-- Polynomgrad als Festpunktzahl --
A[N]	-- höchster Koeffizient des Polynoms --
.....	
A[0]	-- absolutes Glied des Polynoms --

[1] Das Abspeichern beider Werte kann man sich ersparen, wenn man die programmierte Umwandlung von Festpunkt- in Gleitpunktzahlen benutzt.

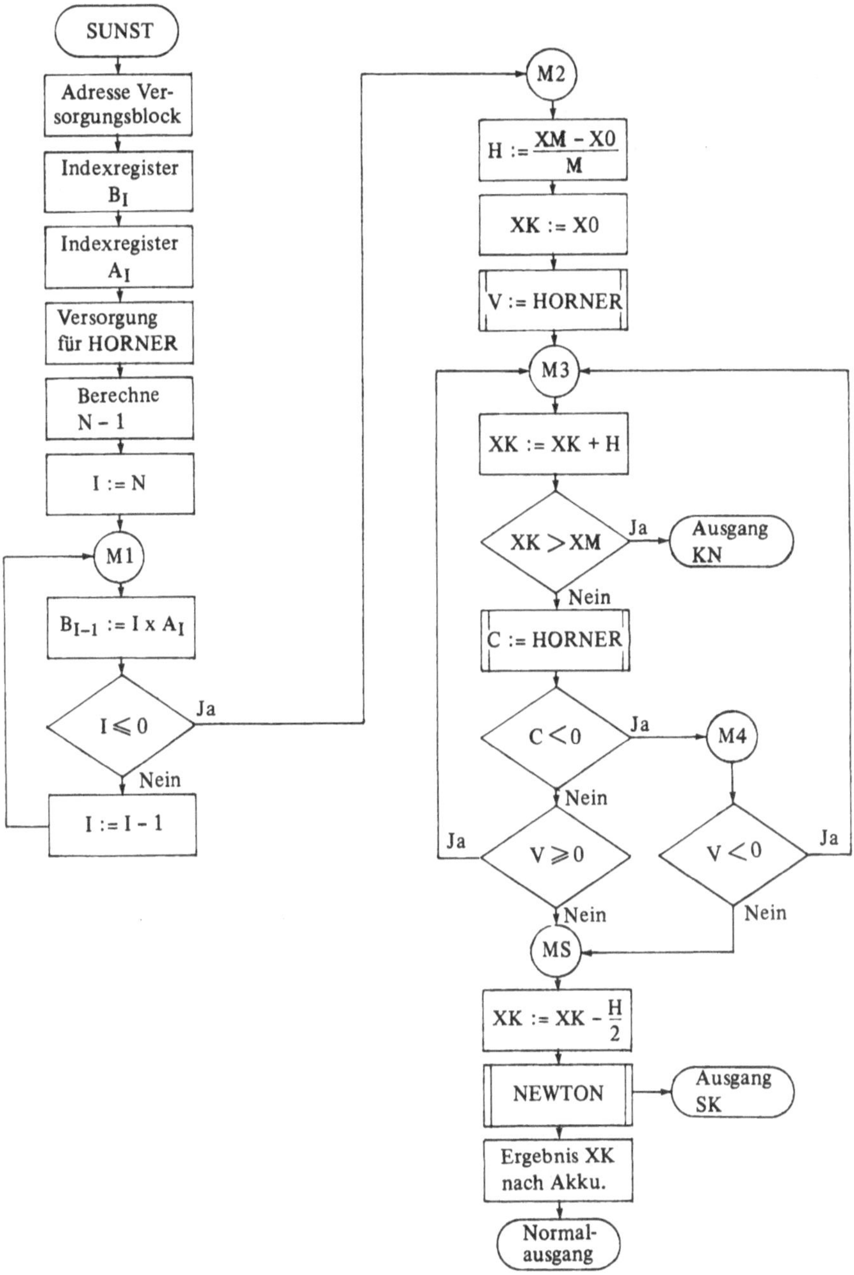

Abb. 8.4/2 Ablaufdiagramm zu Programm 8.4/1

NF und die Koeffizienten A[I] müssen an das Unterprogramm HORNER weitergegeben werden. N–1 und die B[I] bilden einen alternativen Versorgungsblock für HORNER. Dieser muß erst von SUNST aufgebaut werden. Der Versorgungsblock für NEWTON kann in SUNST fest vorgegeben werden, wobei für den Startwert und das Ergebnis der gleiche Speicherplatz möglich ist.

Wir haben demnach in diesem Beispiel drei verschiedene Möglichkeiten für die Versorgungsblöcke der tiefergeschachtelten Unterprogramme realisiert:

a) Der Versorgungsblock wird vom übergeordneten Programm übernommen und unverändert weitergegeben (NF, . . . , A[0]).

b) Der Versorgungsblock wird vom 1. Unterprogramm bei jedem Aufruf neu zusammengestellt (N-1, . . . B[0]).

c) Der Versorgungsblock wird vom 1. Unterprogramm fest vorgegeben. (Versorgungsblock für NEWTON).

Damit ergibt sich das folgende Programm:

Programm 8.4/1:

SUNST = SEGM,		
	MU TCB 0,	
	XC ADR	- - Adresse des Versorgungsblockes - -
	XBA B–2	
	XC BI	- - <BI> := Adresse B[N-1] - 2 - -
	M ADR,	
	XBA 8,	
	XC AI,	- - <AI> := Adresse von A[N] -2 = Adresse von NF - -
	TBC HO1,	- - NF und A[I] bilden den Versorgungsblock für HORNER in drei Fällen - -
	TBC HO2,	
	TBC HO3,	
	M ADR,	
	B 8	- - N (Festpunkt) - -
	SBA 1	
	C N1	- - N1 := N - 1 - -
	M ADR,	
	B 6	- - I := N (Gleitpunkt wegen der Multiplikation mit A[I]) - -
M1 =	**C I,**	
	EZ B AI,	
	GML I,	

```
             EZ C BI            -- B[I-1] := I x A[I]. Der niedri-
                                   gere Index links ergibt sich aus
                                   dem Anfangsstand des Index-
                                   registers --
             B I,
             SKGO M2            -- I ⩽ 0? --
             GSB (1E)           -- I := I - 1 --
             S M1               -- Fortsetzung der Schleife,
                                   solange I ⩾ 0 ist. Der Fall
                                   I = 0 wird mitgenommen, damit
                                   auch der Sonderfall N = 0
                                   richtig abläuft. --
M2 =         M ADR,
             B 2,
             C XM               -- XM übernehmen --
             E GSB ADR          -- XM - X0 --
             M ADR,
             GDV 4,
             C H                -- H := (XM - X0)/M --
             E B ADR,
             C XK               -- XK := X0 --
             SU HORNER          -- Funktionswert an der Stelle
                                   X0 (V) --
HO1 =        0,                 1)
             C V,
M3 =         B XK,
             GA H,
             C XK               -- XK := XK + H --
             GSB XM,
             MU SG0 1           -- SK > XM: Abbrechen, ⟹
                                   keine Nullstelle
                                   gefunden --
             B XK,
             SU HORNER,         -- Funktionswert an der Stelle
                                   XK (C) --
HO2 =        0,                 1)
```

[1]Wenn das Ändern eines im Programmbereiches liegenden Speicherzelleninhalts verboten ist, kann hier SU HORNER,H01/A angegeben werden. Dann ist jedoch in HORNER die Adresse der Parameterversorgung mit EMU TCB 0 anzusprechen oder der gesamte Versorgungsblock muß an die Stelle H01 umgespeichert werden.

```
                SK0 M4          -- C < 0 ?
                B V,
                SGG0 M3         -- V und C nicht negativ --
                S M5            -- Ungleiches Vorzeichen --
    M4 =        B V,
                SK0 M3          -- V und C negativ --
    M5 =        B H,
                GML (0.5E),
                GSBI XK         -- XK := XK - H/2 --
                C XK,
                SU NEWTON       -- Iteration mit dem Newton-
                                   Verfahren --
                XK/A            -- Startwert --
                F/A             -- Funktion --
                FS/A            -- Ableitung von F --
                G/A             -- Genauigkeitsschranke --
                MS/A            -- Maximale Schrittzahl --
                MU S 2          -- Iteration erfolglos --
                XK/A            -- Ergebnis --
                B XK,
                MU S 3          -- Rücksprung --   ⟹
    F =         SU HORNER       -- Unterprogramm für die
                                   Funktion --
    HO3 =       0,              1)
                MU S 0,
    FS =        SU HORNER       -- Unterprogramm für die
                                   Ableitung --
                N1/A,
                MU S 0,
    G =         1E-6,
    MS =        10,
    I =         0/V,
    XM =        0/V,
    H =         0/V,
    XK =        0/V,
    V =         0/V,
    N1 =        0/V,
    B =         0/V,
                .......
```

[1] s. Fußnote auf der vorigen Seite

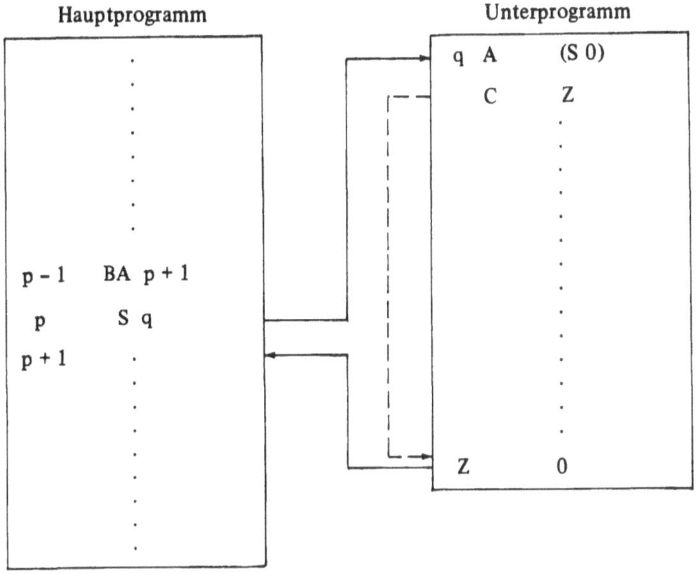

Abb. 8.1/1 Rücksprungadresse im Akkumulator

bei der Verwendung verschachtelter Unterprogramme: Wird in einem Unterprogramm ein weiteres aufgerufen, so muß zuerst die vorherige Ablaufnotierung gerettet werden, weil sie später noch in einem Rücksprungbefehl benutzt wird (Abb. 8.1/2a).

Diese Schwierigkeit wird bei der Notierung am Anfang des jeweiligen Unterprogramms umgangen. In diesem Fall beginnen die Befehle eines Unterprogramms erst mit seiner zweiten Speicherzelle; die erste wird für die Rücksprungadresse freigehalten (Abb. 8.1/2b). Der Nachteil liegt hier darin, daß der Unterprogrammsprung den Inhalt einer Speicherzelle im Programm verändert. Heute wird jedoch Wert darauf gelegt, daß Veränderungen nur im Datenbereich, nicht aber im Programm- oder Konstantenbereich erfolgen. Diese Trennung veränderlicher und nicht veränderlicher Informationen ist erforderlich, wenn man das Programm gegen die unbeabsichtigte Zerstörung – z. B. aufgrund von Programmfehlern – schützen will, und zweckmäßig bei der Benutzung moderner Betriebssysteme (siehe Kap. 10).

Bei der dritten Lösung wird ein stapelndes Indexregister verwandt [37, 53]. Das ist eine Folge von Speicherplätzen, von denen jeweils der letzte erreichbar ist. Die jeweilige Stapelhöhe wird durch einen besonderen Zähler markiert, der bei jedem Unterprogrammsprung um 1 erhöht und bei jedem Rücksprung um 1 erniedrigt wird. Er zeigt also den jeweiligen Verschachtelungsgrad des gerade laufenden Unterprogramms an. (Abb. 8.1/3).

Die einfachste Möglichkeit, die Arbeitsspeicher bereitzustellen, ist die, jedem Programm (und nicht jedem Programmdurchlauf) einen Arbeitsspeicher fest zuzuordnen. Das hat jedoch folgende Nachteile:

1. Man muß in den Fällen, in denen die Größe des Arbeitsspeichers von den Programmparametern abhängt, jeweils den größtmöglichen Arbeitsspeicher vorsehen. Falls eine solche obere Grenze nicht existiert (z.B. der Grad eines Polynoms), muß künstlich eine Begrenzung festgesetzt werden, die dann nicht überschritten werden darf.

2. Nehmen wir zunächst an, daß Programme sich nicht selbst (oder übergeordnete Programme) als Unterprogramme aufrufen dürfen, so sind bei einem n-fach verschachtelten Unterprogramm jeweils höchstens n Programme „gleichzeitig"[1] in Betrieb. Enthält die Aufgabenstellung mehr als n Programme (gibt es also im gleichen Verschachtelungsgrad mehrere Programme, die aber nur nacheinander aufgerufen werden können), so müssen dennoch für alle Programme Arbeitsspeicher reserviert werden, obgleich höchstens n Arbeitsspeicherbereiche wirklich gleichzeitig genötigt werden.

3. Man kann die Einschränkung, daß ein Programm sich nicht selbst oder ein übergeordnetes Programm aufrufen kann, nicht fallen lassen, weil für jedes Programm nur ein Arbeitsspeicher vorhanden ist.

Wollen wir insbesondere die in (3) genannte Beschränkung aufheben, so müssen wir nach einer anderen Lösung suchen. Dabei müssen wir berücksichtigen, daß eine solche Unterprogrammrückführung bewirkt, daß Unterprogramme aufgerufen werden, die mit ihrer vorherigen Arbeit noch nicht fertig sind, die also noch die alten Parameter und Zwischenergebnisse benötigen. Daher müssen sie beim zweiten Aufruf einen zweiten Arbeitsspeicher zugeordnet bekommen, in dem die neuen Parameter und Zwischenergebnisse unabhängig von den alten Größen abgelegt werden können. Bei mehrfachem Aufruf müssen dem Programm also genau soviele Arbeitsspeicherbereiche zugeordnet werden, wie Aufrufe dieses oder eines übergeordneten Programmes aktuell vorliegen.

Der geringste Speicherbedarf und eine brauchbar einfache Organisation ergeben sich, wenn man alle Arbeitsspeicher stapelt. Damit ist folgendes gemeint: Im Speicher wird an einer festen Stelle ein Arbeitsbereich für das Hauptprogramm reserviert. Wird von diesem Programm ein Unterprogramm aufgerufen, so wird für dieses ein darauffolgender Speicherbereich als Arbeitsspeicher festgelegt, dessen Größe – wie wir oben vorausgesetzt haben – dem Unterprogramm spätestens in dem Augenblick bekannt ist, in dem es die vom Hauptprogramm übernommenen Parameter entsprechend ausgewertet hat. Vom Anfang des Unter-

[1] Wir meinen damit, daß zu einem vorgegebenen Zeitpunkt höchstens n einander übergeordnete Programme begonnen und noch nicht fertig bearbeitet sind. Das schließt nicht ein, daß in diesem Augenblick an mehreren autonomen Programmen parallel gearbeitet wird. (Vgl. Kap. 9 u. 10)

programms bis zur Festlegung der Arbeitsspeicherlänge soll es kein weiteres Unterprogramm aufrufen.

Ruft dieses Unterprogramm nun seinerseits ein weiteres Unterprogramm auf, so wird für dieses ein weiterer Arbeitsspeicher aufgestapelt. Dabei spielt es keine Rolle, ob das aufgerufene Unterprogramm das gleiche wie das aufrufende – oder ein diesem übergeordnetes Programm, dessen Arbeitsspeicher noch weiter „unten" im Stapel liegt – ist oder ein anderes, das vorher noch nicht aktiviert wurde. Wird ein Unterprogramm abgeschlossen, so wird mit dem Rücksprung auf das übergeordnete Programm der Arbeitsspeicher des verlassenen Unterprogramms, der dann notwendigerweise „zuoberst" im Stapel liegt (weil alle später aufgerufenen Unterprogramme ebenfalls beendet sind), freigegeben, so daß anschließend der Arbeitsspeicher des übergeordneten Programms obenauf liegt.

Bei einer solchen Organisation müssen sich alle Programme in ihrem Arbeitsspeicher nach der (von Fall zu Fall verschiedenen) Anfangsadresse des Arbeitsspeichers orientieren; das heißt, die Adressierung muß relativ zu dieser Anfangsadresse erfolgen. Ruft demnach ein Programm ein Unterprogramm auf, so muß neben der Rücksprungadresse das Ende des gegenwärtigen Arbeitsspeichers dem Unterprogramm mitgeteilt werden, damit diesem bekannt ist, wo sein Arbeitsspeicher beginnen kann. Außerdem muß das übergeordnete Programm aber auch festhalten, wo sein eigener Arbeitsspeicher beginnt, damit nach der Rückkehr wieder mit diesem Wert weitergearbeitet werden kann.

Als Beispiel wollen wir das Unterprogramm 5.5/3 wählen. In diesem Fall ist die Reservierung des Arbeitsspeichers besonders einfach, da nur die Größe N neben der Rückkehradresse zu speichern ist. Dies kann demnach mit der Kombination EZ – ENZ geschehen. Der Aufruf des Unterprogramms FAK soll durch

SU FAK

erfolgen, nachdem zuvor

a) der Parameter N in den Akkumulator gebracht wurde,

b) im Indexregister ASP der zuletzt belegte Platz des Arbeitsspeichers registriert wurde.

Dann hat das Programm folgendes Aussehen:

Programm 8.5/1:

FAK = SEGM,		
	SN0 L1	-- N ≠ 0 ? --
	B (1E)	-- FAK := 1.0 --
	MU S 0	-- Rücksprung -- ⟹
L1 =	**EZ C ASP**	-- N im neuen Arbeitsspeicherbereich abspeichern --
	GSB (1E)	-- N-1 --

	SU FAK	-- Bestimme (N-1)! --
	ENZ GML ASP	-- N x (N-1)! unter gleichzeitiger Aufgabe des reservierten Arbeitsspeichers --
	MU S 0	-- Rücksprung -- ⟹

Im Gegensatz zu der Fassung 5.5/3 haben wir hier den Parameter N als Gleitpunktzahl angenommen. Dann ist der verfügbare Zahlenbereich größer.

Ein anderes Beispiel, bei dem auch der benötigte Arbeitsspeicherbedarf von Aufruf zu Aufruf wechselt, ist die Bestimmung der Determinante einer Matrix

$$A = \begin{pmatrix} A_{11}\ A_{12} \ldots A_{1N} \\ A_{21}\ A_{22} \ldots A_{2N} \\ \ldots\ldots\ldots\ldots \\ A_{N1}\ A_{N2} \ldots A_{NN} \end{pmatrix}$$

Sie soll gemäß

$$D = |A| = \sum_{k=1}^{N} (-1)^{k+1} A_{k1} |B_{k1}|$$

berechnet werden. Dabei sind die B_{k1} Matrizen der Ordnung N-1, die aus A dadurch hervorgehen, daß die erste Spalte und die k-te Zeile von A gestrichen und der Rest nach links und oben gerückt wird. Das Unterprogramm berechnet jeweils $|B_{k1}|$ dadurch, daß es sich selbst als Unterprogramm aufruft und diesen Substitutionszyklus erst dann unterbricht, wenn es ein B_{k1} von der Ordnung 1 findet:

Programm 8.5/2:

```
real procesure DET(A, N); array A; integer N;
begin integer I, K, L, V;     array B[1:N-1, 1:N-1]; real D;
      if N = 1 then
      begin D := A[1,1]; goto S end;
      D := 0; V := 1;
      for K := 1 step 1 until N do
      begin for I := 1 step 1 until K-1 do
                  for L := 1 step 1 until N - 1 do
                  B[I, L] := A[I, L+1];
            for I := K step 1 until N - 1 do
                  for L := 1 step 1 until N-1 do
                     B[I,L] := A[I+1,L+1];
            V := -V;
            D := D + V x A[K,1] x DET(B,N-1)
      end;
S : DET := D
end
```

In den Arbeitsspeicher jedes einzelnen Aufrufes müssen gelegt werden: N, Adresse von A, I, K, L, V, D und das gesamte Feld B. Enthält beispielsweise wie bei Programm 8.5/1 ASP die letzte vom übergeordneten Programm benutzte Adresse, so ergibt sich folgende Aufteilung:

< ASP > + 2: N
< ASP > + 4: Adresse von A
< ASP > + 6: I
< ASP > + 8: K
< ASP > + 10: L
< ASP > + 12: V
< ASP > + 14: D
< ASP > + 16
bis ⎫ B
< ASP > + 2N(N-2) + 16:
< ASP > + 2N(N-2) + 18: < ASP >

Vor dem erneuten Sprung ins Unterprogramm DET, muß dann ASP auf den belegten Wert eingestellt werden, das heißt, <ASP> wird um 2N(N-2) + 18 erhöht. Der alte Wert wird nach der Rückkehr wieder benötigt und daher als letztes im Arbeitsspeicher eingetragen. Da ASP nach der Rückkehr wieder auf diesen Speicherplatz zeigt, kann dieses Register mit

E TCB ASP,
XC ASP

zurückgesetzt werden, wenn die Eintragung von < ASP > in der vorderen Hälfte des Ganzwortes erfolgte.

8.6 Eingriffsinvariante Unterprogramme

Die in 8.5 besprochene Festlegung des Arbeitsspeicherbereichs ist auch in einer anderen Situation erforderlich. Wir nehmen an, daß sich im Rechner mehrere Programme gleichzeitig befinden, von denen jeweils eins das Rechenwerk belegt, also „rechnet". Diese Programme sollen sich nach später zu besprechenden Gesichtspunkten gegenseitig an beliebigen Stellen unterbrechen können. Nehmen wir ferner an, der unterbrochene Programmlauf[1] P1 befinde sich zum Zeitpunkt der Unterbrechung in einem Unterprogramm PU, das noch nicht zu Ende ist, und der unterbrechende Programmlauf P2 benötige nach einiger Zeit – aber

[1]Für diese und spätere Ausführungen wird es wichtig, zwischen den Programmläufen (dynamisch) und den Programmen oder Programmkörpern (statisch) zu unterscheiden. Unter „Programm" verstehen wir lediglich die notierte Anweisungsfolge, die wegen der fehlenden Parameter noch nicht lauffähig ist.

noch bevor P1 wieder aktiviert wird – ebenfalls das Unterprogramm PU. (Man denke dabei etwa an Standardunterprogramme.) Der zweite Aufruf von PU zerstört nun alle Informationen, zum Beispiel Zwischenergebnisse, Stand von Indexregistern usw., die für die ausstehende Fortsetzung des ersten Aufrufes noch benötigt werden. Man kann dieses Problem auf zwei Wegen lösen:

a) Beim Laden der Programme P1 und P2 stellt das Montageprogramm jeweils fest, daß das zu ladende Programm das Unterprogramm PU benötigt und lädt es zu beiden Programmen. Damit steht PU einschließlich der benötigten Arbeitsspeicherplätze zweimal im Speicher und auch die Indexregister können verschieden gewählt werden.

b) Das Programm PU wird in der folgenden Weise zerlegt: Ein variabler Teil (PUV) umfaßt alle Angaben, die sich möglicherweise ändern, ein konstanter Teil (PUK) umfaßt alle Angaben, die stets gleich bleiben. Zu PUV gehören insbesondere die Arbeitsspeicherplätze für Zwischenergebnisse und die benutzten Indexregister. Zu PUK gehören die Konstanten und die Befehle. Dann muß PUV für den Aufruf durch P1 bzw. P2 getrennt bereitgestellt werden, während PUK nur einmal benötigt wird.

Wir wollen uns mit der zweiten Lösung weiter befassen.

Benötigt PU Speicherzellen für Zwischenergebnisse, so lassen sich diese im Rahmen von PUV als Teil des Arbeitsspeichers von P1 bzw. P2 bereitstellen. Hierzu genügt es – wie bereits in 8.5 –, in einem Indexregister ASP die Adresse des ersten freien Arbeitsspeicherplatzes zu registrieren. Die Zwischenspeicherplätze werden dann mit

M ASP
op i

angesprochen, wobei op die gewünschte Operation und i die laufende Adresse innerhalb des in PU benötigten Speicherplatzes ist. Ruft PU seinerseits ein Unterprogramm auf, so muß ASP zunächst weitergezählt werden. Beim Programmwechsel muß dafür Sorge getragen werden, daß neben den Registern von Rechen- und Befehlswerk auch dieses Register gerettet wird.

Benötigt PU darüberhinaus eine bestimmte Anzahl von Indexregistern, so versagt dieses Verfahren, weil Indexregister nicht indirekt angesprochen werden können. In diesem Fall gibt es zwei andere Lösungen:

a) Beim Programmwechsel wird auch der Inhalt aller Indexregister gerettet. Man kann diese Reservierung auch auf einen Teil der Indexregister beschränken, aus dem die Indexregister für von mehreren Programmen aus anspringbaren Unterprogramme gewählt werden, während für die übrigen Programme die Indexregister so gewählt werden, daß sie sich nicht überschneiden.

b) Jedes Programm bekommt einen eigenen Satz Indexregister, der jeweils von 0 an numeriert ist und die sich im Speicher nicht überlappen. Welcher Satz Indexregister gilt, wird durch das sogenannte Indexbasisregister angegeben, das die Adresse des Speicherplatzes enthält, der als Indexregister 0 fungiert. Bei Programmwechsel muß nur das Indexbasisregister geändert werden (z.B. beim TR 440 realisiert).

Die Lösung mit dem Basisregister läßt sich natürlich auch auf die Adressen des Arbeitsspeichers anwenden.

8.7 Systematische Behandlung der Adressenänderungen

Aus den bislang behandelten Beispielen ist ersichtlich, daß nur ein kleiner Teil der Programmierungsarbeit den arithmetischen Teilen der Programme gewidmet ist. Der größte Raum und die meiste Aufmerksamkeit wird von den nur organisatorischen Teilen der Programme in Anspruch genommen. Der wichtigste Teil dieser organisatorischen Leistungen normaler Programme besteht in der Ausführung von Adressenänderungen.

Die Adressenänderungen sind zum ersten Mal von *Goldstine* und *von Neumann* [14] (vgl. auch [11], [44] und [45] systematisch untersucht und in drei Arten eingeteilt worden:

a) Änderungen erster Art (Adressentranslation),
b) Änderungen zweiter Art (Adressensubstitution),
c) Änderungen dritter Art (Adressenfortschaltung).

Adressenänderungen erster Art sind erforderlich, wenn beim Programmieren der Speicherplatz, den das Programm und sein Datenbereich später einnehmen sollen, unbekannt ist. In diesem Fall werden Programm und Datenbereich gemeinsam oder jeder für sich von 0 an numeriert. Es muß dann zu den Adressen der Befehle, die sich auf den Programm- oder Datenbereich beziehen, die jeweilige Anfangsadresse addiert werden. Diese Änderung wird zweckmäßigerweise entweder während der Eingabe des Programms in den Arbeitsspeicher (Laden, Montage) oder unmittelbar vor der Ausführung der zu verändernden Befehle durchgeführt. In beiden Fällen müssen die Befehle, deren Adresse noch einer solchen Änderung unterworfen werden sollen, besonders gekennzeichnet werden.

Bei der Änderung während der Eingabe brauchen diese Kennzeichen nur extern (also auf dem Eingabemedium, z.B. Lochstreifen, oder im Hintergrundspeicher), nicht aber im Arbeitsspeicher vermerkt zu sein. Wir haben diesen Vorgang bereits in 4.5 beschrieben.

Wollen wir die Änderungen erster Art später durchführen, wenn das Programm bereits im Arbeitsspeicher vorliegt, müssen wir erstens eine Möglichkeit vorsehen, die zu verändernden Adressen im Speicher zu kennzeichnen, und zweitens Bezugsadressen für die Änderungen in geeigneter Weise bereithalten. Die Tatsache, daß ein wesentlicher Teil der Programmierungsarbeit für Adressenänderungen aufgewendet werden muß, hat dazu geführt, daß bei fast allen Rechenanlagen besondere technische Einrichtungen hierfür vorhanden sind. Für die Änderungen erster Art werden dazu bestimmte Zeichen in den Befehl eingefügt, die vom Leitwerk unmittelbar vor der Ausführung des Befehls als Anweisung zur Adressentranslation gedeutet werden. Daraufhin wird vor der Ausführung des Befehls der Inhalt eines bestimmten Referenzspeichers zu der Adresse des gekennzeichneten Befehls addiert. Man nennt diese Referenzspeicher Indexregister, weil sie auch bei den Änderungen dritter Art benötigt werden und dort eng mit der Indizierung der Variablen in induktiven Zyklen zusammenhängen, oder auch Basisregister. Die Realisierung dieser Indexregister kann sowohl durch ein oder mehrere Spezialregister oder durch bestimmte (oder alle) Speicherplätze des Arbeitsspeichers erfolgen. Beim TR 440 bilden die Indexregister einen Teil des Arbeitsspeichers, der verschieden gewählt werden kann. Außerdem können zur Adressenänderung erster Art auch das Bereitadressenregister und der Speicherplatz mit der letzten Unterprogrammrücksprungadresse benutzt werden. Die Kennzeichnung der Befehle kann ganz verschieden gehandhabt werden:

1. Der Befehl enthält neben dem Operationsteil op und dem Adreßteil adr einen Indexteil i:

op i adr

Ist i von Null verschieden, so bedeutet dies, daß der Befehl noch einer Änderung erster Art unterworfen werden soll. i gibt dann die Nummer des Indexregisters an, das für die Adressenkorrektur benutzt werden soll. Es müssen natürlich noch besondere Befehle vorgesehen werden, mit deren Hilfe die Indexregister gefüllt werden können.

2. Eine andere Möglichkeit ist im TR 440 realisiert. Der Befehl selbst bleibt unverändert stehen, während ein sogenannter Vorbefehl die Modifikation vorschreibt:

mod i
op adr

Durch den Vorbefehl wird einer der beiden Modifikationsschlüssel gesetzt (mod 1 oder mod 2), die beide zur Adressenbestimmung ausgewertet werden. Diese Lösung enthält zwei wesentliche Vorteile gegenüber 1:

a) Es können verschiedene Arten von Modifizierbefehlen definiert werden, da für die Angabe, daß modifiziert werden soll, ein voller Befehl verfügbar ist.

b) Es können mehrere, auch verschiedene Modifikationen hintereinander stehen und sich so entweder gegenseitig modifizieren oder zusammen auf den folgenden Befehl wirken.

Eine andere Methode, mit den Änderungen erster Art fertig zu werden, ist die Benutzung sogenannter Relativadressen. Relativ bedeutet dabei, daß die Adressen nicht auf den Anfang des Programmes, sondern jeweils auf die Stellung des Befehls bezogen werden, der die Adresse enthält. Steht also zum Beispiel in der Speicherzelle 1984 ein Sprungbefehl, der auf die Speicherzelle 2001 zielt, so würde der Sprungbefehl die Adresse 17 enthalten. Um sowohl nach vorne als auch nach hinten weisende Bezüge zu ermöglichen, werden positive und negative Relativadressen zugelassen. (Ein solcher Befehl ist beim TR 440 der SZX.) Die Verwendung solcher Relativadressen ist meist nicht sehr übersichtlich. Besonders störend wirkt der Umstand, daß das gleiche Wort scheinbar unter verschiedenen Adressen erreicht wird. Die Vorteile dieser Adressierung liegen darin, daß man nicht erst Bezugsadressen in die Indexregister transportieren muß.

Wie wir früher gesehen haben, gehen mit der Versorgung von Unterprogrammen eine Reihe von Adressenänderungen im Unterprogramm einher, die eng mit der Versorgung des Unterprogramms mit Parametern in Verbindung stehen. Im Gegensatz zu den Änderungen erster Art ist für die Änderungen zweiter Art charakteristisch, daß sie nicht invariant gegen den Aufruf des bereits gespeicherten Unterprogramms von verschiedenen Stellen und mit verschiedenen Parametern sind. Im Unterprogramm müssen die Adressen der aktuellen Parameter noch in den jeweiligen Befehlen die formalen Adressen ersetzen. Werden Unterprogramme nicht mit dem Hauptprogramm, sondern erst beim jeweiligen Aufruf aus dem Hintergrundspeicher in den Arbeitsspeicher gebracht, so kann das Montageprogramm diese Adressensubstitution unmittelbar vornehmen. Jedoch auch bei bereits gespeichertem Unterprogramm kann diese Substitution buchstäblich durchgeführt werden. In diesem Fall ist eine Kennzeichnung der formalen Adressen nicht nur extern, sondern auch im Arbeitsspeicher erforderlich. Diese Lösungen sind jedoch nicht sehr praktisch, weil das Programm sich dann in seiner gespeicherten Form ändert.[1] Setzen wir voraus, daß für die aktuellen Parameter die Speicherplätze hinter der Absprungstelle reserviert werden – daß also die notierte Rücksprungadresse auf den ersten Parameter zeigt –, so können wir die Parameter durch eine Adressenmodifikation erster Art ansprechen, wobei wir das Register, das die Rücksprungadresse enthält, als Referenzspeicher benutzen. Diese Lösung bietet beim TR 440 der MU-Befehl. Eine Automatisierung der anfangs angegebenen Substitution liefern die Ersetzbefehle, insbesondere die Befehle E und EMU. Wollen wir E anwenden, so haben wir dafür Sorge zu tragen, daß die Adressen der aktuellen Parameter sich in ganz bestimmten Indexregistern befinden. Dagegen verlangt der Befehl EMU, daß die Adressen der aktuellen Parameter hinter der Absprungstelle stehen. Im Befehl

EMU op i

wird demnach die Adresse des i-ten aktuellen Parameters substituiert. (Wenn

[1] Dies würde den Anforderungen, die in 8.6 besprochen sind, widersprechen.

auch die Möglichkeit, mehrfache Substitutionen nachfolgen zu lassen, nicht ausgeschlossen werden soll, so muß ein entsprechendes Kennzeichen an der zu substituierenden Adresse angebracht werden [49]).

Unter den Adressenänderungen dritter Art faßt man alle Adressenänderungen zusammen, die beim Durchlauf induktiver Zyklen notwendig werden. Hierzu ist zu bemerken, daß sich Überschneidungen mit den bisher besprochenen Änderungen insofern nicht ganz vermeiden lassen, als bestimmte Modifikationsbefehle je nach ihrer Verwendung für die erste und dritte oder aber für die zweite und dritte Gruppe nützlich sein können. Der wesentliche Gesichtspunkt bei der Verwendung induktiver Zyklen ist die Adressenfortschaltung. Sie kann mit Hilfe der Adressentranslation (also der Änderungen erster Art) realisiert werden und unterscheidet sich dann von dieser nur dadurch, daß die Indexregister – die dieser Verwendung ihren Namen verdanken – bei jedem Zyklendurchlauf weitergezählt werden. Will man mehrere indizierte Variable, die mit der gleichen Schrittweite benötigt werden, über *ein* Indexregister abarbeiten, so muß man das Inkrement in das Indexregister und den jeweiligen Nullpunkt der Speicherplatzfolge, die mit Hilfe des Indexregisters durchgearbeitet werden soll, in die Befehlsadresse verlegen.

In anderen Fällen wird es zweckmäßiger sein, die Schrittweite in dem Befehl anzugeben. Dann steht im Indexregister die jeweils aktuelle Adresse. Diese Möglichkeit ist eng mit den Adressenänderungen zweiter Art verwandt. Hierzu gehören neben den TR 440-Befehlen MH und MAB vor allen Dingen die Befehle EZ und ENZ, die die am häufigsten benötigte Schrittweite 2 implizit enthalten.

Für viele Aufgaben ist die Handhabung mehrfach indizierter Variablen von großer Bedeutung. So kann zum Beispiel bei der Matrizenmultiplikation (siehe Programm 3.7/8) eine automatische Änderung zweier Indizes sehr viele Programmierungsarbeit ersparen. Ein im Prinzip einfaches, in der Realisierung aber meist etwas aufwendiges Mittel ist die Bereitstellung zweier Indexnummern im Befehlswort, mit deren Hilfe der Inhalt zweier Indexregister zu einer Grundadresse addiert werden kann. Ein solches Befehlswort hat dann etwa folgende Struktur [55]:

$$\text{op } i_1\, i_2 \text{ adr}$$ [1]

Damit können wir alle Komponenten eines zweidimensionalen Feldes a_{ik} erreichen, wenn wir voraussetzen, daß die a_{ik} sowohl hinsichtlich i (bei festem k)

[1] Ein entsprechender TR 440-Befehl ist der nicht näher besprochene Befehl MD i_L i_R („Modifiziere doppelt"), bei dem die beiden Modifikationsgrößen nach $\text{mod1} := \langle i_R \rangle + \text{mod2}$; $\text{mod2} := \langle i_L \rangle$ gebildet werden. Außerdem wird $\langle B \rangle := \langle i_L \rangle$. Im IBM-System 360 ist doppelte Indizierung bei Befehlen im sogenannten RX-Format möglich. Da nur wenige Rechner diese Möglichkeit bieten, haben wir hier auf ihre ausführliche Behandlung verzichtet.

als auch hinsichtlich k (bei festem i) äquidistant gespeichert sind. Um fortlaufend alle a_{ik} aufzusuchen, müssen wir laufend das Indexregister für k bis zu einem Endwert erhöhen, dann einen Schritt mit dem Indexregister für i ausführen, wieder mit k zählen und so fort. Entsprechend könnte man auch eine drei- und mehrfache Indizierung durchführen. Die Ausnutzung wird dann jedoch nicht sehr gut, weil die Häufigkeit, mit der k-fach indizierte Variable auftreten, mit wachsendem k stark abnimmt.

Häufig werden die Adressenänderungen dritter Art komplizierter, als man anfangs vermutet, weil die induktiv zu verarbeitenden Größen Parameter eines Unterprogramms sein können, die selbst nur durch Änderungen zweiter Art erreichbar sind. Die einfachste Art, mit dieser Aufgabe fertig zu werden, ist die, sich die Anfangsadresse der Folge (gegebenenfalls auch die Schrittweite) über die Änderung zweiter Art zu verschaffen, sie in ein Indexregister umzuspeichern und mit diesem so zu verfahren, wie wir es vorher beschrieben haben.

Es gibt eine Möglichkeit, die Änderungen zweiter Art zur Übernahme des Anfangswertes einer Sequenz, die induktiv verarbeitet werden soll, mit der Änderung dritter Art dadurch zu verbinden, daß man auf die Adressentranslation und gegebenenfalls die nachgeschaltete Substitution (zur Änderung zweiter Art) eine weitere Adressentranslation nachfolgen läßt (für die Änderung dritter Art). Dabei gibt der Adreßteil des Befehls die relative Lage des Parameters, der den Anfang der indizierten Folge kennzeichnet, innerhalb des Parameterblockes an. Die vorgeschaltete Translation führt zu diesem Parameter, die Substitution zum wirklichen Anfang der Sequenz (wenn der Parameter selbst der Anfang ist, kann die Substitution entfallen) und die nachgeschaltete Translation zu dem Exemplar der Folge, das durch den Wert des laufenden Index bezeichnet wird. Zu diesem Zweck muß der Befehl nicht nur das Indexregister mit der Ablaufnotierung, sondern auch ein zweites Indexregister, das den laufenden Indexwert enthält, ansprechen können [40].[1]

Die bislang in diesem Abschnitt geschilderten Verfahren zur Durchführung der Adressenänderungen lassen sich nicht alle anwenden, wenn man die gespeicherten Programme nicht mehr verändern möchte oder kann. Dies ist insbesondere bei Festspeichern der Fall [56, 57]. Darunter versteht man solche Speicher, deren Inhalt zwar gelesen werden kann, die aber vom Programm her nicht beschrieben werden können. Solche Festspeicher können technisch auf verschiedene Weise realisiert werden [58]. Sie haben den Vorteil, daß Programme, die längere Zeit unverändert benutzt werden sollen, bei Maschinen- oder Programmfehlern nicht aus Versehen überschrieben werden können.

[1] Beim TR 440 ist diese Möglichkeit durch die Kombination M i, EMU c p gegeben, da beim EMU-Befehl die Modifikation zweiter Art (mod 2) erst bei Ausführung des Zweitbefehls c berücksichtigt wird.

9. Simultanarbeit

9.1 Parallelarbeit auf Befehlsebene

Verfolgt man die Entwicklung der Rechenanlagen hinsichtlich ihrer wesentlichen Strukturmerkmale, so wird unter anderem folgendes deutlich: In den klassischen Rechnerkonzepten *J. von Neumanns* [15] und *W.L. van der Poels* [12, 13] laufen alle Vorgänge im wesentlichen nacheinander ab:

1. Ein Befehl wird aus dem Speicher geholt.
2. Zu seiner Ausführung werden Operanden bereitgestellt.
3. Der Befehl wird ausgeführt.

Dann beginnt der Zyklus wieder von vorne.

In dem Bemühen, die Leistung der Rechner zu steigern, wurden die elektronischen Schalt- und Speicherelemente wesentlich beschleunigt. Da diese Möglichkeit aber innerhalb eines bestimmten technischen Konzeptes begrenzt ist und da der Übergang zu ganz neuen Techniken, die eine neue Größenordnung in der Geschwindigkeit erschließen, jeweils mit erheblichen Mühen und Kosten verbunden ist, bemüht man sich gleichzeitig durch geeignete Änderungen in der Rechnerstruktur die Geschwindigkeit zu erhöhen. Der wichtigste Angriffspunkt für diese Arbeiten war die Einführung der Parallelarbeit mehrerer Funktionseinheiten im Rechner oder ganzer Rechner. Darüber hinaus gibt es für die Zusammenschaltung vollständiger Rechner zu einem Rechnersystem auf bestimmten Anwendungsgebieten spezifische Gründe. Als Beispiel seien großräumige Platzbuchungssysteme und vielgliedrige militärische Führungssysteme genannt, bei denen eine Vielzahl räumlich getrennter Rechner zu einem einheitlichen System zusammengefaßt werden müssen.

Einen Ansatzpunkt für den Parallelbetrieb auf Befehlsebene [182–184] bietet die Tatsache, daß die beiden ersten der oben erwähnten Phasen des Befehlsablaufes nur das Befehlswerk belegen, die dritte oft nur das Rechenwerk. Damit ergibt sich die Möglichkeit, daß die beiden ersten Phasen des folgenden Befehls bereits während der Ausführungsphase des vorhergehenden Befehls ablaufen.

Für die Ausführungsphase haben wir drei Fälle zu unterscheiden:

a) Die Ausführungsphase belegt nur das Rechenwerk. Zu dieser Gruppe gehören alle arithmetischen und Booleschen Operationen (soweit sie keine gleichzeitige Speicherung umfassen) einschließlich der Schiftbefehle und die Transportbefehle zum Rechenwerk, da das Holen des Operanden bereits zu Phase 2 gehört.

b) Die Ausführungsphase belegt nur das Leitwerk. Hierzu gehören alle Befehle, die sich nur auf Indexregister beziehen, die im Speicher setzen oder löschen, die Sprungbefehle (soweit sie keine Rechenwerksregister abfragen). Außerdem ge-

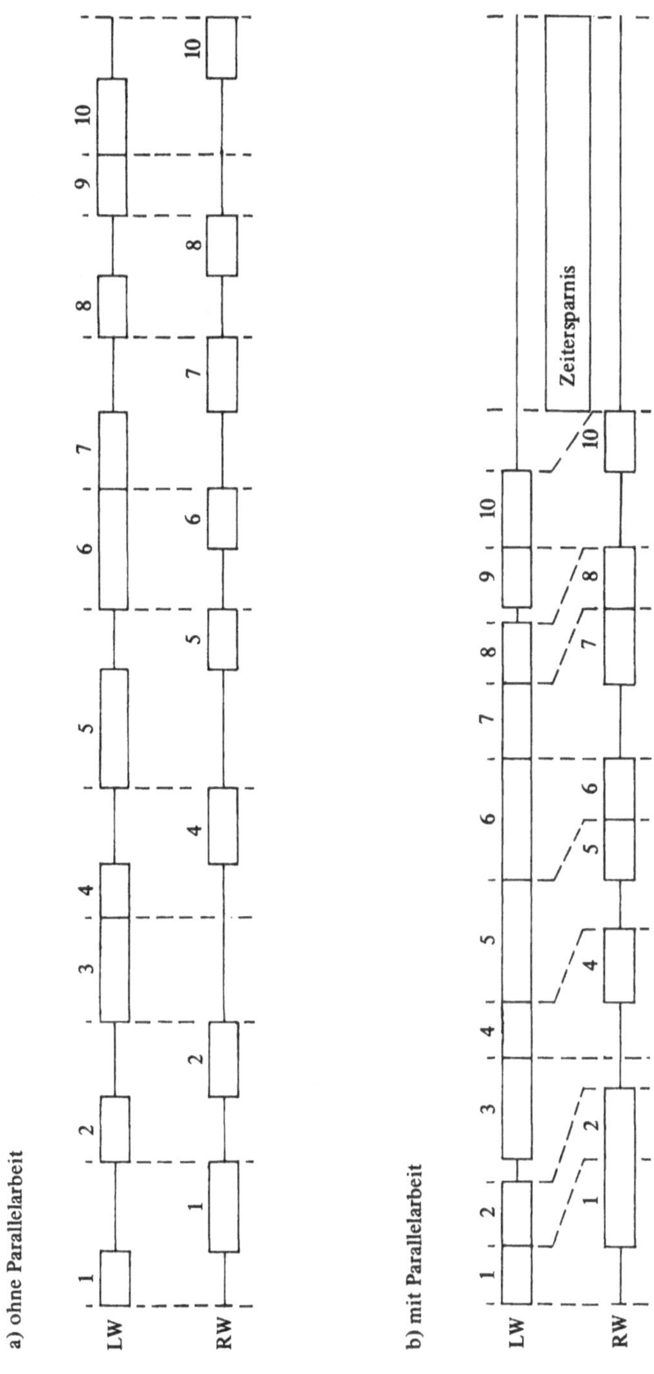

Abb. 9.1/1 Parallelarbeit zwischen Leitwerk und Rechenwerk

hören hierzu die Ersetz- und Modifizierbefehle. Da diese jedoch Adressenrechnungen beinhalten, muß das Leitwerk über eine eigene Addiermöglichkeit verfügen. (Andernfalls benötigen die Modifizierbefehle zusätzlich das Rechenwerk.)

c) Die Ausführungsphase belegt Leit- und Rechenwerk. Hierzu gehören alle anderen Befehle, insbesondere die Transportbefehle aus dem Rechenwerk in den Speicher. Im Gegensatz zu den Bringbefehlen wird hierbei die im Leitwerk bereitgestellte Operandenadresse über die zweite Phase hinaus benötigt.

In Abb. 9.1/1 haben wir den Belegungsplan für eine Beispielfolge von zehn Befehlen zusammengestellt. Dabei belegen die Befehle Nr. 1, 2, 4, 5, 7, 8 und 10 in der Ausführungsphase nur das Rechenwerk, die Befehle Nr. 3 und 9 nur das Leitwerk, sowie Befehl 6 beides. In a) ist die Belegung von Leitwerk (LW) und Rechenwerk (RW) für die rein sequentielle Abarbeitung der einzelnen Phasen angegeben. Der Betrachter erkennt die entstehenden Totzeiten der einzelnen Werke. Durch die gleichzeitige Arbeit von Rechenwerk und Leitwerk erhöht sich die effektive Operationsgeschwindigkeit erheblich. Dies ist in b) dargestellt.

Auch beim TR 440 wird diese Technik benutzt, die dazu führt, daß die für ein Programmstück benötigte Zeit nicht nur von der Art der vorkommenden Befehle, sondern auch von deren Reihenfolge abhängt. Es ist beispielsweise günstiger, eine Indexrechnung hinter einem Rechenwerksbefehl mit großer Ausführungsdauer zu plazieren als hinter einem mit kleiner Ausführungsdauer oder gar einem, der das Leitwerk belegt. Als Beispiel sei Programm 3.6/1 erwähnt. Dort finden wir die Befehlsfolge

B X0, C X, ZX 0 I.

Die Abrufphase des Befehls ZX 0 I kann erst beginnen, wenn die Ausführungsphase von C X beendet ist, da C das Leitwerk belegt. Eine etwas günstigere Rechenzeit ergibt demnach die Befehlsfolge

B X0, ZX 0 I, C X,

die die gleiche Wirkung hat. Am Ende des Programmes ist ein noch ungünstigeres Beispiel:

GSB Y, C X, HXP 1 I, VBA 6,

wo ebenfalls eine Indexrechnung einem C-Befehl folgt. Da die Gleitpunktoperationen besonders viel Zeit benötigen, ist die Befehlsfolge

GSB Y, HXP 1 I, VBA 6, C X

wesentlich günstiger. Wenn wir die Ausführungszeiten des TR 440 zugrunde legen, so sind die Befehle HXP 1 I und VBA 6 beinahe beide während der Ausführungsphase des GSB abzuarbeiten.

9.2 Multiplexbetrieb

Eine gleichzeitige oder gemeinsame Behandlung verschiedener und voneinander weitgehend unabhängiger Vorgänge in einem Rechner kann je nach den besonderen Umständen als Parallelbetrieb oder als Multiplexbetrieb angesprochen werden [181]. Man spricht von Parallelbetrieb, wenn die Vorgänge einzeln selbständig gesteuert werden, während man mit Multiplexbetrieb eine Arbeitsweise bezeichnet, bei der verschiedene voneinander unabhängige Vorgänge von einer Stelle aus abwechselnd gesteuert werden. Über einen längeren Zeitraum betrachtet, kommen aber durch das dauernde Umschalten der Steuerfunktionen alle Vorgänge voran, so daß man auch beim Multiplexbetrieb von gleichzeitiger (simultaner) Arbeit sprechen kann.

Die älteste und wichtigste Anwendung des Multiplexbetriebes ist die Ein- und Ausgabe. Im einfachsten Fall wird jede Dateneinheit – z.B. ein Zeichen oder ein Wort –, die von einem Peripheriegerät (Eingabegerät oder Zwischenspeicher) angeliefert wird, durch einen besonderen Befehl in den Akkumulator befördert und von dort in den gewünschten Speicherplatz gebracht. Umgekehrt wird bei der Ausgabe die auszugebende Einheit vom Speicher in den Akkumulator und von dort mit einem besonderen Befehl in das Ausgabegerät gebracht. Dieser Umweg über das Rechenwerk wird heute in den meisten Rechnern eingespart. Dann hat neben Leitwerk und Rechenwerk auch das EA-Werk unmittelbaren Zugang zum Arbeitsspeicher. Es werden auch nicht mehr einzelne Zeichen oder Wörter übertragen, sondern im allgemeinen ein größerer Datenblock, dessen einzelne Wörter in aufeinanderfolgenden Speicherzellen abgelegt werden beziehungsweise aus aufeinanderfolgenden Speicherzellen entnommen werden. Der EA-Vorgang ist erst beendet, wenn ein bestimmtes Blockendesignal auftritt.

Die programmtechnisch einfachste Lösung ist in Abb. 9.2/1a dargestellt. Das Leitwerk startet den vom Programm gewünschten EA-Vorgang (in der Abbildung: Stelle A). Nach der Fertigmeldung F des EA-Werkes wird das Programm fortgesetzt. In diesem Fall wird sehr viel Maschinenzeit verschwendet. Dies gilt umso mehr, als die Geschwindigkeit der EA-Geräte, verglichen mit der des aus Leit- und Rechenwerk bestehenden Prozessors, sehr gering ist. Die gestrichelt gezeichnete Wartezeit ist daher noch viel größer, als es in der Zeichnung den Anschein hat.

Der zweite Schritt ist die Ausnutzung der entstehenden Wartezeiten durch Füllarbeiten. Dabei steht man vor der schwierigen Aufgabe, sowohl die Füllarbeiten als auch den EA-Vorgang im voraus zeitlich so abzuschätzen, daß der Prozessor rechtzeitig wieder frei wird. Die Organisation der Füllarbeit wird damit sehr umständlich, wenn auch die Wartezeiten des Prozessors durch die Füllarbeiten merklich kürzer werden. (Abb. 9.2/1b). Häufig ist es nicht möglich, ein Programm während seiner EA-Vorgänge fortzusetzen, weil die zu übertragenden

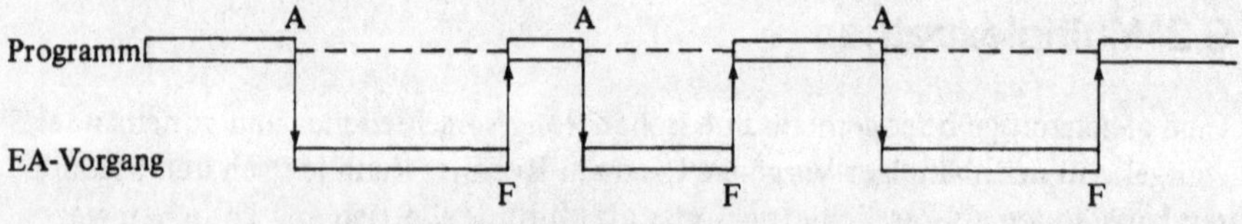

a) EA-Vorgang ohne Füllarbeiten

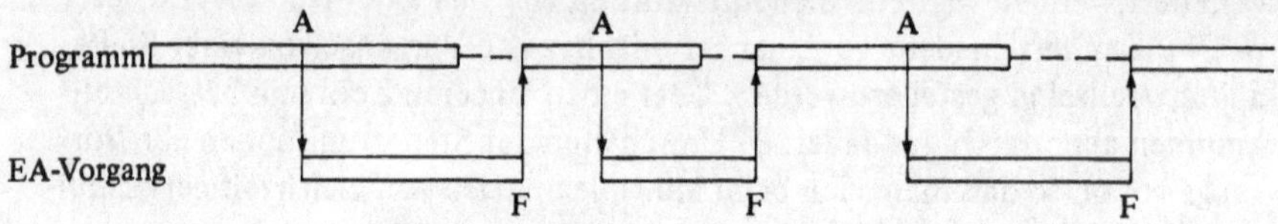

b) EA-Vorgang mit Füllarbeit vom gleichen Programm

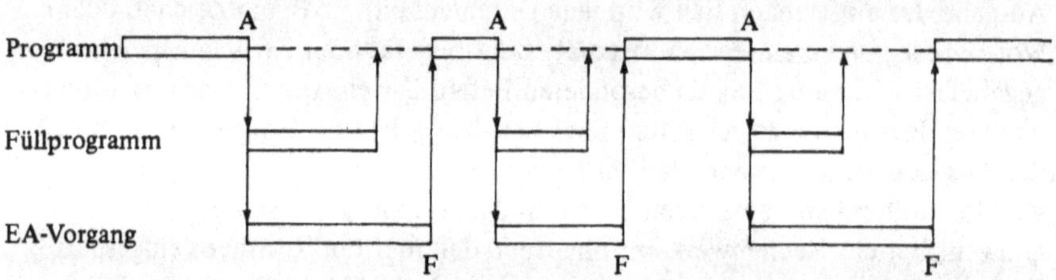

c) EA-Vorgang mit Füllarbeit durch ein 2. Programm

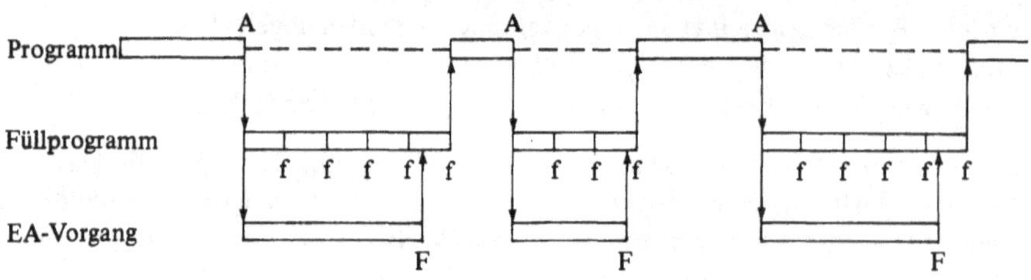

d) EA-Vorgang mit Füllprogramm und fortlaufender Abfrage

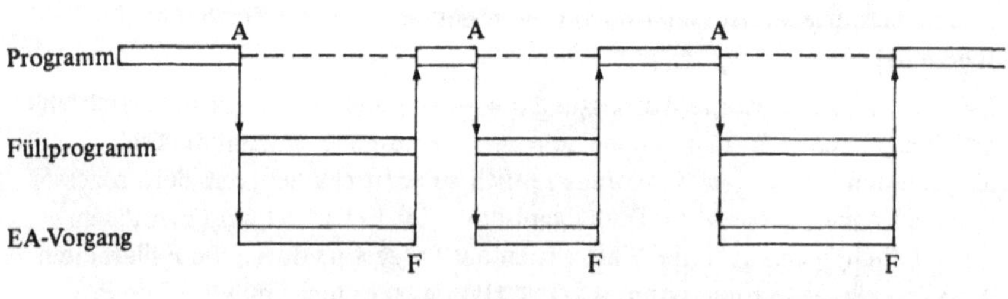

Abb. 9.2/1

e) EA-Vorgang mit Unterbrechung des Füllprogramms

Daten in der unmittelbaren Fortsetzung eine Rolle spielen. Dann kann ein anderes Programm die Wartezeit des Prozessors verkürzen (Abb. 9.2/1c). Unter dem Gesichtspunkt der Parallelarbeit ist folgendes zu bemerken: Bei der Ein- oder Ausgabe ohne Füllarbeiten laufen Programm und EA-Vorgang stets alternierend. Es handelt sich also, über den ganzen Vorgang betrachtet, um einen Multiplexbetrieb zwischen Programm und Ein- und Ausgabe. Sehen wir Füllarbeiten vor, so laufen Programm und Ein- und Ausgabe teilweise parallel. Im zweiten Fall, wo die Füllarbeiten nicht direkte Fortsetzung des eigentlichen Programms, sondern Teile eines vom ersten Programm unabhängigen zweiten Programmes sind, liegt neben der Parallelarbeit zwischen Prozessor und EA-Werk ein Multiplexbetrieb zweier nach Voraussetzung voneinander unabhängiger Programme vor.

Daß auch bei dieser Lösung noch Wartezeiten auftreten, liegt daran, daß die Füllarbeiten mit einem hinreichenden Sicherheitsabstand von der Fertigmeldung versehen werden müssen, der dem Umstand Rechnung trägt, daß der wirkliche Zeitbedarf der geplanten Füllarbeiten im allgemeinen nicht im voraus angegeben werden kann. Diese Zeitplanung wird überflüssig, wenn das EA-Werk seine Fertigmeldung (z.B. beim Leitwerk) hinterlegt und diese Tatsache durch einen bedingten Sprungbefehl abgefragt werden kann [201]. Dann braucht man die Füllprogramme nicht so abzufassen, daß sie genau in die Lücken passen, sondern man muß nur Sprungbefehle, die sich auf die Fertigmeldung beziehen, hinreichend dicht im Programm einstreuen. Erscheint dann eine Fertigmeldung F zu irgendeinem Zeitpunkt, so führt der nächste Sprungbefehl f, der im weiteren Verlauf des Füllprogramms auftritt, auf das Programm zurück, das den EA-Vorgang angefordert hat (Abb. 9.2/1d).

Wir sehen, daß sich auf diese Weise Wartezeiten des Prozessors vermeiden lassen. Auch hier handelt es sich um einen echten Multiplexbetrieb der beiden Programme. Besonders interessant ist, daß jetzt ein ganz neuer Zug in die Programmierung hineinkommt: Wir können nicht mehr im voraus sagen, ob im konkreten Fall eine bestimmte Verzweigung durchlaufen wird oder nicht; denn die Fertigmeldung tritt zu einem gegenüber dem Füllprogramm zufälligen Zeitpunkt auf, so daß der aktuelle Programmablauf nicht mehr durch die Anfangswerte der Rechnung vorherbestimmt ist. Diese Zufallskomponente im Programmablauf macht sich besonders unangenehm bei der Fehlersuche bemerkbar; denn aus dem sporadischen Auftreten eines Fehlers kann man nicht mehr ohne weiteres schließen, daß es sich um einen Maschinenfehler handeln muß: Auch Programme können nun trotz gleicher Anfangsbedingungen sporadische Fehler zeigen [202].

In diesem Zusammenhang ist noch erwähnenswert, daß nun auch der Arbeitsspeicher einem Multiplexbetrieb unterliegt. Er arbeitet in der Regel für den Prozessor, der das Füllprogramm durchführt. Sporadisch wird vom Ausgabe-

In unserem Beispiel hat SUNST die Prozedur NEWTON und HORNER aufgerufen, die beim Schreiben von SUNST bekannt waren. Das Programm NEWTON dagegen benötigt die Funktionen F und FS, die beim Schreiben von NEWTON nicht bekannt sein können. Die Auswahl dieser Funktionen obliegt vielmehr dem aufrufenden Programm. Allerdings müssen zu diesem Zweck alle in Frage kommenden Programme die gleiche Parameterversorgung besitzen. Da HORNER nicht die gleiche Parameterversorgung besitzt, wie sie für F und FS in NEWTON gefordert ist, müssen die jeweils drei Plätze umfassenden Programme F und FS zwischengeschaltet werden.

8.5 Rekursive Unterprogramme

Eine interessante Unterprogrammtechnik läßt es auch zu, daß ein Unterprogramm sich selbst oder ein übergeordnetes Programm wieder als Unterprogramm aufruft. Bei dieser Technik werden die Parameterblöcke eines Programms mit dem für die in diesem Programm benötigten Zwischenergebnisse erforderlichen Speicherplatz zusammengefaßt und diese Speicherbereiche für alle in Betrieb befindlichen Unterprogramme hintereinander „gestapelt" (oder „gekellert") [43]. Solche Stapelprozesse haben wir bereits bei der automatischen Formelübersetzung kennengelernt.

Bei jedem Programmdurchlauf wird ein Arbeitsspeicher benötigt, der einmal den für diesen Durchlauf maßgebenden Versorgungsblock[1] und zum andern die in diesem Programm anfallenden Zwischenergebnisse enthält. Wir wollen uns im folgenden vorstellen, daß ein solcher Arbeitsspeicher ein zusammenhängendes Stück des Speichers ist und er „vorne" die Parameterangaben und „hinten" die lokalen Größen (Zwischenergebnisse) enthält. Weiter wollen wir annehmen, daß für jeden Programmdurchlauf spätestens in dem Augenblick, in dem die für diesen Programmdurchlauf benötigten Parameter bekannt sind, auch bekannt ist, wie groß der Arbeitsspeicher sein muß.[2] Das heißt nicht, daß die Anzahl der Parameter und (oder) die Anzahl der Zwischenergebnisse konstant sein müssen. So benötigt unser Programm HORNER zum Beispiel als Parameter die Koeffizienten des Polynoms. Die Anzahl dieser Koeffizienten (n+1) ist selbst wieder ein Parameter, dessen Wert für das Programm HORNER nicht von vorneherein feststeht; aber in dem Augenblick, in dem HORNER aufgerufen wird, muß der Wert von n und damit die Anzahl der Parameter und damit wiederum der Platzbedarf bekannt sein.

[1]Einschl. Rückkehradresse, falls diese nicht ohnehin wie beim TR 440 gekellert wird.

[2]Diese Einschränkung ist in dieser Schärfe nicht erforderlich. Es genügt zu fordern, daß die Größe des Arbeitsspeichers nur von den Parametern abhängt. Ihre explizite Kenntnis erleichtert jedoch die Beschreibung.

werk das nächste Wort angefordert oder vom Eingabewerk angeliefert. Das Vorrangwerk unterdrückt dann den nächsten Zugriffswunsch des Prozessors, bis das EA-Werk bedient ist. Das laufende Füllprogramm wird also für einen kurzen Augenblick unterbrochen, ohne von dieser Unterbrechung etwas zu bemerken („Programmunterbrechung erster Art").

Die „Programmunterbrechung zweiter Art" bewirkt nicht nur ein kurzzeitiges Aufhalten des Programms, sondern besteht aus einem unmittelbaren, erzwungenen Sprung aus dem laufenden in ein anderes Programm [204–206]. Betrachten wir ein Beispiel: In einer Realzeitaufgabe wie der Flugsicherung muß der Rechner laufend die Uhr beobachten, das heißt, er muß entweder durch Zählprogramme mit fest vorberechneter Laufzeit eine Realzeituhr nachbilden, oder er muß – und das ist wesentlich günstiger – ein Eingabegerät besitzen, das ihm laufend die Uhrzeit anbietet (siehe auch 10.5). Soll dieser Rechner nun einen ganz bestimmten Realzeitvorgang verfolgen und dabei einen festen Termin einhalten, so müssen im Programm in hinreichend kleinen Abständen Abfrageprogrammteile eingestreut werden, die jeweils die Uhr befragen, ob die vorgesehene Frist bereits abgelaufen ist. Besitzt der Rechner dagegen eine Vorrichtung zur Programmunterbrechung zweiter Art, so kann dieses langwierige und programmtechnisch unangenehme periodische Abfragen unterbleiben. Die Uhr bewirkt zum vorgesehenen Zeitpunkt zwangsläufig einen Unterbrechungssprung vom gerade laufenden Programm auf ein anderes Programm, in dem die vorgesehene, termingebundene Maßnahme durchgeführt wird. Dabei weiß der Programmierer bei der Abfassung des Programms nicht, an welcher Stelle sein Programm unterbrochen wird. Die Unterbrechung ist gegenüber dem unterbrochenen Programm autonom. In Abb. 9.2/1e ist ein typischer EA-Vorgang mit Unterbrechung zweiter Art aufgezeichnet. Diese EA-Organisation hat sich als außerordentlich leistungsfähig erwiesen, so daß es sinnvoll ist, auf diese Weise mehrere EA-Geräte und auch mehrere Füllprogramme parallel zu betreiben. Wir werden die dabei auftretenden programmtechnischen Besonderheiten der – nicht nur für die Ein- und Ausgabe wichtigen – Unterbrechung zweiter Art in 10.1 noch näher erläutern.

Ein allgemeinerer Unterbrechungstyp ist bei [202] und [207] beschrieben worden. Bei dieser Unterbrechungsform erzeugt das unterbrechende Peripheriegerät einen bestimmten, für dieses Gerät eigentümlichen Befehl. Dieser Befehl wird in das laufende Programm eingeschoben. Wählen wir etwa als einzuschiebenden Befehl einen Transportbefehl zwischen Speicher und Peripheriegerät, so erhalten wir als Spezialfall eine besondere Form der Unterbrechung erster Art. Wählen wir dagegen einen Unterprogrammsprung, so erhalten wir als Spezialfall eine Unterbrechung zweiter Art. Die „Unterbrechung dritter Art" erlaubt es, auf besonders flexible Weise beliebige Operationen mit der Unterbrechung zu verbinden. Für die Operationen, die extrem schnell ablaufen sollen, müssen besondere

Befehle vorgesehen werden, die dann bei jeder Unterbrechung vom zugehörigen Kanal automatisch eingeschoben werden. Beispiele für solche Operationen sind die Umwandlung von Koordinatensystemen, Umrechnung vom Dualsystem ins Dezimalsystem und umgekehrt, sowie automatische Fehlerprüfung und -korrektur. Müssen die mit der Ein- oder Ausgabe verbundenen Operationen nicht so schnell ablaufen, oder sind sie so kompliziert, daß sie nicht mehr mit einem Befehl erledigt werden können, so weicht man mit einem Sprungbefehl auf ein Unterbrechungsprogramm aus.

9.3 Parallelbetrieb

Eine besondere Abart des Parallelbetriebs ist die sogenannte lokale Parallelarbeit. Dabei werden jeweils mehrere benachbarte Befehle innerhalb eines Programmablaufs gleichzeitig oder mindestens stark überlappend bearbeitet. Wir haben dies im einfachsten Fall in 9.1 behandelt. Bei einer konsequenteren Ausnutzung dieses Prinzips holt sich das Leitwerk eine gewisse Anzahl von Befehlen auf Verdacht[1] aus dem Speicher und versucht, sie in möglichst dichter Folge zu verarbeiten („look ahead").

Der nächste Schritt ist die Berücksichtigung der Tatsache, daß verschiedene Rechenwerksoperationen verschiedene Ausführungszeiten benötigen. Wir haben in Abb. 9.3/1 eine Lösung skizziert, die die sich hieraus ergebenden Möglichkeiten ausnutzt [190–192, 305]: Das Rechenwerk besteht aus mehreren Funktionseinheiten (Verarbeitungswerken), die auf die Ausführung bestimmter Operationen spezialisiert sind und hierfür jeweils eine eigene Steuerung besitzen, und r Datenregistern, aus denen die einzelnen Verarbeitungswerke die Operanden beziehen und in denen sie die Ergebnisse der Operationen ablegen. Während eine (lange dauernde) Gleitpunktmultiplikation abläuft, können in anderen Verarbeitungswerken Additionen, Vergleiche usw. durchgeführt werden. Jedes einzelne Verarbeitungswerk bekommt, wenn es die vorliegende Arbeit vollbracht hat, vom Leitwerk den nächsten, dieses Werk betreffende Befehl zugewiesen. Das Werk besorgt sich dann aus den Datenregistern die zugehörigen Operanden und führt den Befehl selbständig aus. Auf diese Weise können in dem Rechenwerk jeweils mehrere Befehle gleichzeitig ausgeführt werden, wenn in den parallel abzuarbeitenden Programmteilen jeweils Befehle an der Reihe sind, die sich mit noch nicht belegten Werken ausführen lassen. Um Wartezeiten möglichst weitgehend zu vermeiden, kann man für wichtige Operationen mehrere Werke vorsehen (etwa zwei Multiplikationswerke).

[1] D.h. es werden die im Programm folgenden Befehle genommen. Dies sind dann die im Programmablauf folgenden, wenn keine Sprungbefehle darin enthalten sind.

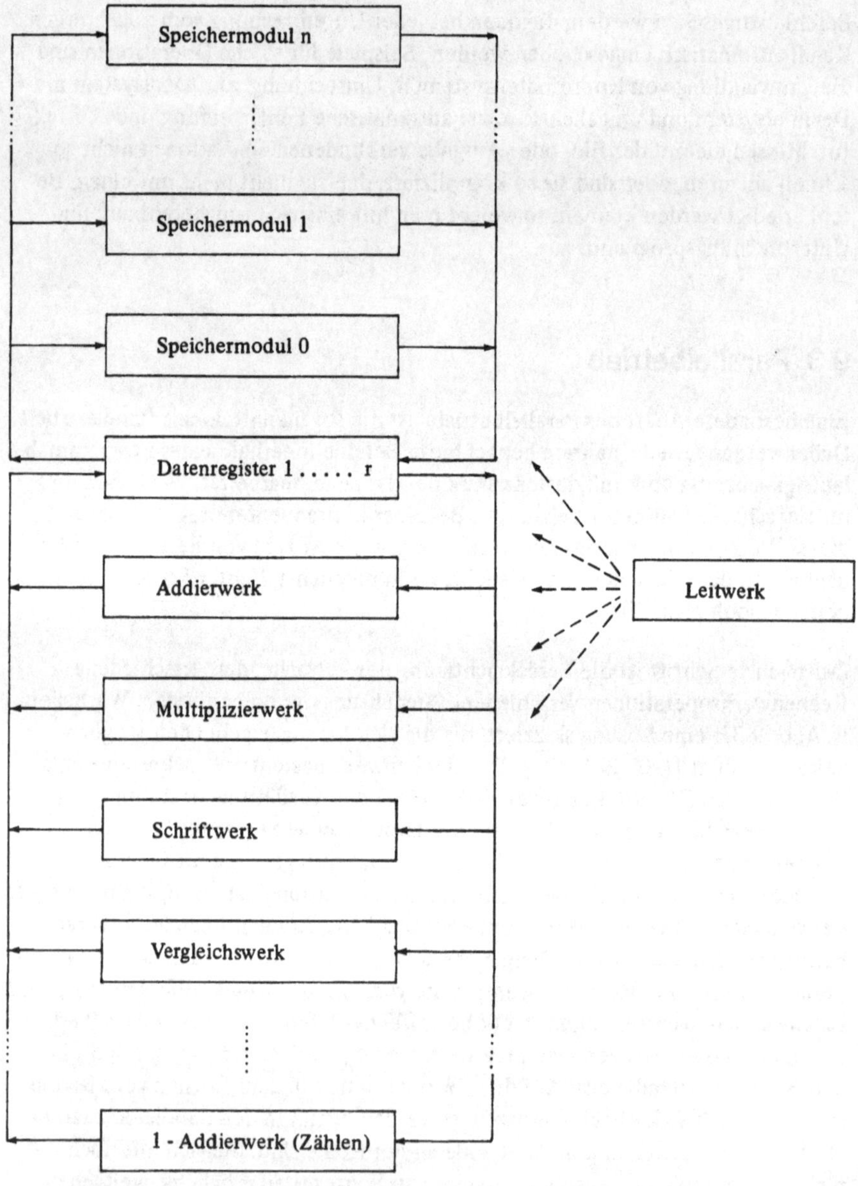

Abb. 9.3/1 Parallelarbeit zwischen mehreren Verarbeitungswerken

Selbstverständlich läuft auch der Datentransport zwischen den extrem schnellen Datenregistern und dem Hauptspeicher parallel zur Verarbeitung anderer Daten in den Verarbeitungswerken ab. Dabei ist zu berücksichtigen, daß zwischen dem Beginn einer Leseoperation im Speicher und dem Beginn der nächsten eine größere Zeitspanne vergeht (Zykluszeit) als zwischen dem Lesebeginn und der Verfügbarkeit des gelesenen Operanden (Zugriffszeit). Die kürzere Zugriffszeit kann also nur ausgenutzt werden, wenn nicht unmittelbar danach eine weitere Lese- oder Schreiboperation folgt. Unterteilt man aber den Arbeitsspeicher in mehrere Speichermoduln mit getrennten Lese- und Schreibvorrichtungen, so gilt diese Einschränkung nur für den Zugriff zum gleichen Modul. Richtet man das Programm so ein, daß aufeinanderfolgende Befehle sich auf verschiedene Speichermoduln beziehen, so kann eine höhere Geschwindigkeit erzielt werden. Da sowohl die Programmbefehle als auch die Daten meistens aus Speicherzellen mit aufeinanderfolgenden Adressen entnommen werden, genügt es in der Regel, die Speicherzellen nicht in einer Bank fortlaufend zu numerieren, sondern die Numerierung jeweils alle Bänke einmal durchlaufen zu lassen („Speicherverschränkung").

Im Prinzip liegt die gleiche, aber in der Verwendung etwas flexiblere Lösung vor, wenn die einzelnen Verarbeitungswerke nicht auf bestimmte Operationen spezialisiert sind, sondern es sich dabei um vollwertige Rechenwerke handelt, die in

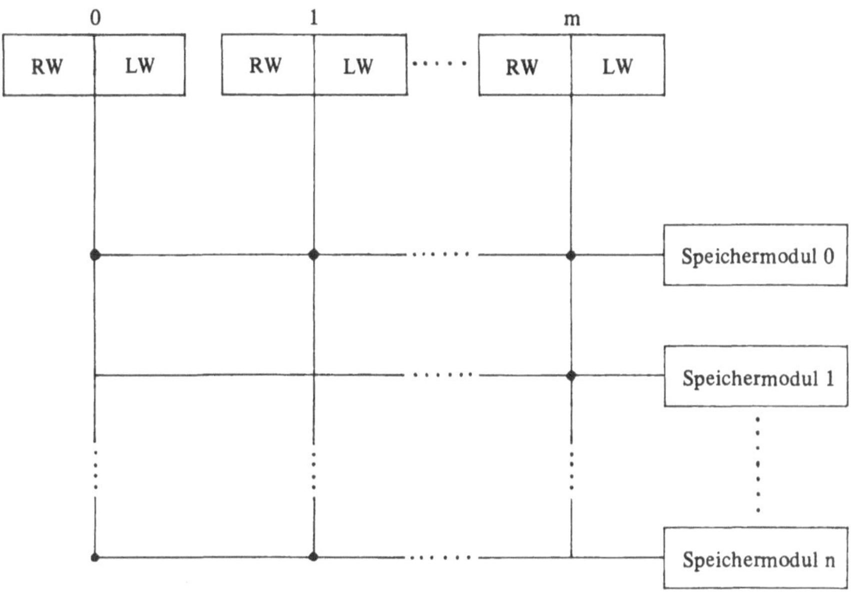

Abb. 9.3/2 Mehrprozessorsystem

der Lage sind, jede beliebige Operation auszuführen. Insbesondere im Hinblick auf die komplizierteren Operationen kann man dann jedoch nicht von einer besonders guten Ausnutzung aller dieser Rechenwerke sprechen.

Ein neuer Gesichtspunkt liegt jedoch dann vor, wenn jedes Verarbeitungswerk nicht nur ein vollständiges Rechenwerk, sondern auch ein eigenes Leitwerk besitzt (Abb. 9.3/2). Jede Einheit ist dann nämlich in der Lage, ein beliebiges Programm durchzuführen und zwar unabhängig von dem, was die anderen Einheiten tun. Es handelt sich um ein Mehrprozessorsystem, das sich von dem Vorhandensein mehrerer autonomer Rechner nur dadurch unterscheidet, daß alle Prozessoren einen gemeinsamen (oder wenigstens teilweise gemeinsamen) Speicher benutzen. Über diesen können die einzelnen Prozessoren sich auch gegenseitig Mitteilungen und Daten zukommen lassen. Die Tatsache, daß jeder Prozessor beliebige Programme durchführen kann, bewirkt auch, daß der Rechner in Tätigkeit bleiben kann, wenn ein Prozessor ausfällt. Die Möglichkeit, eines oder

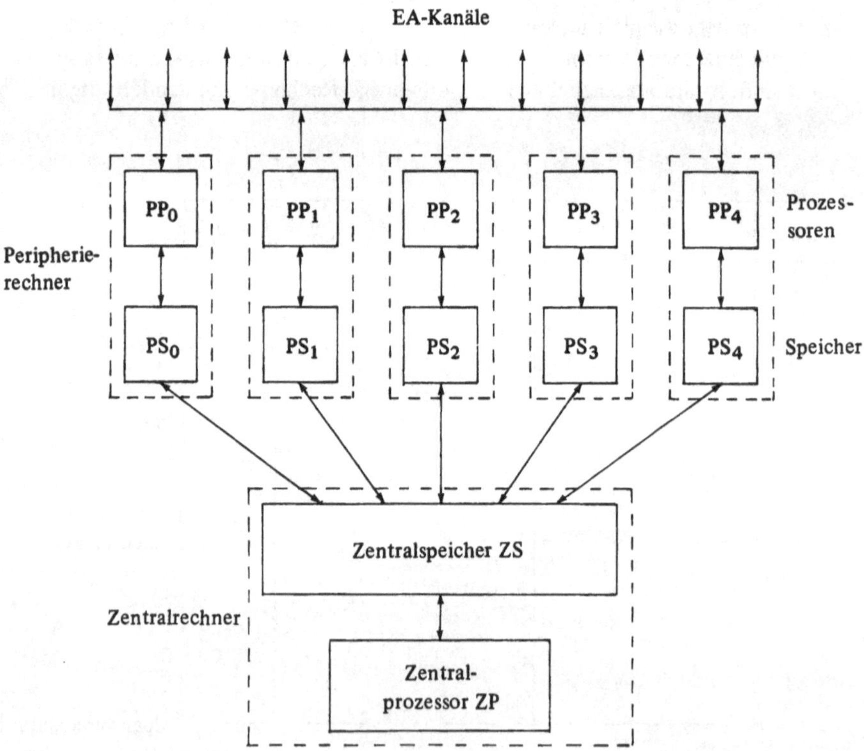

Abb. 9.3/3 EA-System mit Peripherierechnern

mehrere der parallel arbeitenden Werke als Reserve für den Fall eines Maschinenfehlers vorzusehen, ist auch ein wichtiger Gesichtspunkt für die Zusammenschaltung mehrerer gleichartiger Rechner zu einem simultanarbeitenden System („Mehrrechnersysteme") [195, 196].

Ein solches System ist in Abb. 9.3/3 dargestellt, wobei jedoch nicht alle Rechner gleichwertig sind. Dieses Modell umfaßt einen extrem schnellen Zentralrechner, dessen Prozessor wiederum nach den zuvor besprochenen Gesichtspunkten organisiert sein kann, und mehrere Peripherierechner [305]. Auffallend ist, daß der Zentralrechner keinerlei Zugriff zu den EA-Geräten einschließlich der Massenspeicher besitzt. Die Abarbeitung aller EA-Vorgänge ist den Peripherierechnern vorbehalten, von denen jeder jedes EA-Gerät ansprechen kann. Die Peripherierechner besitzen einen kleinen Speicher, in denen ihre Programme aufbewahrt und die Daten gesammelt werden können. Außerdem haben diese Peripherierechner Zugriff zum gesamten Speicher des Zentralrechners, während dieser selbst nur einen Teil des Zentralspeichers benutzen kann. Dieser Teil wechselt auf Befehl eines Peripherierechners. Ein Programm durchläuft ein solches System folgendermaßen: Programm und Daten werden von einem Peripherierechner eingelesen, in eine dem Zentralrechner geläufige Form gebracht und im Zentralspeicher abgelegt. Dann gibt der Peripherierechner dem Zentralrechner den Befehl, diesen Speicherteil zu betrachten und das Programm auszuführen. Danach übernimmt der Peripherierechner aus dem Zentralspeicher die Ergebnisse, transformiert sie (dabei benötigt er wieder seinen Speicher und die dort vorliegenden Programme) und gibt sie dem Benutzer über ein geeignetes oder gewünschtes EA-Gerät bekannt.

9.4 Programmverteilung auf verschiedene Werke

Sowohl bei der Parallelarbeit als auch beim Multiplexbetrieb treten Verteilungsprobleme auf. Das heißt, es muß ein Schema aufgestellt werden, nach dem die Arbeit oder die verschiedenen parallel laufenden Arbeiten auf die einzelnen parallel oder im Zeitmultiplex arbeitenden Rechner oder Rechenwerke verteilt werden. Handelt es sich bei der zu verteilenden Arbeit um Teile eines Befehles, also um einzelne Elementaroperationen, die zur Durchführung eines Befehls nötig sind, so spricht man von der Verteilung im Kleinen. Da die Verteilung im Kleinen mit programmtechnischen Hilfsmitteln nicht vernünftig erfaßt werden kann, interessiert uns hier nur die Verteilung im Großen, bei der die zu verteilende Arbeit in der Größenordnung eines oder mehrerer Befehle, also auf der Ebene von Programmen liegt [181]. Die Verteilung im Großen ist daher eine Aufgabe, die im allgemeinen mit programmtechnischen Hilfsmitteln durchgeführt wird.

Bei der Verteilung im Großen – wir wollen im folgenden nur von dieser sprechen und sie fortan einfach Verteilung nennen – müssen wieder zwei wesentliche Unterschiede berücksichtigt werden:

1. Die Erzeugung eines Multiplexablaufes zwischen mehreren Programmen.
2. Die Verteilung zwischen mehreren simultan arbeitenden Programmzweigen, bei der im Falle gleichzeitigen Multiplexbetriebes vorausgesetzt wird, daß die hierfür nötige Verteilung bereits vorgenommen wurde.

Da das Überwechseln von einem Programm auf ein davon unabhängiges mit einer Vielzahl von organisatorischen Aufgaben belastet ist und hierfür bei den modernen Rechenanlagen hoch entwickelte Betriebssysteme zur Verfügung stehen, wollen wir die Behandlung des ersten Punktes auf das nächste Kapitel verschieben und uns nur der zweiten Klasse zuwenden. Bei dieser Verteilung tritt folgende Aufspaltung der mit der Verteilung zusammenhängenden Aufgaben in Erscheinung:

a) Die Planung einer Verteilung.
b) Die Durchführung einer Verteilung.

Wir unterscheiden bei Verteilungsplänen statische und dynamische Verteilung. Die statische Verteilung wird vor dem eigentlichen Arbeitsablauf vorgenommen. Sie setzt voraus, daß ein genügender Vorrat an noch nicht erledigten Arbeiten vorhanden ist. Die dynamische Verteilung erfolgt dagegen laufend während der Arbeit. Sie kann dabei die jeweils neu anfallende Arbeit berücksichtigen. Allerdings können wir von der dynamischen Verteilung grundsätzlich nicht verlangen, daß sie über größere Zeiträume optimal ist. In allen Fällen, in denen während des Arbeitsablaufes nicht genau vorherbestimmbare Arbeiten anfallen, müssen wir dynamisch verteilen. Daher gibt es bei der Erzeugung von Multiplexbetrieb im Zusammenhang mit der Ein- und Ausgabe keine statische Verteilung.

Wir wollen als Darstellungsmittel im Ablaufdiagramm den Verteilerpunkt

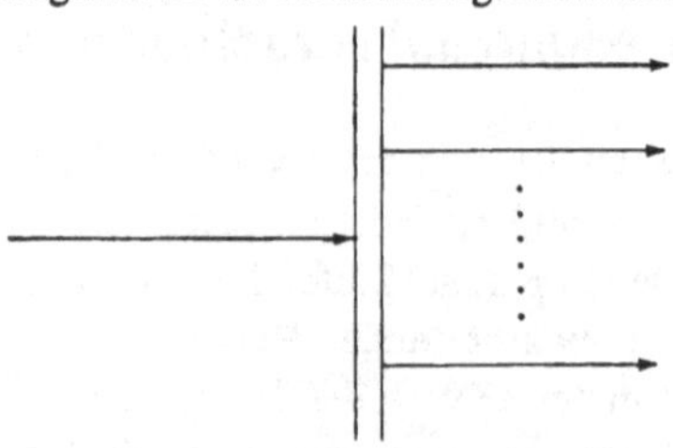

und den Sammelpunkt

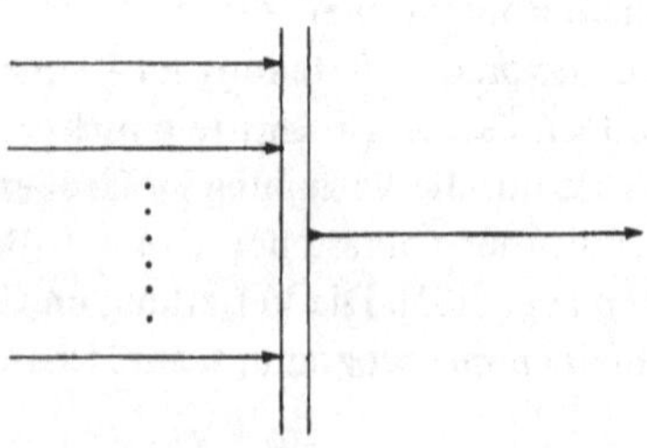

einführen. Der Verteilerpunkt ist eine Verzweigungsstelle, bei der die nachfolgenden Programmzweige simultan, das heißt also parallel oder im Multiplexbetrieb durchgeführt werden, im Gegensatz zu den normalen, durch das Symbol

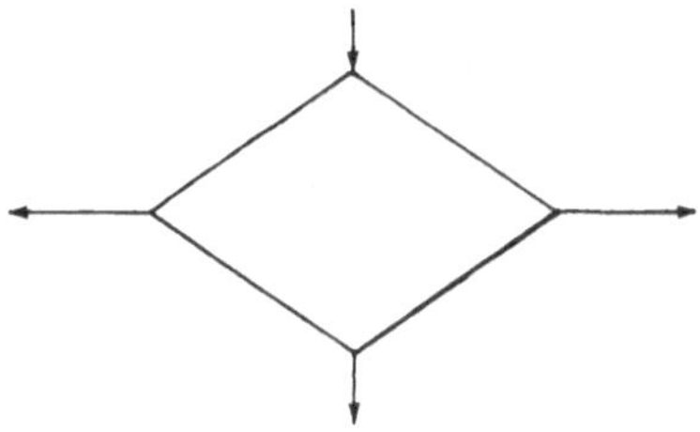

gekennzeichneten Verzweigungen, bei denen jeweils nur einer der nachfolgenden Zweige durchlaufen wird. Der Sammelpunkt ist das Gegenstück zum Verteilerpunkt. Die dort mündenden Programmzweige werden alle in einem nachfolgenden Programmstück fortgesetzt und zwar so, daß alle diese einmündenden Zweige abgeschlossen sein müssen, ehe das Programm den Sammelpunkt überschreitet. Ein Beispiel haben wir in Abb. 9.4/1 angegeben.

Soll durch ein solches Ablaufdiagramm eine Parallelarbeit verschiedener Rechner oder Verarbeitungswerke dargestellt werden, so kann man zusätzlich ihre Zuordnung zu den einzelnen Programmteilen kennzeichnen. Wir haben das angegebene Beispiel in Abb. 9.4/2 auf drei Verarbeitungswerke verteilt. Die einzelnen Teilaufgaben haben wir durch Zahlenpaare (n, w) gekennzeichnet, die angeben, in welchem Werk w die Teilaufgabe ausgeführt wird und zum wievielten Male dieses Werk dabei durch dieses Programm in Anspruch genommen wird(n). Fügen wir noch eine Zeitskala hinzu, so gelangen wir zu einer dem aus der Fertigungsplanung her bekannten Gantt-Diagramm ähnlichen Darstellung [223].

Unser Beispiel zeigt, daß Parallel- und Alternativverzweigungen gemischt vorkommen können. Allerdings müssen gewisse Einschränkungen beachtet werden. So ist es z.B. nicht zulässig, von (2,2) auf (5,2) zu springen, weil dann die Zweige 1 und 3 nicht angestoßen werden. Damit würde das Programm nicht über den folgenden Sammelpunkt hinauskommen, weil die Zweige 1 und 3 auch nicht eintreffen. Ebensowenig ist es zulässig, von (2,1) auf (5,2) zu springen, weil dann der Zweig 1 nicht am Sammelpunkt eintrifft und das Werk 2 doppelt benutzt wird.

Noch komplizierter werden die Verhältnisse, wenn mehrere Programme auf verschiedene Werke verteilt werden müssen. Betrachten wir als Beispiel die Programme Abb. 9.4/3 und Abb. 9.4/4, in denen die Bezeichnung der Programmteile durch Voranstellen der Programmnummer p auf das Tripel (p, n, w) erweitert wurde. Eine Parallelbehandlung dieser beiden Programme ist auf verschiedene Arten möglich. Eine davon zeigt Abb. 9.4/5.

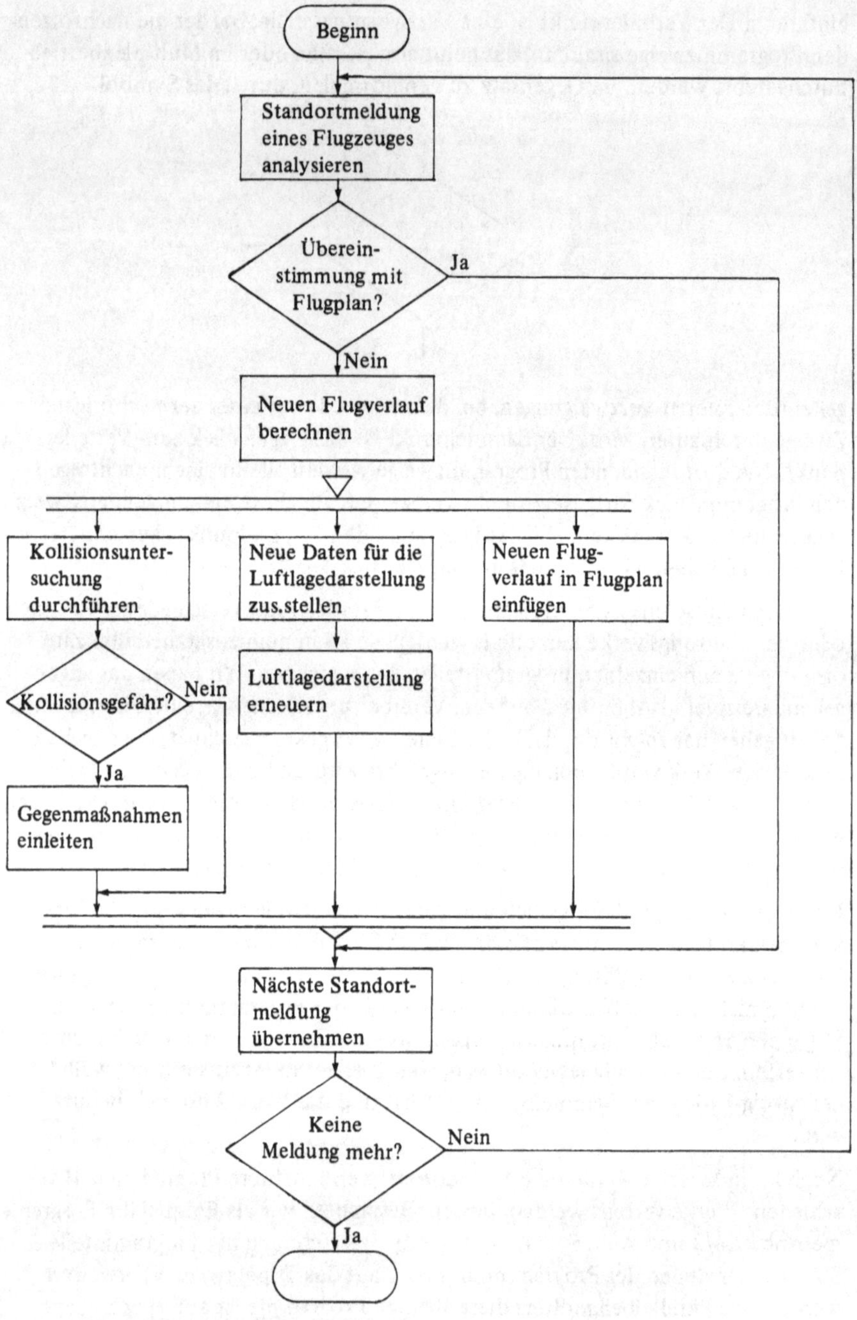

Abb. 9.4/1 Simultane Programmzweige

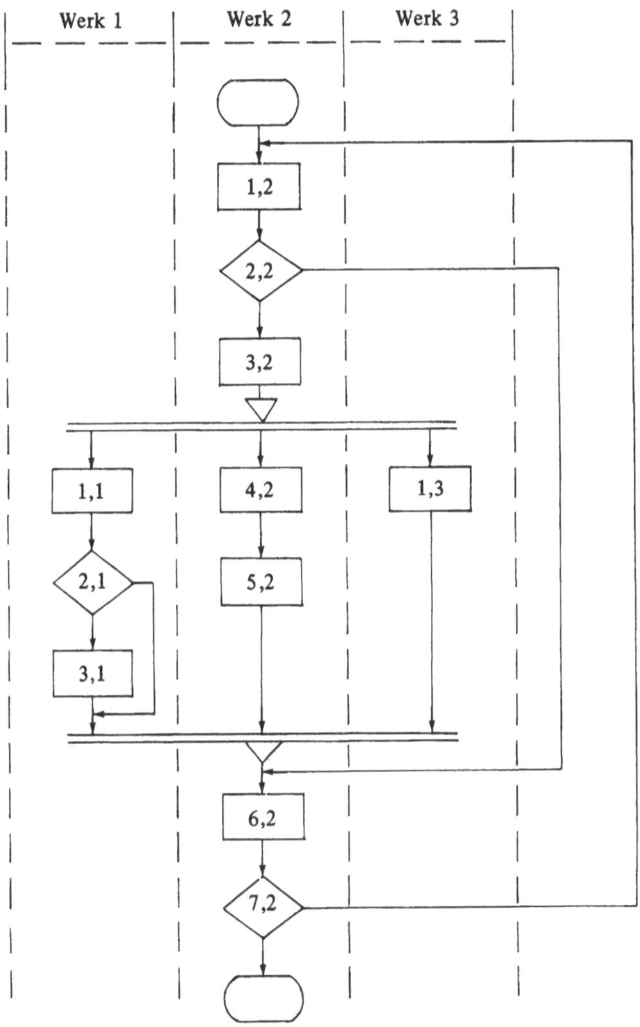

Abb. 9.4/2 Simultane Programmzweige

Programm 1

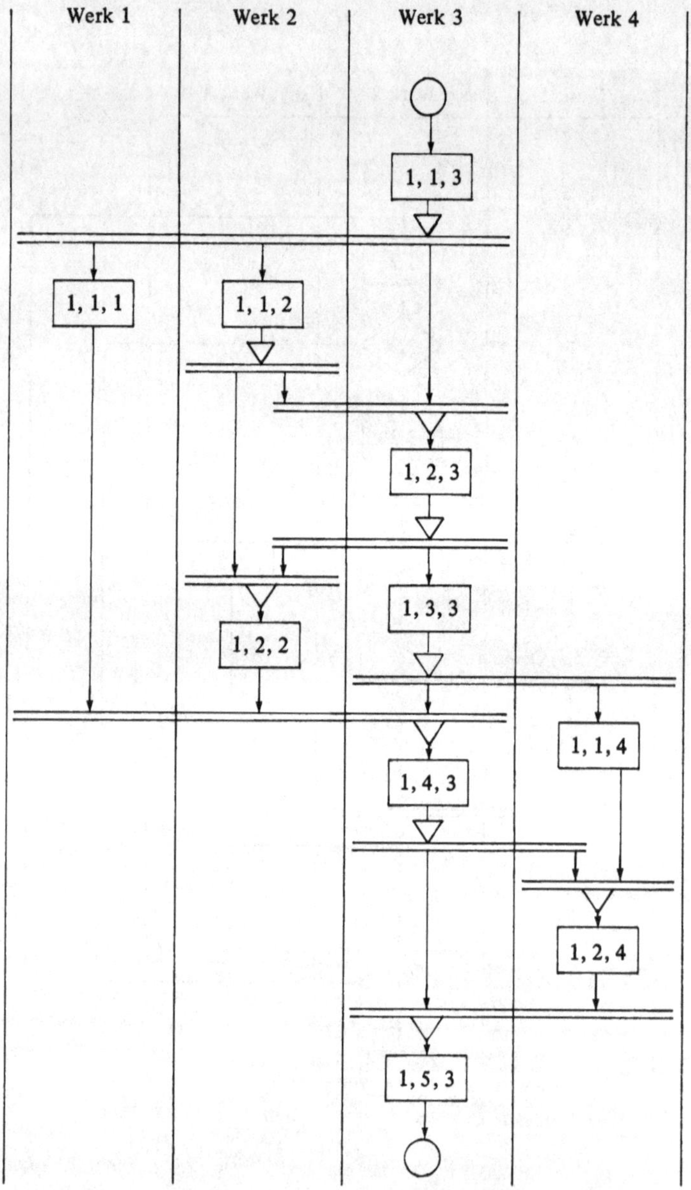

Abb. 9.4/3

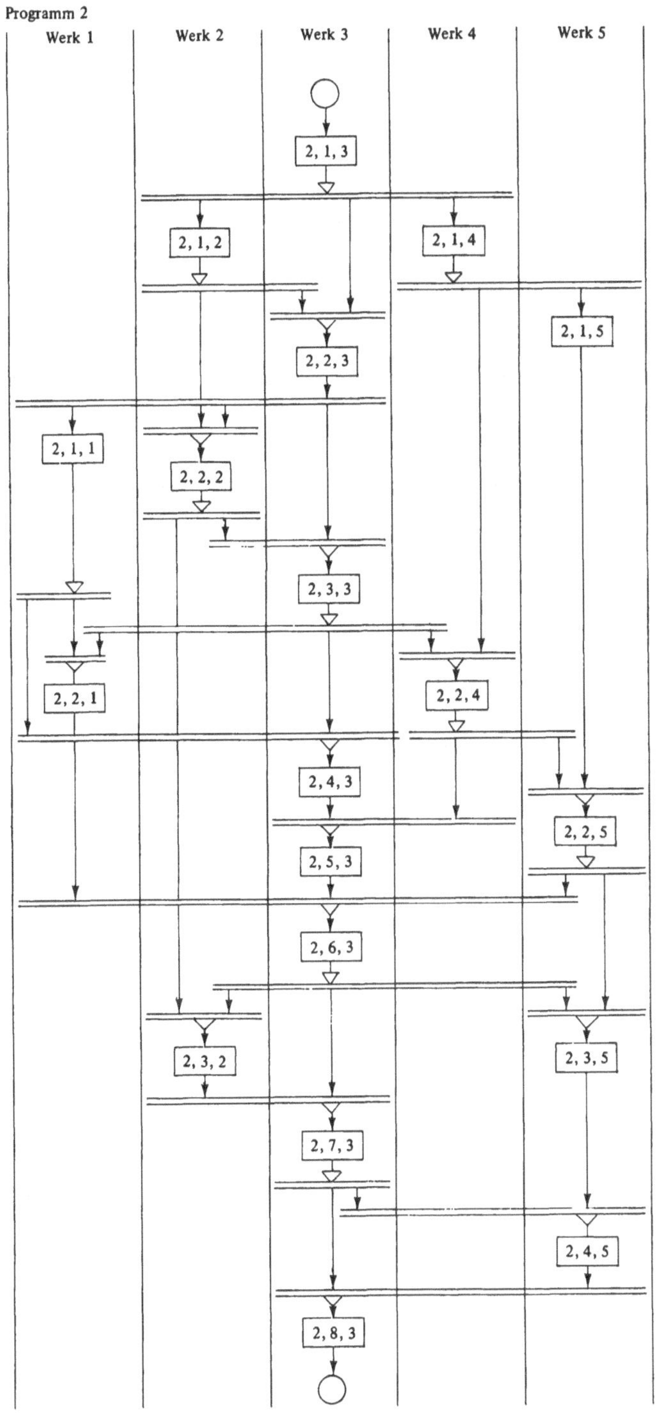
Programm 2
Werk 1
Werk 2
Werk 3
Werk 4
Werk 5
2, 1, 3
2, 1, 2
2, 1, 4
2, 1, 5
2, 2, 3
2, 1, 1
2, 2, 2
2, 3, 3
2, 2, 1
2, 2, 4
2, 4, 3
2, 2, 5
2, 5, 3
2, 6, 3
2, 3, 2
2, 3, 5
2, 7, 3
2, 4, 5
2, 8, 3

Abb. 9.4/4

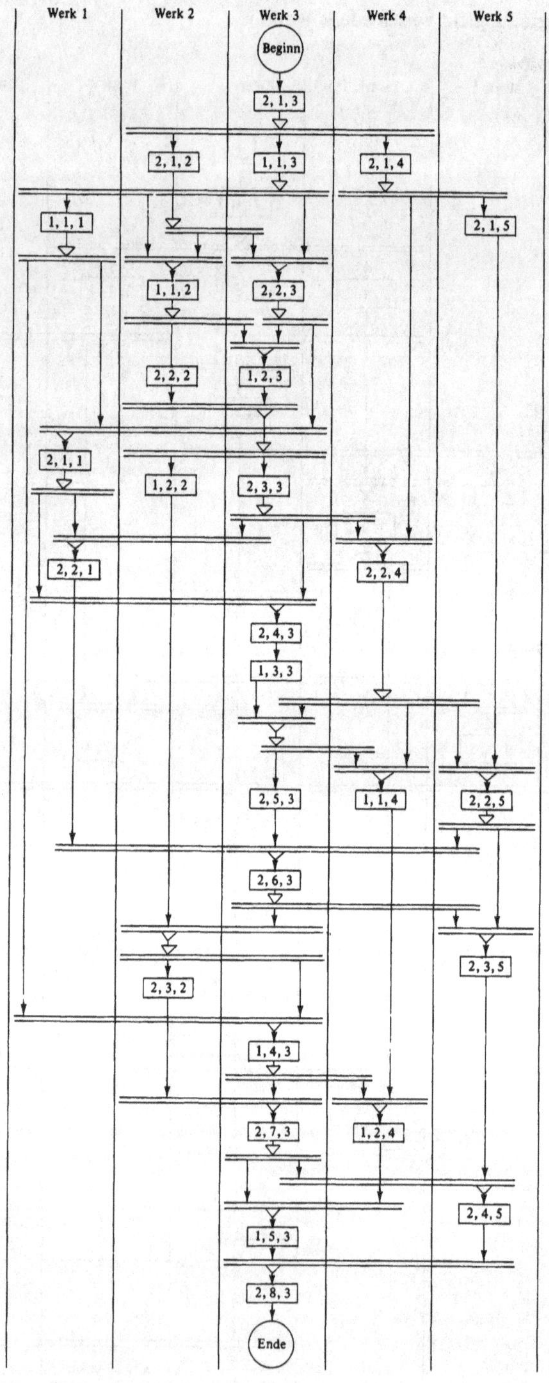
Werk 1
Werk 2
Werk 3
Werk 4
Werk 5
Beginn
2, 1, 3
2, 1, 2
1, 1, 3
2, 1, 4
1, 1, 1
2, 1, 5
1, 1, 2
2, 2, 3
2, 2, 2
1, 2, 3
2, 1, 1
1, 2, 2
2, 3, 3
2, 2, 1
2, 2, 4
2, 4, 3
1, 3, 3
2, 5, 3
1, 1, 4
2, 2, 5
2, 6, 3
2, 3, 5
2, 3, 2
1, 4, 3
2, 7, 3
1, 2, 4
2, 4, 5
1, 5, 3
2, 8, 3
Ende

Abb. 9.4/5

Man überzeugt sich leicht, daß schon die Prüfung, ob diese Parallelprogramme bestimmte Reihenfolge- und Vorrangbedingungen erfüllen, sehr mühsam ist. Als mathematische Hilfsmittel sind Matrizenverfahren entwickelt worden, mit deren Hilfe wenigstens die Verträglichkeit solcher Forderungen überprüft werden kann [185, 224, 225].

Noch wesentlich schwieriger ist aber eine Planung für minimale Gesamtarbeitszeit. Für die Analyse stehen die Hilfsmittel der Wartezeittheorie [226] und der Netzplantechnik [125] zur Verfügung. Es bestehen auch keine besonderen Schwierigkeiten, diese Theorien auf die wichtigsten Typen der Arbeitsverteilung bei Rechnern anzuwenden; aber die Planungen zeitoptimaler Verteilungen werden insbesondere dadurch erschwert, daß bei Programmplanungen die Arbeitszeiten der einzelnen Programmteile nicht genau im voraus bestimmt werden können. Einfach zu handhabende Verteilungs-Algorithmen, die die wichtigsten Gesichtpunkte berücksichtigen und eine brauchbare (wenn auch nicht die beste) Arbeitszeit garantieren, sind bei [220, 222, 228] beschrieben worden.

Das Ziel der zukünftigen Entwicklungen muß man in Systemen sehen, die die Verteilungsalgorithmen in Abhängigkeit von der (technisch gemessenen) Belastungssituation der einzelnen Werke und den jeweils vorgegebenen Optimierungskriterien (schnellster Gesamtdurchlauf, schnellster Durchlauf für einzelne Programme, schnellste Reaktion auf Anfragen, größte Sicherheit gegen Zerstörung von Datenbeständen bei Ausfall eines Werkes usw.) automatisch variieren [321].

Nachdem wir die Planung einer Programmverteilung besprochen haben, wollen wir nun noch auf die Durchführung der Verteilung zu sprechen kommen. Haben wir mehrere Rechner oder Verarbeitungswerke, die parallel an einer Aufgabe arbeiten, so ist es von Zeit zu Zeit nötig, daß sie gegenseitig Nachrichten über den jeweiligen Stand der Arbeit, das heißt also Zwischenergebnisse, Anforderungen für Zwischenergebnisse usw., austauschen.

Wir wollen drei wesentliche Lösungsmöglichkeiten hierzu erwähnen:

1. Die verschiedenen Prozessoren besitzen gemeinsam zugängliche Speicherbereiche (siehe z.B. Abb. 9.3/2) [182, 185, 195]. Jeder Programmzweig kann dann Mitteilungen über seine eigene Arbeit an verabredeten Stellen deponieren, die von anderen Zweigen entnommen werden können.
2. Jeder Prozessor kann über Unterbrechungen 2. Art auf die übrigen einwirken. Auf diese Weise können langwierige gegenseitige Abfragen, ob eine Nachricht vorliegt, eingespart werden [204, 229].
3. Das Recht zur Unterbrechung steht nur einem besonderen Programm zu, dem Betriebssystem. Dieser Fall wird im nächsten Kapitel behandelt.

10. Betriebssysteme

10.1 Automatisierung des Zeitmultiplexbetriebes

Die hohe Geschwindigkeit elektronischer Rechenwerke hat dazu geführt, daß sie mit manueller Bedienung nicht rationell ausgenutzt werden können. Hier hat die Programmsteuerung weitergeholfen: Der Rechenautomat organisiert die Ausführung der einzelnen Befehle und ihre Aufeinanderfolge selbst. Diese Entwicklung hat sich auf höherer Ebene wiederholt: Moderne Rechenautomaten benötigen für einen großen Teil der ihnen zugewiesenen Aufgaben nur Sekunden oder Bruchteile davon, so daß an eine rationelle Ausnutzung nicht zu denken ist, wenn die Programmfolge manuell gesteuert wird. Hinzu kommt, daß die Rechenanlage die im 9. Kapitel besprochenen Möglichkeiten ausnutzen muß. Die Belegung der Rechenanlage oder ihrer einzelnen Funktionseinheiten kann also sinnvoll nur automatisch koordiniert und gesteuert werden. Ein Programm, das diese Aufgaben übernimmt, wollen wir Betriebssystem nennen.[1]

Diesem Betriebssystem obliegen insbesondere [244]

a) die Einsatzplanung, das heißt es stellt fest, welchem Programm das Rechenwerk oder eine periphere Einheit zugewiesen werden kann. Hierher gehört die Berücksichtigung von Prioritäten zwischen den einzelnen Programmen oder den diesen erteilten Arbeitsaufträgen.

b) die Zuweisung eines Arbeitsspeicherbereiches an das Programm und das Laden des Programms und zugehöriger Datenbestände aus einem Hintergrund in den Arbeitsspeicher.

c) die Überwachung des Programms, d.h. es wird kontrolliert, ob das Programm die vorgegebenen Grenzen (Zeit, Speicher, Menge der Ausgabedaten usw.) einhält.

Darüberhinaus muß das Betriebssystem die Programmbibliothek überwachen und ergänzen und ein Tätigkeitsprotokoll (als Abrechnungsunterlage) führen. Außerdem kann auch die langfristige Datenhaltung als Teil des Betriebssystems organisiert werden.

Ein solches Betriebssystem besteht aus einer Vielzahl von Einzelprogrammen. Diese Programme kann man sich als Systembefehle (Operatoren) vorstellen, deren Aufruf jeweils einen ganz bestimmten Vorgang auslöst. In diesem Sinne können wir auch Benutzerprogramme als Operatoren ansprechen.

Bei der Zusammenstellung eines Betriebssystems müssen die folgenden Gesichtspunkte beachtet werden:

1. Jede sinnvolle Aufeinanderfolge von Systembefehlen muß leicht realisierbar sein.

[1] Gängig sind auch Namen wie Monitor, Überwachungssystem oder Supervisor.

2. Der Bestand an Systembefehlen muß ohne technische Eingriffe verändert werden können. Hierzu gehört das Einfügen neuer Systembefehle ebenso wie das Austauschen von fehlerhaften oder verbesserungsfähigen Systembefehlen, wobei die neue Fassung für den Benutzer unter dem gleichen Namen und den gleichen Bedingungen ansprechbar sein muß wie die alte.

3. Das Betriebssystem muß fehlerunempfindlich sein. Auftretende Irregularitäten – seien es Bedienungsfehler, Programmierungsfehler oder technische Fehler – dürfen den Ablauf des Systems nach Möglichkeit nicht unterbrechen oder das System als solches nicht funktionsunfähig machen.

4. Es sollen möglichst wenig Eingriffe durch das Bedienungspersonal erforderlich und die Eingriffe selbst möglichst bequem auszuführen sein.

Die vom Betriebssystem zu koordinierenden Anforderungen wollen wir an einem einfachen Zeitmultiplexbeispiel beschreiben: Wir betrachten vier Programme, die in der Reihenfolge ihrer Wichtigkeit mit P1, P2, P3 und P4 bezeichnet sind, und zwei EA-Kanäle K1 und K2, an die beliebige Peripheriegeräte angeschlossen seien (Abb. 10.1/1). Wir nehmen an, daß nur ein Prozessor zur Verfügung stehe, so daß jeweils nur ein Programm „arbeiten" kann. Außerdem können die beiden Kanäle belegt sein. Die arbeitenden Funktionseinheiten sind jeweils durch eine durchgezogene Linie dargestellt. Bei K1 und K2 ist zusätzlich angegeben, durch welches Programm der Kanal belegt ist. Ist das Betriebssystem in Tätigkeit, so haben wir durch Kennziffern vermerkt, was zu tun ist. Dabei bedeutet:

1. Der Prozessor ist frei. Das Betriebssystem muß das wichtigste Programm suchen, das beginnen oder weiterrechnen kann. (In unserem Beispiel gibt die Numerierung der Programme gleichzeitig ihre Rangfolge an.) Dabei müssen Programme übergangen werden, die schon beendet sind oder auf den Abschluß eines EA-Vorganges warten. War das ausgesuchte Programm vorher schon einmal in Tätigkeit, so müssen die Register des Prozessors (z.B. Akkumulator, Befehlszähler usw.) mit denjenigen Informationen gefüllt werden, die sie beim Abbruch des Programmes enthielten.

2. Das gerade laufende Programm hat einen Auftrag für einen EA-Kanal. (Die gewünschte Kanalnummer ist in der Abbildung beim Programm angegeben.) Der entsprechende Kanal wird vom Betriebssystem gestartet, das Programm geht in den Wartezustand über. Die wichtigen Programminformationen werden gerettet und an einer diesem Programm zugeordneten Stelle hinterlegt.

3. Das laufende Programm wurde unterbrochen (mit U gekennzeichnet), weil ein EA-Kanal seine Arbeit beendet hat. Die Programminformationen werden gerettet, die ordnungsgemäße Ausführung des EA-Auftrages kontrolliert. Das Programm, das den Kanal belegt hatte, verläßt den Wartezustand und wird bei der nächsten Programmauswahl (1) wieder berücksichtigt.

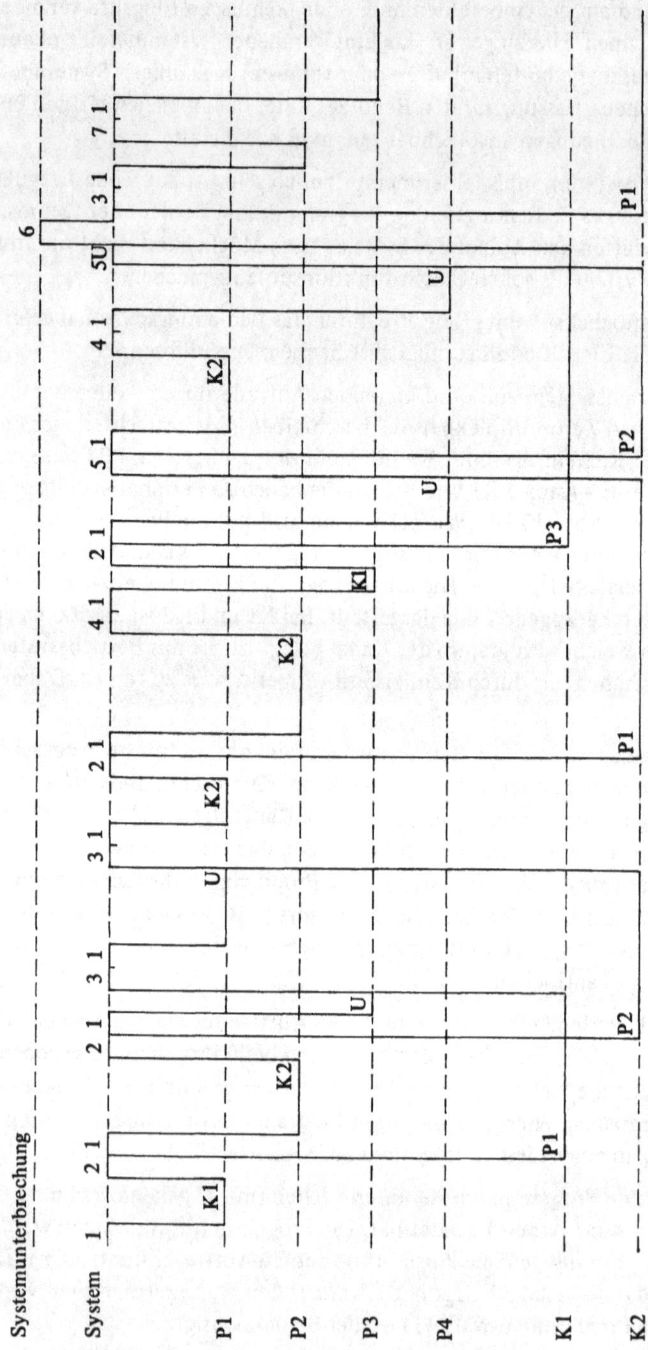

Abb. 10.1/1 Programm-Multiplex

4. Die Anforderung eines EA-Kanals (2) kann nicht unmittelbar befriedigt werden, weil der gewünschte Kanal besetzt ist. Der Auftrag wird in eine Vormerkliste eingetragen; das Programm geht in den Wartezustand über.

5. Die Unterbrechung (3) erfolgte durch einen Kanal, für den noch eine Vormerkung vorliegt. Der Kanal wird nach den entsprechenden Vorbereitungen erneut gestartet.

6. Die Unterbrechung (3) erfolgt, während das Betriebssystem läuft. Für diesen Fall ist ein besonderes Unterbrechungsprogramm erforderlich, das lediglich die Tatsache dieser Unterbrechung und die für die spätere Analyse durch das Betriebssystem wesentlichen Informationen festhält. Dann setzt das System seine Arbeit fort. (Während das Unterbrechungsprogramm läuft, muß eine weitere Unterbrechung durch geeignete technische Hilfsmittel hinausgezögert werden.)

7. Ein Programm hat seine Aufgabe erfüllt und meldet sich beim System ab. Es ist klar, daß in einem solchen System ein Programm nicht mit einem Stopbefehl enden darf, weil sonst die Gesamtanlage zum Stehen kommt. Alle Endpunkte eines Programmes müssen also Sprungbefehle sein, die auf ein ausgezeichnetes Systemprogramm (Aktivierungsprogramm, Nachfolgerfunktion) führen, das das nachfolgende Programm bestimmt (in Abb. 10.1/1 als 1 bezeichnet).

Mit der unter (7) angegebenen Vorschrift über die Beendigung eines Programmlaufs haben wir die unter der Regie eines Systems laufenden Programme bereits einer Einschränkung unterworfen. Um diese Programme von den sonst denkbaren, allgemein aufgebauten Programmen abzugrenzen, wollen wir sie Operatoren nennen. Sie sollten aus praktischen Gründen noch einige weitere Bedingungen erfüllen:

a) Sie haben nur einen Eingang und zwar den ersten Befehl der Sequenz. (Bei einem manuell gestarteten Programm ist es natürlich möglich, den Eingang an jede beliebige Stelle zu legen.)

b) Ein Operator darf nicht autonom über periphere Geräte verfügen. (Vgl. auch Abb. 10.1/1.)

c) Ein Operator darf nicht autonom über den Speicher verfügen. Er muß vielmehr die benötigten Speicherbereiche beim System anfordern und erhält dann freie Speicherbereiche zugewiesen.

Neben den Benutzerprogrammen sind auch die Übersetzer (Kompilierer und Assemblierer), Druckprogramme usw. Operatoren.

10.2 Prozesse

Wir wollen noch einmal auf die in 1.6 dargestellten Zusammenhänge eingehen. Dort hatten wir darauf hingewiesen, daß zum Beispiel ein ALGOL-Programm vor seiner Durchführung übersetzt werden muß. Ein „Programmlauf" besteht also aus mehreren Operatorläufen. Ein solches Gebilde aus mehreren, mehr oder weniger eng zusammenhängenden Programmläufen mit den zugehörigen Programmkörpern, Datenbeständen und den zwischen diesen bestehenden Beziehungen, das sich dem Betriebssystem als einheitlicher Vorgang darstellt, nennen wir einen Prozeß. Dabei können die Teilvorgänge – wie im erwähnten Beispiel – seriell, aber auch simultan oder verschachtelt auftreten. Ihre Verwaltung liegt beim Prozeß selbst, nicht beim Betriebssystem, das nur die Gesamtheit aller Prozesse, ihre gegenseitigen Beziehungen und die von den Prozessen benötigten Betriebsmittel, wie Rechnerkerne, Speichergebiete, EA-Geräte usw. verwaltet.

Beachten wir den Geschwindigkeitsunterschied zwischen zentralem Rechner und den EA-Geräten, so ist es einleuchtend, daß der Kompilierer die zu übersetzenden Anweisungen nicht einzeln einliest. Man wird vielmehr das Programm und seine Daten in einem Arbeitsgang einlesen und in einem Gebiet des Hintergrundspeichers ablegen lassen. Entsprechend werden auch alle Ausgabedaten zunächst gespeichert und erst am Ende des Programmlaufs ausgegeben. Hierfür stehen besondere Vermittlerprozesse zur Verfügung, zum Beispiel der Kartenleservermittler oder der Druckervermittler.

Jede Eingabe stellt einen Auftrag dar. Der dadurch initiierte Ablauf ist in Abb. 10.2/1 schematisch dargestellt, wobei auch die Dezentralisierung der Verwaltung deutlich wird: Der eigentliche „Programmlauf" wird vom Abwicklerprozeß gesteuert. Im einfachsten Fall untersucht ein Entschlüssler die Kommandos, die in dem Auftrag enthalten sind und veranlaßt ihre Ausführung. Obiges Beispiel könnte durch die folgenden Kommandos gesteuert werden:

```
◇UEBERSETZE, SPRACHE = ALGOL, MONTAGEOBJEKT = MU4,
  QUELLE = /
'BEGIN' . . . . .
. . . . . . . . . . . .
'END'
◇MONTIERE, MU4, MU4A
◇STARTE, MU4A, DATEN = /
1, 2, -3,
```

Die Kommandos sind durch das besondere Symbol ◇ gekennzeichnet. Das Kommando "UEBERSETZE" bewirkt den Start des ALGOL-Kompilierers. Natürlich ist es auch möglich, einen früher eingegebenen Text zu übersetzen. In

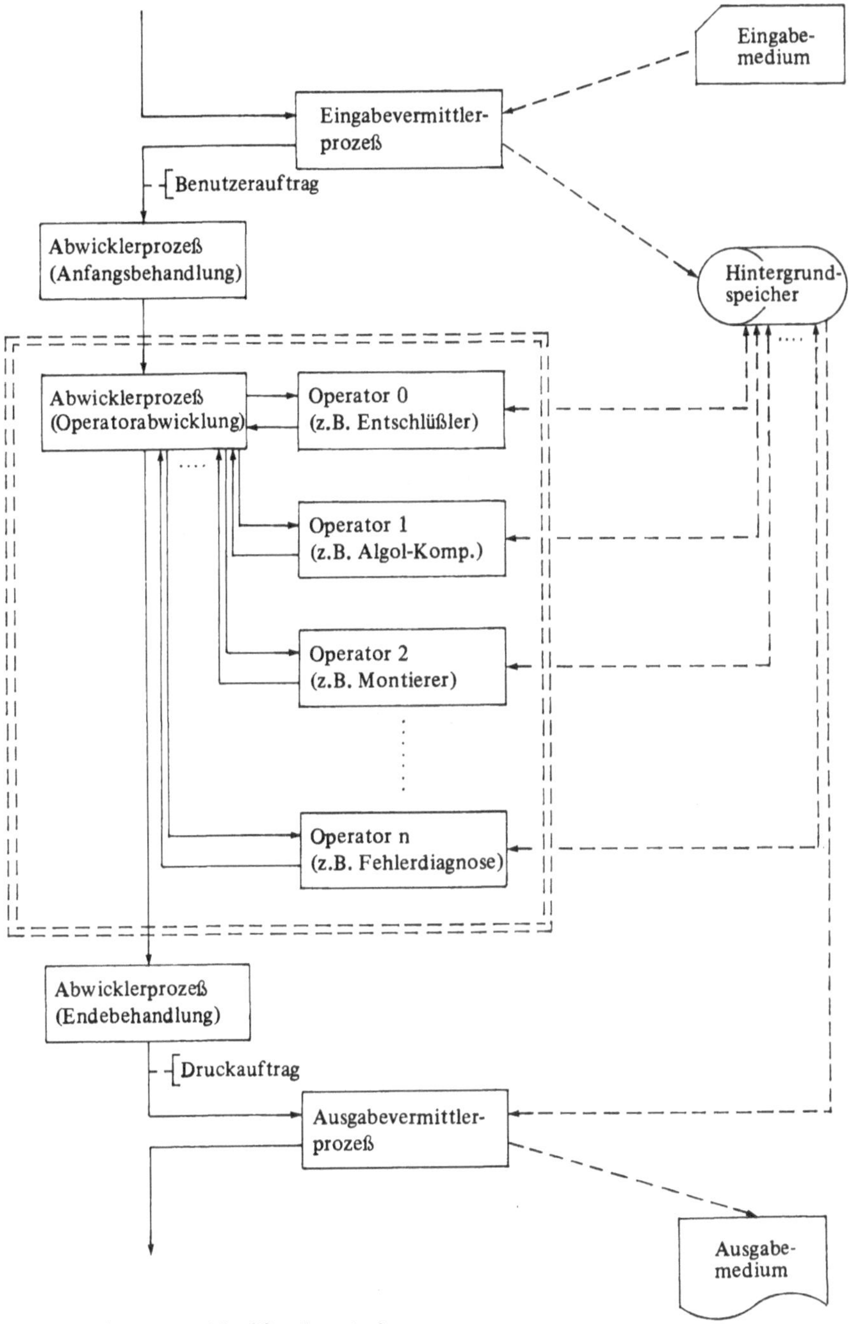

Abb. 10.2/1 Gesamtablauf für einen Auftrag

diesem Fall ist der Name des Textes, zum Beispiel MU3A, als Quelle anzugeben:

QUELLE = MU3A.

Neben der Quelle muß das Kommando die Sprache angeben, in der der Text geschrieben ist, und einen Namen, unter dem die übersetzte Fassung abgelegt werden soll (hier: MU4). Der Montierer macht aus dieser Fassung ein lauffähiges Programm (hier: MU4A); er fügt insbesondere alle benötigten Unterprogramme hinzu. Dann soll MU4A gestartet werden; die benötigten Daten sind dem Kommando beigefügt.

Wenn aber höchste Flexibilität erreicht werden soll, muß dem einzelnen Operator Einfluß auf die Auswahl der nachfolgenden Operatoren eingeräumt werden. In [244] dient diesem Zweck eine Steuerliste, in der jedem Operator eine Steuereinheit entspricht. Diese enthält:

a) die Bezeichnung des Operators,
b) Informationen für den Betrieb des Operators.[1]

Jeder Operator, insbesondere der Entschlüßler, hat nun die Möglichkeit, in diese Liste ein oder mehrere Steuereinheiten einzutragen. So wird man etwa einen ALGOL-Kompilierer so einrichten, daß er im Fall, daß das Programm Fehler enthält, die Steuereinheit für den ALGOL-Fehlerdiagnose-Operator in die Steuerliste einträgt (sofern der Entschlüßler dies noch nicht getan hat), damit der Benutzer geeignete Informationen über die aufgetretenen Fehler enthält, und eventuell eingetragene Steuereinheiten für die Montage und das Starten des Programms streicht. Ist ein Operatorlauf beendet, so wählt der Abwickler aus der Steuerliste den nächsten Operator aus, veranlaßt das Laden in den Arbeitsspeicher und den Start. Enthält die Steuerliste keinen Nachfolger mehr, so wird die Regie nach einigen Abschlußarbeiten an das System zurückgegeben.

Insbesondere kann folgendermaßen verfahren werden: Der Abwickler setzt zunächst als erstes Element den Entschlüßler in die Steuerliste ein; dieser trägt den durch das jeweilige Kommando spezifizierten Operator und wiederum sich selbst ein. Lediglich bei Entschlüsselung des Endekommandos unterbleibt dies.

Das erste Kommando eines Auftrages muß unter anderem den Namen des Auftraggebers und den Namen des Prozesses enthalten, an den sich der Auftrag richtet. Unter den Prozessen haben wir die öffentlichen Prozesse – wie etwa die Ein- und Ausgabeprozesse – und die Benutzerprozesse zu unterscheiden. Diese haben die Form von Abwicklerprozessen: ihre Aufgabe ist es, Operatorläufe abzuwickeln. Es gibt verschiedene Abwicklerprozesse für die verschiedenen Betriebsformen, beim TR 440 zum Beispiel den Abschnittsabwickler für die Ab-

[1] Wenn zugelassen wird, daß der Abwickler mehrere Operatoren simultan bearbeitet, sind außerdem Reihenfolgebedingungen erforderlich, die angeben, welche Operatoren beim Start dieses Operators beendet sein müssen.

arbeitung von Lochkartenstapeln und den Konsolabwickler für Dialogbetrieb. Zu den Aufgaben der Abwicklerprozesse gehören

die Annahme und Registrierung von Aufträgen,
das Starten der Operatoren (insbesondere des Entschlüßlers),
verschiedene Dienstleistungen, die von den Operatoren gewünscht werden,
der Abschluß.

Die klassische Vorstellung von einem solchen Prozeß ist die von einem Vorgang mit wohldefiniertem Anfang und Ende. Diese Vorstellung trifft für Realzeitaufgaben (im weitesten Sinne) nicht mehr zu. Man kann nicht mehr sagen, daß ein Realzeitprozeß nach Abarbeitung aller vorliegenden Anfragen und Aufträge beendet sei. Die Beendigung eines Prozesses beinhaltet auch die Freigabe aller belegten Speicherbereiche und somit die Aufgabe aller erarbeiteten Informationen, soweit diese nicht ausdrücklich an einen anderen Prozeß weitergegeben werden. Der Prozeß geht vielmehr in einen Ruhezustand über, der nach einiger Zeit durch einen neuen Auftrag unterbrochen wird. Ein solcher Sachverhalt liegt offensichtlich bei komplizierten Steuerungs- und Überwachungsaufgaben, wie zum Beispiel einem automatischen Flugsicherungssystem vor, aber auch die Unterhaltung einer Kundenkartei ist von dieser Art.

Wir unterscheiden demnach drei verschiedene Aktivitätszustände für einen Prozeß:

a) aktiver Zustand: Dem Prozeß liegen Aufträge vor, die er ausführen kann. Das Betriebssystem kann dem Prozeß einen oder mehrere Prozessoren zuteilen, falls keine wichtigeren Prozesse vorliegen. Damit gliedert sich dieser Fall in
   aa) Betriebsbereitschaft,
   ab) Ausführung.
b) Wartezustand: Dem Prozeß liegen zwar noch unerledigte Aufträge vor, aber er wartet auf die Beendigung einer von ihm selbst angeforderten Dienstleistung (zum Beispiel Peripherie-Operation, Rückfrage beim System, Transport zwischen Arbeitsspeicher und Hintergrundspeicher).
c) Ruhezustand: Dem Prozeß liegen keine weiteren Aufträge vor.

Die Übergänge zwischen den einzelnen Zuständen sind in Abb. 10.2/2 dargestellt.

Wenn wir noch einmal auf unser Beispiel zurückkommen, so ist einleuchtend, daß zum Beispiel der Fehlerdiagnose-Operator bestimmte Informationen der vorhergehenden Operatoren kennen muß, um seine Schlußfolgerungen zu ziehen. Auch hier wird höchste Flexibilität erreicht, wenn man diese Informationen in beliebiger Form an beliebiger Stelle irgendeines Speichermediums hinterlegen kann. Dies ist möglich, wenn ein autonomes Zugreifen der einzelnen Prozesse oder Operatoren zu den Speichermedien unterbleibt. Eine Speicherverwaltung ordnet vielmehr den einzelnen Prozessen Speichergebiete in der gewünschten

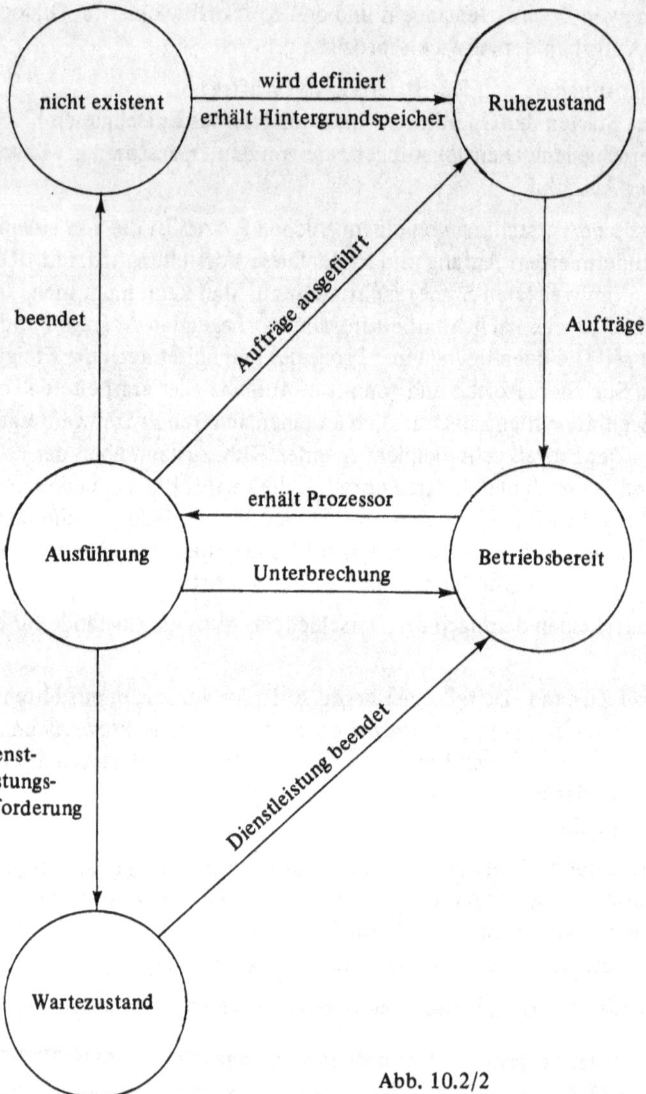

Abb. 10.2/2
Zustände eines Prozesses (nach [308])

Größe und Qualität (Arbeitsspeicher, Hintergrundspeicher verschiedener Geschwindigkeiten) zu. Auf Prozeßebene können die zugeteilten Gebiete analog für die einzelnen Operatoren verwaltet werden. Die Übergabe einer Information (Botschaft) kann dann recht einfach vor sich gehen: Die Information wird in einem besonderen Gebiet (Botschaftsgebiet) abgelegt und ein entsprechender

Damit das Betriebssystem die verschiedenen Maschinenkomponenten verwalten kann, muß es einen vollständigen Überblick über die vorhandene Maschinenkonfiguration besitzen.

Jedem Prozeß muß bei seiner Definition eine Anfangsausstattung an Hintergrundspeicher zugewiesen werden. Entsprechend erhält jeder Operator vor seinem Start eine Anfangsausstattung an Arbeitsspeicher. Die Ausdehnung der Speicherbereiche ist jedoch nicht zeitlich konstant. Der weitere Auf- und Abbau kann auf zweierlei Weise erfolgen:

a) Einerseits kann der betreffende Prozeß oder Operator durch einen geeigneten Unterprogrammsprung ins System Speicher in gewünschter Quantität und Qualität anfordern oder abgeben und die Verlagerung von Daten- oder Programmbereichen veranlassen.

b) Andererseits kann das System auch ohne besondere Aufforderung aktiv werden, wenn der laufende Operator Befehle erreicht, deren Adreßteil sich auf Speicherwörter bezieht, die noch nicht im Hauptspeicher lagern. Dies läßt sich durch eine geeignete Fehlerbehandlung erreichen.[1]

Meldet ein laufender Operator Arbeitsspeicherbereiche ab oder beendet ein Operator seine Arbeit, wodurch der von ihm belegte Arbeitsspeicher frei wird, so entstehen zwischen den noch belegten Speicherbereichen Lücken. Da nicht erwartet werden darf, daß neu hinzukommende Operatoren in diese Lücken passen oder daß bei zusätzlichem Speicherbedarf hinter dem reservierten Speicherplatz noch eine Lücke vorliegt, muß der Arbeitsspeicher regelmäßig neu verteilt werden, wobei darin befindliche Programme und Daten verschoben werden müssen. Dieser unnötige Verwaltungsaufwand kann dadurch vermieden werden, daß man die sogenannte Seitenadressierung einführt (siehe z.B. [319]):

Jeder Prozeß oder Operator und sein Datenbereich wird in Seiten von je k Speicherwörtern zerlegt. Eine übliche Größe ist k = 1024. Innerhalb jeder Seite werden die einzelnen Wörter von 0 bis k-1[2] numeriert. Eine Adresse ist dann durch Seiten- und Wortnummer gegeben. Bei Verwendung einer Zweierpotenz für k ist die Darstellung besonders einfach, weil dann die vorderen Dualstellen der Adresse die Seite (S), die hinteren das Wort innerhalb der Seite (W) kennzeichnen. Der Programmierer – ebenso wie Kompilierer oder Assemblierer –

[1] Das Auftreten einer „falschen" Adresse führt zu einem Unterprogrammsprung in die „Betriebsmittelplanung".

[2] Beim TR 440 also 2048 Adressen pro Seite (0, 1, . . . , 2047).

braucht sich in diesem Fall auch nicht darum zu kümmern, weil das Weiterzählen über eine Seitengrenze hinaus automatisch erfolgt:

	Seite	Wort
	00 . . . 0101	111 . . . 111
+		1
	00 . . . 0110	000 . . . 000

Diese Programmadressen sind „virtuelle Adressen", die nicht mit den physikalischen Adressen im Speicher übereinstimmen. Das Betriebssystem weist jeder Programmseite (unabhängig von den anderen Seiten des Programms) einen entsprechend großen Speicherplatz zu. Um Mißverständnisse durch doppelte Benutzung des Wortes „Seite" zu vermeiden, wollen wir diesen Speicherraum, der Platz für k Wörter enthält, als Kachel bezeichnen[1]. Das System registriert in einer Speicherbelegungstabelle SBT, welche Seite in welcher Kachel liegt, zum Beispiel:

Seite 0 in Kachel 17,
Seite 1 in Kachel 23,
Seite 2 in Kachel 09.

Die Reihenfolge der benutzten Kacheln spielt keine Rolle. Die Umrechnung der virtuellen Programmadressen ($V = k \cdot S + W$) eines Prozesses geschieht nun dadurch, daß aus der dem Prozeß zugeordneten (und in seinem „Leitblock" enthaltenen) Speicherbelegungstabelle die S-te Eintragung entnommen wird. Dies ist die zugehörige Kachelnummer K. Damit ist $R = k \cdot K + W$ die gewünschte reelle Adresse. Diese Zuordnung zwischen Seiten- und Kachelnummer muß bei fast jedem Befehl durchgeführt werden. Daher werden die Rechenautomaten so konstruiert, daß diese Vorgänge automatisch, ohne Zwischenschaltung von Programmen, sehr schnell ablaufen. Ein wichtiges Hilfsmittel besteht darin, einen gewissen Ausschnitt der Speicherbelegungstabelle nicht im normalen Hauptspeicher, sondern in sehr schnellen Seitenadressen-Registern (SAR) aufzubewahren. (Es gibt Rechner, in denen die gesamte Speicherbelegung in einem sehr großen Aggregat elektronischer Register aufbewahrt wird.) Damit man den größten Beschleunigungseffekt erzielt, werden in dieser Registergruppe (beim TR 440 sind es vier) immer die aktuellsten, also die zuletzt gebrauchten Seiten-/Kachelnummern-Paare aufbewahrt. Bei jeder (im Adressenregister des Befehlswerkes BA) auftretenden virtuellen Adresse wird geprüft, ob die Seitennummer in einem der Register vorhanden ist. Ist dies der Fall, wird aus dem Register die zugehörige Kachelnummer entnommen. Wird die Seitennummer nicht gefunden, so wird automatisch die Speicherbelegungstabelle aufgesucht, das (nunmehr aktuell-

[1] Die Begriffe „Seite" und „Kachel" stehen dann in der gleichen Beziehung zueinander wie „Wort" und „Speicherplatz".

ste) Paar Seitennummer/Kachelnummer herausgeholt und die reelle Adresse erzeugt. Gleichzeitig wird durch einen „Alterungsmechanismus" das Seitenadressenregister ermittelt, dessen Inhalt die längste Zeit nicht mehr benötigt wurde. In dieses Register wird das soeben der Speicherbelegungstabelle entnommene Adressenpaar übertragen. Um das ständige zeitraubende konsekutive Abfragen der Seitenadressenregister zu vermeiden, benutzt man sogenannte Assoziativregister, die in ihrer Gesamtheit nach der gesuchten Seitennummer befragt werden. Die Antwort ist dann entweder: nicht vorhanden, oder: gefunden und zugehörige Kachelnummer. Bei der soeben beschriebenen Ermittlung der zu einer Seitenadresse gehörigen Kachelnummer fehlt noch ein Bindeglied: Wie findet der Rechner ohne Einschaltung eines Programmes den Anfang der zum jeweiligen Prozeß gehörigen Speicherbelegungstabelle? Hierzu wird ein sogenanntes Leitadressenregister (LAR) benutzt, dessen Inhalt jeweils vom Betriebssystem mit der Anfangsadresse des zum Prozeß gehörigen Leitblocks gefüllt wird und an dessen Anfang sich dann die Speicherbelegungstabelle befindet.

Die Seitenadressierung bietet übrigens neben der Freizügigkeit in der Speicherbelegung auch eine gute Voraussetzung für sogenannte Speicherschutz-Systeme; Um die verschiedenen Programme und Datenbestände gegen Zerstörung durch Irrläufer falscher oder durch Maschinenfehler aus der Bahn geworfener Programme oder gegen unbefugte Entnahme der Daten zu schützen, kennzeichnet man in der Speicherbelegungstabelle die einzelnen Seiten hinsichtlich der erlaubten Zugriffe. So kann zum Beispiel, wenn man in der Speicherbelegungstabelle jeder Kachelnummer noch ein Speicherschutz-Bit (SSB) hinzufügt, und wenn man die Zuteilung der Kachel Null grundsätzlich ausschließt, beim automatischen Nachlesen in der Speicherbelegungstabelle hinsichtlich der Legalität der verlangten Zugriffe eine Fallunterscheidung getroffen werden, die wir mit in der Abb. 10.3/1 dargestellt haben.

Eine weitere wichtige Funktion der Seitenadressierung besteht in folgendem: Die heutigen Großrechner benötigen und erhalten sehr große Hauptspeicher, also sehr große, von den Programmen anzusprechende Adressenbereiche. Wie wir in § 3.1 gesehen haben, überstreicht beim TR 440 der Hauptspeicher die Adressen von 0 bis 4 145 151 (oder 0 bis $2^{22} - 1$). Nach dem hier bisher über die Adressierung Gesagten würde man in jedem Befehl eine sehr lange Adresse (also bei TR 440 22 Bits) benötigen, die den Speicherbedarf für ein gegebenes Programm stark in die Höhe treiben würde. Dieser Aufwand zahlt sich aber nicht aus; denn die Programmläufe bewegen sich im allgemeinen jeweils (im Verhältnis zur Ausführungszeit eines Befehls) relativ lange nur in Teilbereichen des Gesamtspeichers, die auch mit einer kürzeren Adresse (also zum Beispiel beim TR 440 mit 16 Bits) erfaßt werden können. Beim Übergang auf ein anderes Speichergebiet kann man, weil es nicht so häufig vorkommt, eine besondere Adressenmanipulation zwischenschalten. Eine solche Auflösung des Gesamt-

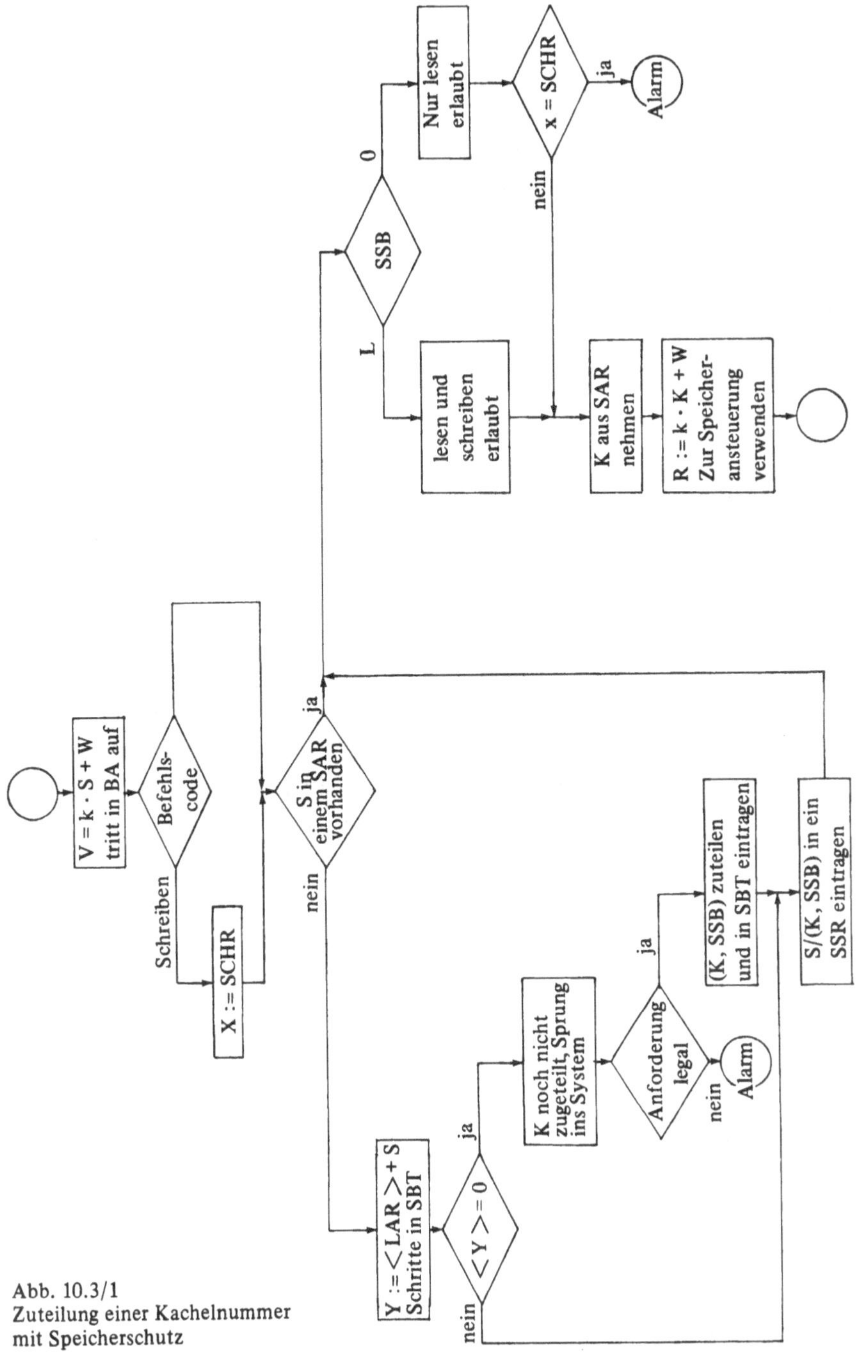

Abb. 10.3/1
Zuteilung einer Kachelnummer
mit Speicherschutz

adressenraumes in Teilbereiche wird meist in enger Verbindung mit dem Seitenadressierungsschema vollzogen. Beim TR 440 ist dieser Zusammenhang aus Abb. 10.3/2 ersichtlich. Eine über diese Adressenerweiterung noch hinausgehende Möglichkeit bietet das Konzept sogenannter virtueller Speicher, dessen Realisierung ebenfalls eng mit der Seitenadressierung zusammenhängt. Bei virtuellen Speichern handelt es sich um eine Fortsetzung der Adressierungstechnik über die Grenzen des real vorhandenen Hauptspeichers hinaus.

In Abb. 10.3/2 ist das Schema der Adressenverlängerung über den im Befehlswort vorhandenen 16-Bit-Adressenteil bis zu einem (angenommenen) realen Ausbau des Hauptspeichers auf $256 \cdot 2^{10}$ Wörter (also 19-Bit-Adressen), darüber hinaus für einen virtuellen Speicherbereich von insgesamt (einschließlich der $256 \cdot 2^{10}$ Wörter realen Speicher) $2\,048 \cdot 2^{10}$ Wörter (also 22-Bit-Adressen, praktisch realisiert 24-Bit-Adressen) dargestellt. Die volle 24-Bit-Adresse ist in allen Index- (und Modifikations-) Größen, also zum Beispiel dem Inhalt der Indexregister, des Indexbasisregisters, des Bereitadressenregisters und des Folgebefehlszählers enthalten, und der Übergang von 16-Bit- zu 24-Bit-Adressen geschieht im allgemeinen durch Addition von Indexgrößen auf die virtuellen 16-Bit-Adressen durch Modifikations- oder Ersetzungsbefehle, im einfachsten Fall, wenn nicht modifiziert wird, durch Ergänzung mit führenden Nullen. Die volle virtuelle Adresse enthält dann

1 Bit zur Auswahl des rechten oder linken Halbwortes. Dieses Bit wird im Rechnerkern selbst ausgewertet und nicht an die Speicheransteuerung weitergegeben (der Speicher verkehrt mit dem Rechnerkern nur in Ganzwörtern).

10 Bits zur Auswahl der Wörter innerhalb einer Seite (W).

5 Bits zur Numerierung der Seiten (S) innerhalb der im Rahmen einer 16-Bit-Adresse ansprechbaren Menge von 32 Seiten, die wir eine Großseite nennen.

3 Bits für die im Rahmen eines realen Hauptspeichers von $256 \cdot 2^{10}$ Wörtern vorhandenen 32 Großseiten (G).

3 Bits für die Erweiterung des realen Adressierungsbereiches von $256 \cdot 2^{10}$ Wörtern auf $2\,048 \cdot 2^{10}$ Wörtern gleich 2 048 Seiten gleich 64 Großseiten (E).

1 Bit Speicherschutz-Bit

1 Bit Vorzeichen

Beim Übergang von den virtuellen auf die reellen Adressen wird der in Abb. 10.3/1 beschriebene Mechanismus angewendet, wobei sich S als $S := 2^8 \cdot E + 2^5 \cdot G + S$ darstellt. Damit ist auch gleichzeitig klar, daß die Verwaltung des virtuellen Speichers genauso vom Betriebssystem übernommen wird, wie die Verfügung über die im realen Adressenbereich liegenden Daten: Nur die Listen der Speicherverwaltung des Betriebssystems und die Speicherbelegungslisten der Prozesse sind gegenüber den Grenzen des realen Speichers verlängert. Zum Schluß sei

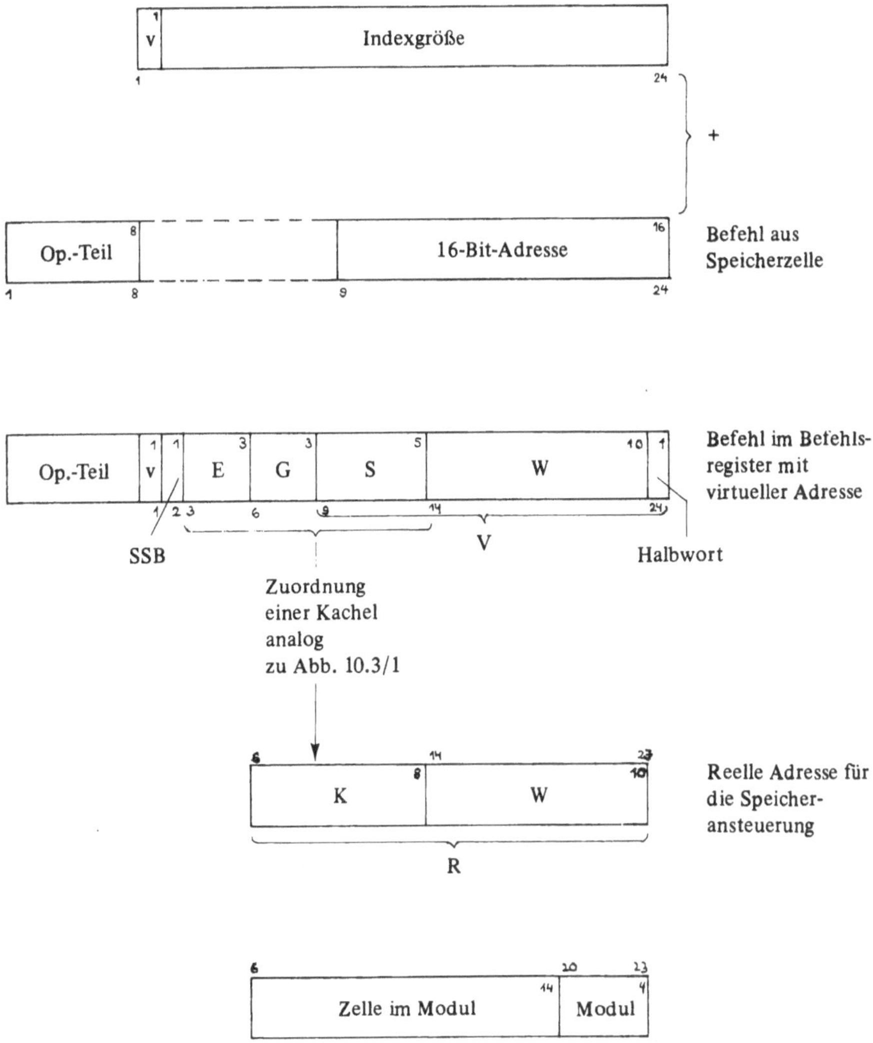

Abb. 10.3/2 Übergang von 16-Bit- auf 24-Bit-Adressen beim TR 440 (bei 256-K-Hauptspeicher)

noch erwähnt, daß für den technischen Aufruf der Speicherzellen die rechten 4 Bits der reellen Adressen zur Auswahl eines der 16 Speichermoduln und die linken 16 Bits zur Adressierung eines der $16 \cdot 2^{10}$ Wörter im ausgewählten Modul dienen. Damit ist auch die in 9.3 erwähnte Adressenverschränkung realisiert.

Für das Verständnis des Programmablaufs beim TR 440 müssen wir nun zu dem in Kapitel 3 Gesagten folgendes ergänzen:

Der 24-Bit-Folgebefehlszähler ist so organisiert, daß normalerweise die obersten 8 Bits nicht verändert werden, daß also ein laufendes Programm die Großseite, in der es sich befindet, nicht verläßt. Die Beschreibung der Wirkung der Sprungbefehle in den Kapiteln 3 und 8 muß also so verstanden werden, daß das $\langle F \rangle := m$ jeweils genau als

$$\langle F \rangle_{9\text{-}24} := m$$

gelesen wird!

Soll das Programm die Großseite wechseln, so muß der Sprungbefehl in besonderer Weise so modifiziert worden sein, daß eine volle 24-Bit-Indexgröße in den Folgebefehlszähler gelangt:

SE m Springe nach Ersetzung
$\langle F \rangle_{1\text{-}24} := \langle m \rangle + \bmod 2$

SUE m Springe in Unterprogramm nach Ersetzung
$\langle U \rangle := \langle U \rangle + 1$
$\langle\langle U \rangle\rangle := \langle F \rangle + 1$
$\langle F \rangle_{1\text{-}24} := \langle m \rangle + \bmod 2$

MABI c p Modifiziere Adreßteil mit B bei Invarianz der Sprungadresse
Ausführung wie MAB (s. 3.7), aber wenn Zweitbefehl ein Sprungbefehl mit erfüllter Sprungbedingung ist, werden alle 24 Bits nach F übertragen.

MU c p Modifiziere mit U
(s. 8.1); auch hier werden, wenn der Zweitbefehl ein Sprungbefehl ist, alle 24 Bits nach F gebracht.

Das Einführen von Adressen, die von der Beschränkung auf den 16-Bit-Bereich der Befehlsadressen im Speicher frei sind, erfolgt bei TAS am einfachsten durch die Verwendung der Adreßkonstanten (s. 4.2), die beim Assemblieren automatisch als Indexgrößen übernommen werden.

10.4 Teilnehmerrechensysteme, Dialogbetrieb

Die oben beschriebene Steuerung der Programmfolge durch ein Betriebssystem bringt für die Anlage eine gute Auslastung, insbesondere dann, wenn es bei einer günstigen Mischung von rechenintensiven und Ein-Ausgabe-intensiven Programmen gelingt, durch Simultanarbeit an mehreren Programmen zu vermeiden, daß der Rechnerkern in den Zeiten, in denen die EA-intensiven Programme auf den Abschluß irgendwelcher EA-Aktivitäten warten müssen, ungenutzt still steht.

Diese Zeiten können dann von rechenintensiven „Hintergrundprogrammen" genutzt werden. Eine solche optimale Auslastung des Rechners setzt aber voraus, daß die Aufgaben in genügender Anzahl – als Stapel – vorgelegt werden und daß ihre Verarbeitung nicht ständig durch Eingriffe gestört wird. Eine solche Stapelverarbeitung mit guter Auslastung muß gegen Anfragen und Eingriffe von außen träge sein. Dies hat für den einzelnen Benutzer eine unangenehme Konsequenz: Er muß sich mit seinem Arbeitsrhythmus, zum Beispiel beim Austesten von Programmen, diesem reaktionsträgen Rechenbetrieb anpassen. Er muß also seine zu testenden Programme am Eingangsschalter des Rechenzentrums abliefern und kann, auch wenn er nur wenige Sekunden Rechenzeit benötigt, bestenfalls einige Stunden später, nachdem sein Kartenstapel und die Druckprotokolle wieder aus dem Gesamtstapel ausgesondert worden sind, die Ergebnisse in Empfang nehmen. Diese Ergebnisse können darin bestehen, daß der ALGOL-Kompilierer auf einen trivialen Ablochfehler aufmerksam macht, etwa ein vergessenes Semikolon. Diesen Fehler hätte der Benutzer, wenn er unmittelbaren Kontakt mit dem Rechner gehabt hätte und nicht auf die Einordnung in einen Stapel angewiesen wäre, in wenigen Minuten herausbekommen können; er hätte dann unverzüglich weitertesten und sein ganzes Problem zügig bearbeiten können. So mußte er sich in der Zwischenzeit einer anderen Aufgabe zuwenden, um sie später wieder zugunsten der Fortsetzung der ersten Aufgabe zu unterbrechen.

Will man den unmittelbaren Kontakt mit der Rechenmaschine wiederherstellen, so muß man den Stapelbetrieb zugunsten des sogenannten Dialogbetriebes aufgeben. Beim Dialogbetrieb ist das Betriebssystem darauf eingerichtet, daß die Benutzer jederzeit Aufträge an den Rechner aufgeben, die dieser dann mit möglichst kurzer Reaktionszeit, notfalls zu Lasten der Auslastung des Rechners, bearbeitet. Hat der Rechner etwa im Augenblick ein längeres rechenintensives Programm zu bearbeiten und erhält er währenddessen mehrere Benutzeraufträge zur syntaktischen Prüfung kurzer ALGOL-Programme, so wird er zur optimalen Auslastung erst das rechenintensive Programm fertig machen, währenddessen alle ALGOL-Programme sammeln und anschließend den ALGOL-Kompilierer laden und alle ALGOL-Läufe abwickeln. Im Dialogbetrieb wird er bei jedem Auftrag das rechenintensive Programm unterbrechen, notfalls das Programm und dessen Daten auf einen Hintergrundspeicher verlegen, den ALGOL-Kompilierer laden und das kurze ALGOL-Programm übersetzen lassen. Dies gibt jedem Benutzer eine seinen Wünschen angepaßte Reaktionsgeschwindigkeit, aber auch eine bei der Gesamtwirtschaftlichkeit der Anlage mit einzukalkulierende Auslastungseinbuße.

Da ein im Dialogbetrieb arbeitender Benutzer eine Anlage im allgemeinen nicht auslasten kann, wird der Dialogbetrieb auf „Teilnehmersysteme" realisiert. Das sind Anlagen, bei denen mehrere oder viele – unter Umständen mehrere Hundert – voneinander unabhängige und bei Bedarf räumlich voneinander getrennte Benutzer der Anlage ihre Aufträge von speziellen Arbeitsplätzen aus aufgeben und auch dorthin die Ergebnisse des Rechners geliefert bekommen. Diese Arbeitsplätze können zum Beispiel mit Schreibmaschinen oder elektronischen Sichtgeräten mit Tastatur bestückt sein.

In [319] sind drei Beispiele für die typische Benutzung eines solchen Systems angegeben:

a) Benutzung als Auskunftssystem,
b) Benutzung als Hilfe beim Programmieren,
c) Benutzung als „Lehrer".

Da die Rechenanlage über die eigene Außenstation stets erreichbar ist, kann sie vom Benutzer als Nachschlagewerk benutzt werden. Dies kann über die eigenen Programme oder die allgemein zugänglichen geschehen. Gegenstand der Nachfrage können Daten sein, die der Rechner in einer Zwischenrechnung auswertet (z.B. Funktionswerte bestimmter Funktionen), gespeicherte Daten, die dem Rechner früher übergeben wurden (z.B. Kontenstände), oder Daten über den „Wissensstand" des Rechners (z.B.: Welche Integrationsprogramme liegen dem Rechner vor?).

Ein Beispiel, wie der Rechner als Programmierhilfe eingesetzt werden kann, ist in Abb. 10.4/1 angegeben. Nach der Eingabe jeder einzelnen Anweisung (z.B. ALGOL-Anweisung) wird geprüft, ob diese Anweisung in ihrem Aufbau mit den syntaktischen Vorschriften der Programmiersprache übereinstimmt. Ist dies nicht der Fall, so kann der Benutzer unmittelbar darauf hingewiesen werden und die Anweisung verbessern. Dann wird die Anweisung mit dem bisher eingegebenen Programmstück verglichen (Vereinbarungen, Blockstruktur usw.). Wenn das Programm schließlich richtig ist, wird es in die Privatbibliothek des Benutzers aufgenommen.

Dieses Beispiel zeigt, daß der Dialogbetrieb bis zur Zergliederung des Übersetzungsvorganges in die Behandlung einzelner Anweisungen getrieben werden kann. Man spricht dann von inkrementaler Übersetzung. Im allgemeinen wird man aber nur ganze Programme übersetzen und den eigentlichen Dialog bei den Testläufen des erzeugten Objektprogrammes führen.

Dabei ist es möglich, daß dem Benutzer von der Rechenanlage Verhaltensvorschläge gemacht werden können. Dies kann sich darauf beschränken, den Benutzer, der ein neues Programm beginnt, auf vorhandene Programme zum gleichen Problemkreis aufmerksam zu machen. Darüberhinaus ist es aber möglich, daß die Rechenanlage dem Benutzer jeweils die möglichen Elemente der benutzten Programmsprache anbietet und der Benutzer das gewünschte Element auswählt. Auf diese Weise lassen sich bereits viele Fehler vermeiden. Schließlich ist es denkbar, daß der Rechner mit dem Benutzer echte Lehrprogramme durcharbeitet.

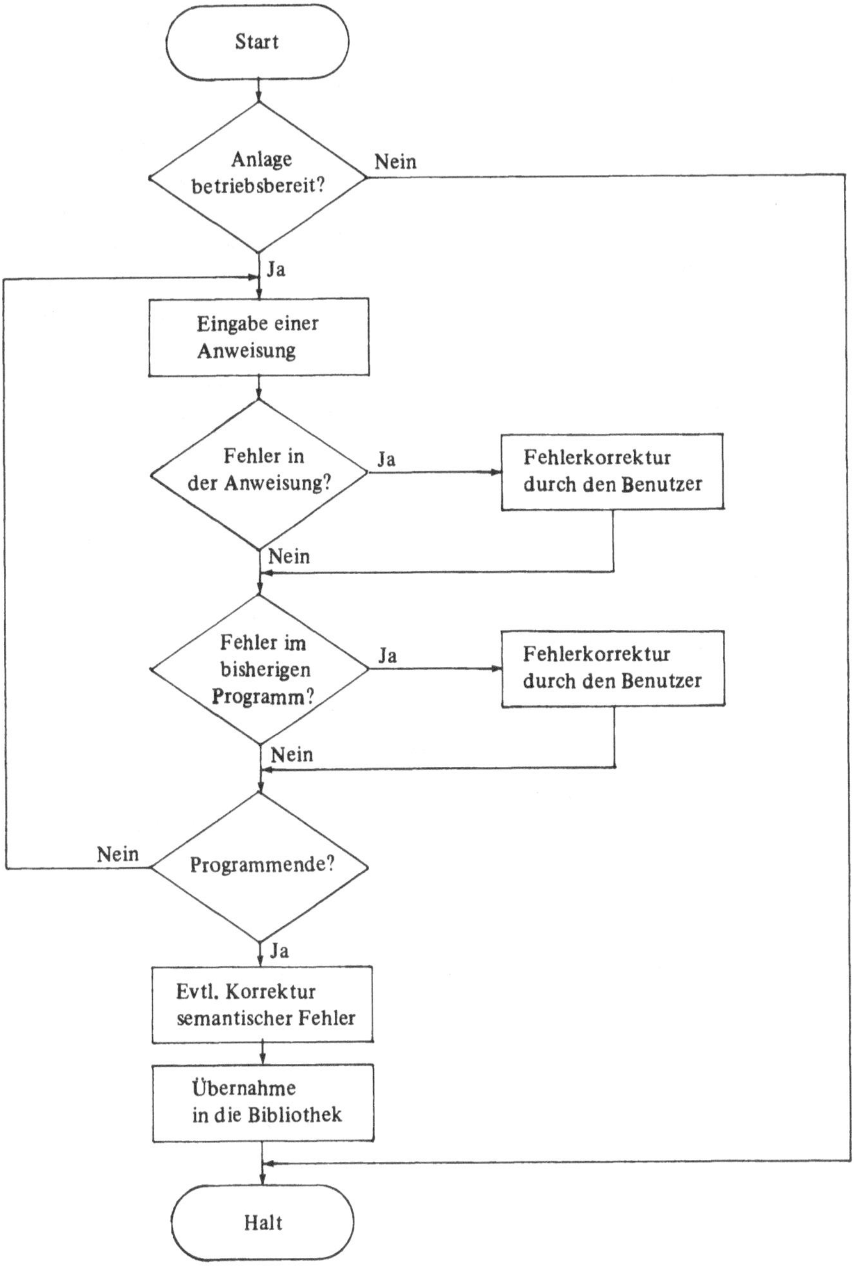

Abb. 10.4/1 Dialogbetrieb (nach [319])

Aus der Sicht des Rechners ergibt sich einerseits die Forderung, eine möglichst große Anzahl von Außenstationen gleichzeitig zu bedienen, um den Rechner gut auszulasten; andererseits soll dieser Umstand dem einzelnen Benutzer nicht zum Bewußtsein kommen. Daß heißt, daß die Antwortzeit – das ist die Zeitspanne vom Ende einer Benutzereingabe bis zum Anfang einer sichtbaren Rechnerreaktion – in der Größenordnung der Reaktionszeit des Benutzers liegen muß. Das einfachste Verfahren für die dabei notwendige Aufteilung der Prozessorzeit auf die einzelnen Benutzer ist die Vorgabe eines Grundzyklus und dessen Aufteilung in gleiche Teile (Segmente).

Jedem Benutzer wird der Prozessor maximal für die Dauer eines solchen Zeitsegments t zur Verfügung gestellt. (Das Zeitsegment wird nicht voll ausgeschöpft, wenn das Programm ein Abbrechen wünscht: Programmende, EA-Vorgang usw.) Danach folgt der nächste Benutzer. Sind n Benutzer aktiv und hat der Grundzyklus die Länge T, so verbleibt ein Rest $a := T - nt$ für das Abarbeiten von Programmen, die nicht im Dialog betrieben werden. Dann beginnt wieder der erste Benutzer. Werden zur Erarbeitung einer Antwort m Zeitsegmente benötigt, so ist die maximale Antwortzeit mT. Können die Zeitsegmente so eingerichtet werden, daß eines für die Antwort ausreicht, so ist die maximale Antwortzeit T.

Nun kann es eintreten, daß $nt > T$ wird, d.h. daß nicht alle Benutzer in einem Grundzyklus bedient werden können. Es ist unwirtschaftlich, wenn man durch eine geeignet umfangreiche Rechnerkonfiguration diesen Fall grundsätzlich auszuschließen trachtet [307]. Abhilfe ist in dreierlei Weise möglich:

a) Man vergrößert T und damit für alle Benutzer die maximale Antwortzeit.

b) Man verkleinert t. Dann bleibt die Antwortzeit für diejenigen Benutzer erhalten, die mit dem kleineren Zeitsegment noch zu einer Reaktion kommen. Für die anderen wird sie jedoch mindestens verdoppelt.

c) Man verkleinert n, das heißt, man weist, wenn eine bestimmte Benutzerzahl überschritten wird, einige zurück.

Die letzte Vorgehensweise ist aus drei Gründen realistisch:

1. Es werden nur einige Benutzer verärgert, nicht alle.

2. Bei einer Verkleinerung der Zeitsegmente wird das Verhältnis zwischen der mit jedem Umschalten von einem Auftrag auf den nächsten verbundenen Verwaltungsarbeit und der eigentlichen Nettoarbeitsleistung immer ungünstiger.

3. Bei einigen Außenstationen kann es sich um Realzeitaufgaben im engeren Sinne handeln (z.B. die Steuerung technischer Prozesse), für die eine Verzögerung erhebliche Folgen haben kann.

Die Auswahl der zurückzuweisenden Benutzer kann das Betriebssystem nicht unabhängig durchführen. Es benötigt hierzu vielmehr Angaben über die Wichtigkeit der einzelnen Prozesse. Dies kann am einfachsten dadurch geschehen, daß den einzelnen Prozessen Bewertungsziffern zugeordnet werden. Für jeden Grundzyklus werden unter den anstehenden Prozessen diejenigen mit der höchsten Bewertungsziffer ausgewählt. Ein Verfahren, diese Bewertungsziffern dynamisch zu verändern, ist in [314] angegeben.

Die flexibelste, aber komplizierteste Lösung verzichtet auf einen Grundzyklus in dem alle Benutzer einmal an die Regie kommen. Sie verteilt die einzelnen Zeitsegmente nach einer allgemeinen Nutzenfunktion, die den Nutzen definiert, der sich bei Beendigung der Aufgabe bis zum Termin t erzielen läßt (bzw. den Schaden, der im anderen Fall eintritt). Diese Funktion ist zeitabhängig und zwar nicht wachsend. Das Betriebssystem hat dann die Aufgabe, die Zeit so auf die einzelnen Prozesse zu verteilen, daß der Gesamtnutzen möglichst groß wird.

10.5 Vermittlerprogramme

Wir hatten in 10.1 festgestellt, daß der Verkehr zwischen einem Prozeß und den Peripheriegeräten nur über das Betriebssystem möglich ist. Wir wollen diesen Vorgang nun noch etwas präziser beschreiben. Neben dem aufrufenden Prozeß spielen eine Rolle (siehe Abb. 10.5/1):

a) die Betriebsmittelplanung des Systems,
b) der Vermittler für den ausgewählten Gerätetyp,
c) das Aktivierungsprogramm,
d) das Unterbrechungsprogramm.

Wenn ein Prozeß zum Beispiel einen Datentransport vom Kernspeicher zu einem Hintergrundspeicher anmeldet (1), so muß er dem System die gewünschte Speicherklasse mitteilen. Da die verschiedenen Gerätetypen verschiedene Geschwindigkeiten besitzen, ist der Typ nicht gleichgültig. Ein nur selten benötigter Datenbestand kann auf einem langsameren Gerät liegen (z.B. Magnetband), als ein häufig benötigter. Das System wählt ein geeignetes Gerät aus (2) und legt den Ort fest, wo die Information untergebracht werden soll. (Soll umgekehrt vom Hintergrundspeicher gelesen werden, so muß aufgrund der angegebenen Kennzeichen herausgesucht werden, auf welchem Gerät sich die Information an welcher Stelle befindet.) Diese Angaben

Größe des Datenbestandes,
Lage im Kernspeicher,
Gerätenummer und Spezifikation,
Kanalnummer des Gerätes,
vorgesehene Lage im Hintergrundspeicher

werden dem zuständigen Vermittler mitgeteilt. Für jeden Gerätetyp gibt es einen eigenen Vermittler: Trommelvermittler, Plattenvermittler, Bandvermittler, Loch-

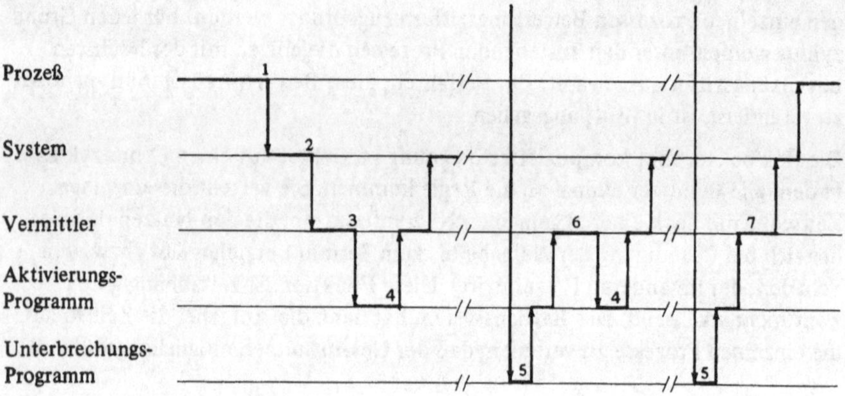

Abb. 10.5/1 Peripherievermittlung (nach [308])

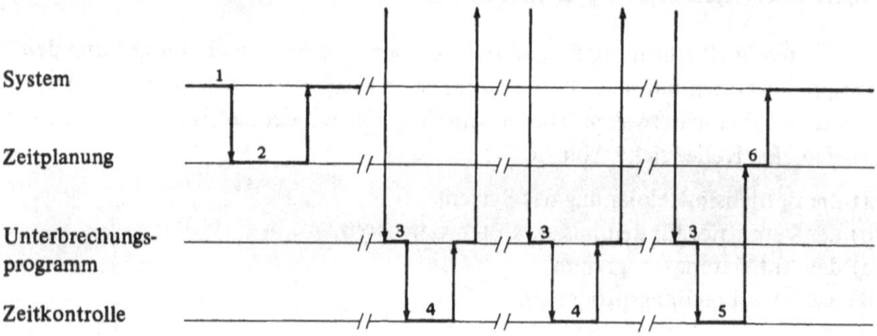

Abb. 10.5/2 Zeitzählung (nach [308])

kartenstanzvermittler usw. Der Vermittler ist bereits im Gegensatz zu den höher organisierten Systemteilen auf die technischen Gegebenheiten des entsprechenden Geräts zugeschnitten. Er zerlegt den Datenbestand in Blöcke der auf dem Gerät üblichen Größe (3), fügt Kontrollinformationen ein und nimmt gegebenenfalls Umcodierungen vor. Schließlich startet er für den ersten Datenblock das Aktivierungsprogramm. Dieses fragt die Bereitschaft des Geräts ab, setzt die Rücksprungadresse für den Unterbrechungsmechanismus (4) und startet und kontrolliert den Transportvorgang. Die Unterbrechung am Ende des Transportvorgangs führt über das gerätespezifische Unterbrechungsprogramm (5) und die Rücksprungadressen zum Vermittler zurück. Dieser kontrolliert, ob der Vorgang ordnungsgemäß, also ohne Fehlermeldung, abgeschlossen werden konnte. Bei Schreibvorgängen in den Hintergrundspeicher wird man den Vermittler[1] aus Sicherheitsgründen so einrichten, daß er die gesamte Information noch einmal liest und dabei mit der ursprünglichen vergleicht. Ist der gesamte Datentransport beendet, so springt der Vermittler unter Angabe einer Fertigmeldung ins System

[1] oder das Aktivierungsprogramm

zurück. Diese Meldung muß mindestens die richtige Durchführung bestätigen oder eine Angabe über aufgetretene Fehler enthalten.

In einer ähnlichen Weise wird das Mitzählen der Zeit erreicht (Abb. 10.5/2). Dies geschieht in der Form, daß der Rechner eine Uhr besitzt, die in festen Abständen einen Impuls aussendet, der zu einer kurzen Unterbrechung des laufenden Programms führt. Soll einem Prozeß für eine bestimmte Anzahl dieser elementaren Zeitintervalle der Prozessor zur Verfügung gestellt werden, so gibt das System der Zeitplanung einen entsprechenden Auftrag (1). Die Zeitplanung schreibt die Zahl der Intervalle in ein bestimmtes Uhrregister (2). Bei einer Unterbrechung durch den Zeitimpuls (3) wird die Zeitkontrolle angesprungen, die das Uhrregister erniedrigt und kontrolliert (4)[1]. Ist der Wert 0 erreicht (5), so wird zur Zeitplanung zurückgesprungen, die die verbrauchte Zeit dem entsprechenden Prozeß in Rechnung stellt. (6).

[1] Diese Unterbrechung wird häufig als Parallelbetrieb auf Befehlsebene (s. 9.1) durchgeführt.

Schrifttum

1 Bibliographien

Titel von Veröffentlichungen über Analog- und Ziffernrechner und ihre Anwendungen. Franz Steiner Verlag (vierteljährlich).

Computer abstracts. Technical Information Comp., London (monatlich).

Computer abstracts on cards. Communications Corp., Cambridge.

ACM Computing reviews (monatlich).

W. Hoffmann, Entwicklungsbericht und Literaturzusammenstellung über Ziffern-Rechenautomaten. Digitale Informationswandler, Vieweg-Verlag, Braunschweig (1962), S. 650–717.

2 Lehrbücher über Programmierung

2.1 Deutschsprachige Bücher

K.-H. Bachmann, Programmierung für Digitalrechner. VEB Deutscher Verlag der Wissenschaften, Berlin (1962), 162 Seiten.

E.P. Billeter, Der praktische Einsatz elektronischer Rechenautomaten. Springer-Verlag, Wien (1961), 151 Seiten.

W. Knödel, Programmierung von Ziffernrechenanlagen. Springer-Verlag, Wien (1961), 202 Seiten.

D. Müller, Programmierung elektronischer Rechenanlagen, Bibliographisches Institut, Mannheim, 1965

H. Pösch, Anleitung zur Programmierung für elektronische Ziffernrechner. R. v. Deckers-Verlag, Hamburg (1960), 189 Seiten.

H.-J. Schneider / D. Jurksch, Programmierung von Datenverarbeitungsanlagen, Sammlung Göschen, de Gruyter, Berlin, 1967

B. Thüring, Einführung in die Methoden der Programmierung kaufmännischer und wissenschaftlicher Probleme für elektronische Rechenanlagen, Bd. I. Göller-Verlag, Baden-Baden (1957), 217 Seiten.

B. Thüring, Automatische Programmierung, dargestellt an der Univac-Factronic, Bd. II. Göller-Verlag, Baden-Baden (1958), 168 Seiten.

2.2 Die wichtigsten englischsprachigen Bücher

K.H. v. Booth, Programming for an automatic digital calculator. Butterworths Scientific Publications, London (1958), 238 Seiten.

N. Chapin, Programming computers for business applications. McGraw-Hill (1961), 275 Seiten.

D.D. McCracken, Digital computer programming. John Wiley & Sons, Chapman & Hall (1957), 253 Seiten.

D.D. McCracken, H. Weiß, T.-H. Lee, Programming business computers. John Wiley & Sons, Chapman & Hall (1959), 500 Seiten.

A.P. Ershov, Englische Übersetzung eines russischen Buches: Programming programe for the BESM computer. Pergamon Press, London (1959), 158 Seiten.

G.W. Evans II, C.L. Perry, Programming and coding for automatic digital computers. McGraw-Hill (1961), 262 Seiten.

H.H. Goldstine, J. von Neumann, Planning and coding of problems for an electronic computing instrument. Bericht des Institute of Advanced Study, Princeton.
Bd. I (1947), 69 Seiten
Bd. II (1948), 68 Seiten
Bd. III (1948), 23 Seiten.
Neudruck in J. von Neumann, Collected Works, vol. 5, Pergamon, New York, 1963

J. Jeenel, Programming for digital computers. McGraw-Hill (1959), 517 Seiten.
H.D. Leeds, G.M. Weinberg, Computer programming fundamentals. McGraw-Hill (1961), 368 Seiten.
M.L. Stein / W.D. Munro, Computer Programming, Academic Press, New York, 1964
M.V. Wilkes, D.J. Wheeler, S. Gill, The preparation of programs for an electronic computer. Addison-Wesley Press, Cambridge/Mass. (1951), 167 Seiten, sowie spätere Auflagen.
M.H. Wrubel, A primer of programming for digital computers. McGraw-Hill, New York (1959), 230 Seiten.

3 Deutschsprachige Lehrbücher über Rechenanlagen
(zum Teil mit Abschnitten über Programmierung)

I. Adler, So denken Maschinen. F.A. Brockhaus, Wiesbaden (1962), 186 Seiten.
N.A. Archangelski, B.I. Saizew, Automatische Ziffernrechenmaschinen. VEB Deutscher Verlag der Wissenschaften, Berlin (1960), 130 Seiten.
W.J. Eckert, R. Jones, Schneller, Schneller. IBM Deutschland (1956), 176 Seiten. Übersetzung aus dem Englischen: Faster, Faster (1955).
R. Gerwin, So rechnen Elektronen. Reich-Verlag, München, 2. Auflage (1962), 194 Seiten.
G. Haas, Grundlagen und Bauelemente elektronischer Ziffernrechenmaschinen. Philips Technische Bibliothek (1961), 259 Seiten.
W. Kämmerer, Ziffernrechenautomaten. Akademie-Verlag, Berlin (1960), 303 Seiten.
H. Kaufmann, Nachrichten-Verarbeitung und Automatisierung. 2. Beiheft zur Zeitschr. „Elektronische Rechenanlagen", Oldenbourg-Verlag, München (1961), 50 Seiten.
A.J. Kitow, N.A. Krintzki, Wie arbeitet eine elektronische Rechenmaschine? VEB Fachbuch-Verlag, Leipzig (1960), 125 Seiten.
H. Müller, Die elektronische digitale Rechenmaschine und Grundlagen ihrer Anwendbarkeit unter besonderer Berücksichtigung betriebswirtschaftlicher Aufgabenstellungen. Duncker & Hublot, Berlin (1959), 244 Seiten.
P. Naslin, Aufbau und Wirkungsweise von Ziffern-Rechenautomaten. VDI-Verlag, Düsseldorf (1961), 162 Seiten.
Übersetzung der zweiten französischen Auflage: Principes des calculatrices numériques automatiques Dunod. Paris (1960).
H. Rutishauser, A. Speiser, E. Stiefel, Programmgesteuerte digitale Rechengeräte. Verlag Birkhäuser, Basel (1951), 102 Seiten.
A.P. Speiser, Digitale Rechenanlagen. Springer-Verlag, Berlin (1961) 432 Seiten.
B.A. Trachtenbrot, Wieso können Automaten rechnen? VEB Deutscher Verlag der Wissenschaften, Berlin (1959), 101 Seiten.
M.S. Turatschinski, Maschinen als Mathematiker. VEB Deutscher Verlag der Wissenschaften, Berlin (1960), 139 Seiten.
Mehrere Verfasser, Digitale Informationswandler. Herausgeber: W. Hoffmann, Vieweg-Verlag, Braunschweig (1962), 740 Seiten.
Mehrere Verfasser, Taschenbuch der Nachrichtenverarbeitung. Herausgeber: K. Steinbuch, Springer-Verlag, Berlin (1962), 1521 Seiten.

4 Wörterbücher und Glossarien

Anonym, Glossary of terms used in automatic data processing. Druckschrift B.S. 3527:1962 der British Standards Institution (1962), 131 Seiten.
Anonym, Glossary for information processing. Druckschrift der Firma IBM (1962).

R. Basten, P. Baumgartner, C. Boehm, H. Burkhardt, J. Destombe, H. Millioud, Wörterbuch für elektronische Datenverarbeitung. Konrad-Triltsch-Verlag (1962), 457 Seiten, (französisch, deutsch, englisch, spanisch, italienisch).

Elseviers' Fachwörterbuch für Automatisierung, Rechenanlagen, Regelungs- und Meßtechnik. Oldenbourg-Verlag, München (1961), (englisch, französisch, spanisch, italienisch, holländisch, deutsch).

J. Heinhold, F.L. Bauer, Fachbegriffe der Programmierungstechnik. Oldenbourg-Verlag, München, 2. Auflage (1962), 48 Seiten.

S.W. Wagner, Begriffsbestimmungen, Taschenbuch der Nachrichtenverarbeitung. Springer-Verlag, Berlin (1962), S. 39–58.

5 Geschichte der Rechenautomatenentwicklung

W. de Beauclair, Geschichtliche Entwicklung. Taschenbuch der Nachrichtenverarbeitung, Springer-Verlag, Berlin (1962), S. 1–39.

W. Hoffmann, Entwicklungsbericht und Literaturzusammenstellung über Ziffern-Rechenautomaten. Digitale Informationswandler, Vieweg-Verlag, Braunschweig (1962), S. 650–717.

6 Im Text zitierte Schriften

[1] *H. Bottenbruch,* Programmierung digitaler Systeme. Taschenbuch der Nachrichtenverarbeitung, Springer-Verlag, Berlin (1962), S. 1330–1398.

[2] *B.A. Trachtenbrot,* Wieso können Automaten rechnen? VEB Deutscher Verlag der Wissenschaften, Berlin (1959), 101 Seiten.

[3] *K. Zuse,* Über den allgemeinen Plankalkül als Mittel zur Formulierung schematisch kombinativer Aufgaben. Arch. Math. I (1948), S. 441–449.

[4] *K. Zuse,* Über den Plankalkül. Elektronische Rechenanlagen 1 (1959), S. 68–71.

[5] *H. Rutishauser,* Automatische Rechenplanfertigung bei programmgesteuerten Rechenmaschinen. Mitteilungen aus dem Institut für Angew. Mathematik der ETH Zürich, Nr. 3 (1952), 45 Seiten.

[6] *R.W. Bemer,* Survey of modern programming techniques. Computer Bulletin (März 1961), S. 127–134.

[7] *R.W. Bemer,* The present status, achievement and trends of programming for commercial data processing, Digitale Informationswandler, Vieweg-Verlag, Braunschweig (1962), S. 312–349.

[8] *K. Zuse,* Entwicklungslinien einer Rechengeräteentwicklung von der Mechanik zur Elektronik. Digitale Informationswandler, Vieweg-Verlag, Braunschweig (1962), S. 508–532.

[9] *W. de Beauclair,* Konrad Zuse – sein Beitrag zur Entwicklung programmgesteuerter Rechenanlagen. Zuse, 25 Jahre Entwicklung programmgesteuerter Rechenanlagen. Druckschrift der Firma Zuse KG (1961), S. 4–22.

[10] *K. Samelson, F.L. Bauer,* Optimale Rechengenauigkeit bei gleitendem Komma. ZAMP 4 (1953), S. 312–316.

[11] *K. Samelson, F.L. Bauer,* Maßnahmen zur Erzielung kurzer und übersichtlicher Programme für Rechenautomaten. ZAMM 34 (1954), S. 262–272.

[12] *W.L. van der Poel,* A simple electronic digital computer. Appl. Scientific Research; Sect. B, Bd. 2 (1952), S. 367–400.

[13] *W.L. van der Poel,* The logical principles of some simple computers. Diss. Amsterdam (1956), 106 Seiten.

[14] *H.H. Goldstine, J. von Neumann,* Planning and coding of problems for an electronic computing instrument. Bericht des Institutes of Advanced Study, Princeton
Bd. I (1947), 69 Seiten
Bd. II (1948), 68 Seiten
Bd. III (1948), 23 Seiten.

[15] *A.W. Burks, H.H. Goldstine, J. von Neumann,* Preliminary discussion of the logical design of an electronic computing instrument. Bericht des Institutes of Advanced Study, Princeton (1947), 42 Seiten.
Neudruck in J. v. Neumann, Collected Works, vol. 5, Pergamon Press, New York, 1963.

[16] *J. Heinhold,* Die Aufgaben der Programmierung bei der Entwicklung von Rechenautomaten. Vorträge über Rechenanlagen, gehalten in Göttingen (1953), Druckschrift des Max-Planck-Instituts für Physik, Göttingen (1953), S. 16–24.

[17] *H. Zemanek,* Automaten und Denkprozesse. Digitale Informationswandler, Vieweg-Verlag, Braunschweig (1962), S. 1–66.

[18] *D. Hilbert, W. Ackermann,* Grundzüge der theoretischen Logik. Springer-Verlag, Berlin 4. Auflage (1959), 196 Seiten.

[19] *Anonym,* A simple introduction to ALGOL programming for KDF 9. Druckschrift der English Electric (1961), 111 Seiten.

[20] *G. Reimer,* Handbuch für das Personal des Postscheckdienstes, Bd. 52. Verlagsbuchhandlung Herzog, Goslar, 3. Auflage (1961), 181 Seiten.

[21] *K. Achilles,* Technische Mittel der Automatisierung des Postscheck- und Sparkassendienstes. Zeitschrift f. d. Post- und Fernmeldewesen Nr. 20, (Okt. 1961), S. 1–8.

[22] *H. Rutishauser,* Grundsätzliche Bemerkungen zum programmgesteuerten Rechnen. Vorträge über Rechenanlagen, gehalten in Göttingen, Druckschrift des Max-Planck-Inst. für Physik, Göttingen (1953), S. 34–37.

[23] *F.L. Bauer,* Einführung in den Gebrauch programmgesteuerter Rechenanlagen. Vorlesung an der TH München WS (1955/56).

[24] *C. Boehm,* Die Bereinigung eines Versicherungsbestandes als Sonderfall des Mischprozesses. Blätter der Deutschen Ges. f. Versicherungsmathematik 3 (1957). S. 323–352.

[25] *C. Boehm,* Sortierprozesse auf elektronischen Rechenanlagen. Blätter der Deutschen Ges. f. Versicherungsmathematik 5 (1961), S. 155–207.

[26] *N. Rochester,* Symbolic programming. Trans. IRE, EC-2 (1953), S. 10–15.

[27] *M.V. Wilkes,* The use of a „floating address" system for orders in an automatic digital computer. Proc. Cambridge Philos. Soc. 49 (1953), S. 84–89.

[28] *K. Friedrich,* Die Programmierungsarbeit für die ZUSE Z 22 bei der Verwendung der „Berliner Organisation". Elektronische Datenverarbeitung, Folge 9 (1961). S. 37–40.

[29] *Th. Fromme,* Ein Adressierprogramm für die Z 22. Elektronische Datenverarbeitung, Folge 1 (1959), S. 49–52.

[30] *W. Kuzenko,* Eine Programmorganisation für die S 2002. Elektronische Datenverarbeitung, Folge 5 (1959), S. 10–13.

[31] *Anonym,* TR 4. Digital Computer Newsletter 12,4 (1960), S. 11–14.

[32] *M.V. Wilkes, D.J. Wheeler, S. Gill,* The preparation of programs for an electronic computer. Addison-Wesley Press, Cambridge/Mass. (1951), 167 Seiten.

[33] *W.W. Peterson,* Addressing for random-Access storage. IBM-Journal of Research and Development 1 (1957), S. 130–146.

[34] *H. Wettstein,* Suchverfahren im Arbeitsspeicher elektronischer Rechenanlagen. Elektronische Datenverarbeitung, Folge 3 (1962), S. 97–103.

[35] *W. Kämmerer,* Ziffernrechenautomaten. Akademie-Verlag, Berlin (1960), 303 Seiten.

[36] *Anonym,* The preparations of makro-instructions for use with Autocoder III. Manual C 28-6056-1, IBM Corp., New York (1959).

[37] *F.R. Güntsch,* Logischer Entwurf eines digitalen Rechengerätes mit mehreren asynchron laufenden Trommeln und automatischem Schnellspeicherbetrieb. Diss. TU Berlin (1957).

[38] *E.W. Dijkstra,* On the design of machine independent programming languages. Bericht M.R. 34 des Mathem. Centrum Amsterdam (1961), 18 Seiten.

[39] *G. Meinardus, H.-D. Strauer,* Über die Approximation von Funktionen bei der Aufstellung von Unterprogrammen. Elektronische Datenverarbeitung, Folge 12 (1961), S. 180–187.

[40] *R. Sauer, F.L. Bauer,* Einführung in die numerische Verfahrenstechnik für Rechenautomaten. Mitt. Math. Labor TH Wien (1956) 3,1 S. 8–14, 3,2 S. 42–47.

[41] *F.R. Güntsch,* Hilfsmittel der Informationsverarbeitung für Flugsicherungssysteme. Elektronische Datenverarbeitung, Folge 7 (1960), S. 9–16.

[42] *W. Haack, W. Hildebrandt,* Die Arbeitsvorgänge einer elektronischen Rechenanlage für den Flugsicherungsdienst, im besonderen die Erkennung von Kollisionsgefahren. Telefunken-Zeitung, 32 Dez. (1959), S. 3–10.

[43] *E.W. Dijkstra,* Recursive programming. Numerische Mathematik 2 (1960), S. 312–318.

[44] *H. Schecher,* Maßnahmen zur Vereinfachung von Rechenplänen bei elektronischen Rechenanlagen. Diss. TH München (1955). Etwas gekürzt: ZAMM 36 (1956), S. 377–395.

[45] *D.J. Wheeler,* Programme organization and initial orders for the EDSAC. Proceedings Rcy. Soc. A, 202 (1950), S. 573–589.

[46] *T. Kilburn,* The University of Manchester universal high-speed digital computing machine. Nature 164 (1949), S. 684–687.

[47] *H.H. Aiken und andere,* Manual Mark III – description of a magnetic drum calculator. (The Harvard Computer Mk III) Ann. Comp. Lab., Harvard University, Bd. 25 (1952), 318 Seiten.

[48] *H. Pösch, Th. Fromme,* Programmorganisation bei kleinen Rechenautomaten mit innerem Programm. ZAMM 34, 8/9 (1954), S. 307–308.

[49] *H. Gumin,* Das Befehlssystem des Siemens-Digitalrechners 2002. Siemens-Digitalrechner 2002, Sonderheft der Entwicklungs-Berichte der Siemens & Halske AG, 22 (1959), S. 16–22.

[50] *R.R. Seeber jr.,* Cryogenic associative memory. National Conference ACM, Milwaukee, (August 1960).

[51] *R.R. Seeber, A.B. Lindquist,* Associative memory with ordered retrieval. IBM Journal of Research and Development, 6 (1962), S. 126–136.

[52] *W. Händler,* Lernprozesse als Leitbild für die Programmierung. Annales Universitatis Saraviensis, Serie Naturwissenschaften, 10 (1962), H.4.

[53] *A. Schlüter,* Das Göttinger Projekt einer schnellen elektronischen Rechenmaschine (G 3). Nachrichtentechnische Fachberichte 4 (1956), S. 99–100.

[54] *H. Bottenbruch,* Beschreibung der logischen Organisation des Darmstädter Rechenautomaten. Institut für Praktische Mathematik, Prof. Dr. A. Walther, TH Darmstadt, Entwicklung des Darmstädter Rechenautomaten, 11. Bericht (1955), 26 Seiten.

[55] *G.A. Blaauw,* Indexing and control-word techniques. IBM Journal of Research and Development (1959), S. 288–301.

[56] *W.L. van der Poel.* Dead programmes for a magnetic drum automatic computer. Appl. Scientific Research, Section B 3 (1954), S. 190–198.

[57] *F.R. Güntsch,* Über digitale Spezialrechner. Telefunken-Zeitung 33 (1960). Heft 127, S. 4–12.

[58] *E. Schaefer,* Elektronische Auslesespeicher. Elektronische Rechenanlagen 3 (1961), S. 197–205.

[59] *U.A. Machmudov,* LEM-1, small size general purpose digital computer using magnetic (ferrite) elements. Comm. ACM 2 (Okt. 1959), S. 3–9. Übersetzung aus Radiotechnika 14,3 (1959).

[60] *F.R. Güntsch,* Simulierungen als Hilfsmittel in der Entwicklung und Anwendung informationsverarbeitender Geräte und Anlagen. Annales Universitatis Saraviensis, Naturwissenschaften Scientia 9 (1960/61), S. 93–120.

[61] *K.H. Bachmann,* Programmierung für Digitalrechner. VEB Deutscher Verlag der Wissenschaften, Berlin (1962), 162 Seiten.

[62] *A. Opler, D. Farbman, M. Heit, W. King. E. O'Connor, R. Goldfinger, H. Landow, J. Ogle, D. Slesinger,* Automatic translation of programs from one computer to another. Preprints Proc. IFIP Conf. (1962), S. 245–248.

[63] *A.L. Freedman,* Elimination of waiting time in automatic computers with delay-type stores. Proc. Cambridge Phil. Soc. 50 (1954), S. 426–438.

[64] *B. Gordon,* An optimizing program for the IBM 650. Journal of ACM 4 (1958), S. 3–5.

[65] *H.K. Schuff,* Eingriffstechnik und Zeitteilung in Rechenanlagen. Elektronische Datenverarbeitung (1962), S. 263–272.

[66] *A.E. Scott,* Automatic preparation of flow chart listings. Journal of ACM 5,1 (1958), S. 57–66.

[67] *J.M. Bennett, D.G. Prinz, M.L. Woods,* Interpretative sub-routines. Proc. National Meeting ACM, Toronto (1952), S. 81–87.

[68] *H. Rutishauser,* Some programming techniques for the ERMETH. Journal of ACM 2 (1955), S. 1–14.

[69] *Anonym,* Einführungsschrift, IBM 1401, Elektronisches Datenverarbeitungssystem. Druckschrift der IBM Deutschland (1961), 86 Seiten.

[70] *K. Kozarsky, A. Mendelsohn,* The RCA 601. Communications ACM 4 (1961), S. 197–199.

[71] *F.L. Bauer, K. Samelson,* Maschinelle Verarbeitung von Programmsprachen. Digitale Informationswandler, Vieweg-Verlag, Braunschweig (1962), S. 227–268.

[72] *J. von Garwick,* An input system for electronic computers. Nordisk Tidskrift for Informationsbehandling 1 (1961), S. 177–199.

[73] *W. Orchard-Hays,* The evolution of programming systems. Proc. IRE 49 (Jan. 1961), S. 283–295.

[74] *F.R. Güntsch, H. Lukas,* Magnetbandrechner der TU Berlin. Elektronische Datenverarbeitung 2 (1959), S. 13–46.

[75] *W.L. van der Poel,* Microprogramming and trickology. Digitale Informationswandler, Vieweg-Verlag, Braunschweig (1962), S. 269–311.

[76] *A. Rotenberg,* A new pseudo-random number generator. Journal ACM 7 (1960), S. 75–77.

[77] *F.R. Güntsch,* Eine Methode zur maschinellen Berechnung bedingtgleicher Strahlungsfunktionen. Die Farbe 4 (1955), S. 313–315.

[78] *S. Voelcker, S. Kohler,* Fernschreibgeräte, Lochstreifengeräte. Taschenbuch der Nachrichtenverarbeitung, Springer-Verlag (1962), S. 668–699.

[79] *K. Samelson,* Probleme der Programmierungstechnik. Nachrichtentechnische Fachberichte 4 (1956), S. 141–142.

[80] *F.R. Güntsch, W. Kuzenko,* Programm- und Adressenorganisation für die Z 22. Druckschrift Recheninstitut TU Berlin (1957), 21 Seiten.

[81] *K. Samelson, F.L. Bauer,* Sequentielle Formelübersetzung. Elektronische Rechenanlagen 1 (1959), S. 176–182.

[82] *F.L. Bauer, K. Samelson,* Verfahren zur automatischen Verarbeitung von codierten Daten und Rechenmaschinen zur Ausübung des Verfahrens. Deutsches Patentamt, Auslegeschrift 1 094 019 (1960).

[83] *W. Kämmerer,* Ziffern-Rechenautomaten mit Programmierung nach mathematischem Formelbild. Jenaer Jahrbuch, 2. Teil (1959), S. 398–440.

[84] *H. Billing,* Die im Max-Planck-Institut für Physik und Astrophysik entwickelte Rechenanlage G 3. Elektronische Rechenanlagen 2 (1961), S. 83–84.

[85] *R.H. Allmark, J.R. Lucking,* Design of an arithmetic unit incorporating a nesting store. Preprints Proc. IFIP Conf. (1962), S. 325–328.

[86] *F.L. Bauer,* The formula-controlled logical computer „STANISLAUS". Mathematics of Computation 14 (1960), S. 64–67.

[87] *L. Kalmár,* Über einen Rechenautomaten, der eine mathematische Sprache versteht. ZAMM 40 Sonderheft (1960), T 64–T 66.

[88] *J.P. Anderson,* A computer for direct execution of algorithmic languages. Proc. Eastern Joint Comp. Conf. (Dez. 1961), S. 184–193.

[89] *I.O. Kerner,* Modern programming methods and problems and their influence on the design of computing instruments. Preprints Proc. IFIP Conf. (1962), S. 329–332.

[90] *W. Lonergan, P. King,* Design of the B 5000 system. Datamation 7 (Mai 1961), S. 28 bis 32.

[91] *J. Lukasiewicz, A. Tarski,* Untersuchungen über den Aussagenkalkül. Comptes Rendus des Séances de la Société des Sciences et des Lettres des Varsovie, Cl. III, 23 (1930), S. 31–32.

[92] *Fortran,* Programmers reference manual, automatic coding systems for the IBM704. Druckschrift der IBM (1956).

[93] *J.H. Wegstein,* ALGOL 60 a status report. Datamation 7, 9 (1961), S. 24–26.

[94] *E.L. Willis, A. d'Agapeyeff, M. Tribe, B.J. Gibbens, M. Clark,* Some commercial autocodes, a comparative study. APIC Studies in data processing Nr. 1, Academic Press 4 (1961), 53 Seiten.

[95] *P.V. Ellis,* An evaluation of autocode realibility. Communications ACM 5 (1962), S. 156–159.

[96] *R.M. Paine,* Automatic coding for business applications. Computer Journal 3, 3 (1960), S. 144–149.

[97] *Anonym,* COBOL-61, Revised specifications for a common business oriented language. US Government Printing Office (1961), 0-578941.

[98] *J.E. Sammet,* A detailed description of COBOL. Annual Review in Automatic Programming 2 (1961), S. 197–230.

[99] *C. Boehm,* COBOL-61, Bericht über eine gemeinsame Programmiersprache der Datenverarbeitung, dargestellt an einigen elementaren Programmbeispielen. Blätter der Deutschen Gesellschaft für Vers.-Math. 5 (1962), S. 505–520.

[100] *H. Schappert,* Algorithmische Sprachen – eine Einführung in die Programmierungssprache COBOL. ADL-Nachrichten, Heft 20 (1962), S. 2–16 und Heft 22 (1962), S. 113–128.

[101] *V.A. Yngve,* A programming language for mechanical translation. Mech. Translation 5 (1958), S. 26–41.

[102] *Th. G. Sanborn,* SIMCOM – The simulator compiler. Proc. Eastern Joint Computer Conference (Dez. 1959), S. 139–142.

[103] *R.P. Rich,* APT, a common computer language. Annual Review in Automatic Programming 2 (1961), S. 141–160.

[104] *Anonym,* APT, the automatic programmed tool system. (7 Bände), Dept. of Electrical Engineering, MIT, Cambridge Mass. (1959).

[105] *Anonym,* AUTOPROMT. IBM-Druckschrift E 20-6104 (1961), 34 Seiten. Herausgeber: IBM Data Processing Division, White Plains/N.Y.

[106] *D. Englund, E. Clark,* The CLIP translator. Communications ACM 4 (1961), S. 19 bis 23.

[107] *R.A. Sibley,* The SLANG System. Communications ACM 4 (1961), S. 75–84.

[108] *A. Newell, F.M. Tonge,* An introduction to Information Processing Language V. Communications ACM 3 (1960), S. 205–211.

[109] *T.F. Kavanagh,* TABSOL – A fundamental concept for systems-oriented languages. Automation 10, 9 (1961), S. 15–22.

[110] *T.F. Kavanagh,* TABSOL – A fundamental concept for systems-oriented languages. Proc. Eastern Joint Comp. Conf., New York (Dez. 1960), S. 117–136.

[111] *N. Macdonald,* Over 500 areas of application of computers. Computers and Automation 10, 6 (1961), S. 133–137.

[112] *H.K. Schuff,* Probleme der kommerziellen Datenverarbeitung. Digitale Informationswandler, Vieweg-Verlag (1962), S. 350–405.

[113] *R. Piloty,* Datenverarbeitung. Taschenbuch der Nachrichtenverarbeitung, Springer-Verlag (1962), S. 1140–1158.

[114] *E.H. MacNiece,* Production forecasting, planning and control. John Wiley (1958), 402 Seiten.

[115] *H.J. Ehling, H. Hotes,* Automatisierung von Dampfkraftwerken. AEG-Mitteilungen 52 (1962), S. 422–429.

[116] *R.G. Masseg,* The use of a computer in a rolling mill office. Machinery Lloyd (1958), No. 16A.

[117] *W. Simon,* Maschinensteuerungen. Taschenbuch der Nachrichtenverarbeitung. Springer-Verlag (1962), S. 1253–1273.

[118] *D.W. Liddell,* Integration and automatic fault location techniques in large digital data systems. Proc. Spring Joint Comp. Conf. (1962), S. 213–224.

[119] *J. Heskin,* The SATURN automatic checkout system. Proc. Eastern Joint Comp. Conf. (Dez. 1961), S. 232–240.

[120] *R. Inzinger,* Verkehrsplanung und Mathematik. MTW (1960), S. 49–55.

[121] *L. Casciato,* The control of traffic signals with an electronic computer – a new application of real time data processing. Preprints Proc. IFIP Congr. (1962), S. 97 bis 100.

[122] *W. Schulz,* Einführung in die Unternehmensforschung. Jahrbuch der WGL (1959), S. 37–56.

[123] *R.R. Everett, C.A. Zraket, H.D. Benington,* SAGE – A data processing system for air defense. Proc. Eastern Joint Comp. Conf. (Dez. 1957), S. 148–155.

[124] *B.M. Christensen,* The critical path method, an optimizing time-cost planning and scheduling method. Druckschrift der General Electric (1961), 15 Seiten.

[125] *M.M. Food,* Operations research and logistics. Proc. of the first Ordnance Conf. on Operations Research, Ordnance Corps, U.S. Army, Office of Ordnance Research, Rep. No. 55–1 (Jan. 1955), S. 3–32.

[126] *P.D. Thompson,* Numerical weather analysis and preduction. MacMillan, New York (1961), 170 Seiten.

[127] *L.D. Berkovitz, M. Dresher,* A game-theory analysis of tactical air war. Operations Research 7 (1959), S. 599–620.

[128] *J. McDonald, F. Ricciardi,* The business decision game. Fortune (März 1958), S. 140 bis 142, 208, 213–214.

[129] *K.H. Wollesch,* Das BULL-Unternehmensspiel. Elektronische Datenverarbeitung 4, 4 (1962, S. 153–170).

[130] *M.E. Stevens,* Abstract shape recognition by machine. Proc. Eastern Joint Comp. Conf. (Dez. 1961), S. 332–351.

[131] *R. Tarján,* Logische Maschinen. Digitale Informationswandler, Vieweg-Verlag, Braunschweig (1962), S. 110–159.

[132] *Y. Bar-Hillel,* Theoretical aspects of the mechanisation of literature-searching. Digitale Informationswandler, Vieweg-Verlag, Braunschweig (1962), S. 406–443.

[133] *M. Woitschach,* Automatische Bibliothek. Taschenbuch der Nachrichtenverarbeitung, Springer-Verlag (1962), S. 1273–1312.

[134] *N.S. Prywes, H.J. Gray,* The multi-list system for real-time storage and retrieval. Preprints Proc. IFIP Congr. (1962), S. 112–116.

[135] *S.M. Newman,* Classified patent search files, proposed base for technical information centres. Amer. Doc. 12 (1961), 206–212.

[136] *A.E. Joel,* Communication switching systems as real-time computers. Proc. Eastern Joint Comp. Conf. (Dez. 1957), S. 197–203.

[137] *R.W. Ketchledge,* An introduction to the Bell System's First Electronic Switching Office. Proc. Eastern Joint Comp. Conf. (Dez. 1957), S. 204–208.

[138] *K. Steinbuch,* Lernende Automaten. Elektronische Rechenanlagen 1 (1959), S. 112 bis 118 und 172–175.

[139] *H. Zemanek,* Lernende Automaten. Taschenbuch der Nachrichtenverarbeitung, Springer-Verlag (1962), S. 1418–1480.

[140] *J. Annett,* An introduction to teaching machines. Symposium on teaching machines. Brit. Ass. for the Advancement of Science, Section J (Sept. 1961), 7 Seiten.

[141] *C.A. Steinberg, W.E. Tolles,* Techniques for the use of the digital computer as an aid in the diagnosis of heart disease. Proc. Eastern Joint Comp. Conf. (Dez. 1961), S. 371–380.

[142] *J.A. Thie,* Computers in the arts. Computers and Automation 10, 9 (1961), S. 23.

[143] *W.C. McGee,* Generalization: Key to successful electronic data processing. Journal ACM 6 (1959), S. 1–23.

[144] *Anonym,* IBM 7070 report program generator. Bulletin J 28-6049, IBM Corp., New York (1959).

[145] *Anonym,* Report program generator for IBM 1401 card system. Bulletin J 29-0215, IBM Corp., New York (1960).

[146] *C. Grenn, A. Debroux, G.P. del Bigio, H. d'Hoop,* Le code APACHE, destiné à la programmation d'un problème analogique au moyen d'un calculateur digital. Druckschrift EUR/C-IS/1543/61/f der EURATOM (1961), 41 Seiten.

[147] *W. Petry,* DIFÜ Mainz, Differentialgleichungsübersetzer. Druckschrift des Inst. f. angew. Math. der Universität Mainz (1961), 13 Seiten.

[148] *R. Baumann, M. Paul,* Praktische Erfahrungen im ALGOL-Betrieb. Elektronische Rechenanlagen, Beiheft 2 (1962), S. 51–56.

[149] *F.L. Bauer,* Rechenanlagen und Programmsprachen. Vortrag auf der Physikertagung (Sept. 1962) in Stuttgart.

[150] *F.V. Wagner,* Summary of questionaire on new POL's. SHARE (Febr. 1960).

[151] *T.B. Steel,* UNCOL: The myth and the fact. Annual Review in Automatic Programming 2 (1961), S. 325–344.

[152] *J.E. Sammet,* A method of combining ALGOL and COBOL. Proc. Western Joint. Comp. Conf. (Mai 1961), S. 379–387.

[153] *O. Mock, J. Olsztyn, J. Strong, B.T. Steel, A. Tritter, J. Wegstein,* The problem of program communication with changing machines, a proposed solution. Communications ACM 1 (1958), S. 12–18; 1, 9 (1958), S. 9–15.

[154] *T.B. Steel,* UNCOL. Datamation 6, 1 (1960), S. 18–20.

[155] *T.B. Steel,* A first version of UNCOL. Proc. Western Joint Comp. Conf. (Mai 1961), S. 371–378.

[156] *P.R. Bagley,* Principles and problems of a universal computer-oriented language. Computer Journal 4 (1962), S. 305–312.

[157] *P. Lukas,* Die Strukturanalyse von Formelübersetzern. Elektronische Rechenanlagen 3 (1961), S. 159–167.

[158] *M. Paul,* ALGOL 60 processors and a processor generator. Preprints Proc. IFIP Congr. (1962), S. 223–226.

[159] *H. Bottenbruch,* Übersetzung von algorithmischen Formelsprachen in die Programmsprachen von Rechenmaschinen. Zeitschrift für mathematische Logik und Grundlagen der Mathematik Bd. 4 (1958), S. 180–221 (Diss. Darmstadt).

[160] *A.M. Turing,* On computable numbers with an application to the Entscheidungsproblem. Proc. London Math. Society, 2. Ber. 42 (1937), S. 230–265.

[161] *J.W. Backus, F.L. Bauer, J. Green, C. Katz, J. McCarty, P. Naur, A.J. Perlis, H. Rutishauser, K. Samelson, B. Vauquois, J.H. Wegstein, A. van Wijngaarden, M. Woodger,* Report on the algorithmic language ALGOL 60. 1. Numerische Mathematik 2 (1960), S. 106–137; 2. Communications ACM 3 (1960), S. 299–314.

[162] Deutsche Übersetzung von [161]: Bericht über die algorithmische Sprache ALGOL 60. Druckschrift aus dem Zentralinistitut für Automatisierung, Jena (1960).

[163] Deutsche Übersetzung von [161]: Bericht über die algorithmische Sprache ALGOL 60. Elektronische Datenverarbeitung, Beiheft 2 (1962), S. 1–23.

[164] *D. Stephan,* Die algorithmische Sprache ALGOL 60, an Beispielen erläutert. Blätter der Deutschen Gesellschaft für Versicherungs-Mathematik 5 (1960), S. 61–86.

[165] *M. Woodger,* An introduction to ALGOL 60. Computer Journal 3, 2 (1960), S. 67 bis 75.

[166] *R. Baumann,* ALGOL – Manual der ALCOR-Gruppe. Elektronische Rechenanlagen 3 (1961), S. 206–212; 3 S. 259–265; 4, 2 (1962), S. 71–85.

[167] *H. Bottenbruch,* Structure and use of ALGOL 60. Journal ACM 2 (1962), S. 161 bis 221.

[168] *H.R. Schwarz,* An introduction to ALGOL. Communications ACM 5 (1962), S. 82 bis 95.

[169] *D.D. McCracken,* A guide to ALGOL programming. Wiley & Sons, New York (1962), 106 Seiten.

[170] *D. Jurksch,* Einführung in die algorithmische Programmierungssprache ALGOL 60 und den Übersetzer für die elektronische Rechenanlage Z 22 ALCOR MAINZ Z 22, Druckschrift des Lehrstuhls für Angewandte Mathematik der Universität des Saarlandes (1962), 103 Seiten.

[171] *E.W. Dijkstra,* Die Programmierung in ALGOL 60. Elektronische Datenverarbeitung, Beiheft 2 (1962), S. 24–47.

[172] *O. Kesner,* ALGOL references. ACM Computing Reviews 3, 1 (1962), S. 37–38.

[173] *E.A. Voorhes,* Algebraic formulation of flow diagrams. Communications ACM 1, 6 (1958), S. 4–8.

[174] *H. Zemanek,* Die algorithmische Formelsprache ALGOL 1/2. Elektronische Rechenanlagen 1 (1959), S. 72–79 und S. 140–143.

[175] *J.W. Backus,* The syntax and semantics of the proposed international algebraic language of the Zürich ACM-GAMM Conference. Proc. Int. Conf. on Information Processing. (ICIP), Paris (1959), S. 125–132.

[176] *W. Taylor, L. Turner, R. Waychoff,* A syntactical chart of ALGOL 60. Communications ACM 4 (1961), S. 393.

[177] *F.S. Beckman, F.P. Brooks, jr., W.J. Lawless, jr.,* Development in the logical organization of computer arithmetic and control units. Proc. IRE, 49 (1961), S. 53–66.

[178] *F.J. Gaffney, S. Levine,* Design techniques for multiple interconnected on-line data processors. Proc. Eastern Joint Comp. Conf., (Dez. 1957), S. 172–177.

[179] *W.W. Crowley,* Automatic data processing in the tactical field army. Proc. Western Joint Comp. Conf., (März 1959), S. 187–189.

[180] *S. Gill,* Parallel programming. Computer Journal 1 (1958), S. 2–10.

[181] *F.R. Güntsch, W. Händler,* Zur Simultanarbeit bei Digitalrechner. Elektronische Rechenanlagen 2 (1960), S. 117–128.

[182] *J.P. Eckert,* UNIVAC-LARC, the next step in computer design. Proc. Western Joint Comp. Conf. (Febr. 1956), S. 16–20.

[183] *E.F. Codd, E.S. Lowry, E. McDonough, C.A. Scalzi,* Multiprogramming STRETCH: Feasibility considerations. Communications ACM2 (1959), S. 13–17.

[184] *J. Cocke, H.G. Kolsky,* The virtual memory in the STRETCH-Computer. Proc. Eastern Joint Comp. Conf., (Dez. 1959), S. 82–83.

[185] *A.L. Leiner, W.A. Notz, J.L. Smith, A. Weinberger,* Organizing a network of computers to meet deadlines. Proc. Eastern Joint Comp. Conf., (Dez. 1957), S. 115 bis 128.

[186] *A.L. Leiner, W.A. Notz, J.L. Smith, A. Weinberger,* PILOT, the NBS multicomputer system. Proc. Eastern Joint Comp. Conf. (Dez. 1958), S. 71–75.

[187] *A.L. Leiner, W.A. Notz, J.L. Smith, A. Weinberger,* PILOT – a new multiply computer system. Journal ACM 6 (1959), S. 313–335.

[188] *A.L. Leiner, W.A. Notz, J.L. Smith, R.B. Marimont,* Concurrently operating computer systems. Proc. Int. Conf. on Information Processing (ICIP), Paris (1959), S. 353 bis 361.

[189] *B.L. Ryle,* Multiple data processing. Communications ACM 4 (1961), S. 99–101.

[190] *P. Dreyfuss,* System design of the GAMMA 60. Proc. Western Joint Comp. Conf. (Mai 1958), S. 130–132.

[191] *J. Bosset,* Sur certains aspects de la conception logique du GAMMA 60. Proc. Int. Conf. on Information Processing (ICIP), Paris (1959), S. 348–353.

[192] *H. Kurschilgen,* Die elektronische Datenverarbeitungsanlage GAMMA 60. Elektronische Datenverarbeitung 3 (1959), S. 1–7.

[193] *R.E. Porter,* The RW 400 – a new polymorphic data system. Datamation 6, 1 (1960), S. 8–14.

[194] *R. Perkins, W.C. McGee,* Programmed control of multi-computer systems. Preprints Proc. IFIP Congr. (1962), S. 241–244.

[195] *J. Dow,* Programming a duplex computer system. Communications ACM 4 (1961), S. 507–513.

[196] *F.R. Güntsch, K. Heidelauf,* Die Verwendung von Rechenanlagen in automatisierten Flugsicherungssystemen und das Problem der Betriebssicherheit. Luftfahrttechnik 8 (Nov. 1962), S. 310–313.

[197] *S.D. Harper,* Automatic parallel processing. 2. Conference Computing and Data Processing. Society of Canada (1960), S. 321–331.

[198] *N. Lourie, H. Schrimpf, R. Reach, W. Kahn,* Arithmetic and control techniques in a multiprogram computer. Proc. Eastern Joint Comp. Conf. (Dez. 1959), S. 75 bis 81.

[199] *R.M. Paine,* Is time sharing a real winner for users? Automatic Data Processing (Sept. 1960), S. 16–18, S. 41–43.

[200] *F.S. Beckman, F.P. Brooks, W.J. Lawless,* Developments in the logical organisation of computer arithmetic and control units. Proc. IRE 49 (1961), S. 53–66.

[201] *M.V. Wilkes, D.W. Willis,* A magnetic-tape auxiliary storage system for the EDSAC. Proc. IEE 103 B (1956), S. 337–345.

[202] *N. Landis, A. Manos, L.R. Turner,* Initial experience with an operating multi-programming system. Communications ACM 5 (1962), S. 282–286.

[203] *R. Ballance und andere* (Herausgeber: W. Buchholz), Planning a computer system. McGraw-Hill (1962), 322 Seiten.

[204] *J. Mersel,* Program interrupt on the UNIVAC Scientific Computer. Proc. Western Joint Comp. Conf., (Febr. 1956), S. 52–53.

[205] *J.W. Forgie,* The Lincoln TX-2 input-output system. Proc. Western Joint Comp. Conf., (Febr. 1957), S. 156–160.

[206] *F.P. Brooks,* A program-controlled program interruption system. Proc. Eastern Joint Comp. Conf. (Dez. 1957), S. 128–132.

[207] *L.R. Turner, J.H. Hawlings,* Realization of randomly timed computers input and output by means of an interrupt feature. IRE Transactions EC-7 (1958), S. 141–149.

[208] *J. Oblonsky, A. Svoboda,* Design of a data processing system with built-in time sharing. Preprints Proc. IFIP Congr. (1962), S. 310–313.

[209] *H.P. Goodman,* The simulation of the ORION time-sharing system on SIRIUS. Computer Bulletin 5,2 (1961), S. 51–54.

[210] *R.W. Bemer,* A checklist of intelligence for programming systems. Communications ACM 2, 3 (1959), S. 8–13.

[211] *Anonym,* CAOS, Completely Automatic Operational Systems. Report LMSD-48482, Lockheed Aircraft Corp., Sunnyvale, Cal. (1959).

[212] *Anonym,* Introduction to the CL-1 programming systems. Manual TR 59-6, Technical Operations, Inc., Washington, D.C. (1960).

[213] *Y.C. Lo, C.H. Gaudette,* An automatic multiprogram operating system. Preprint 60–239, EE, New York (Febr. 1960).

[214] *R.B. Smith,* The BKS System for the Philco 2000. Communications ACM 4 (1961), S. 104, 109.

[215] *T. Kilburn, D.J. Howarth, R.B. Payne, F.H. Sumner,* The Manchester University ATLAS Operating System. Part 1: Internal Organisation. Computer Journal 4 (1961), S. 222–225.

[216] *D.J. Howarth, R.B. Payne, F.H. Sumner,* The Manchester University ATLAS Operating System. Part 2: User's description, Computer Journal 4 (1961), S. 226–229.

[217] *D.J. Howarth, P.D. Jones, M.T. Wyld,* Das ATLAS-Planungssystem. Elektronische Rechenanlagen 3 (1962), S. 161–166.

[218] *T. Kilburn, R.B. Payne, D.J. Howarth,* The ATLAS Supervisor. Proc. Eastern Joint Comp. Conf. (Dez. 1961), S. 279–294.

[219] *G. Schoppe,* Höhere Wirtschaftlichkeit für Großrechenanlagen. Bürotechnik und Automation 9 (1962), S. 273–278.

[220] *A.B. Shafritz, A.E. Miller, K. Rose,* Multi-level programming for a real-time system. Proc. Eastern Joint Comp. Conf. (Dez. 1961), S. 1–16.

[221] *A.W. Holt,* Program organization and record keeping for dynamic storage allocation. Preprints Proc. IFIP Congr. (1962), S. 237–240.

[222] *E.F. Codd,* Multiprogram scheduling. Communications ACM 3 (1960), S. 347–350 und 413–418.

[223] *J. Heller,* Sequencing aspects of multiprogramming. Journal ACM 8 (1961), S. 426 bis 439.

[224] *R.B. Marimont,* A new method of checking the consistency of precedence matrices. Journal ACM 6 (1959), S. 164–171.

[225] *F. Harary,* On the consistency of precedence matrices. Journal ACM 7 (1960), S. 255 bis 259.

[226] *P.M. Morse,* Queues, inventories and maintenance. Wiley and Sons, New York (1958), 202 Seiten.

[227] *P.E. Boudreau, M. Kac,* Analysis of a basic queuing problem arising in computers systems. IBM Journal Res. Dev., 5 (1961), S. 132–140.

[228] *F.J. Corbató, M. Merwin-Daggett, R.C. Daley,* An experimental time sharing system. Proc. Spring Joint Comp. Conf. (1962), S. 335–343.

[229] *N. Clark, A.C. Gannet,* Computer-to-computer communication at 2.5 megabits/sec. Preprints Proc. IFIP Congr. (1962), S. 144–149.

[230] *L.D. Yarbrough,* Some thoughts on parallel processing. Communications ACM 3 (1960), S. 539.

[231] *W. Händler,* Digitale Universalrechenautomaten. Taschenbuch der Nachrichtenverarbeitung, Springer-Verlag (1962), S. 1009–1139.

[232] *H. Donner, K. Leipold,* Zur Simultanverarbeitung mehrerer Programme. Elektronische Rechenanlagen 3 (1961), S. 54–60).

[233] *Anonym,* Cours de programmation GAMMA 60, Druckschrift der Compagnie des Machines BULL, 154 Seiten.

[234] *C. Strachey,* Time sharing in large fast computers. Proc. International Conference on Information, Processing (IFIP), Paris (1959), S. 336–341.

[235] *M.R. Necora,* Comment on a paper on parallel processing. Communications ACM 4 (1961), S. 103.

[236] *E.R. Berger,* Nachrichtentheorie und Codierung. Taschenbuch der Nachrichtenverarbeitung, Springer-Verlag (1962), S. 58–100.

[237] *E.W. Dijkstra,* Communication with an automatic computer. Dissertation Universität Amsterdam (1959), 166 Seiten.

[238] *Anonym,* IBM Reference Manual, 7070 Data Processing System. Fam A 22-7003-2 (1959/1960), 299 Seiten.

[239] DIN 66 001, Sinnbilder für Datenfluß- und Programmablaufpläne

[240] DIN 66 006, Darstellung von ALGOL-Symbolen auf 5-Spur-Lochstreifen und 80-spaltigen Lochkarten

[241] DIN 44 300, Begriffe der Informationsverarbeitung

[242] *P. Naur u.a.,* Revised Report on the Algorithmic Language ALGOL 60, Numer. Math. 4 (1963), S. 420–453 und Communications ACM 6 (1963), S. 1–17.

[243] *K. Iverson,* A Programming Language, Wiley, New York, 1962

[244] *H.R. Wiehle / G. Seegmüller / W. Urich / F. Peischl,* Ein Betriebssystem für schnelle Rechenautomaten, Elektronische Rechenanlagen 6 (1964), Heft 3, S. 119–125.

[245] *D.E. Knuth,* The remaining trouble spots in ALGOL 60, Communications ACM 10 (1967), 611–618.

[246] *D.E. Knuth u.a.,* A proposal for input-output conventions in ALGOL 60, Communications ACM 7 (1964), 273–283.

[247] *Anonym,* Report on input-output procedures for ALGOL 60, Communications ACM 7 (1964), 628–630.

[248] *R. Baumann/ M. Feliciano/ F.L. Bauer/ K. Samelson*, Introduction to ALGOL, Prentice Hall, Englewood Cliffs, 1964.
[249] *R. Herschel*, Anleitung zum praktischen Gebrauch von ALGOL, Oldenbourg, München, 1966.
[250] *K. Nickel*, ALGOL-Praktikum, Verlag G. Braun, Karlsruhe, 1964.
[251] *H. Rutishauser*, Description of ALGOL 60. Handbook for automatic Computation, vol. 1a, Springer, Berlin-Göttingen-Heidelberg, 1967.
[252] *N. Wirth*, An introduction to FORTRAN and ALGOL programming in: Mathematical methods for digital computers, vol. 2, 5-33.
[253] *E.I. Organick*, A FORTRAN IV primer, Addison-Wesley, Reading. Mass., 1966.
[254] *G.M. Weinberg*, PL/1 programming primer, McGrawHill, New York, 1966.
[255] IBM Systems Reference Library: PL/I: Language Specifications.
[256] *T. Lietz*, Was ist neu an PL/1, Bürotechnik und Automation No. 2 (Feb. 1967), S. 46–54 und No. 3 (März 1967), S. 123–128
[257] *P.R. Hills*, SIMON – a computer simulation language in ALGOL in: Digital simulation in operational research, American Elsevier Publ. Co., 1967, p. 105–115.
[258] *O.J. Dahl/ K. Nygaard*, Basic concepts of SIMULA, an ALGOL based simulation language, in: Digital simulation in operational research, (s. [257]), p. 116–124.
[259] *B. Dimsdale/ H.M. Markowitz*, A description of the SIMSCRIPT language, IBM Syst. J., 3 (1964) 57–67.
[260] *G.G. Dodd*, APL– a language for associative data handling in PL/1, in: Proc. AFIPS 1966, Fall Joint Computer Conference, p. 671–684.
[261] *C.J. Shaw*, JOVIAL – A programming language for real-time command systems, Annual Review in Automatic Programming, vol. 3, 1963, p. 53–120.
[262] *C.J. Shaw*, A specification of JOVIAL, Communications ACM 6 (1963), p. 721–735.
[263] *D.J. Farber/ R.E. Griswold/ I.P. Polonsky*, The SNOBOL programming language, Bell Syst. Tech. J. 45 (1966), 895–944.
[264] *J.E. Sammet*, Survey of formula manipulation, Communications ACM 9, (1966), p. 555–569.
[265] *J.M. Foster*, List processing, American Elsevier Publ. Co, New York, 1967.
[266] *C. Weissman*, LISP 1.5 primer, Dickenson Publ., Belmont, Cf. 1967.
[267] *J. Weizenbaum*, Symmetric list processor, Communications ACM 6 (1963), 524–544.
[268] The programming language LISP: its operation and applications, MIT Press, Cambridge, Mass., 1966.
[269] *R.G. Tobey*, Experience with FORMAC algorithm design Communications ACM 9 (1966), 589–597.
[270] *P.W. Abrahams u.a.*, The LISP2 programming language and system, Proc. AFIPS 1966, Fall Joint Computer Conference, p. 661–676.
[271] *J. Cohen/ Nguyen-Huu Dung*, Définition de procédures LISP en ALGOL – Exemple d'utilisation, Revue française Traitement de l'Information 8 (1965), 271–293.
[272] *J. Legras*, Une extension de l'ALGOL: l'ALGOL linguistique, 4ème Congr. Calcul Traitement Information AFIRO (1965), p. 151–156.
[273] *N. Wirth/ H. Weber*, EULER: A generalization of ALGOL and its formal definition Communications ACM 9 (1966), p. 13–23 und 89–99.
[274] *H. Weber*, A microprogrammed implementation of EULER on IBM Systems/360 Model 30, Communications 10 (1967), p. 549–558.
[275] *F. Bates/ M.L. Douglas*, PL/1: Einführung in die Programmiersprache für den Selbstunterricht, Hanser, München, 1967.
[276] *J.B. Steel* (Hrsg.), Formal language description languages for computer programming, North-Holland Publ. Co., Amsterdam, 1966.

[277] *Tang Chih-sung,* A recursive theory of computer instructions, Scientia sinica, vol. XIV, p. 1229–1232.

[278] *M. Davis,* Computability and Unsolvability, McGraw Hill, New York, 1958.

[279] *H. Hermes,* Aufzählbarkeit, Entscheidbarkeit, Berechenbarkeit, Springer, Berlin-Göttingen-Heidelberg, 1961.

[280] *H. Hotes,* Digitalrechner in technischen Prozessen, W. de Gruyter, Berlin, 1967.

[281] *F. Wolf/ A. Schmitt,* Modelle lernender Automaten, Elektronische Datenverarbeitung, Beihefte 8, 1966.

[282] *D.G. Bobrow,* (Hrsg.), Symbol manipulation languages and techniques, Proc. of the IFIP working conference on symbol manipulation Pisa 1967, North-Holland Publ. Co., Amsterdam, 1968.

[283] *S.G. Tucker,* Emulation of large systems, Communications ACM 8 (1965), p. 753 bis 761.

[284] *R.I. Benjamin,* The Spectra 70/45 emulator for the RCA 301, Communications ACM 8 (1965), p. 748–752.

[285] *J. Green,* Microprogramming, emulation and programming languages, Communications ACM 9 (1966), p. 230–232.

[286] *L. Bolliet,* The evolution of compiling techniques, Proc. 3rd AFCALTI Congr. of Computing and Information Processing, Dunod, Paris, 1965, p. 191–197.

[287] *H.S. Stone,* One-pass compilation of arithmetic expressions for a parallel processor, Communications ACM 10 (1965), p. 220–233.

[288] *C.W. Gear,* High speed compilation of efficient object code Communications ACM 8 (1965), p. 483–488.

[289] *A.A. Grau/ U. Hill/ H. Langmaack,* Translation of ALGOL, Handbook for Automatic Computation vol. 1b, Springer, Berlin-New York, 1967.

[290] *M. Brasseur/ J. Cohen,* A description in ALGOL of a simplified ALGOL compiler, IMAG Groupe ALGOL, No. 27, 1964.

[291] *H. Kanner/ P. Kosinski/ C.L. Robinson,* The structure of yet another ALGOL compiler, Communications ACM 8 (1965), p. 427–438.

[292] *D. Gries/ M. Paul/ H.R. Wiehle,* Some techniques used in the ALCOR ILLINOIS 7090, Communications ACM 8 (1965), 496–500.

[293] *P. Naur,* The design of the GIER ALGOL compiler in: Annual Review in Automatic Programming, vol. 4, 49–85, Pergamon Press, New York, 1964.

[294] *D.H.R. Huxtable,* On writing an optimizing translator for ALGOL 60, in: P. Wegner, Introduction to system programming, p. 137–155.

[295] *B. Randell,* The Whetstone KDF9 ALGOL translator, in: P. Wegner, Introduction to system programming, p. 122–136.

[296] *E.W. Dijkstra,* An ALGOL 60 translator for the X1 in: Annual Review in Automatic Programming, vol. 3, 329–345.

[297] *J. Feldman/ D. Gries,* Translator writing systems, Communications ACM 11 (1968), 77–113.

[298] *D. Gries,* Use of transition matrices in compiling, Communications ACM 11 (1968), 26–34.

[299] *P.Z. Ingerman,* A syntax-oriented translator, Academic Press, New York, 1966.

[300] *T.E. Cheatham/ K. Sattley,* Syntax directed compiling, Proc. AFIPS 1964 Spring Joint Computer Conf., p. 31–37.

[301] *H.J. Schneider,* Aufbau und Arbeitsweise von Kompilierern, W. de Gruyter, Berlin, 1971.

[302] *K. Wieland,* Speicherzuweisung für Variable in ALGOL-Objektprogrammen, Elektron. Datenverarbeitung 1 (1967), 3–15.

[303] *P.A. Samet,* The efficient administration of blocks in ALGOL Computer J. 8 (1965), 21–23.

[304] *J.K. Iliffe,* The role of addressing in programming systems, in: P. Wegner, Introduction to system programming, p. 256–275.

[305] *M.C. Harrison/ J.T. Schwartz,* SHARER, a time sharing system for the CDC 6600, Communications ACM 10 (1967), p. 659–665.

[306] *F.W. Brüggemann,* Das Betriebssystem der Großrechenanlagen der Control Data 6000-Serie, Elektron. Datenverarbeitung 9 (1967), Heft 3, 115–120.

[307] *V.A. Vyssotsky/ F.J. Corbato/ R.M. Graham,* Structure of the MULTICS supervisor, Proc. AFIPS Fall Joint Computer Conf., 1965, p. 203–212.

[308] *T.C. Wood,* A generalized supervisor for a time-shared operating system, Proc. AFIPS 1967 Fall Joint Computer Conf., p. 209–214.

[309] *J.I. Schwarz/ E.G. Coffmann/ C. Weissman,* A general purpose time-sharing system, AFIPS Conf. Proc. 25 (1964), Spring Joint Computer Conf., p. 397–411.

[310] *R.W. Conway/ H.L. Morgan,* Tele-CUPL: a telephone time sharing system, Communications ACM (1967), p. 538–542.

[311] *J.I. Schwartz/ C. Wiessman,* The SDC time-sharing system revisited, Proc. ACM 22nd National Conference, p. 263–271.

[312] *E.W. Dijkstra,* The structure of „THE" multiprogramming system, Communications ACM 11 (1968), p. 341–346.

[313] *M.D. Oestreicher/ M.J. Bailey/ J.I. Strauss,* GEORGE 3 – a general purpose time sharing and operating system, Communications ACM 10 (1967), p. 685–693.

[314] *T.N. Pyke,* Time-shared computer systems, in: Advances in Computers, vol. 8, p. 1 bis 45.

[315] *M.V. Wilkes/ R.M. Needham,* The design of multiple-access computer systems. Computer J. 10 (1967), p-1-9
Computer J. 10 (1967), p-315-320.

[316] *L. Kleinrock,* Time-shared Systems: a theoretical treatement
Journal ACM 14 (1967), p. 242–261

[317] *J.E. Shemer,* Some mathematical consideration of time-sharing scheduling algorithms, Journal ACM 14 (1967), p. 262–272

[318] *H.K. Schuff,* Paging 67, Elektronische Datenverarbeitung No. 6 (1967), p. 237–239.

[319] *P.P. Spies,* Teilnehmer-Rechensysteme, Elektronische Rechenanlagen 9 (1967), p. 117–122.

[320] *W. Jentsch,* ASIM: ein Programmiersystem für die Analogsimulation mittels Digitalrechner, Elektronische Datenverarbeitung 9, (1967), p. 173–179 und 191–198.

[321] *R. Klar/ P.P. Spies,* Adaptive Betriebsprogramme und ihre Unterstützung durch einen Zählmonitor, in: Betriebsprogrammierung, (Hrsg. W. Händler), München 1969, S. 151–174.

Liste der behandelten Befehle

Namens- und Sachregister

Verweis wird bei der Speicherverwaltung abgelegt, der die Botschaft charakterisiert und mindestens folgende Angaben enthalten muß:

a) Empfänger,
b) Ablageort,
c) Typ der Botschaft.

Die Angabe des Botschaftstyps ist deshalb erforderlich, weil verschiedene Wünsche der Botschaft zugrundeliegen können, zum Beispiel:

1. Der Empfänger ist ein Nachfolger des laufenden Operators (in die Steuerliste eingesetzt) und auf die Botschaft angewiesen, zum Beispiel Fehlerdiagnose und Ausgabeoperator. Dann genügt die Eintragung in die Verweisliste, weil der nachfolgende Operator von sich aus nachfragt.

2. Die Ablieferung der Botschaft bedeutet gleichzeitig eine Zustandsänderung des Empfängers. Dies ist zum Beispiel der Fall, wenn der Absender einen Auftrag des Empfängers ausgeführt hat.

Botschaften sind auf Prozeßebene zwischen den einzelnen Operatoren, sowie zwischen Abwickler und Operator möglich, auf Systemebene zwischen den Prozessen ebenso wie zwischen System und Prozeß.

10.3 Speicherverteilung

Die Prozesse und Operatoren benötigen Speicherbereiche. Da die Geschwindigkeit, mit der verschiedene Speichermedien die angeforderten Daten zur Verfügung stellen, verschieden ist, muß sich nicht nur die Größe des benötigten Speicherbereichs, sondern auch der Typ nach dem Grad der Aktivität des Operators richten:

a) Ein Operator, der einen Prozessor belegt, muß den gerade aktuellen Teil seiner Datenbereiche im Hauptspeicher (Arbeitsspeicher) vorfinden. Als Hauptspeicher werden heute meistens Magnetkernspeicher benutzt.

b) Weitere Datenbereiche dieses Operators, sowie die wichtigsten Datenbereiche kurzfristig unterbrochener Operatoren, sollen sich auf den schnellsten peripheren Speichermedien befinden (Sekundärspeicher). Dabei handelt es sich heute vielfach um Magnettrommeln oder Magnetplatten.

c) Operatoren, die im Augenblick nicht benötigt werden, oder Prozesse, die sich im Ruhezustand befinden, können auf den langsamsten Speichermedien abgelegt werden. Hierzu gehören Magnetplatten und insbesondere Magnetbänder.[1]

[1] Mittlere Zugriffszeiten beim TR 440: Kernspeicher etwa 0,5 μsec (je nach dem dynamischen Effekt der Adressenverschränkung), Trommel 20 msec, Platte: 130 msec, Band: mehrere Sekunden.

FSC
www.fsc.org
MIX
Papier | Fördert
gute Waldnutzung
FSC® C083411

Zeitfracht Medien GmbH
Ferdinand-Jühlke-Straße 7
99095 Erfurt, Deutschland
produktsicherheit@kolibri360.de